教师口语训练

（第 2 版）

主　编　臧晓娟　崔玉萍
副主编　杨　毅　赵惠岩　包永梅
　　　　梁　晨　王敬国　杨忠英

北京理工大学出版社
BEIJING INSTITUTE OF TECHNOLOGY PRESS

版权专有　侵权必究

图书在版编目（CIP）数据

教师口语训练 / 臧晓娟，崔玉萍主编. --2 版. --北京：北京理工大学出版社，2021.9
　　ISBN 978-7-5763-0367-4

Ⅰ．①教… Ⅱ．①臧…②崔… Ⅲ．①汉语-口语-高等学校-教材 Ⅳ．①H193.2

中国版本图书馆 CIP 数据核字（2021）第 188970 号

出版发行 /	北京理工大学出版社有限责任公司
社　　址 /	北京市海淀区中关村南大街 5 号
邮　　编 /	100081
电　　话 /	（010）68914775（总编室）
	（010）82562903（教材售后服务热线）
	（010）68944723（其他图书服务热线）
网　　址 /	http://www.bitpress.com.cn
经　　销 /	全国各地新华书店
印　　刷 /	三河市天利华印刷装订有限公司
开　　本 /	787 毫米×1092 毫米　1/16
印　　张 /	18.75
字　　数 /	440 千字
版　　次 /	2021 年 9 月第 2 版　2021 年 9 月第 1 次印刷
定　　价 /	90.00 元

责任编辑 / 李慧智
文案编辑 / 李慧智
责任校对 / 周瑞红
责任印制 / 施胜娟

图书出现印装质量问题，请拨打售后服务热线，本社负责调换

前　言

教师口语是师范教育类各专业学生的必修课程，旨在培养提升学生的职业口语表达技能。本课程的实践性较为突出，教学中应在教师口语基本理论的指导下，加强学生口语运用技能的实训与指导。教材的编写应注重突出教师口语课实践性强的特点，为课程教学提供具有实用性的载体。

本教材是以"以能力为本位项目化课程改革"的教学实践为先导产生的，它结合师范生未来岗位能力的需求，突出理论指导下的实践技能教学，形成了以项目为载体、任务为驱动、理论为指导的"模块、项目、任务、训练"的教材结构体系，具体有以下几个方面的特色：

1. 将教师口语训练所涉及的重要内容，整合为"教师口语基础训练"和"教师口语职场运用"两个模块，突出教师口语基础训练与深化训练既相区别又密切相关的特点。

2. 在两个模块统领下设计了4个项目，其中"普通话水平等级测试训练"和"教师职业口语运用"两个项目，与学生考取普通话水平等级证书和教师资格证书相对接，为学生走上职业岗位奠定基础。

3. 结合"项目任务驱动"的课程教学模式，在4个项目下设置若干子项目，子项目下设置若干任务，为课堂教学提供大量的实训内容作为参考，通过完成任务训练，提升学生教师口语运用的基本技能，满足职业技能课对实训实践的量与质的要求。

4. 强调教师口语课实践性的同时，重视它的理论性，在每个任务中设置"知识储备"，提供相关的理论知识，用以指导项目任务的实践训练。

本教材已于2017年由北京理工大学出版社作为"学前教育专业'十三五'教育教研成果系列教材"出版。经过4年时间的检验，教材对教师口语课实践性的体现受到使用者的广泛认可。但我们深知，教材仍然存在诸多问题，经过时间的洗礼，教材的各个方面更是出现了许多有待提高和完善之处。在辽宁省学前教育专业委员会及北京理工大学出版社的大力支持下，编写团队对教材进行了修订。此次修订，以原教材为基础，主要在以下几个方面进行了改进：

1. 为进一步满足与学生未来职业岗位相对接的职业教育课程改革的要求，教材修订过程中，注重加强校企合作协同育人，进行了深入的行业企业调研，聘请学前及小学阶段的教育专家加入编写团队，为教材编写提供实践案例，并参与部分内容编写。

2. 突出"课程思政"的设计，精心选取时代前沿的思政素材，通过导入中的案例、知识点阐释中的示例、技能点训练的载体等，将"课程思政"内容有机融入教材之中。

3. 在原教材基础上增设了"项目目标""知识结构导图""信息化资源二维码"等板块。"项目目标"说明每一个项目的学习结果，为使用者提供了学习活动的导向；"知识结构导图"主要提示每个项目的重要知识点和微知识；"信息化资源二维码"提供与教材相配套的视频、音频及微课等信息化资源，方便学习者通过扫码学习。

本教材的再版修订能够顺利进行，要感谢鞍山师范学院、辽宁民族师范高等专科学校、盘锦职业技术学院等单位的领导和同人的大力支持与配合，更要衷心感谢作为企业参与者的盘锦市机关幼儿园王敬国园长、盘锦市辽东湾实验小学杨忠英校长，为教材的编写提供视频、音频及案例等资源，并积极指导、参与编写。同时，在教材编写修订的过程中，我们从对教材负责的角度出发，博采众长，借鉴了大量的相关教材与资料，融合采纳了众多研究者的论述与观点，在此一并奉上编者诚挚的感谢与敬意！

本教材的编写团队组成及任务分工如下：

臧晓娟，第一主编，负责前言、绪论、各项目概述、各项目目标、各项目知识结构导图、命题说话训练、教学口语运用、校内沟通、参考文献的编写及整部教材的修订统稿工作。

崔玉萍，第二主编，负责读多音节词语训练、朗读短文训练的编写。

杨毅，副主编，负责读单音节词语训练、教育口语运用的编写。

赵惠岩，副主编，负责演讲训练、交谈训练的编写。

包永梅，副主编，负责讲述训练的编写。

梁晨，副主编，负责态势语运用训练的编写。

王敬国，副主编，负责与社区沟通的编写。

杨忠英，副主编，负责与家长沟通的编写。

经过编写团队的不懈努力，教材修订已全部完成。但由于编者水平与能力有限，教材中仍难免有不妥与疏漏之处，诚望专家与读者提出宝贵的意见与建议，让我们能够不断地为教师口语教材的建设添砖加瓦。

目 录

绪论 1

模块一　教师口语基础训练

项目一　普通话水平等级测试训练 7
　【项目目标】 7
　【知识结构导图】 8
　普通话概述 9
　子项目1　读单音节词语训练 16
　　任务1　读准单音节词语中的声母 16
　　任务2　读准单音节词语中的韵母 27
　　任务3　读准单音节词语中的声调 36
　　任务4　读单音节词语模拟测试 41
　子项目2　读多音节词语训练 46
　　任务1　读准多音节词语中的变调 47
　　任务2　读准多音节词语中的轻声 52
　　任务3　读准多音节词语中的儿化 55
　　任务4　读多音节词语模拟测试 58
　子项目3　朗读短文训练 63
　　任务1　读准短文中的停连 63
　　任务2　读准短文中的重音 66
　　任务3　读准短文中的语调 68
　　任务4　朗读短文模拟测试 70
　子项目4　命题说话训练 79
　　任务1　规范使用词汇完成命题说话 79
　　任务2　规范使用语法完成命题说话 83
　　任务3　命题说话模拟测试 100

项目二　常见口语交际形式训练 107
　【项目目标】 107

【知识结构导图】 108
口语交际概述 109
子项目1 讲述训练 112
　任务1 复述训练 112
　任务2 描述训练 117
　任务3 评述训练 119
　任务4 讲故事训练 124
子项目2 演讲训练 132
　任务1 有备式演讲训练 132
　任务2 无备式演讲训练 141
子项目3 交谈训练 148
　任务1 拜访接待训练 149
　任务2 劝说沟通训练 152
　任务3 求职应聘训练 158
子项目4 态势语训练 165
　任务1 表情语训练 168
　任务2 手势语训练 174
　任务3 身体语训练 181

模块二　教师口语职场运用

项目三　教师职业口语运用 192
　【项目目标】 192
　【知识结构导图】 193
　教师职业口语概述 194
　子项目1 教学口语运用 202
　　任务1 新课导入 203
　　任务2 新课讲授 214
　　任务3 新课小结 223
　子项目2 教育口语运用 235
　　任务1 表扬学生 235
　　任务2 批评学生 241
　　任务3 激励学生 247
　　任务4 启迪学生 251
　　任务5 说服学生 255

项目四　教师交际口语运用 263
　【项目目标】 263
　【知识结构导图】 264
　教师交际口语概述 264
　子项目1 校内沟通 267
　　任务1 与领导沟通 267
　　任务2 与同事沟通 270

子项目2　校外沟通 …………………………………………………………… 275
　　　任务1　与家长沟通 ……………………………………………………… 275
　　　任务2　与社区沟通 ……………………………………………………… 282
参考文献 ………………………………………………………………………… 289

绪　　论

　　口语是人们日常交流时使用的口头语言，是区别于书面语的一种语言形式。文字出现以前，语言只有以语音为载体进行交际的口头形式，即口语的形式，因而口语较之书面语历史更为悠久。

　　口语的总体特征在于亲切自然，活泼生动，简单易懂，随意性大，语境性强。首先在词汇的选择上，以单音节词居多，熟语与方言词汇也多有使用；另外，表现感情色彩的后缀成分、表现情态作用的重叠成分和表现语气口吻的语气词与感叹词在口语语体中一般也用得较多。其次，在语句运用上，句子短小且结构较松散，常出现停顿、自我修改及句子成分省略、易位等情况。

一、教师口语的含义、特点及重要性

（一）教师口语的含义及特点

　　教师口语，指教师在工作中所使用的口语，它包括教师职业用语及教师交际用语。教师口语首先存在于口语范畴内，它具有一般口语亲切自然、灵活生动、简单易懂的特点，同时因教师职业及教师身份的特殊要求，决定了教师口语并不是始发性的自然口语，而是一种建立在一定学识基础上的综合性的高级口语。

　　（1）教师口语是标准化的口语。教师口语也必须是全民通用的、经过规范的标准化口语。教师应该也必须会讲一口流利的普通话，这既是教学形式之一，也是教师素质的体现。

　　（2）教师口语是科学化的口语。教师口语是为传授科学知识服务的，所表达的是科学的内容，科学的内容决定了科学化的表述。这种口语是建立在对学科知识的透彻理解与熟练把握的基础上，每堂课都有固定的学科内容，教师必须按照教学方案进行讲述，要求精确、严谨、符合逻辑。

　　（3）教师口语是艺术化的口语。教学又是一种艺术，而这种艺术主要体现在教师口语的艺术表达上，教师应该以富有形象的、蕴含情感的、美的口语来引发学生的注意与兴趣。教师口语要化抽象为形象，化逻辑为诗意，富于激情，娓娓动听，精彩生动，具有很强的感染力与审美价值。

　　（4）教师口语是双向交流化的口语。教育与教学活动不是教师单方面的活动，而是一种以教师为主导的师生双边活动，这决定了教师口语必定是教师与学生双向交流化的口语。

（二）教师口语的重要性

　　自古以来，教师"以舌代耕"，"传道、授业、解惑"，教师工作时刻都离不开语言。荀子曾提出为师的四个基本条件："尊严而惮，可以为师；耆艾而信，可以为师；诵说而不陵不犯，可以为师；知微而论，可以为师。"（《荀子·致仕》）其中，"诵说而不陵不犯""知微而论"（"讲课有条理而不违师法""见解精深表述合理"）这两个方面论述的就是教师口语技能在为师过程中的重要性。苏霍姆林斯基在《给教师的建议》中指出：教师的语言"在很大程度上决定了学生在课堂上的脑力劳动的效率"，教师"高度的语言修养是合理利用教学时间的重要条件"，是"一种什么也代替不了的影响学生心灵的工具"；"在拟定教育性谈话内容的时候，你时刻不能忘记，你施加影响的主要手段是语言，你是通过语言去打动学生的理智与心灵的，然而，语言是强有力的、锐利的、火热的，也可以是软弱无力的"。这说明教育教学质量在很大程度上取决于教师口语技能的发挥。教师的工作，至今为止依然主要凭借口头语言对学生进行知识的传授、能力的培养，所以教师口语技能是每个教师必备的基本技能。

二、教师口语能力构成要素

教师口语能力就是指教师在从事教育教学活动时运用口语表达实现预设目标的能力。它是教师必备的4项职业技能之一。教师口语能力与一般的口语能力相比，它的目标指向更加清晰，即必须是从事属于教育教学范畴活动的口语能力。这种能力既需要有教师所从事的课程教学的专业知识支持，也需要教育学、心理学等学科的支持，专门性非常强。构成教师口语能力的要素有以下几个方面：

（一）丰富的知识基础

短绳难汲深井之水，浅水难负载重之舟。我们说，胸存语库，说话才能生色。讲话怕的是"腹中空空，有口难开"。一个人如果知识贫乏、胸无点墨、思想苍白，纵有伶牙俐齿，也不过如小儿骂街、泼妇吵架。一个知识浅薄、孤陋寡闻的教师自然也难以把一个问题讲得前后贯通、左右逢源，必然是漏洞百出，无法自圆其说。教师口语作为一种职业口语，是多种知识信息的载体，它必须有一定的知识作为基础，否则就不是一种职业性的口语。教师要具备良好的口语水平，首先要具备广博雄厚的知识基础。

教师口语的知识基础主要应该包括3个部分。一是学科专业的知识，即教师所从事教学的那个学科的知识。学科知识越丰富，教师在这个领域中的道路才越走得宽、走得远。冯友兰曾说："一个教师讲一本教科书，最好的教师对这门课的知识，必须比教科书多许多倍，才能讲得头头是道，津津有味，信手拈来，皆成妙趣。如果他的知识和教科书一样多，讲来就难免结结巴巴，看来好像是不能畅所欲言，实际上他是没有什么可以言。如果他的知识少于教科书，他就只好照本宣科，在学生面前唱催眠曲了。"二是教学论的知识，即教师如何把学科知识传授给学生方面的知识。这主要是方法的问题，它是决定教学效率的一个重要因素。三是教育学、心理学的知识，主要就是教育教学的原则和原理。这三方面的知识是作为一名教师必须具备的，而且也是教师口语特征的最基本表现，离开了这一点，它就不再是教师的口语。

（二）良好的思维品质

语言和思维的关系是不可分割的，口语表达就是把思维转化为有声语言的过程，因此思维的质量直接影响着口语表达的效果。

（1）良好的思维品质首先表现为思维的条理性和缜密性。思维的条理性和缜密性就是指在口语表达中的思路系统，语脉清晰，说话内容集中，表达严谨周密，语意连贯，语句完整简明，有逻辑性与说服力。只有如此，在口语表达时才能目标明确、主次分明、前后有序。思维的条理性和缜密性是口语表达者思维质量的体现。

（2）良好的思维品质表现为思维的敏捷性和应变性。思维的应变性指说话者善于根据对象、场合、情境，从说话目标出发，对说话中出现的各种问题，做出随机应变的反应和灵活机动的处理。思维的敏捷性是指思维总是在瞬间完成或以远远快于行动的速度进行。表现在口才上就是能够对事物迅速地进行分析、综合、比较、分类、抽象、概括和具体化。思维的敏捷性和应变性是口语表达者思维速度的反映。

（3）良好的思维品质表现为思维的评估性和批判性。所谓评估性是指听话人能够正确地评断对方话语的内涵，不仅要把握它的表层含义，而且还要善于捕捉"弦外之音"和不见于表象的真意。所谓批判性是指在正确洞察评估了对方话语的真意后，予以准确恰当地批驳。思维的评估性和批判性反映了口语表达者思维的深度。只有具备了良好的评估和批判的品质，才能产生清醒的判断和鞭辟入里的锋利言辞。

（4）良好的思维品质表现为思维的广泛性。思维的广泛性是指口语表达者善于运用发散性思维，以话题为中心向四周展开联想、辐射，从而使话语语域开阔，既议论恢宏、滔滔不绝，又紧扣题旨。思维的广泛性是口语表达者思维广度的反映。教师口语能力与思维品质有着密不可分的关系，有了良好的思维品质，就必然会反映在教师口语表达的各个层面上。因此，只有在良好的思维训练基础上，才能练出卓越的口语才能。

（三）健康的心理素质

说话是个复杂的生理与心理过程，口语交际中双方的心理处于互动互变状态。大量的事实表明，口语表达能力与表达者的心理素质有着密切的关系，尤其体现在语言调控能力方面。具备健全的心理素质，懂得心理沟通的技巧，是师生口语交际获得成功的前提条件。影响教师口语表达的心理素质应该包括两个方面：

（1）教师要具有坚定的自信心、稳定的情绪和较强的心理调控能力。教师应具备一种良好的心理状态——沉稳自信，处变不惊。这样才能使学生能以你为楷模，做到临场讲话不紧张，面对突发事件能从容自若。

（2）教师要具有善于克服胆怯、自卑、患得患失等心理障碍的能力。有些人不善于口语表达，有些人口语表达时结结巴巴，主要还是心理有问题；有的老师准备一节课的内容结果10分钟就说完了，这也是心理问题在作祟。

由此可见，心理因素在教师口语表达中的影响是十分明显的。只有具备了良好的心理素质，才能在口语实践中充满自信地充分发挥出自己的水平。

（四）较强的语言运用能力

（1）口语基本能力。教师口语要靠一定的口语基本能力来外化，这样才能达到交际目的，口语基本能力是教师口语表达的必要条件。口语基本能力主要包括规范的普通话和口语的基本技巧。口语基本技巧主要有语音技巧、表达技巧、修辞技巧、态势语等，还包括口语表达的基本形式——复述、描述、解说、评述等。要掌握教师口语常用语体的基本表达规律，并能够把有关口语的基本理论知识转化为口语表达的能力。

（2）语言选择能力。语言选择能力是指教师在运用口语基本能力的过程中，能够根据口语表达的原则、语境的需要、对象的实际情况、教育教学的目标等因素，来确定使用恰如其分的表达技巧、表达方式和表达的语言。也就是说，这是作为一名教师所必须具备的表达能力，有了这样的选择能力，才有可能完成教师的基本职能。

（3）语言倾听能力。事实上，口语能力应该包括说话能力和听话能力两部分，只会说，不会听，并不算真正具备说话的能力。有资料表明，在人们日常的言语活动中，"听"占45%，"说"占30%，"读"占16%，"写"占9%。其实这不仅仅是所占比例的多少问题，倾听的目的是了解对方，使自己的说话内容更有针对性。在教师口语能力中，听话能力尤为重要。善于倾听首先是对学生的尊重，而且更重要的是通过倾听可以更好地了解学生。只会说话不会听话的教师不可能成为一名好教师。

（4）语言调控能力。教师的工作对象是具有思想的活生生的人。因此，教师在从事一切教育教学活动的过程中，都必须随时了解对象的思想，需要在倾听的基础上，及时调控自己的语言，使得表达更有针对性，从而更好地实现教育教学的目标。这种语言调控能力是一名好教师所必备的，它是建立在语言倾听能力基础上的高层次口语能力，也体现了教育的人文性和灵活性。

（5）语言风格。教师语言风格，是指教师在运用语言从事教育教学活动的过程中所表现出来的语言特点并由此而形成的特有的语言气氛和格调。作为一名教师，在经过一个时期的实践探索之后，会逐步形成具有鲜明个性的语言特点和特有的语言格调。这是教师口语能力成熟的标志，有助于教育教学目标实现的语言风格也是口语能力的最高境界，这种境界不是每一位教师都能达到的。这并不意味着教师不可能形成自己的语言风格，而是这种风格是否具有在教育教学的过程中起到促进、帮助其目标实现的作用。

丰富的知识基础、良好的思维品质、健康的心理素质、较强的语言运用能力，是教师口语能力构成的重要因素。其中，语言运用能力是核心因素，丰富的知识基础、良好的思维品质、健康的心理素质，共同构成了支撑语言运用的能力，这三者在教师口语能力构成中是基础性、素质性的要素，切切实实地掌握语言运用的能力，才是培养教师口语能力的关键。

三、教师口语能力的训练内容及方法

教师口语训练主要包括普通话训练、一般口语交际训练、教师职业口语训练3个方面与阶段，三者之间紧密相连，是一个由基础训练到提高再到深化的过程。

首先，教师口语训练要奠定用普通话进行口语表达的基础。

普通话是现代汉民族的共同语，是全国各民族通用的语言，也是教师的职业语言的基础。《师范院校教师口语课程标准》明确规定，本课程的教学目的是使学生"能用标准或比较标准的普通话进行口语交际；初步掌握运用教师职业语言进行教育教学的基本技能，并能对中小学生和幼儿的口语进行指导"。由此可见，在进行教师口语的训练过程中，首先要完成普通话的训练，这样使学生能够顺利通过国家普通话水平测试，取得将来上岗所需的等级证书，为从事教师职业准备好必要的前提条件。普通话的训练主要由语音、语汇、语法3个方面组成，而普通话与方言之间的差异又主要表现为语音的差异，因此，进行普通话的训练首先应以语音训练为基础，这成为普通话训练的第一个阶段性任务和目标。教学中，要让学生了解自己的方言与普通话的差异，通过有针对性的练习，帮助学生改正读音，并在加强实践训练的基础上提高学生用普通话进行口语交流的实际能力。

其次，教师口语训练要把提高一般口语交际能力作为必要的阶梯。

一般口语交际训练是普通话训练成果的实际应用，是实现提升教师职业口语能力的一个必要的阶梯，它为教师职业口语训练提供了必要的准备。在整个教师口语训练中，一般口语交际能力训练起到了承上启下的作用。因此，教师口语训练要重视一般口语交际能力的训练和提升，使学生能够用普通话很好地进行一般性的口语交流，达到较高的口语交际水平，具有较为出众的口才。口语能力综合地表现为书面语言的诵读能力、话语听辨能力、口头话语的现场组织表达能力，而话语听辨能力与"读"和"说"的能力密切关联，因此，"读"和"说"的训练应该作为最基本的训练方式贯穿于一般口语交际能力训练的始终。学生通过诵读积累词汇，丰富话语的组织方式和表达技巧，通过"说"来锻炼逻辑思维能力、话语组织能力，提高话语听辨纠错能力。

最后，教师口语训练要把教师职业口语能力的培养与提高作为终极目标。

教师职业口语训练是教师口语训练的第三个阶段，也是整个教师口语训练的归宿，它体现了一般交际口语的专门化和职业化的过程。

教师职业口语训练又分为教学口语训练、教育口语训练及其他工作口语训练3个方面，通过训练，使学生的思维能力、快速选词组句能力、口头语言表达能力得到提升。教师职业口语训练既要符合口语交际的一般规律，又要体现鲜明的职业特色。

教学口语是饱含知识信息的话语，主要适用于课堂教学中向学生传授知识技能。教学口语的训练具体包括教学口语表达方式训练与主要教学环节的口语技能训练。在实际训练中要将二者有机地结合在一起，把叙述、描述、解说、评述、问答具体教学口语表达方式的训练融入导入、讲授、提问、过渡、总结等主要教学环节的训练之中。教育口语是饱含思想性和教育性的话语，主要适用于对学生的思想品德、行为规范的教育与指导。教育口语训练主要包括表扬、批评、启迪、劝说、激励等方式，以及群体性教育口语与个体性教育口语等形式的训练。教师其他工作交际口语是体现教师职业身份的交际语言，主要适用于工作场合中与学生之外的其他工作对象的沟通与交流。教师其他工作口语训练主要包括与校内领导、教师的交际用语训练，以及与校外家长、社区人员的交际用语训练。

四、教师口语课的性质与目标

（一）教师口语课的性质与意义

教师口语课是国家教委1993年根据师范教育课程改革的实际需要，在原来"普通话"的基础上扩充与整编的一门课程。国家教委在1993年5月颁布了《师范院校口语课程标准》，将教师口语的学科性质界定为，"'教师口语'是研究教师口语运用规律的一门应用语言学科"，其课程性质确定为："是在理论指导下培养学生在教育教学等工作中口语运用能力的实践性很强的课程，是培养师范类各专业学生教师职业技能的必修课。"对于这一界定，我们可以从以下角度进行解读：

第一，教师口语属于应用语言学范畴，这就强调了教师口语的应用性，"应用"是该学科的生命。

第二，教师口语是教师的职业用语，而不是其他职业的用语，受教师职业性质、特点所制约，是用来"传道、授业、解惑"的言语，这就明确了"教师"这一主体。

第三，教师口语是口语表达方面的应用，而不是书面言语的应用，这就突出了"口语"这一主旨。

第四，教师口语不是阐述教师职业用语的理论课程，而是一门实践性很强的培养提高教师口语运用能力的训练课程，这就确定了"以训练为主线"的教学原则。

基于以上的课程性质，这一课程的开设与教学的实施，具有重大的意义。

首先教师口语必然是标准化的普通话口语，全国师范院校培养出合格的优秀的普通话口语教师，对全社会普通话的普及与提高，对促进语言的统一，对经济文化的交流都会产生积极的推动作用。

其次，教师口语达到标准化、艺术化，标志着教师教育能力的提高与素质的优化，极大地促进了整个民族教育事业的发展。

再次，对学校来说，课程的实施体现了师范院校的师范特性，丰富了学校的个性，也改革并丰富了教学内容。教学实践证明，它弥补了语言教学的不足，突出了语言课的应用价值，使语言教学臻于完善。同时，课程的实践与应用，如朗诵、演讲、论辩活动的开展，丰富活跃了校园文化生活。

最后，对学生个人来说是一种能力的获得与提高，可大大增强其从事教育工作的信心，也可以提高学生的社会生活能力与竞争能力。

（二）教师口语课的目标任务

《师范院校教师口语课程标准》中对教师口语课的目标及任务提出了总体的要求："教育学生热爱祖国语言，认真学习、积极贯彻国家语言文字工作方针政策，增强语言规范意识；能用标准或比较标准的普通话进行口语交际，初步掌握运用教师职业语言进行教育教学的基本技能，并能对中小学生和幼儿的口语进行指导，以利于提高全民族的语言素质。"分析这个要求，可以从以下两个方面理解教师口语课的目标及任务：

就师范院校来说，通过教师口语课的教学，使各个方言区学生的口头语言规范到普通话的标准上来，以达到语音纯正、准确，词汇语法使用符合现代汉语规则，进而做到表达概念准确、判断推导科学、叙述生动活泼、论理简洁明了。

就提高全民族语言素质来说，一个人的口语表达水平，往往是其道德、情操、学识、能力、气质、风度等的综合语声表现，是现代文明人必备的基本素质，是国家文明昌盛的重要标志。教师高超的口语表达魅力，将使教育对象受到感染和熏陶。"对中小学生和幼儿的口语进行指导"的教育效果，将使成千上万的建设人才学会驾驭各种职业口头语言的能力，从而使他们成为道德高尚、知识丰富、谈吐高雅的"全才"。假如这一任务能够完成，不仅能提升全民族的语言素质，而且对促进全民族素质的提高起到推动作用。

模块一　教师口语基础训练

普通话水平等级测试训练

【项目目标】

一、知识目标

1. 知道普通话的概念，了解推广普通话的意义。
2. 了解普通话水平测试基本内容、要求及应试常识。
3. 了解普通话声母、韵母、声调的概念；知道普通话声母、韵母、声调的分类；掌握普通话声母、韵母、声调的正确发音方法。
4. 了解变调、轻声、儿化、"啊"的变读等常见音变现象的含义；知道轻声、儿化的作用；掌握变调、轻声、儿化、"啊"的变读等常见音变规律；知道普通话词语轻重格式及其读法要领。
5. 掌握停连、重音、语调等朗读技巧。
6. 知道普通话词汇、语法规范化的要求。
7. 知道叙述描写类、说明介绍类、议论评说类命题说话的思路。

二、素质目标

1. 养成日常生活和工作中说普通话的良好习惯。
2. 培养学生对祖国语言的热爱之情，增强民族自信与爱国情感。
3. 培养学生关心天下大事的社会责任意识。
4. 培养学生正确的世界观、人生观、价值观。
5. 培养学生良好的道德品质和思维品质。

【知识结构导图】

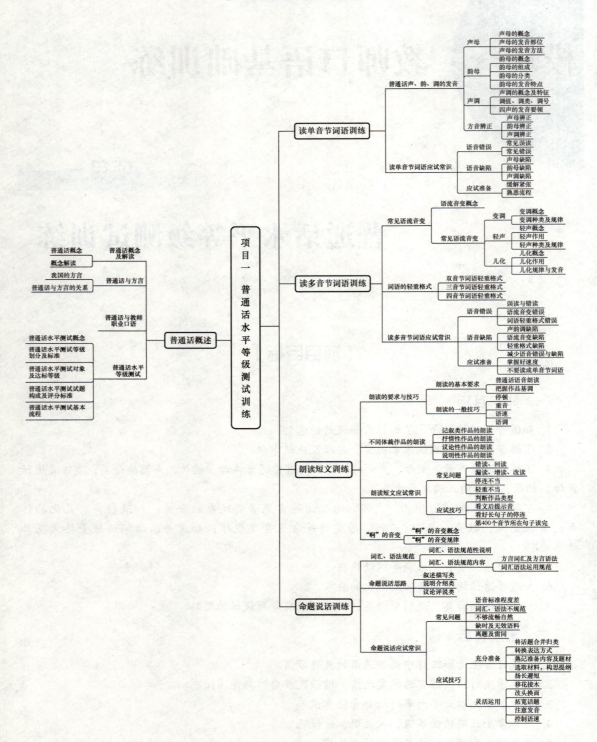

普通话概述

一、普通话及"推普"

(一)普通话的概念及解读

微课:认识普通话及"推普"

语言是一个民族的重要特征之一,一般来说,各个民族都有自己的语言,据有关研究表明,现在世界的语言有 4 000~6 000 种之多。汉民族使用的语言就是汉语,但由于中国历史悠久、地域辽阔,各地区所使用的汉语在语音、语汇、语法等方面存在着诸多差异,这些差异给人们的沟通与交流带来了极大障碍,这就需要一种通用语来解决这个问题,这种通用语就是民族共同语。中国历史上,每个时代都有当时的共同语,春秋时期为"雅言",汉魏晋时期为"通话""洛语",隋唐时期为"秦音""汉音",宋元时期为"正音""雅音",明清时期为"官话",辛亥革命以后为"国语"。

中华人民共和国成立后,国家各个层面对语言文字工作都非常重视,经过前期的成熟酝酿与准备,1956 年 2 月 6 日,国务院向全国发出《关于推广普通话的指示》,明确了现代汉民族的共同语。该"指示"指出:"汉语统一的基础已经存在了,这就是以北京语音为标准音,以北方话为基础方言,以典范的现代白话文著作为语法规范的普通话。"由此,我们可以看出,普通话就是以北京语音为标准音,以北方话为基础方言,以典范的现代白话文著作为语法规范的现代汉民族共同语。

对于普通话的标准,我们如何解读?

首先,"以北京语音为标准音",指的是普通话语音以北京话的语音系统为标准,并不是把北京话一切读法全部照搬,普通话并不等于北京话。北京话有许多土音,如把"蝴蝶"(húdié)说成"húdiěr",把"告诉"(gàosu)说成"gàosong",是其他方言区的人不能接受的,这样的土音就不能进入普通话语音系统;北京话里还有异读音现象,如"侵略"有"qǐnlüè"和"qīnlüè"两种读法,"附近"也有"fùjìn"和"fǔjìn"两种读法,这种异读的情况也是需要规范后才能进入普通话语音系统。

其次,"以北方话为基础方言"指的是普通话词汇以北方方言区普遍通行的说法为准,同时也要从其他方言词、古语词、新造词和外来词中吸取所需要的词汇。北方方言词汇中有许多北方各地的土语,只在较小范围内通行,如把"玉米"称为"棒子",把"馒头"称为"馍馍",像"棒子""馍馍"这样的北方话中过于土俗的成分,就不能进入普通话词汇系统;另外,其他方言区的某些词汇有特殊的意义和表达力,例如"搞""垃圾""尴尬""噱头",而北方方言词汇里没有与之相对应的词,这样的词语就可以让它进入普通话词汇系统中,以丰富普通话的词汇。

最后,"以典范的现代白话文著作为语法规范",指的是以"五四"以来著名作家优秀、经典的白话文作品中的一般用例,作为普通话的语法规范,而白话文著作中所使用的不规范的表述是不能作为普通话的语法规范的。如鲁迅先生的作品中就出现了一些绍兴方言的语法规则,"老头子眼看着地,岂能瞒得我过……"这里的"过"用在动宾结构的后面,体现了吴语的语法特点,这就不能成为普通话的语法规范。

(二)"推普"历程及意义

1956 年 2 月 6 日,国务院发出了《关于推广普通话的指示》;1982 年,"推广普通话"更是被写进了《中华人民共和国宪法》;1998 年,经过国务院批准,每年 9 月的第三周,被确定为全国推广普通话宣传周；2000年，我国又颁布了《中华人民共和国国家通用语言文字法》，首次以立法的形式，确定普通话为国家的通用语言。从"推普"工作的历史脉络可以清楚地看出，推行国家通用的语言文字是我国的一项基本国策。那么，国家为什么要大力推广普通话呢？

事实证明，在中国现代化建设的历史进程中，大力推广、积极普及普通话具有极为重要的意义，我们可以从四个方面来概括：除隔阂，助交流，利统一，促发展。

（1）我国是多民族、多语言、多方言的人口大国，推广普通话可以消除不同地域之间语言的隔阂，有利于增进各民族各地区的交流，维护国家统一，增强中华民族凝聚力。

（2）推广普通话，能够营造良好的语言环境，有利于人员的沟通、信息的交流、商品的流通，有助于推动社会主义市场经济的发展。

（3）信息技术水平是衡量国家科技水平的标志之一。推广普及普通话，推行《汉语拼音方案》，实现语言文字的规范化与标准化，有利于推动中文信息处理技术的发展和应用，对我国科技的进步具有深远的意义。

另外，从个人层面来说，推广普通话，可以提升公民的个人素质，使我们在学习、工作、生活、交友等各个方面都能有更优秀的表现。

普通话是现代汉民族的共同语，也是法定的全国通用的标准语言，它在时代进步、经济腾飞、民族团结、国家发展、国际交往等各个方面发挥着重要作用。当前，中国特色社会主义进入了新时代，四海同音，万众一心，作为新时代的公民，我们应该热爱普通话、学好普通话，助力实现民族复兴的伟大梦想。

二、普通话与方言

（一）我国的方言

从广义来讲，现代汉语包括普通话与方言。方言是全民族语言的变体，根据性质，可分地域方言和社会方言。我们所说的方言指的是地域方言，它指的是语言因地域方面的差别而形成的变体，是全民族语言的不同地域上的分支，是语言发展不平衡性在地域上的反映。

现代汉语方言差异显著。关于方言的分区，学术界的观点还不统一，其中较为普遍的是"七区说"和"十区说"。20世纪80年代，中国社会科学院和澳大利亚人文科学院联合编制的《中国语言地图集》将汉语方言分为官话、晋语、吴语、徽语、赣语、湘语、闽语、粤语、平话、客家话10个区。

1. 官话区

官话区也称北方方言区，它是汉民族共同语——普通话的基础方言。官话方言在汉语各方言中分布地域最广，包括我国北方绝大多数地区、江苏大部、安徽中北部、四川大部、重庆、云南、贵州、湖北大部、广西北部、湖南西部和北部以及江西沿江地区，使用人口约占汉族总人口的75%。

官话方言的主要特点：除了江淮官话有入声外，声调大体上无入声，多为阴、阳、上、去四声，并新增了四声以外的轻声；中古全浊声母字今读塞音、塞擦音时，变为清音，平声送气，仄声不送气；原本连接i、ü韵母的声母z、c、s颚化成j、q、x，即尖团合流；中古汉语中原有的6个辅音韵尾"–p、–t、–k、–m、–n、–ng"大体上只剩下–n、–ng两个。官话方言内部一致性强，各地方言可以通行。

官话方言内部也存在一定差异，主要表现在声调方面。按古入声字的今调类又可将官话方言分为8个次方言：东北官话、北京官话、冀鲁官话、胶辽官话、中原官话、兰银官话、江淮官话、西南官话。

2. 晋语区

晋语是中国北方的唯一一个非官话方言，分布在我国山西省境内及相邻的内蒙古、河北、河南、陕西的部分地区，使用人口约 6 305 万。晋语区虽然地处我国北方，但其最大的特点就是保留着带喉塞音尾的入声，因而与周边的官话方言有明显区别。

3. 吴语区

吴语分布在江苏省东南部、上海市、安徽南部、浙江省及相邻的赣东北、闽北地区，使用人口约为 1 亿。吴语与普通话完全不同，语音、词汇等方面差别非常大，不可互通。吴语保留全部浊音和平、上、去、入的平仄音韵，部分地区保留尖团音分化；保留较多古汉语用字用语。吴语区内部还可分为北部吴语、南部吴语、西部吴语。

4. 徽语区

徽语分布在安徽省南部、浙江省西部和江西省东北部，使用人口 400 余万。徽语语音主要残留了一些中古汉语入声、次浊音等特征。

5. 赣语区

赣语主要分布在江西中部和北部、湖南东部和西南部、湖北东南部，以及安徽南部、福建西北部，使用人口约为 5 500 万。赣语一般有 4~7 个声调。赣语南昌话共有 19 个声母，韵母可分为"开韵尾""闭韵尾""促韵尾"三类，共 67 个韵母。

6. 湘语区

湘语分布在湖南中部湘江、资水、沅江流域，以及广西东北部地区，使用人口约为 4 500 万。湘语内部又分为湘南方言、湘中方言、湘北方言。湘语古全浊音声母字今读塞音、塞擦音时，有的地方仍读浊音，有的地方不论平仄都读为不送气清音；湘语一般有 5~7 个声调，多数平声、去声分阴、阳，少数去声不分阴、阳。即一般为"阴平、阳平、上声、阳去、阴去、入声"六声调。

7. 闽语区

闽语分布在福建、台湾、海南三省的大部分地域，以及广东省东部潮汕地区和雷州半岛一带，使用人口约为汉族人口总数的 4.5%。

8. 粤语区

粤语分布在广东、广西的珠江三角洲一带以及香港、澳门地区，使用人口约近 4 000 万。其特点是具有完整的九声六调，较完美地保留了古汉语特征。

9. 平话区

平话是广西中部一带的汉语方言，主要分布在桂林、柳州、南宁之间的交通要道一带，使用人口 200 多万。平话共同的语音特点是古全浊声母清化后塞音、塞擦音大多不送气，和全清声母合流。平话内部又分为桂北平话和桂南平话。

10. 客家话区

客家话分布在广东、广西、福建、江西、四川、湖南、台湾、海南等地省份，比较集中的是广东中、东部，福建西部和江西南部。

（二）普通话与方言的关系

普通话是现代汉语共通的交际口语与书面语，是汉民族共同语的标准语，《中华人民共和国国家通用语言文字法》确立了普通话的法定地位，使其成为国家法定的语言，并作为官方、教学、媒体等的标准语。

普通话基于现代北方汉语的语法和北京话语音，又是全国通用的语言，它是在北方话和北京话基础上长期形成的，又不断吸收方言成分丰富发展自己，要高于方言。它有比较明确的规范标准，语言规范程度比较高，语言声望最高，适用范围最广，使用人口最多，在社会语言生活中发挥重要的全局性作用。而汉语方言是汉民族共同语的地域变体，"地域性"是方言的一个重要特点，它为各自地域的居民服务，是地域文化的载体，记录、保存、传播地域优秀文化；方言不是同普通话并列的独立语言，而是同属于民族共同语的语言低级形式。它在普通话之下，受普通话的影响，又吸收普通话成分增强自己的活力，同时又丰富普通话。比如普通话体系中诸多词汇即来自方言，如"打工仔""打工妹""发廊"等词汇及来自粤方言。因此，普通话与方言是相依共存、互补分用的关系，它们既互相影响又互相丰富。方言与普通话之间的关系是无法割裂的，更不能相互独立、相互排斥，它们之间是总体与个别的关系。

三、普通话与教师职业口语

普通话是教师的职业语言，是教师职业口语的基础。

《中华人民共和国国家通用语言文字法》于2001年1月1日正式施行，其中第十九条规定：凡以普通话作为工作语言的岗位，其工作人员应当具备说普通话的能力。以普通话作为工作语言的播音员、节目主持人和影视话剧演员、教师、国家机关工作人员的普通话水平，应当分别达到国家规定的等级标准；对尚未达到国家规定的普通话等级标准的，分别情况进行培训。规定中明确了教师岗位就是以普通话为工作语言的岗位，普通话是教师的职业语言，用达到国家规定标准的普通话进行教育教学工作是合格教师的必要条件。

四、普通话水平等级测试

（一）什么是普通话水平测试

普通话水平测试（Putonghua Shuiping Ceshi，PSC）是对应试人运用普通话的规范程度、熟练程度所进行的口语测试。它是在教育部、国家语委领导下，以《中华人民共和国国家通用语言文字法》为法律依据，根据《普通话水平测试大纲》规定的标准和要求，在全国范围内开展的一项国家级测试。

（二）普通话水平测试等级划分及标准

国家语言文字工作委员会颁布了《普通话水平测试等级标准》，规定普通话水平等级分为三级六等，即一级甲等、一级乙等、二级甲等、二级乙等、三级甲等、三级乙等。具体标准如下：

1. 一级甲等

朗读和自由交谈时，语音标准，词汇、语法正确无误，语调自然，表达流畅。测试失分率在3%以内（得分在97分及以上）。

2. 一级乙等

朗读和自由交谈时，语音标准，词汇、语法正确无误，语调自然，表达流畅。偶然有字音、字调失误。测试总失分率在8%以内（得分在92~96.9）。

3. 二级甲等

朗读和自由交谈时，声韵调发音基本准确，语调自然，表达流畅。少数难点音（平翘舌音、前后鼻尾音、边鼻音等）有时出现失误。词汇、语法极少有误。测试总失分率在13%以内（得分在87~91.9）。

4. 二级乙等

朗读和自由交谈时，个别调值不准，声韵母发音有不到位现象。难点音较多（平翘舌音、前后鼻尾音、边鼻音、唇齿音（f）与舌根音（h）、z-zh-j，送气不送气，i-ü不分，保留浊塞音、浊塞擦音、丢介音、复韵母单音化等），失误较多。方言语调不明显。有使用方言词、方言语法的现象。测试总失分率在20%以内（得分在80～86.9）。

5. 三级甲等

朗读和交谈时，声韵母发音失误较多，难点音超出常见范围，声调调值多不准。方言语调较明显。词汇、语法有失误。测试总失分率在30%以内（得分在70～79.9）。

6. 三级乙等

朗读和自由交谈时，声韵调发音失误较多，方音特征突出。方言语调明显。词汇、语法失误较多。外地人听其谈话有听不懂的情况。测试总失分率在40%以内（得分在60～69.9）。

（三）普通话水平测试对象及达标等级

（1）国家级和省级广播电台、电视台的播音员和节目主持人，普通话水平必须达到一级甲等；电影、话剧、广播剧、电视剧等表演、配音人员，播音、主持人专业和电影、话剧表演专业的教师和毕业生，普通话语音课教师和口语课教师，普通话水平必须达到一级。

（2）师范系统的教师和毕业生，非师范类高等院校的教师以及与口语表达密切相关专业的毕业生，普教系统的教师以及职业中学与口语表达密切相关专业的毕业生，广播电视教学的教师，报考教师资格的人员，普通话水平不得低于二级。

（3）其他应当接受普通话水平测试的人员（如公务员、律师、医护人员、导游员、讲解员、公共服务行业的营业员等），其达标等级可根据不同地区、不同行业特点由省级语委确定。

另外，各省、区、市结合本地实际，对现阶段的测试对象及达标等级有适当调整。以2016年辽宁普通话水平测试对象及达标要求为例，见表1-1。

表1-1　2016年辽宁省普通话水平测试对象及达标要求

对象	等级要求
教师和申请教师资格的人员	一般不低于二级乙等。语文科教师不低于二级甲等，教授现代汉语语音课（含对外汉语）的教师不低于一级乙等
广播电台、电视台的播音员、节目主持人	省级（以上）台达到一级甲等；市级台不低于一级乙等；县级台不低于二级甲等
影视话剧演员（含配音演员）	不低于一级乙等
国家机关工作人员	不低于三级甲等
师范类学生、其他与口语表达密切相关专业的学生	一般不低于二级乙等；中文专业不低于二级甲等
播音与主持艺术专业、影视话剧表演专业学生	不低于一级乙等
行业主管部门规定的其他应该接受测试的人员	执行行业主管部门的规定要求（如铁路系统的站、车广播员不低于二级甲等）

（四）普通话水平测试试题构成及评分标准

普通话水平测试试题由四个部分构成，分别是：读单音节词语、读多音节词语、朗读短文、命题说话。

（1）读单音节词语（100个音节，不含轻声、儿化音节），共10分，限时3.5分钟。

测试题中的100个单音节词语中，70%选自《普通话水平测试用普通话词语表表一》，其他选自《普通话水平测试用普通话词语表表二》。

100个单音节词语包含普通话所有声母、韵母和声调。其中每个声母出现一般不少于3次；每个韵母出现一般不少于2次，不超过4次；4个声调出现次数大致均衡；无轻声、儿化音节。

这个部分考查的是应试人对普通话声母、韵母和声调的发音掌握的标准程度。评分标准如下：

① 语音错误，每个音节扣0.1分。
② 语音缺陷，每个音节扣0.05分。
③ 超时1分钟以内，扣0.5分；超时1分钟以上（含1分钟），扣1分。

（2）读多音节词语（100个音节），共20分，限时2.5分钟。

测试题中100个音节的多音节词语中，70%选自《普通话水平测试用普通话词语表表一》，其他选自《普通话水平测试用普通话词语表表二》。

100个音节组合而成的词语中，双音节词语有45~47个，三音节词语有2个，四音节词语有0~1个；声母、韵母、声调出现次数与单音节词测试项相同；上声相连的词语不少于3个，上声与其他声调相连不少于4个；轻声词语不少于3个；儿化词语不少于4个。

这个部分考查的是应试人对声母、韵母、声调的发音及变调、轻声、儿化等音变现象掌握的标准程度。评分标准如下：

① 语音错误，每个音节扣0.2分。
② 语音缺陷，每个音节扣0.1分。
③ 超时1分钟以内，扣0.5分；超时1分钟以上（含1分钟），扣1分。

（3）朗读短文（400个音节），共30分，限时4分钟。

测试用短文从《普通话水平测试实施纲要》所规定的朗读作品（共60篇）中选取。评分以作品的前400个音节（不含标点符号及括注的音节）为限，但应试人应将第400个音节所在的句子读完整。

此项考查的是应试人使用普通话朗读书面作品的水平。在考察声母、韵母、声调读音标准程度的同时，重点考察连读语流音变、停连、语调以及流畅程度。评分标准如下：

① 每错1个音节，扣0.1分；漏读或增读1个音节，扣0.1分。
② 声母或韵母的系统性语音缺陷，视程度扣0.5分、1分。
③ 语调偏误，视程度扣0.5分、1分、2分。
④ 停连不当，视程度扣0.5分、1分、2分。
⑤ 朗读不流畅（包括回读），视程度扣0.5分、1分、2分。

（4）命题说话，共40分，限时3分钟。

命题说话题目从《普通话水平测试实施纲要》中规定的30个题目中选取。每套测试题有两个命题说话题目，应试人任选其一作为测试时的说话题目，并连续说话满3分钟。

此项考查的是应试人在无文字凭借的情况下说普通话的水平，重点测查语音标准程度，词汇、语法规范程度和自然流畅程度。评分标准如下：

① 语音标准程度：共20分，分六档。

一档：语音标准或极少失误。扣0分、1分、2分。

二档：语音错误在10次以下，有方音但不明显。扣3分、4分。

三档：语音错误在10次以下，但方音比较明显；或语音错误在10~15次，有方音，但不明显。扣5分、6分。

四档：语音错误在10~15次，方音比较明显；或语音错误在10~20次，方音明显。扣7分、8分。

五档：语音错误在 21～50 次，方音明显。分别扣 9 分、10 分、11 分。
六档：语音错误超过 50 次以上，方音重。分别扣 12 分、13 分、14 分。
② 词汇、语法规范程度：共 5 分，分三档。
一档：词汇、语法规范。扣 0 分。
二档：词汇、语法偶有不规范。扣 1 分、2 分。
三档：词汇、语法屡有不规范。扣 3 分、4 分。
③ 自然流畅程度：共 5 分，分三档。
一档：语言自然流畅。扣 0 分。
二档：语言基本流畅。口语化稍差，语流比较连贯、顺畅；或语言表达有书面语倾向，有背诵腔。扣 0.5 分、1 分。
三档：语言不流畅。语言表达书面语化，语流有停顿、间歇，语调生硬；或语言表达书面语化，语流多次停顿、间歇，语调特别生硬。扣 2 分、3 分。（缺时另行扣分）
④ 缺时与无效语料：分四档。
一档：缺时 60 秒以内（含 60 秒），每 20 秒（以 5 秒起累计），扣 1 分。
二档：缺时 61～120 秒，扣 10 分。
三档：缺时 121～150 秒，扣 20 分。
四档：有效说话时间少于或等于 30 秒，扣 40 分。
⑤ 离题，分四档。
一档：说话内容与话题有一定联系，不扣分。
二档：离题 30～90 秒，扣 4～6 分。（30 秒扣 4 分，31～60 秒扣 5 分，61～90 秒扣 6 分）
三档：离题 91～150 秒，扣 10 分。
四档：完全离题，扣 40 分。
⑥ 雷同，分三档。
一档：雷同 30～90 秒，扣 4～6 分。（30 秒扣 4 分，31～60 秒扣 5 分，61～90 秒扣 6 分）
二档：雷同 91～150 秒，扣 10 分。
三档：完全雷同，扣 15 分。

（五）普通话水平测试基本流程

1. 报名
（1）测试原则上实行属地管理，申请接受普通话水平测试的各类人员持有效身份证件到各测试机构报名，也可由单位集体报名。
（2）测试机构接受报名后，安排测试时间、地点，发放准考证。
（3）测试每年分春、秋两季进行，报名时间在每年的 3 月和 9 月，具体时间由测试机构决定。

2. 培训（略）

3. 测试
应试人应提前 30 分钟到达测试点，准备参加测试。具体经过下面 3 个环节：
（1）候测：应试人到达考点后先到候测室报到，把准考证上交候测室工作人员，等候分组。分组后应试人不得随意离开候测室。应在指定地点等待工作人员的提示。
（2）备测：应试人根据考务人员提示进入备测室随机抽取测试试题，到指定座位进行备考。时间不少于 10 分钟。在这个过程中，应试人应认真核对准考证上的个人信息，如有错误需联系备测室的工作人员及时更正；应试人应将准考证与有效身份证件提供给工作人员登记，获取题卡号，并根据题卡号找到相对应的座位号进行备考。

（3）测试：应试人进入测试室，需按备考时所抽题卡号，找到相应机位就座，等候工作人员指令测试，不要随意操作电脑。应试人就座后，根据屏幕指令正确佩戴耳麦，将话筒戴在左侧，将话筒位置调整到口前偏上，等待测试。当听到考务人员测试指令和计算机屏幕指令，进行登录、试音及测试。

子项目1　读单音节词语训练

音节是最自然的语音结构单位，普通话的音节一般由声母、韵母、声调3个部分构成，因此，必须从这3个方面入手，才能掌握标准的普通话语音，改正方音，进而从根本上改变语音面貌。普通话水平等级测试的第一项——读单音节词语，主要考察的正是应试人的声母、韵母、声调的发音。

任务1　读准单音节词语中的声母

任务目标

一、知识目标
1. 了解声母的概念、分类。
2. 掌握声母的发音部位、发音方法及正确发音。
3. 掌握声母的方音辨正。
二、技能目标
1. 能用普通话语音系统中声母的正确发音纠正自己及他人的方音。
2. 能用普通话语音系统中声母的正确发音读准单音节词语。

任务布置

同学们将参加国家普通话水平等级测试，为顺利通过测试，取得相应的等级证书，我们要为读单音节词语做好读准声母的准备。备选样题如下：

❖ 读单音节词语（100个音节，不含轻声、儿化音节），共10分，限时3.5分钟。
候 迢 厅 盖 辞 雯 麦 辆 彪 若 泊 朽 捏 夏 孤 属 泉 明 张 呸 瓮 尔 宏 翅 举 厢
扔 帽 割 羞 终 腐 滑 据 匹 滑 林 篡 跛 柜 搓 诋 遵 低 懒 鹊 愁 锐 肯 蕾 掀 辰
款 科 灯 衰 码 对 喘 沦 框 菌 忍 庸 把 菜 兵 家 偏 投 秋 浊 环 丝 炯 寻 紫 趣
层 远 腔 怯 靴 歪 总 呀 频 攀 烫 耍 壮 通 清 按 靠 苍 席 广 嘴 非

❖ 读单音节词语（100个音节，不含轻声、儿化音节），共10分，限时3.5分钟。
剃 胃 沉 棵 洼 讽 凉 岖 汪 痴 扭 跨 醋 羔 吨 坡 妥 瞒 较 窘 手 乐 彭 涌 而 翁
烽 憧 陨 朴 淮 编 囵 唤 黄 掐 翠 赴 团 彬 貌 减 捏 拟 瞬 效 贵 私 撒 宅 怎 挫
拔 桨 靠 械 女 透 频 港 肉 筷 盲 挟 拎 渣 彪 揪 哥 鼎 赁 僧 怪 垒 庭 穿 原 眶
飘 淀 支 煤 挡 捐 儒 弱 漆 泪 灾 耕 深 砸 流 站 搜 魂 奢 抛 乖 佬

❖ 读单音节词语（100个音节，不含轻声、儿化音节），共10分，限时3.5分钟。
旁 得 目 候 第 旬 努 坐 随 涌 浊 丝 蓊 二 舒 斑 敲 堤 侧 隙 烹 狭 汤 垒 甸

掀 尘 咒 耻 陪 鹃 贫 马 盖 慈 啥 晾 晒 疗 闽 颊 荣 豌 鸣 篇 结 诡 抢 拽 柔 裹
究 准 材 趋 探 遵 挖 泼 峰 留 撞 缺 轰 酬 绝 凶 韵 搭 转 掏 香 染 刚 没 驳 爹
舍 粉 松 华 腐 泥 死 槽 丙 框 亭 渚 槐 临 篡 若 刮 恰 吮 折 狡 却

❖ 读单音节词语（100个音节，不含轻声、儿化音节），共10分，限时3.5分钟

爹 槐 财 袄 拽 否 暂 钧 串 闫 癣 蚌 秦 碱 裆 殿 峡 准 信 仁 花 群 灌 嫩 犬 狂
瓮 思 砸 租 撇 奶 摔 舀 邢 晕 浓 润 凝 坑 翔 荒 绒 增 奖 跟 寸 脏 冬 走 贰 披
饿 街 歌 日 坡 雪 科 缩 册 麻 旅 季 池 利 跃 掏 腮 哑 袜 锈 淌 釉 庸 舔 迥 佛
姐 漱 碑 镖 勺 唁 旷 软 掀 岁 蓝 锹 上 牛 衫 歪 辽 胃 瞟 剁 臊

❖ 读单音节词语（100个音节，不含轻声、儿化音节），共10分，限时3.5分钟。

脆 雅 抓 福 柜 仓 耍 秦 仍 贴 孝 匹 碾 峡 体 吹 苏 窖 让 凝 票 爷 纺 丢 凑 车
板 贼 泽 普 日 敏 色 首 钉 离 斌 浅 疗 创 胜 拟 僵 阆 跌 子 晒 纷 贬 瞥 巢 坏
腔 伞 内 竹 响 夸 锉 决 渺 肥 趁 哄 谬 孔 约 雄 犬 赚 臀 坤 匀 裹 宣 问 饱 渠
乖 瓮 瘿 拽 稍 游 距 宰 逃 沾 踏 摩 染 外 军 软 皇 棍 令 容 缓 尊

任务实施

一、分组练习
1. 练习读单音节词语。
2. 找出并纠正声母存在的错误与缺陷。

二、分组展示
1. 小组代表展示读单音节词语。
2. 学生评价，指出存在的问题。
3. 教师评价，指出存在的问题。

知识储备

导入： 请同学们阅读下面这首《太平歌》，看看每个字的声母都是什么。
子夜久难明，喜报东方亮。此日笙歌颂太平，众口齐欢唱。
这首《太平歌》是著名语言学家王力先生所作，它不仅表达了中国人民"翻身得解放，当家做主人，盛世享太平"的欣喜之情，更为奇妙的是，这首词22个字，把普通话系统中的22个声母每一个恰好使用了一次。请你把这22个字的声母找出来吧！

一、声母的概念

声母就是汉语音节开头的辅音。普通话语音系统中有22个辅音，其中后鼻辅音"ng"不能在音节开头充当声母，所以普通话中有21个辅音声母，分别是：b、p、m、f、d、t、n、l、g、k、h、j、q、x、zh、ch、sh、r、z、c、s。此外，还有一部分音节开头没有辅音，音节中只有元音，我们可以说这个音节的声母是零声母。

二、声母的分类

不同的声母是由不同的发音部位和发音方法决定的。我们可以从这两个角度，对普通话语音

系统中的 21 个辅音声母进行分类。

(一) 声母的发音部位及分类

发音部位是指发音时气流受到阻碍的部位。根据发音部位不同，可将声母分为 7 类：

(1) 双唇音：上唇与下唇形成阻碍，阻塞气流而形成的音，例如：b、p、m。

(2) 唇齿音：下唇和上齿形成阻碍发出的辅音，例如：f。

(3) 舌尖中音：舌尖抵在上齿龈这样的阻碍发出的辅音，例如：d、t、n、l。

(4) 舌尖前音：舌尖和上齿龈或上齿背形成阻碍发出的辅音，例如：z、c、s。

(5) 舌尖后音：又叫卷舌音或翘舌音，舌尖翘起和硬腭前部形成阻碍发出的辅音，例如：zh、ch、sh、r。

(6) 舌面音：指舌面前部抵住或接近硬腭前部，气流在这一部位受到阻碍后形成的音，例如：j、q、x。

(7) 舌根音：就是利用舌根隆起抵住软腭这样的阻碍发出的辅音，例如：g、k、h。

(二) 声母的发音方法及分类

发音方法是指发音时对气流形成阻碍和克服阻碍的方式。它包括 3 个方面的内容：形成阻碍和解除阻碍的方式、气流的强弱、声带是否振动。

(1) 从形成阻碍和解除阻碍的方式进行划分，普通话的声母可以分为以下 5 类：

① 塞音：又叫闭塞音，发音时，形成阻碍的两个发音部位紧紧靠拢，完全闭塞，之后阻碍突然放开，气流骤然冲出，爆发成音。普通话声母中有 6 个塞音：b、p、d、t、g、k。

② 擦音：又叫摩擦音，发音时，形成阻碍的两个发音部位靠近，但不完全闭塞，留出一条狭窄的缝隙，让气流从窄缝中挤出，摩擦成音。普通话声母中有 6 个擦音：f、s、sh、x、h、r。

③ 塞擦音：发音时，形成阻碍的两个发音部位先完全闭塞，然后放松阻碍，形成一条窄缝，让气流从中挤出，摩擦成音。塞擦音成阻时为塞音状态，除阻时为擦音状态，这两种状态结合很紧，一般把它们看成一个发音过程。普通话声母中有 6 个塞擦音：z、c、zh、ch、j、q。

④ 边音：发音时，形成阻碍的舌尖和上齿龈接触，舌头两边留有空隙，同时，软腭上升，阻塞鼻腔通道，迫使气流从舌头两边的空隙中流出，就形成了边音。普通话声母中只有 1 个边音：l。

⑤ 鼻音：发音时，口腔气流通路完全闭塞，软腭下垂，打开鼻腔通路，让气流从鼻腔出来，就形成了鼻音。普通话声母中有 2 个鼻音：m、n。

(2) 从发音时呼出的气流的强弱进行划分，普通话的声母可以分为两类：

① 送气音：是指发音时呼出的气流较强的音。普通话声母中有 6 个送气音：p、t、k、c、ch、q。

② 不送气音：是指发音时呼出的气流较弱的音。普通话声母中有 6 个不送气音：b、d、g、z、zh、j。

(3) 从发音时声带是否振动进行划分，普通话的声母可以分为两类：

① 清音：是指发音时声带不振动的辅音。普通话声母中有 17 个清音：b、p、f、d、t、g、k、h、j、q、x、z、c、s、zh、ch、sh。

② 浊音：是指发音时声带振动的辅音。普通话声母中有 4 个浊音：m、n、l、r。

普通话声母表见表 1—2。

表 1–2　普通话声母表

发音部位\发音方法	塞音		塞擦音		擦音		鼻音	边音
	清音		清音					
	不送气	送气	不送气	送气	清音	浊音	浊音	浊音
双唇	b	p					m	
唇齿					f			
舌尖前音			z	c	s			
舌尖中音	d	t					n	l
舌尖后音			zh	ch	sh	r		
舌面音			j	q	x			
舌根音	g	k			h			

三、声母的发音

（一）双唇音

1. b——双唇、不送气、清、塞音

（1）发音描述：发音时双唇闭合，软腭上升，堵塞鼻腔通路，声带不振动，较弱的气流冲破双唇的阻碍，迸裂而出，爆发成音。

（2）发音训练：

① 单音节词：八、波、毕、部、白、背、包、般、本、宾、蹦、别、帮、褒。

② 双音节词：辨别、背包、表白、颁布、宝贝、报表、卑鄙、本部、弊病。

2. p——双唇、送气、清、塞音

（1）发音描述：发音时上唇、下唇闭紧，形成阻碍、软腭上升，关闭鼻腔通道，声带不振动，气流较强，一下冲破双唇阻碍，爆发成声。

（2）发音训练：

① 单音节词：爬、破、铺、皮、判、盆、贫、胖、配、飘、骗、平、朋。

② 双音节词：偏旁、批评、匹配、拼盘、澎湃、乒乓、铺平、品评、琵琶、跑偏。

3. m——双唇、浊、鼻音

（1）发音描述：发音时上唇、下唇闭紧，软腭下降，关闭口腔通道，打开鼻腔通道，气流振动声带，并从鼻腔冲出成声。

（2）发音训练：

① 单音节词：嘛、木、闷、猫、米、磨、买、面、描、满、美、忙、萌、名。

② 双音节词：弥漫、渺茫、密码、描摹、命名、面目、冒昧、谋面、磨灭、秘密。

（二）唇齿音

f——唇齿、清、擦音

（1）发音描述：发音时下唇略内收，靠近上齿，形成一条窄缝，软腭上升，关闭鼻腔通道，声带不振动，气流从唇齿音的窄缝中挤出，摩擦成声。

（2）发音训练：

① 单音节词：发、复、分、非、峰、犯、肥、烦、否。
② 双音节词：方法、仿佛、奋发、付费、非法、防范、风帆、肺腑、复方、纷繁。

（三）舌尖中音

1. d——舌尖中、不送气、清、塞音

（1）发音描述：发音时舌尖抵住上齿龈，形成阻碍，软腭上升，关闭鼻腔通道，声带不振动，气流较弱，一下冲破阻碍，爆发成声。

（2）发音训练：

① 单音节词：对、地、都、等、读、多、动、道、德、独、掉、断。
② 双音节词：达到、调动、到底、单独、奠定、待定、吊顶、担当、地段、低调。

2. t——舌尖中、送气、清、塞音

（1）发音描述：发音时舌尖抵住上齿龈，形成阻碍，软腭上升，关闭鼻腔通道，声带不振动，气流较强，一下冲破阻碍，爆发成声。

（2）发音训练：

单音节词：他、谈、透、题、痛、糖、态、跳、同、拖、图、填、舔、团、塔、腾。
② 双音节词：体态、天堂、抬头、淘汰、忐忑、探讨、天坛、头条、探头、挑剔。

3. n——舌尖中、浊、鼻音

（1）发音描述：发音时舌尖抵住上齿龈，软腭下降，关闭口腔通道，打开鼻腔通道，气流振动声带，并从鼻腔冲出成声。

（2）发音训练：

① 单音节词：年、能、那、弄、鸟、南、捏、耐、嫩、奴、挠、凝、孬、攮、捻。
② 双音节词：南宁、能耐、奶牛、恼怒、呢喃、牛腩、袅袅、农奴、拿捏、男女。

4. l——舌尖中、浊、边音

（1）发音描述：发音时舌尖抵住上齿龈（略后），舌头两侧要有空隙，软腭上升，关闭鼻腔通道，气流振动声带，并经舌头两边从口腔冲出成声。

（2）发音训练：

① 单音节词：例、六、练、泪、刘、路、林、老、莲、辽、懒、绿、辣、梁、玲。
② 双音节词：力量、轮流、联络、理论、另类、拉链、浏览、绿柳、玲珑、楼兰。

（四）舌尖前音

1. z——舌尖前、不送气、清、塞擦音

（1）发音描述：舌尖抵住上齿背，阻塞气流，软腭上升，然后舌尖慢慢离开上齿背，使气流出来，摩擦成声。

（2）发音训练：

① 单音节词：在、字、坐、最、则、总、怎、脏、咱、租、造、赞、宗、祖、遭。
② 双音节词：自尊、走卒、藏族、在座、总则、曾祖、粽子、祖宗、坐姿、最早。

2. c——舌尖前、送气、清、塞擦音

（1）发音描述：发音情况同 z 大体相同，只是冲出气流较强。

（2）发音训练：

① 单音节词：从、词、才、错、测、此、层、村、擦、操、惨、崔、参、粗、搓。
② 双音节词：层次、参差、催促、粗糙、猜测、苍翠、措辞、从此、草丛、摧残。

3. s——舌尖前、清、擦音

（1）发音描述：舌尖和上齿背轻轻接触，软腭上升，气流从舌尖和上齿背之间摩擦而出，声带不振动。

（2）发音训练：

① 单音节词：三、塞、岁、送、所、思、孙、扫、酸、苏、损、桑、伞、搜、森。

② 双音节词：思索、松散、琐碎、瑟缩、洒扫、色素、四散、诉讼、苏三、搜索。

（五）舌尖后音

1. zh——舌尖后、不送气、清、塞擦音

（1）发音描述：舌尖翘起接触硬腭前端，阻塞气流，然后舌尖慢慢离开硬腭前端，让气流出来，形成先塞后擦的塞擦音，声带不振动。

（2）发音训练：

① 单音节词：炸、这、指、真、种、找、站、准、传、展、周、照、装、张、挣。

② 双音节词：战争、长者、招致、折中、褶皱、珍重、真挚、斟酌、争执、征兆。

2. ch——舌尖后、送气、清、塞擦音

（1）发音描述：发音情况同 zh 大体相同，只是冲出的气流较强。

（2）发音训练：

① 单音节词：差、车、吃、出、成、唱、处、趁、春、传、床、抽、撑、朝。

② 双音节词：查处、拆除、蟾蜍、长城、超产、车床、惩处、赤诚、充斥、抽查。

3. sh——舌尖后、清、擦音

（1）发音描述：舌尖翘起和硬腭前端轻轻接触，软腭上升，气流从舌尖和硬腭前端之间摩擦而出，声带不振动。

（2）发音训练：

① 单音节词：傻、舌、是、山、深、生、手、摔、数、睡、顺、硕、涮、烁、双。

② 双音节词：霎时、山水、闪烁、赏识、上书、少数、舍身、设施、射手、身世。

4. r——舌尖后、浊、擦音

（1）发音描述：发音的情况同 sh 大体相同，只是声带振动。

（2）发音训练：

① 单音节词：人、如、让、日、热、仍、绕、弱、然、柔、惹、瑞、乳、容、闰。

② 双音节词：仍然、柔软、荣辱、忍让、如若、闰日、荏苒、柔软、软弱、扰攘。

（六）舌面音

1. j——舌面、不送气、清、塞擦音

（1）发音描述：舌面前部抵住硬腭前端，阻塞气流，舌尖下垂抵住下齿背，然后舌面前部慢慢离开硬腭前端，让气流出来，摩擦成声。

（2）发音训练：

① 单音节词：角、讲、节、近、见、酒、句、净、假、急、居、娇、炯、掘、圈。

② 双音节词：机警、肌腱、积极、基金、激进、集结、拒绝、计较、季节、急救。

2. q——舌面、送气、清、塞擦音

（1）发音描述：发音情况同 j 大体相同，只是气流冲出较强。

（2）发音训练：

① 单音节词：七、却、清、球、翘、裙、歉、抢、缺、琼、秦、泉、掐、腔、启。
② 双音节词：亲切、请求、崎岖、恰巧、秋千、祈求、情趣、欠缺、窃取、侵权。

3. x——舌面、清、擦音

（1）发音描述：舌面前部靠近硬腭前端，留出窄缝，声带不振动，气流从窄缝中挤出，摩擦成声。

（2）发音训练：

① 单音节词：想、写、新、性、象、雪、谢、徐、秀、凶、夏、仙、校、咸、炫。
② 双音节词：唏嘘、习性、喜讯、狭小、遐想、纤细、闲暇、现象、相信、详细。

（七）舌根音

1. g——舌根、不送气、清、塞音

（1）发音描述：舌根抵住软腭，阻塞气流，软腭上升；然后舌根突然离开软腭，气流迸发出来。

（2）发音训练：

① 单音节词：给、根、歌、干、观、刚、滚、敢、挂、鬼、国、逛、股、稿、攻。
② 双音节词：改观、杠杆、高贵、更改、公共、巩固、沟谷、骨骼、故宫、规格。

2. k——舌根、送气、清、塞音

（1）发音描述：发音情况大致同 g 相同，只是气流冲出较强。

（2）发音训练：

① 单音节词：看、课、块、苦、口、卡、靠、肯、宽、框、刻、侃、咖、捆、阔。
② 双音节词：刻苦、坎坷、宽阔、可靠、慷慨、开垦、夸口、困苦、苛刻、看客。

3. h——舌根、清、擦音

（1）发音描述：舌根和软腭轻轻接触，软腭上声，气流从舌根和软腭之间摩擦而出。

（2）发音训练：

① 单音节词：好、和、会、后、很、坏、花、换、混、胡、海、慌、耗、毁、航。
② 双音节词：憨厚、航海、豪华、好汉、合伙、和缓、呼喊、花卉、皇后、悔恨。

四、声母的辨正

（一）z、c、s 和 zh、ch、sh 的辨正

微课：声母辨正及训练（平翘舌音）

平翘舌不分的情况在许多方言区极为普遍，是多数方言区人学习普通话的难点之一。所以，平翘舌音的辨正成为普通话声母辨正的一个重要方面。常见问题有：

（1）语音缺陷的问题。平翘舌音的语音缺陷是指这两组声母的发音没有完全达到标准程度，通俗地来讲就是平舌不够平，翘舌不够翘。

（2）语音错误的问题。平翘舌音的语音错误是指把其中一组声母读成另一组声母及其他声母，或者两组声母互相混读。具体有以下 3 种情况：

① 只有平舌音而没有翘舌音，把翘舌音读成平舌音或其他声母，这是吴方言、闽方言、客家方言、粤方言等多数方言区存在的问题。他们会把 zh、ch、sh 读成 z、c、s 或 j、q、x。如吴方言，把"诗人"读成"私人"，把"重来"读成"从来"。

② 只有翘舌音而没有平舌音，把平舌音读成翘舌音。这种情况存在于少数方言区，例如湖

北钟祥旧口话、京山杨峰话等。

③ 平、翘舌音都有，但二者全部混读或者部分混读。比如东北不少地区存在这种情况，如把"水"读成"suǐ"，而把"资"读成"zhī"。

那么常用的矫正方法有哪些呢？

1. 准确把握发音要领

平翘舌音的主要差异在于发音部位的不同。发平音时，舌尖在上齿背；发翘舌音时，舌头更加靠后。从平舌音开始，让舌尖向上向后走，滑过齿龈，到达硬腭的穹隆处，这里就是翘舌音的发音位置。

2. 记忆相关的常用字

（1）记少不记多：普通话中，平舌音字数比翘舌音少很多，因此要记住平舌音字。

（2）记声旁类推：汉字中形声字占比较大，一般来说，形声字的声旁可以代替汉字的读音，因此，可以按声旁来类推一部分字的读音。如"占"字是翘舌音，就可以类推出以"占"为声旁的字，如"站、战、粘、沾、毡"等也是翘舌音。但有些字得特殊记忆，如"束"字是翘舌音，而以"束"为偏旁的"速"就是平舌音了。

（3）利用声韵拼合规律类推：普通话语音系统中，声母和韵母拼合有一定的规律，如平舌声母不与"ua、uai、uang"这三个韵母相拼，由此推知"抓、揣、双"等字是翘舌音字；翘舌声母"sh"不与韵母"ong"相拼，由此推知"松、耸、送"等字是平舌音字。

3. 对比辨音练习

读准平翘舌音最好的方法就是大量训练，通过练习感受平翘舌音的区别，纠正语音缺陷和错误，巩固正确发音。

（1）对比训练：

师长—司长　商业—桑叶　乱草—乱吵　私人—诗人　推辞—推迟　三角—山脚
主力—阻力　征兵—增兵　事实—四十　鱼翅—鱼刺　最粗—最初　栽花—摘花
祖父—嘱咐　租子—珠子　暂时—战时　造就—照旧　资源—支援　自愿—志愿
辞职—赤字　自立—智力　粗布—初步　擦车—叉车　史记—死记　栽花—摘花

（2）读词训练：

作者　滋长　种族　转载　残春　操场　冲刺　揣测　飒爽　私事　疏松　世俗　财产

（二）z、c、s，zh、ch、sh与j、q、x的辨正

在这3组声母中，常出现的问题主要有：

1. zh、ch、sh及z、c、s发成j、q、x的音

微课：声母辨正及训练（舌面与舌尖音）

在粤方言、闽方言、湘方言及吴方言等地区会把"知道"说成"机道"，"吃饭"说成"七饭"，"少数"说成"小数"，"自己"说成"计己"，"资金"说成"基金"。

2. "j、q、x"发成"zh、ch、sh"

皖西、辽西等方言区，会出现把j、q、x说成zh、ch、sh的情况，如把"军"（jūn）读成"谆"（zhūn）。

3. j、q、x发成z、c、s或接近z、c、s的音

北方方言、吴方言及湘方言区中的一些人，将一部分j、q、x发成z、c、s或接近z、c、s的音，也就是把团音发成尖音，例如：把"进修"读作"zìn sīu"。

如何进行矫治呢？

1. 准确把握舌面音的发音要领

（1）区分舌面音与舌尖音的发音部位：

舌尖音 z、c、s、zh、ch、sh 发音的着力点在舌尖，其中 z、c、s 是舌尖前音，由舌尖与上齿背形成阻碍发出的，zh、ch、sh 舌尖后音，由舌尖与硬腭前端形成阻碍发出的。而舌面音 j、q、x 发音的着力点在舌面，是舌面前部与硬腭前端形成阻碍发出的。

（2）发准舌面音：

在实际说话过程中，有些人存在舌面音缺陷的问题，也就是发音没有完全达到标准程度，最常见的就是尖音问题。要想发出准确的舌面音，在发音的时候，注意舌尖放在下齿背与下齿龈连接的地方，舌面要自然向上用力，与硬腭前端接触，整个发音过程要保持舌面前部的紧张，位置要固定住，发出的音才不会向前滑动，同时要体会舌尖放松，处于下位的状态。

2. 把握声韵配合规律

在普通话中，声母 zh、ch、sh 和 z、c、s 不能跟 i、ü 或 i、ü 开头的韵母相拼合，比如：z、c、s 跟 i、ü 或 i、ü 开头的韵母相拼合，就会产生前面提到过的尖音问题，而普通话中是没有尖音的。j、q、x 正好相反，可以跟 i、ü 或 i、ü 开头的韵母相拼合。因而，只要遇到 z、c、s 与 i、ü 或 i、ü 开头的韵母相拼时，一律将 z、c、s 改为 j、q、x，读音就和普通话一致了。

3. 对比辨音练习

要想读准这 3 组声母，还需要大量朗读训练，通过反复练习感受 3 组声母的区别，巩固正确发音。

（1）对比训练：

砖墙—专长　详细—翔实　缺席—确实　修饰—收拾　电线—电扇　姓名—盛名
舒心—虚心　专款—捐款　船头—拳头　出世—去世　述说—叙说　主办—举办

（2）读词训练：

驱逐　旋转　巨著　宣传　泉水　犬齿　吹嘘　拘束　居室　叙述　局促　沮丧　捐赠
资金　蜷缩　劝阻　瓷器　逊色　字迹　思绪　拒绝　曲线　需求　喧嚣　机器　急切

（三）n 和 l 的辨正

有些方言区中，如闽方言，北方方言中的西南官话、部分江淮官话等，n 和 l 是不分的，总体表现为 3 种情况：有的 n 和 l 一律读成 l，有的则一律读成 n，还有的就是随便读。在这些方言区，"河南"与"荷兰"不分，"旅客"与"女客"不分。

微课：声母辨正及训练（鼻边音）

常见的矫治方法是：

1. 准确把握发音要领

n 和 l 主要区别在于发音方法的不同。n 是鼻音，l 是边音，发音时，气流是有不同走向的。捏住鼻子，不让气流走鼻腔，这时候气流从舌头两边隐隐滑过两颊，发出来的音就是边音"l"；然后让气流往鼻腔通道走，气流完全受阻，发不出音来，这时放手，就能顺利发出鼻音"n"。

2. 记忆相关的常用字

（1）记少不记多。汉语普通话中，l 声母字远远多于 n 声母字，我们可以记住数量较少的 n 声母字，以此来推 l 的声母字。

（2）利用声旁类推。我们可以用形声字声旁类推的方式举一反三。如"宁"字的声母是"n"，我们可以类推出"宁"做声旁的字的声母也是"n"，如"柠（咛、狞、拧、泞）"等字。

（3）利用声韵拼合规律类推。普通话中，n 不与韵母 ia 相拼，故"（咱）俩"只能是边音；l

不与en相拼，故"嫩"只能是鼻音；n极少与ou相拼（只有不常用的"耨"字），因此"楼、搂、漏"等字只能是边音；n也不与韵母un相拼（只有不常的用"黁"字），所以像"轮、抡、论"等字都是读边音；n与in相拼的常用字只有一个"您"字，因此"林、赁、拎、凛"等字只能是边音声母l。

3. 前字引导法

选取前一个字是前鼻音，后一个字是以n为开头的双音节词语连读，这样就很容易发出"n"声母字。例如选取"新年、温暖"等连读，就很容易把"年、暖"的声母读准。

4. 对比辨音练习

要想读准n和l，还需要大量朗读训练，通过反复练习感受两个声母的区别，巩固正确发音。

（1）对比训练：

① 单音词对比训练：

老—脑　刘—牛　路—怒　类—内　赖—耐　诺—落　龙—浓　闹—捞
拉—拿　冷—能　列—涅　吕—女　零—宁　年—连　连—年　难—蓝

② 双音节词对比训练：

无奈—无赖　褴褛—男女　留念—留恋　牛年—流年
恼了—老了　旅客—女客　允诺—陨落　浓重—隆重
泥巴—篱笆　新粮—新娘　呢子—梨子　新连—新年
脑子—老子　老路—恼怒　女伴—旅伴　难住—拦住

（2）读词训练：

冷暖　内陆　能量　奴隶　凝练　暖流　嫩绿　流年　尼龙　老农　年轮　鸟类

（四）f和h的辨正

我国的湘、赣、客家、闽、粤等方言区大都不能区分"f"与"h"，同时在北方方言的江淮官话、西南官话中也存在一些类似的现象。常见问题有：

（1）多数是把部分h声母混入f声母，如长沙话、南昌话、重庆话把"回"说成"féi"，把"花生"说成"发生"；闽南话和闽北话根本没有f，普通话里的f声母字多数读成"b、p"或"h"。

（2）也有地方将f声母混入h声母的，如厦门话、潮州话、湖北的洪湖话、恩施话等，把"飞"说成"灰"，把"凤"说成"烘"。同时，混读现象也存在。

如何矫正呢？

1. 准确把握f和h的发音要领

这两个声母的发音方法相同，都是清擦音，不同的是发音部位：f是唇齿音，发音部位是上齿接近下唇，而h舌根音是舌根接近软腭。因为发音部位离得比较远，所以从发音本身来讲并没有什么难度。

2. 记忆相关的常用字

分辨f和h的重点在于这两个音的常用字记忆方面。

（1）利用声旁类推分辨。

我们可以利用声旁类推来分辨f声母字和h声母字。"伐"的声母是f，可以类推"伐"做声旁的字声母为f，如"筏、阀"等；"化"的声母是h，可以类推"化"做声旁的字声母为h，如"花、哗"等。

（2）利用声韵拼合规律分辨。

除u外，其他合口呼韵母都不与f相拼，由此可以推断"化、灰"等字的声母都是h。

f 与 o 相拼的只有一个"佛"字，因此其他在方言中念"fo"的字在普通话中都应该改为"huo"音。

f 不与 ai 相拼，因此方言中念 fai 的字在普通话中都应改为 huai 音。

f 不与 ong 相拼，方言中念 fong 的字在普通话中应改为 feng 或 hong 音。

（3）记少不记多。

相比之下，f 声母音节字少，h 声母音节字多，我们可以着重记一些 f 声母代表字以推相应 h 声母。

3. 对比辨音练习

要想读准 f 和 h，还需要大量朗读训练，通过反复练习感受两个声母的区别，巩固正确发音。

（1）对比训练：

开方—开荒　防空—航空　幅度—弧度　理发—理化　复员—互援　斧头—虎头
开发—开花　初犯—出汗　飞机—灰鸡　仿佛—恍惚　奋战—混战　粉尘—很沉
伏案—湖岸　废话—绘画　公费—工会　舅父—救护　附注—互助　防虫—蝗虫

（2）读词训练：

发话　发慌　反悔　复合　混纺　后方　化肥　洪峰　繁华　画符　花粉　丰厚

（五）读准零声母字

普通话一部分读零声母的字，在有些方言中读成了有声母的字。常见的问题有：

（1）以 a、o、e 开头的零声母，前面加 n 或 ng。

（2）以 u 开头的零声母，读成 v 声母。

常用的矫正方法有：

（1）以 a、o、e 开头的，去掉 n 或 ng，直接发元音。

（2）以 u 开头的，发音时把双唇拢圆，不要让下唇和上齿接触。

（3）对比辨音练习：

① 对比训练：

爱心—耐心　海岸—海难　大义—大逆　傲气—闹气　疑心—泥心
语序—女婿　每晚—美满　纹路—门路　万丈—幔帐　五味—妩媚

② 读词训练：

阿姨　挨饿　昂扬　偶尔　扼要　外围　忘我　委婉　万般　唯物　无谓

（六）读准声母 r

（1）常见的问题有：

① r 声母读成零声母字，如："肉"（ròu）读成 yòu。

② r 声母读成 n 声母或 l 声母，如："扔"（rēng）读成 lēng。

（2）常用的矫治方法有：

① 掌握 r 声母的发音部位和发音方法。

② 二要记少不记多。r 做声母的音节共 14 个，与其相应的常用汉字共有 65 个。列举如下：

ri——日

re——热、惹

rao——绕、饶、扰、娆

rou——肉、揉、柔、蹂

ran——然、燃、染、冉

rang——让、嚷、瓤、壤、攘。
ren——人、认、任、忍、仁、韧、刃、妊、纫、荏。
reng——扔、仍。
ru——如、乳、入、茹、汝、儒、褥、辱、濡、孺。
rong——容、荣、蓉、融、绒、溶、榕、熔、茸、嵘、冗。
ruo——弱、偌、若。
rui——瑞、蕊、锐、睿、芮。
ruan——软、阮。
run——润、闰。

任务 2　读准单音节词语中的韵母

任务目标

一、知识目标
1. 了解韵母的概念、分类。
2. 掌握韵母的组成、分类及正确发音。
3. 掌握韵母的方音辨正。
二、技能目标
1. 能用普通话语音系统中韵母的正确发音纠正自己及他人的方音。
2. 能用普通话语音系统中韵母的正确发音读准单音节词语。

任务布置

同学们将参加国家普通话水平等级测试，为顺利通过测试，取得相应的等级证书，我们要为读单音节词语做好读准韵母的准备。备选样题如下：

❖ 读单音节词语（100个音节，不含轻声、儿化音节），共10分，限时3.5分钟。
枯 皮 顺 福 猜 币 藤 枕 唱 需 给 砸 网 例 广 扔 歪 直 距 耍 趴 域 仿 泽 眨 宫
论 浊 擦 挠 敏 项 宰 辈 丘 折 佩 旋 展 乓 否 增 馋 乖 水 镖 舌 袖 巢 娟 溃 挺
貂 柔 框 禀 狭 惨 泛 街 扫 瓮 跌 莲 闷 惶 炯 婚 贴 鄃 税 您 喘 聂 搜 仁 眺 我
宽 禽 岁 怎 约 强 恻 滑 缩 准 不 环 鬼 缺 锐 偏 色 母 阔 撮 允 对

❖ 读单音节词语（100个音节，不含轻声、儿化音节），共10分，限时3.5分钟。
次 抛 否 余 爬 蓬 拢 掐 握 钞 主 贼 洒 页 播 穷 累 筛 咛 拐 陪 用 泛 想 擦 兑
揪 弥 叹 槐 攒 僧 佛 软 歪 俊 耿 奏 姜 眸 涩 白 羔 耍 扔 衬 壤 决 拖 坠 岑 找
王 凑 广 京 爆 亏 爽 源 颇 鳞 顶 浪 粉 粟 团 婚 瓮 比 群 筐 您 滚 鹃 虐 棉 户
充 表 昆 聂 滑 踹 亚 挑 暂 徐 脸 丢 年 润 朽 扩 新 条 权 说 且 谬

❖ 读单音节词语（100个音节，不含轻声、儿化音节），共10分，限时3.5分钟。
透 滚 黑 局 纲 子 拿 策 霜 逮 迢 瞥 赛 培 拟 坑 篓 歪 扰 蚕 胖 源 否 遮 柳 酿
旋 车 则 篇 洒 繁 租 荏 剃 孔 醇 动 糙 萌 佛 绊 裹 丢 贼 凹 冉 叹 崖 耗 爹 古
森 国 奏 俩 罗 芬 壤 避 贼 束 亏 面 翁 群 撰 寝 彪 况 穴 缓 苗 昆 续 耍 凝 拐
用 揪 蓬 柔 腔 饼 淋 踹 毁 星 蕴 随 拴 旅 香 躲 穷 热 卓 轰 煮 确

❖ 读单音节词语（100个音节，不含轻声、儿化音节），共10分，限时3.5分钟。
罢 乖 惭 否 大 磷 灾 摆 瓢 猎 丘 伞 萌 滔 忍 暂 僧 瘪 辖 旷 瓶 鸭 番 尺 茶 颇 佛 嗓 择 焖 废 俩 岑 廖 僵 嚷 凑 赏 蹄 标 得 愿 瘟 抵 泰 留 撇 谜 特 揉 垮 环 贼 绕 炯 亭 水 念 华 窗 哨 您 宽 毁 嗅 趋 电 恫 象 楚 挖 举 琼 轩 简 粤 荒 廓 灼 揣 朔 恭 晚 俗 翁 宁 贵 约 顾 抓 鸿 抹 聪 裙 控 捧 虐 滚 追 由

❖ 读单音节词语（100个音节，不含轻声、儿化音节），共10分，限时3.5分钟。
前 洒 博 私 首 痴 沓 苗 趴 闽 蔡 帼 恭 片 阻 觅 僵 贼 馁 沃 披 熨 否 得 筛 葛 揉 帆 泽 坏 妞 垦 玉 栽 每 佛 保 赛 奴 庸 滔 灿 窘 萍 扰 参 闻 路 岑 剑 扔 你 狭 寸 鸿 柄 疼 雅 械 宽 庞 缝 丢 耍 叠 挖 火 吹 恐 坠 却 琴 俩 贴 球 惠 撑 歪 旬 阅 当 灼 瞭 状 略 嚷 宣 轮 缺 逛 垮 貂 墙 闩 凛 串 瘟 创 停 倦

任务实施

一、分组练习
1. 练习读单音节词语。
2. 找出并纠正韵母存在的错误与缺陷。

二、分组展示
1. 小组代表展示读单音节词语。
2. 学生评价，指出存在的问题。
3. 教师评价，指出存在的问题。

知识储备

导入：请同学们阅读下面这首小诗，看看每个字的韵母都是什么。

人远江空夜，浪滑一舟轻。儿咏欸唷调，橹和嗳啊声。网罩波心月，杆穿水面云。鱼虾留瓮内，快活四时春。

这首诗的40个字，包含了普通话系统中的39个韵母，现在请你试着把每个字的韵母找出来吧！

一、韵母的概念及构成

韵母是指汉语音节中声母后面的部分，普通话中共有39个韵母，分别是：a、o、e、ê、i、u、ü、-i（前）、-i（后）、er、ai、ei、ao、ou、ia、ie、ua、uo、üe、iao、iou、uai、uei、an、en、in、ün、ian、uan、uen、üan；ang、eng、ing、ong、iang、iong、uang、ueng。

一个音节中的韵母，通常可以分为韵头（介音）、韵腹（元音，韵母中最关键的部分）、韵尾（可元音可辅音，其中的辅音专指鼻韵母）3部分。

韵头又称介音，是韵腹前面起前导作用的部分；韵腹又称主要元音，是韵母发音过程中，口腔肌肉最紧张、发音最响亮的部分；韵尾可由元音来充当，也可由辅音来充当，由n、ng来充当的叫鼻韵尾，其他叫口韵尾。

二、韵母的分类

普通话中的韵母主要有以下两种分类方法：

（一）按开头元音发音口形可分为：开口呼、齐齿呼、合口呼、撮口呼，简称"四呼"

它们分别是：

① 开口呼韵母包括 a、o、e、ê、er、i（前）、i（后）或 a、o、e 开头的韵母。

② 齐齿呼韵母包括 i 或 i 开头的韵母。

③ 合口呼韵母包括 u 或 u 开头的韵母。

④ 撮口呼韵母包括 ü 或以 ü 开头的韵母。

（二）按结构可以分为：单韵母、复韵母、鼻韵母

1. 单韵母由一个元音构成的韵母叫单韵母，又叫单元音韵母

单元音发音时，由于舌位的高低、前后，唇形的圆展，而形成不同音色的元音。可以从以下3个方面对元音发音进行分析。

第一，舌位的高低：是指舌头和上腭的距离。距离近叫"舌位高"，距离远叫"舌位低"。一般把高低分为"高""半高""半低""低"四级。根据舌位高低可以把元音分为高元音（i、u、ü）、半高元音（e、o）、半低元音（ê）、低元音（a）。

第二，舌位的前后：是指舌头的前伸和后缩。舌面前伸隆起部分对着硬腭的时候，称作"前"；舌面后缩隆起部分对着软腭的时候，称作"后"；舌面处于中间，隆起部分对着硬腭和软腭中间的时候，称作"央"。根据舌位的前后，可以把元音分为前元音（i、ü）、央元音（a）、后元音（u、e、o）。

第三，唇形的圆展：是指唇形形状的变化。圆，指两唇成圆形；展，指两唇舒展成扁平成自然状态，根据发音时嘴唇的形状，可以把元音分为圆唇元音（ü、u、o）和不圆唇元音（i、a、e、ê）。

普通话中单元音韵母共有 10 个：a、o、e、ê、i、u、ü、-i（前）、-i（后）、er，发音的特点是自始至终口形不变，舌位不移动。根据发音时舌位和唇形的状态（如图 1-1 所示），可将 10 个单韵母分为舌面单韵母、舌尖单韵母、卷舌单韵母三类：

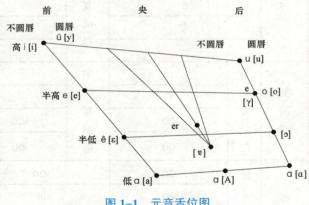

图 1-1　元音舌位图

舌面单韵母。舌面单韵母有 7 个，即 a、o、e、ê、i、u、ü。

舌尖单韵母。普通话语音有两个舌尖单韵母，一个是 zi、ci、si 音节的韵母，叫舌尖前韵母，即 -i（前）；一个是 zhi、chi、shi、ri 音节的韵母，叫舌尖后韵母，即 -i（后）。

卷舌单韵母。er 是一个用双字母表示的单韵母，e 表示舌位和唇形，r 是表示卷舌动作的符号，所以 er 用两个字母表示，仍是单韵母。er 只能自成音节。

2. 复韵母

复韵母是由 2 个或 3 个元音结合而成的韵母。这种复合元音并不是 2 个元音或 3 个元音的简单相加，而是一个语音整体，发音的时候，中间不能间断。

复韵母发音特点是：复韵母的发音过程是舌位由一个元音舌位向另一个元音舌位滑动的结果。但是每一个元音在韵母的整体中的分量并不相等，其中只有一个元音是这个韵母的重心，它的声音比较响亮、清晰，占时长些，读起来重些，这个起重心作用的元音，叫作韵腹。

普通话有 13 个复韵母，根据主要元音（即韵腹）在韵母中的位置不同，可以分为三类：前响

复韵母（ai、ei、ao、ou）、后响复韵母（ia、ie、ua、uo、üe）和中响复韵母（iao、iou、uai、uei）。

3. 鼻韵母

由元音后面带上鼻辅音构成的韵母叫鼻韵母，共16个：an、en、in、ün、ian、uan、uen、üan；ang、eng、ing、ong、iang、iong、uang、ueng。前8个是由前鼻辅音n同元音组成的，叫作前鼻韵母；后8个是由后鼻辅音ng和元音组成的，叫作后鼻韵母。

鼻韵母发音特点：一是元音和后面的鼻辅音不是生硬地拼在一起，而是鼻音色彩逐渐增加，由元音的发音状态逐渐向鼻辅音过渡，最后，发音部位闭塞，形成鼻辅音；二是鼻辅音韵尾发音时，除阻阶段不发音。

普通话韵母表见表1-3。

表1-3　普通话韵母表

		开口呼		齐齿呼	合口呼	撮口呼
单韵母		-i（前） -i（后）		i	u	ü
		a		ia	ua	
		o			uo	
		e				
		ê		ie		üe
		er				
复韵母	前响复韵母	ai	中响复韵母		uai	
		ei			uei	
		ao		iao		
		ou		iou		
鼻韵母	前鼻	an		ian	uan	üan
		en		in	uen	ün
	后鼻	ang		iang	uang	
		eng		ing	ueng	
					ong	iong

三、韵母的发音

（一）单韵母的发音

1. 舌面单韵母

（1）a——央、低、不圆唇元音。

① 发音描述：发音时，口腔大开，舌头居中，舌面降到最低，唇形不圆，软腭上升，关闭鼻腔通道，声带振动。

② 词语训练：
a. 单音节词：爸、怕、玛、发、打、他、哪、拉、哈、咋、擦、萨、炸、查、杀。
b. 双音节词：蛤蟆、马达、沙发、打靶、腊八、打岔、砝码。
（2）o——后、半高、圆唇元音。
① 发音描述：口腔微开，舌头后缩，舌尖下垂，舌根隆起，升至半高半低之间，嘴唇收圆。软腭和声带活动和发a时一样。
② 词语训练：
a. 单音节词语：波、婆、模、佛、我。
b. 双音节词语：泼墨、玻璃、磨破、饽饽、摩托、薄膜、摸索。
（3）e——后、半高、不圆唇元音。
① 发音描述：口腔半闭，舌头后缩，舌根升至半高，嘴角向两边微展。和o相比，区别在于嘴唇张开的圆与不圆，舌位比o略高、略前。
② 词语训练：
a. 单音节词语：么、得、特、乐、哥、克、泽、测、色、哲、扯、社。
b. 双音节词语：隔阂、特色、苛刻、合格、色泽、可乐、割舍。
（4）ê——前、半低、不圆唇元音。
① 发音描述：ê这个音一般不单独出现（单音节词"欸"为代表），往往与i、ü结合组成复韵母后把上加符号"^"去掉，写成ie、üe，因为i、ü不同单韵母e结合，所以e、ê不会相混。可以先发yē（耶）的音，结尾停止不动，体会口腔的开度。舌头伸直，舌面前部略略抬高，口自然打开，软腭上升关闭鼻腔通道，嘴角向两边展开，声带振动。
（5）i——前、高、不圆唇元音。
① 发音描述：口腔开度很小，舌头前伸，舌面上升，舌头前面接近硬腭，气流的通路狭窄但不发生摩擦，嘴唇展开，软腭上升，关闭鼻腔通道，声带振动。
② 词语训练：
a. 单音节词语：笔、披、米、低、提、你、李、机、奇、洗。
b. 双音节词语：集体、地理、激励、谜底、离奇、依稀、袭击。
（6）u——后、高、圆唇元音。
① 发音描述：口腔开度很小，舌头后缩，舌根上升接近软腭，气流的通路狭窄但不发生摩擦，嘴唇拢圆，中间形成一小孔，软腭上升，关闭鼻腔通道，声带振动。
② 词语训练：
a. 单音节词语：布、扑、木、扶、读、图、努、路、鼓、库、胡、租、粗、苏、出。
b. 双音节词语：出租、粗鲁、朴素、孤独、祝福、速度、诉苦。
（7）ü——前、高、圆唇元音。
① 发音描述：发音时，口腔开度小，舌头前伸，舌面上升舌面前部接近软腭，气流的通路狭窄但不发生摩擦，撮唇呈圆形。略向前突，中间留一扁圆小孔。ü和i的发音情况比较相近，区别在于发ü时圆唇，发i时展唇，舌位ü比i略低、略后。
② 词语训练：
a. 单音节词语：女、绿、句、去、徐、寓。
b. 双音节词语：女婿、语句、旅居、区域、语序、序曲、须臾。

2. 舌尖单韵母

（1）-i（前）——舌尖前、高、不圆唇元音。

① 发音描述：发音时，舌尖前伸接近上齿背，气流通路狭窄，但不发生摩擦，唇形不圆，软腭上升关闭鼻腔通道，声带振动发音。–i（前）不能单独构成音节，只能跟 z、c、s 3 个字母相拼。在实际发音中，zi、ci、si 延长的发音就是舌尖前韵母。

② 词语训练：

a. 单音节词语：字、姿、词、刺、次、四、司。

b. 双音节词语：祭祀、讽刺、恩赐、自私、相思、此次、刺字。

（2）–i（后）——舌尖后、高、不圆唇元音。

① 发音描述：发音时舌尖上翘，对着硬腭前部，气流通路狭窄，但不发生摩擦，唇形不圆，软腭上升关闭鼻腔通道，声带振动发音。–i（后）不能单独构成音节，只能跟 zh、ch、sh、r 4 个字母相拼。在实际发音中，zhi、chi、shi、ri 延长的发音就是舌尖后韵母。

② 词语训练：

a. 单音节词语：师、吃、指、是、池、市、赤。

b. 双音节词语：知识、支持、市尺、指示、适时、逝世、食指。

3. 卷舌单韵母

er——卷舌、央、中、不圆唇元音。

① 发音描述：发音时，口形略开，舌位居中，舌前、中部上抬。舌尖向后卷和硬腭前端相对。发音时，软腭上升，关闭鼻腔通路，声带振动。

② 词语训练：

a. 单音节词语：二、儿、耳、尔、贰、饵、洱。

b. 双音节词语：二十、儿女、耳朵、尔雅、鱼饵、洱海。

（二）复韵母的发音

（1）前响复韵母ai、ei、ao、ou。

① 发音描述：发音时，口腔肌肉放松，韵腹 a、o、e 发得清晰、响亮、音值稍长，后面的 i、u、o 是韵尾，发得轻、短、模糊，只表示舌位滑动的方向。

② 词语训练：

a. 单音节词语：该、赖、辈、肥、猫、高、楼、剖。

b. 双音节词语：白菜、彩排、北美、配备、草帽、报考、欧洲、收购、喉头。

（2）后响复韵母 ia、ie、ua、uo、üe。

① 发音描述：前一个元音 i、u、ü是韵头，读得轻、短而紧张，后一个元音是韵腹，读得清晰、响亮、时值较长。两个元音必须读成一个整体。

② 词语训练：

a. 单音节词语：俩、夏、切、街、瓦、夸、躲、挪、学、雀。

b. 双音节词语：假牙、画家、结业、趔趄、耍滑、刮花、国货、骆驼、雀跃、决裂。

（3）中响复韵母 iao、iou、uai、uei。

① 发音描述：发音时，韵头轻、短，韵尾含混，音值不固定，韵腹清晰、响亮、音值较长。

② 词语训练：

a. 单音节词语：笑、挑、秀、酒、怪、淮、水、最。

b. 双音节词语：苗条、巧妙、缥缈、优秀、悠久、衰败、外快、荟萃、回味。

（三）鼻韵母的发音

（1）an、en、in、ün。

① 发音描述：发音时，先发 a/e/i/ü，然后舌尖移动至上齿龈并抵住，发前鼻辅音 n。
② 词语训练：
a. 单音节词语：
an：班、盼、满、烦、单、谈、难、懒、敢、看、喊、赞、灿、三、沾。
en：本、盆、门、粉、嫩、根、啃、狠、参、真、趁、神、恩、认。
in：滨、贫、泯、吝、您、紧、琴、新、印。
ün：军、裙、寻、蕴。
b. 双音节词语：
an：感叹、灿烂、坦然、汗衫、橄榄、完全、淡蓝、漫谈。
en：根本、认真、深沉、本分、愤恨、振奋、深圳、人参。
in：拼音、尽心、濒临、辛勤、信心、亲近、金银、印信。
ün：均匀、军训、逡巡、循循、芸芸。

（2）ian、uan、üan、uen。
① 发音描述：发音时，先发 i/u/ü，接着发 an/en，i/u/ü 与 an/en 结合得很紧密。
② 词语训练：
a. 单音节词语
ian：边、篇、棉、垫、田、年、练、间、谦、闲、烟。
uan：断、团、暖、乱、关、款、环、钻、窜、酸、专、喘、涮、软、玩。
üan：捐、券、宣、冤、圆。
uen：吨、吞、轮、昆、魂、尊、存、笋、准、春、顺、润、文。
b. 双音节词语：
ian：偏见、先天、变迁、片面、电线、简便、连绵、田间、咽炎。
uan：贯穿、转弯、传唤、专款、宽缓、专断。
üan：涓涓、渊源、圆圈、轩辕、源泉、全权。
uen：春笋、温存、馄饨、谆谆、昆仑、困顿、温顺、论文、分寸。

（3）ang、eng、ing、ong。
① 发音描述：发音时，先发 a/e/i/o，舌头逐渐后缩，舌根抵住软腭，发后鼻音 ng。
② 词语训练：
a. 单音节词语：
ang：帮、滂、芒、放、当、躺、囊、狼、岗、抗、航、脏、苍、嗓、涨。
eng：绷、碰、梦、逢、等、疼、能、冷、哽、坑、恒、赠、层、僧、正。
ing：并、屏、铭、顶、听、凝、领、晶、情、性、赢。
ong：动、同、弄、龙、公、控、红、棕、聪、送、中、冲、冗。
b. 双音节词语：
ang：厂房、沧桑、螳螂、徜徉、商场、帮忙、肮脏、放荡。
eng：更正、生冷、升腾、承蒙、丰盛、猛增、奉承、圣僧。
ing：定型、命令、行星、蜻蜓、姓名、冰凌、精灵、晶莹。
ong：工农、红松、总统、隆重、瞳孔、轰动、空洞、公众。

（4）iang、iong。

① 发音描述：发音时，先发i，接着发ang/ong，使二者结合成一个整体。
② 词语训练：
a. 单音节词语：
iang：娘、亮、讲、强、香、样。
iong：炯、琼、胸、用。
b. 双音节词语：
iang：亮相、想象、踉跄、奖项、响亮、洋相、襄阳、湘江。
iong：汹涌、穷凶、窘迫、熊熊、炯炯。

四、韵母的辨正

（一）前后鼻韵母辨正

1. 常见问题

涉及前后鼻韵母混淆的地区比较多。有的方言后鼻韵母不全，如缺 eng、ing 等；或前后鼻韵母混读，多表现在 en 和 eng、in 和 ing 两对韵母上。

2. 矫正方法

（1）要分清前后鼻韵母，首先要发准 n 和 ng 这两个鼻辅音。

这两个鼻音发音方法相同，主要区别在于发音部位不同。发前鼻音 n 时，舌尖顶住上齿龈，上下门齿相对，口型较闭；发后鼻音 ng 时，舌根尽力后缩，抵住软腭，上下门齿相离，口型较开。

微课：韵母方音辨正及训练（前鼻韵母与后鼻韵母）

（2）对比辨音：
① in 和 ing。
a. 对比训练：

红心—红星	人民—人名	信服—幸福	劲头—镜头	因而—婴儿
海滨—海兵	临时—零时	禁止—静止	弹琴—谈情	印象—映象
宾馆—冰棺	频频—平平	亲近—清静	禁赛—竞赛	金银—晶莹

b. 词语训练：心情、品行、心灵、民兵、金星、灵敏、清音、平民、精心、定亲。
② en 和 eng。
a. 对比训练：

陈旧—成就	真气—蒸汽	诊断—整段	上身—上升	人参—人生	针眼—睁眼
晨风—成风	同门—同盟	瓜分—刮风	出身—出生	粉刺—讽刺	花盆—花棚
分子—疯子	深耕—生根	震中—正中	分针—风筝	审视—省市	深沉—生成

b. 词语训练：真诚、本能、奔腾、神圣、人生、成本、承认、风尘、证人、登门。
③ an 和 ang。
a. 对比训练：

| 扳手—帮手 | 女蓝—女郎 | 反问—访问 | 担心—当心 | 唐宋—弹送 | 水干—水缸 |
| 看家—康佳 | 战防—账房 | 赏光—闪光 | 冉冉—嚷嚷 | 土壤—涂染 | 张贴—粘贴 |

b. 对比训练：担当、班长、繁忙、反抗、擅长、商贩、当然、傍晚、账单、方案。
④ ian 和 iang。
对比训练：演讲、现象、坚强、绵羊、岩浆、镶嵌、香甜、想念、两面、量变。

⑤ uan 和 uang。

对比训练：观光、宽广、观望、万状、端庄、光环、狂欢、双关、王冠。

（二）i 和 ü 的辨正

1. 常见问题

有些方言如昆明话、湖南话、客家话等把 i 和 ü 都念成 i。如把荣誉（róng yù）说成（róng yì）。东北话却存在着将 i 念成 ü、ie 念成 üe 的现象，把胆怯（dǎn qiè）说成（dǎn què）。

2. 矫正方法

（1）分辨 i、ü 关键在要正确分辨哪些字的韵母是 i，哪些字的韵母是 ü。

（2）对比辨音训练：

① i 和 ü。

对比训练：

集体—具体　　农技—农具　　出气—出去　　气味—趣味　　比翼—比喻
情理—情侣　　意气—玉器　　移民—渔民　　理由—旅游　　里程—旅程

② ie 和 üe。

对比训练：

解决—学界　　谢绝—劫掠　　美协—美学　　斜街—协约　　铁血—喋血　　结业—谐谑

（三）o 和 e 的辨正

微课：韵母方音辨正
及训练（o 和 e）

1. 常见问题

东北一些方言中，将韵母 o 念成 e，西南不少地区的方言则正相反。

2. 矫正方法

（1）o 和 e 的发音情况大致相同，只有圆唇与不圆唇的区别，发 o 时，必须两唇拢圆。

（2）掌握一个规律，即在普通话中 b、p、m、f 只跟韵母 o 相拼，不跟 e 相拼（"么"字除外）。

（3）对比辨音训练：

o——薄膜　饽饽　佛教　泼墨　默默　婆婆　磨破
e——合辙　割舍　折射　哥哥　隔阂　特色　嗝瑟

（四）u 和 ou 的辨正

1. 常见问题

有些方言（如粤方言）把普通话 d、t、n、l、z、c、s、b、p、m 这 10 个声母后的 u 念成 ou，武汉把普通话 d、t、n、l、z、c、s 这 7 个声母后的 u 念成 ou 韵。

2. 矫正方法

（1）u 和 ou 的主要区别在于：u 发音时没有动程，ou 发音时有动程。

（2）对比辨音训练：

① u 和 ou 对比训练：锄头、步骤、福寿、独奏、幕后、足够、梳头、猪油、户口。

② ou 和 u 对比训练：手足、走路、构图、投诉、扣除、厚度、口服、豆腐、后主。

普通话声韵配合关系见表 1-4。

表 1-4 普通话声韵配合关系

声母		开口呼	齐齿呼	合口呼	撮口呼
双唇音	b、p、m	+	+	只跟u相拼	
唇齿音	f	+		只跟u相拼	
舌尖中音	d、t	+	+	+	
	n、l				+
舌面音	j、q、x		+		+
舌根音	g、k、h	+		+	
舌尖后音	zh、ch、sh、r	+		+	
舌尖前音	z、c、s	+		+（部分不行）	
零声母	ø	+	+	+	+

任务3 读准单音节词语中的声调

任务目标

一、知识目标
1. 了解声调的概念、分类。
2. 掌握声调的分类及正确发音。
3. 掌握声调的方音辨正。

二、技能目标
1. 能用普通话语音系统中声调的正确发音纠正自己及他人的方音。
2. 能用普通话语音系统中声调的正确发音读准单音节词语。

任务布置

同学们将参加国家普通话水平等级测试，为顺利通过测试，取得相应的等级证书，我们要为读单音节词语做好读准声调的准备。备选样题如下：

❖ 读单音节词语（100个音节，不含轻声、儿化音节），共10分，限时3.5分钟。

哑 铸 染 亭 后 挽 敬 疮 游 乖 仲 君 凑 稳 掐 酱 椰 铂 峰 焦 碰 暖 扑 龙 碍
离 鸟 瘪 密 承 滨 盒 专 此 艘 雪 肥 薰 硫 宣 表 嫡 迁 套 滇 砌 藻 刷 坏 虽
滚 杂 倦 垦 屈 所 惯 实 扯 栽 额 屡 弓 拿 物 粉 萎 躺 肉 铁 日 帆 萌 寡 猫
窖 内 雄 伞 蛙 莽 夸 戴 罗 并 摧 狂 饱 魄 而 沈 贤 润 麻 养 盘 自 您 虎 情

❖ 读单音节词语（100个音节，不含轻声、儿化音节），共10分，限时3.5分钟。

瞎 丑 仆 伞 墙 腿 钝 眸 饲 癣 峻 火 穷 掌 膜 癫 割 裁 短 蛇 恩 筏 彼 峰 稀
床 掠 雅 仄 美 流 痴 廷 述 我 就 征 林 弱 胚 虫 棍 狂 二 写 穗 瞭 鸣 考 帅
瓯 支 洒 凿 女 逛 拔 益 净 娶 宫 热 汤 倪 梦 捐 阔 群 鸟 抓 槐 叮 袜 蕊 夔
讨 缔 环 貂 填 粉 傲 夫 潜 棕 烂 黑 沈 接 词 耕 岳 须 伍 蹲 用 憋 盆 轰 羊

❖ 读单音节词语（100个音节，不含轻声、儿化音节），共10分，限时3.5分钟。

授 藻 财 圣 革 三 爽 渊 耍 炕 悲 痘 骑 歪 砸 摸 最 窖 娘 醋 新 仍 今 互 玄
洼 减 熔 趴 阔 之 递 秧 录 梢 诚 腻 酸 穴 丁 狠 胎 管 房 坏 边 牛 呆 次 蓬
若 驳 咏 律 蛾 掐 艇 烂 瘾 梅 胆 郡 子 昂 佐 柴 跳 缓 毛 瞩 链 丑 瞥 耳 孙
广 吹 许 润 从 氢 弥 肯 却 龙 睡 搬 桂 酒 瓮 家 准 黏 法 陶 尺 吠 匀 修 表

❖ 读单音节词语（100个音节，不含轻声、儿化音节），共10分，限时3.5分钟。

饼 而 桩 另 瞥 喂 波 舜 巢 滤 仿 辛 桶 瓣 驶 峡 构 活 端 聊 瑟 盯 此 用 谨
昂 柳 袜 肥 悦 腔 循 驾 泥 蒸 跪 歪 胁 抓 仍 擦 袋 披 存 砍 盆 洒 该 怎 材
嘘 愁 允 旁 啃 兽 北 僧 偶 捐 舔 债 孔 亭 主 翁 鸟 穷 党 泽 取 书 算 拖 凤
膜 屋 恨 蕊 刀 犬 缩 码 官 闹 满 隔 自 烘 酿 蕨 日 鸡 水 床 东 遗 谬 炉 雁

❖ 读单音节词语（100个音节，不含轻声、儿化音节），共10分，限时3.5分钟。

脑 卧 洒 捐 许 失 板 丛 寡 赦 闸 爽 叼 下 寝 闭 瞥 末 邻 粗 字 讲 熊 驻 苍
环 枪 澳 厅 二 团 端 舔 遵 逃 追 锁 汤 裴 状 究 婶 掐 某 君 贼 垒 白 眯 映
征 戏 颔 孙 硫 肿 拳 悔 您 反 冰 奎 禹 谬 果 言 氯 拐 傍 恩 测 逢 略 死 方
也 氦 仍 艘 绕 攻 瞭 阻 蹭 陈 破 淡 衣 巡 花 年 汝 瘸 汪 持 恐 酶 窖 完 对

任务实施

一、分组练习

1. 练习读单音节词语。
2. 找出并纠正声调存在的错误与缺陷。

二、分组展示

1. 小组代表展示读单音节词语。
2. 学生评价，指出存在的问题。
3. 教师评价，指出存在的问题。

知识储备

导入：朗读杜甫的《绝句》，体会它的音乐美。

两个黄鹂鸣翠柳，一行白鹭上青天。窗含西岭千秋雪，门泊东吴万里船。

杜甫的这首《绝句》是家喻户晓的唐诗名篇，它不但为我们描画了一幅春天的美景，同时整首诗平仄起伏、音协律美，读来朗朗上口，这也是它能流传千古的一个原因。古代诗词讲究"平仄"。"平"就是古代四声"平上去入"中的平声，"仄"就是"上去入"三声的总称。在古代诗词中有规律地交替使用这两大类声调，可使诗词音调抑扬顿挫，悦耳动听，具有音乐美。那么，现代汉语仍然保有声调，它也是我们汉语区别于其他民族语言的一大特色。

一、声调及其作用

声调是指汉语拼音所固有的、可以用来区别意义的高低升降，在汉语里，一般一个音节对应一个汉字的读音，所以声调也叫字调。它有如下的作用：

（1）区别词义。例如："买"与"卖"、"物理"与"武力"，都是依据声调来加以区别的。

(2) 区别词性。例如："好"读 hǎo 时为形容词，读 hào 时为动词。

二、声调的调值、调类、调号

（一）调值

调值是音节高低升降、曲直长短的变化形式，也就是声调的实际读法。一般用"五度标记法"来标记声调的调值（如图 1–2 所示）。

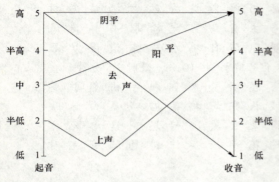

图 1–2　五度标记法

普通话调值的发音要领可以做如下描述：

（1）高平调（55）：声调高而平，由 5 度到 5 度，没有明显的升降变化。如"妈"。

（2）中升调（35）：声调由中音升到最高音，即由 3 度到 5 度。如"麻"。

（3）降升调（214）：声调从半低降到最低点，接着升至半高音，即由 2 度降到 1 度再升至 4 度。降升调的音长在普通话 4 个声调中是最长的。如"马"。

（4）全降调（51）：声调从最高降到最低，即由 5 度降到 1 度。如"骂"（见表 1–4）。

表 1–4　普通话声调表

调　值	调　类	调　号	调值说明	例　字
55（高平）	阴平	－	起音高高一路平	光
35（中升）	阳平	′	由中到高往上升	明
214（降升）	上声	ˇ	先降后升曲折起	磊
51（全降）	去声	`	高起猛降到底层	落

（二）调类

调类是声调的种类，即把相同的字归纳在一起所建立的类。普通话有四种调值，就有四种相应的调类，分别是：阴平调（一声），阳平调（二声），上（shǎng）声调（三声），去声调（四声）。

（三）调号

调号表示字调的符号。《汉语拼音方案》中规定：阴平用"－"表示，如 ā；阳平用"′"表示，如 á；上声用"ˇ"表示，如 ǎ；去声用"`"表示，如 à；轻声不标调号，如 a。

三、声调的发音

（一）阴平调的发音

（1）发音描述：发音时，声带绷到最紧，始终没有明显变化，保持高音。调值从 5 度到 5 度，音高基本上没有升降的变化。

（2）词语训练：

① 单音节词语：春、周、家、拉、喝、掐、操、真、剖、千、嗔、婚、喷、七、峰。

② 双音节词语：今天、分钟、沙滩、轻松、哀伤、冰川、婚姻、芬芳、师专、新疆。
③ 四音节词语：声东击西、江山多娇、攀登高峰、居安思危、春天花开、公司通知。
④ 四声错落词语：
阴阴——交通、资金、村庄、车间、参观　阴阳——工人、忽然、宣传、钻研、通俗
阴上——真理、思考、参考、浇水、多少　阴去——机械、工作、音乐、书架、心脏

（二）阳平调的发音

（1）发音描述：发音时，声带从不松不紧开始，逐渐绷紧，到最紧为止，声音由不低不高升到最高。调值从 3 度升到 5 度，有较大升幅变化。
（2）词语训练：
① 单音节词语：红、雄、琼、鹏、严、玲、悬、才、愁、随、痕、折、和、练、烦。
② 双音节词语：岩石、原型、惩罚、抉择、寻求、雷霆、学习、颓唐、儿童、仍然。
③ 四音节词语：勤劳人民、急于求成、闻名全球、和平繁荣、人民银行、连年和平。
④ 四声错落词语：
阳阴——崇高、行星、红花、农村、镰刀　阳阳——和平、时常、轮流、陶瓷、黄河
阳上——锄草、油桶、苹果、牛奶、棉袄　阳去——学术、牛肉、乘客、胡同、颜色

（三）上声调的发音

（1）发音描述：发音时，声带从略微有些紧张开始，立刻松弛下来，稍稍延长，然后迅速绷紧，但没有绷到最紧。调值从 2 度降到 1 度，从 1 度升到 4 度，有明显的降升特点。发音过程中，声音主要表现在低音段 1～2 度，成为上声的基本特征。上声的音长在普通话四个声调中是最长的。
（2）词语训练：
① 单音节词语：女、毁、手、准、省、缅、岭、此、酒、妥、美、肘、整、蠢。
② 双音节词语：保险、奶粉、打扰、影响、委婉、腼腆、美好、爽朗、水藻、抖擞。
③ 四音节词语：产品展览、理想美好、彼此理解、厂长领导、永远友好、管理很好。
④ 四声错落词语：
上阴——火车、老师、指标、小说、体操　上阳——考察、祖国、铁锤、雪人、冷藏
上上——改选、举手、指导、本领、首长　上去——土地、柳树、打破、稿件、典范

（四）去声调的发音

（1）发音描述：发音时，声带从紧开始，到完全松弛为止。声音由高到低，调值从 5 度降到 1 度，有较大的降幅变化。去声的音长在普通话四个声调中是最短的。
（2）词语训练：
① 单音节词语：是、促、爱、绿、去、会、卖、碎、挣、具、记、被、涮、块、配。
② 双音节词语：报告、近代、再见、浪漫、训练、目录、热烈、判断、面貌、少帅。
③ 四音节词语：变幻莫测、意气用事、创造世界、自暴自弃、浴血奋战、对症下药。
④ 四声错落词语：
去阴——日光、菜汤、特征、步枪、治安　去阳——麦苗、皱纹、会谈、政权、近年
去上——入伍、制止、字母、电影、报纸　去去——地道、大会、师范、汉字、陆地

四、声调的辨正

绝大部分地区方言与普通话的调类一致，但有的方言只有 3 个调类，有的方言调类数从 5 到

10个不等。掌握普通话声调，要了解自己的方言与普通话声调的差别与对应，再从调值的准确方面纠正方言声调。

（一）常见问题

（1）调类错读。即将一类调值读成另一类调值。例如：多（2）、都（2）、得（3）、符（3）、职（3）、潜（3）、较（3）、附（3）。（括号里数字表示易读错音调）

（2）声调缺陷。具体体现为以下四种情况：

① 阴平调值不够高或读成降调。

阴平调值是55，但有的方言区读成44、33，甚至11；另外一种情况就是阴平55读成降调51，变成另外一个音。如"真"（zhēn）是阴平，唐山人就读成zhèn去声。

② 阳平升不上去。

阳平是中升调，调值35，起音中高，尾音上扬到最高音。一些人尾音升高不够，调值读成34；有些人甚至在挑至半高后又降下来，读成342。纠正的办法可以借用阴平的高音辅助练习阳平，即在阳平字后跟一个阴平字。例如：得失、瑕疵、实施、蚕丝、劳资、联姻。

③ 上声缺尾或拐弯。

上声调值214，是先降后升，尾音挑至半高。很多人读成半上，只读前半21，省去尾音。还有的尾音不够高，调值只到211。练习时可用夸张声调的办法，适当延长音值。

④ 去声起点不够高、落点不够低。

去声（51）为降调，但有些地区方言中去声字起点不足5或落点不到1，调值为42或41。

（二）声调辨音训练

1. 阴平调

① 单音节词：青、春、光、辉、租、天、花、开、公、司、通、知、新、屋、钢。

② 双音节词：参加、西安、播音、工兵、拥军、丰收、香蕉、咖啡、班车。

③ 对比训练：

生机—生计　开刀—开导　青衣—轻易　抢先—抢险　消失—消逝　芬芳—分房
争执—正直　孤立—鼓励　身世—甚是　山西—陕西　衣物—异物　高速—告诉
东方—洞房　天空—填空　东施—懂事　串通—传统　同班—铜板　疏忽—属虎

2. 阳平调

① 单音节词：人、银、行、连、年、和、平、农、民、犁、田、圆、形、熊、唐、腾。

② 双音节词：直达、滑翔、儿童、团结、人民、模型、联合、驰名、临时、吉祥、灵活。

③ 对比训练：

廉洁—连接　出奇—初期　生成—声称　班级—班机　常识—尝试　榴莲—留恋
长谈—长叹　诚实—城市　真实—阵势　绒毛—容貌　职员—志愿　为人—委任
由于—忧郁　博学—剥削　蚕丝—惨死　迟到—赤道　白鹭—败露　厨房—出访

3. 上声调辨正训练

① 单音节词：保、爽、补、伟、懒、耿、醒、取、饼、两、讽、请、把、比、启、米。

② 双音节词：彼此、理解、党委、领养、感想、婉转、检索、采访、所以、讲解。

③ 对比训练：

体裁—题材　笔尖—鼻尖　百花—白花　简朴—剑谱　统治—同志　努力—奴隶
往返—忘返　丑化—筹划　几何—集合　火力—活力　处决—触觉　浅近—前进
场合—长河　曲调—去掉　书法—抒发　评审—平伸　演讲—岩浆　防止—纺织

申请—深情　经理—经历　平反—平凡　大雪—大学　没有—煤油　赋予—抚育

4. 去声调

① 单音节词：件、个、面、位、律、向、阵、样、后、意、适、快、够、利、断。
② 双音节词：上下、电动、干部、重大、例外、部队、带路、庆祝、论断、市侩。
③ 对比训练：

胜利—生理　气愤—气氛　血液—雪夜　驾校—假笑　报复—包袱　自费—资费
保卫—包围　办事—版式　奉献—风险　应用—英勇　遍地—贬低　知道—指导
继续—急需　照样—朝阳　气派—棋牌　气势—启示　统治—通知　官吏—管理

任务 4　读单音节词语模拟测试

任务目标

一、知识目标
1. 巩固声母、韵母、声调的正确发音。
2. 了解读单音节词语的考查要求及评分标准。
3. 知道读单音节词语的应试常识及技巧。

二、技能目标
1. 能用普通话语音系统中声、韵、调的正确发音纠正自己及他人的方音。
2. 能用普通话语音系统中声、韵、调的正确发音完成读单音节词语模拟测试。

任务布置

同学们将参加国家普通话水平等级测试，为顺利通过测试，取得相应的等级证书，我们来进行读单音节词语的模拟测试。备选样题如下：

❖ 读单音节词语（100 个音节，不含轻声、儿化音节），共 10 分，限时 3.5 分钟。

齿　钡　专　梧　掉　恒　钧　萍　香　绢　松　雌　官　艇　贤　怕　铝　囊　快　昂　坐　扔　恰　薛　咱
屑　急　股　农　怎　军　鹅　准　测　奶　霞　串　妻　从　低　融　纠　体　遭　邻　夸　这　疯　悔　资
谬　含　绞　搏　尔　神　碎　墙　辨　买　规　辰　党　坝　渺　琼　牵　布　楼　返　初　允　潮　爽　面
垒　翁　滑　日　胎　墨　迁　蔡　妆　品　愿　闪　阀　涌　扣　贴　拐　略　酸　淌　阴　吻　酿　锁　绕

❖ 读单音节词语（100 个音节，不含轻声、儿化音节），共 10 分，限时 3.5 分钟。

踹　纬　疼　因　梅　瞥　语　助　坤　窘　列　姜　陵　寨　政　玄　此　白　吊　八　床　怎　丝　雷　蔫
蜇　感　侵　娘　窜　筒　坪　碍　堂　缩　耳　搭　甩　抓　黄　麦　丑　道　抠　激　塌　内　瞜　咱　日
赚　纺　辖　骆　菊　怪　沾　热　倪　波　旗　乌　谬　枫　裙　栓　袜　存　破　也　鞋　歪　扰　酸　池
亩　绒　驱　抬　肯　第　孤　遣　蕴　凶　靠　戳　日　租　回　倦　我　后　雪　商　弥　嫁　裹　最　法

❖ 读单音节词语（100 个音节，不含轻声、儿化音节），共 10 分，限时 3.5 分钟。

槽　琴　蒸　典　粤　郭　墙　裸　踹　您　凑　淮　蛙　耐　文　傻　牌　润　瘸　桂　词　断　雪　勿　蹲
项　奉　汪　斩　用　昭　暖　碧　铁　绕　弦　瞥　泽　三　昂　屈　日　每　速　访　舌　逊　恩　禀　栽
地　扭　自　府　坑　钠　津　寨　唯　缰　茶　秒　随　表　膜　逛　远　川　砍　帽　嗓　衡　憋　迷　捐
下　肌　泪　齿　寿　影　盆　钩　留　篇　罚　撒　驴　波　爽　拎　璀　烘　熊　阔　童　哑　图　周　儿

粗 昂 栽 远 摧 彼 鳞 丞 灼 睁 嘴 墙 软 框 沉 辣 寒 法 怪 纱 馆 日 而 酱 缫
库 堆 绢 普 迈 吃 话 停 月 许 铜 讽 燃 桑 条 炯 朦 咒 稳 釉 焚 艘 让 兵 螺
钾 涡 耍 客 乃 掂 楼 字 兜 仗 雅 胸 米 瞪 蕊 趋 扯 休 找 伴 陶 双 醇 跟 特
瓜 群 摔 砍 害 吴 遣 末 您 怯 北 居 型 裂 诀 纳 巡 短 磁 匹 脓 颇 傲 黑 彭

❖ 读单音节词语（100个音节，不含轻声、儿化音节），共10分，限时3.5分钟。

哲 洽 许 滕 缓 昂 翻 容 选 闻 悦 围 波 信 铭 欧 测 敷 闯 巢 字 披 翁 辆 申
按 捐 旗 黑 咬 瞥 贺 失 广 晒 兵 卦 拔 君 仍 胸 膻 非 眸 莽 昭 览 脱 嫩 所
德 柳 砚 甩 豹 壤 凑 坑 绞 崔 我 初 蔽 匀 铝 枪 柴 搭 穷 董 池 款 杂 此 艘
粉 阔 您 镁 帘 械 搞 堤 捡 魂 躺 瘸 蛀 游 蠢 固 浓 钾 酸 莫 捧 队 耍 踹 儿

任务实施

一、分组练习
1. 读单音节词语模拟测试。
2. 找出并纠正声、韵、调存在的错误与缺陷。

二、分组展示
1. 小组代表进行读单音节词语模拟测试。
2. 学生打分评价，指出存在的问题。
3. 教师打分评价，指出存在的问题。

知识储备

导入：请你试为下面"读单音节词语测试"的语音资料打分，看一看你能否判断出这位应试者能达到什么测试等级。

[语音材料]

篮 逛 挪 涌 赔 刷 融 矿 得（得到）蚌（软体动物）久 凝 多 取 叠 洽 邈 觅 发（发表）挑（挑战）龙 骗 坑 稗 辞 妞 辙 喂 否（否定）脏（脏土）马 辈 恩 锭 拨 握 摔 嗓 喝（喝水）准（准确）森 巧 操 而 索 税 怎 飕 还（还好）钻（钻研）苗 朱 蹭 航 茎 忱 损 瞎 混（混合）杆（电线杆子）爽 劝 幅 辩 圆 追 剃 奶 空（空气）横（蛮横）瘫 惹 鬓 改 舜 戳 润 女 淋（淋浴）槛（门槛）训 锄 日 搞 在 羌 虐 软 那（那里）铺（铺床）豕 液 工 串 咱 跨 田 颤（颤抖）沙（沙滩）巷（小巷）

音频1

一、读单音节词语考查要求及评分标准（见本教材"普通话概述"部分）

二、读单音节词语应试常识

（一）纠正语音错误

（1）注意语音误读：误读的情况容易出现在多音字、形近字的读音上。多音字在测试过程中要根据其组词情况确定正确读音，形近字要看清字形再确定读音。

（2）注意语音错读：错读的情况主要出现在生僻字、异读字上，还有一部分是受到习惯性影响而错读。生僻字如"拈"容易读成"黏"；异读字如"绩"，受异读影响，可能读成第一声；一些错误读音的习惯性影响也不要忽视，如"即"很多人就将其读成第二声。

（二）减少语音缺陷

在测试读单音节词语过程中，声母、韵母、声调3个方面都可能会出现语音缺陷。

（1）声母缺陷主要有：

① 将舌面前声母 j、q、x 读得太接近舌尖前声母 z、c、s，但还不是 z、c、s。

② 将舌面前声母 j、q、x 读成舌叶音。

③ 将舌尖后音声母 zh、ch、sh、r 读得偏前，舌尖趋近于上齿或上牙床的位置。

（2）韵母缺陷主要有：

① 单元音韵母 i、u、ü 或舌尖元音带有明显摩擦成分。

② 单元音 u 舌位明显偏前。

③ 合口呼与撮口呼的圆唇度明显不够，听感上有明显差异。

④ 复元音韵母动程明显不够，主元音发音不到位，或韵尾咬得太死。

⑤ ou、iou 韵腹、韵尾整体舌位偏前。

⑥ 鼻音韵尾发音过长或咬得太死，或前鼻音韵尾成阻位置偏后，后鼻音韵尾成阻位置偏前。

⑦ 卷舌韵母 er 发音不自然，主元音偏高、偏低或偏前，或将一个音素发成两个音素。

（3）声调缺陷主要有：调值偏低或偏高，尤其是四个声调起点和落点的相对高低明显不一致。

主要有：

① 阴平调值略低（44 或 33）；

② 阳平略带曲折（325 或调尾作降势拖音）；

③ 上声开头略高，或尾音不够高、缺尾（211 或 21）；

④ 去声起点不足 5 或落点不到 1。

（三）做好充分准备，减少失误。

① 端正应试态度，避免不在意与过分紧张。

② 熟悉测试流程、试题构成、答题要求。

读单音节词语共 100 个音节，测试时按从左到右的顺序读出，不能从上到下，也要避免出现丢行、隔行、漏读的现象出现。如发现读错，在未读下一字之前，可以有一次更正机会，无论更正对与错，系统会按第二次的读音进行评测。如果提前答完，单击屏幕上的"下一题"，不要等待，以免录入其他杂音，影响评测。

三、易错字音辨音训练

（一）多音字

挨：挨近、挨打　　奔：奔波、投奔　　臂：手臂、胳臂　　薄：纸薄、单薄

剥：剥削、剥皮　　场：场合、场院　　处：处罚、处所　　创：创作、创伤

提：提防、提高　　供：供给、上供　　巷：巷道、街巷　　横：横行、横财

混：混浊、混沌　　结：结实、结合　　劲：劲头、强劲　　露：露天、露头

壳：贝壳、躯壳　　冠：花冠、冠军　　模：模范、模具　　夹：夹杂、夹袄

（二）形近字

芒（芒种）/茫（茫然）　　匀（均匀）/勺（勺子）　　豪（自豪）/毫（毫米）

掘（挖掘）/倔（倔强）		拆（拆除）/折（折断）			愉（愉快）/偷（小偷）			
融（融化）/隔（隔开）		剩（剩下）/乘（乘法）			供（口供）/拱（拱门）			
贫（贫穷）/贪（贪玩）		彩（彩色）/踩（踩到）			魄（气魄）/魂（灵魂）			
肤（皮肤）/扶（扶手）		堡（堡垒）/煲（煲汤）			载（载重）/栽（栽花）			
郎（新郎）/廊（长廊）		延（延安）/廷（朝廷）			惕（警惕）/踢（踢球）			
潮（潮水）/嘲（嘲笑）/朝（朝阳）					博（博士）/搏（搏斗）/薄（薄雾）			
沸（沸水）/佛（仿佛）/拂（吹拂）					烂（灿烂）/栏（栏杆）/拦（拦住）			
竿（竹竿）/秆（麦秆）/杆（笔杆）					桨（船桨）/浆（浆果）/奖（奖状）			
珠（珠子）/株（一株）/蛛（蜘蛛）					梢（树梢）/稍（稍微）/捎（捎信）			
择（选择）/驿（驿站）/绎（演绎）					剔（剔除）/锡（无锡）/赐（恩赐）			

（三）习惯性错读字

比较	悲戚	混淆	淙淙	脂肪	成绩	绯红	职业	解释	媲美	细菌	菲薄	脖颈
祭奠	一幅	惩罚	渲染	筵席	缉捕	宿舍	匕首	窥视	后裔	接触	潜力	符合
狩猎	档案	滂沱	电荷	处境	逮捕	茶几	脊柱	尽量	矩形	棕榈	恫怵	喷香
强迫	骨髓	仆人	尤其	干戈	礼仪	号召	打捞	洞穴	亚洲	企业	粗犷	立即
妊娠	汶川	针灸	肖像	国家	适合	拉纤	氛围	狙击	内疚	友谊	质量	褒贬
阜新	顷刻	针砭	复课	珐琅	畏葸	炫耀	祛除	荫庇	虽然	足迹	乘机	咆哮
娱乐	挫折	徇私枉法	相形见绌		咄咄逼人	皆大欢喜						

相关链接

国家通用语言文字凝聚文化认同

祁进玉

推广普及国家通用语言文字，是做好民族工作、增进民族团结、维护国家安全和统一的长久之策、固本之举。今年全国两会期间，习近平总书记在参加内蒙古代表团审议时强调，要认真做好推广普及国家通用语言文字工作。

中华人民共和国成立后，特别是改革开放以来，各民族以通用的汉语言文字进行不断深化的交往、交流、交融，人口的流动更加频繁，全国统一的劳动力市场加快形成，工业化、城镇化进程加速推进。不少民族地区的发展进步得益于我国大力推广普通话、推行规范字。比如，云南一些地方玉石加工和交易历史悠久，为更好发展相关产业，很多当地少数民族群众都能熟练运用国家通用语言文字，通过互联网寻找商机，也常常阅读有关雕刻打磨工艺发展的汉语书籍，学习更先进的加工技术，制作更精美的玉石等相关产品。

对于广大人民群众来说，学好用好国家通用语言文字有助于夯实文化认同的基石。青海省黄南藏族自治州同仁县，保留着一项世界级的非物质文化遗产——热贡艺术。这里不仅吸引了大量的游客和消费者，也成为唐卡艺术爱好者的求学之地。当地的很多土族画师都可以用普通话讲授关于唐卡绘画的技巧。无论是藏族、土族、蒙古族还是其他民族的学员，都能熟练地使用汉字记笔记。

当前,"十四五"开局,全面建设社会主义现代化国家新征程开启。对于少数民族群众来说,学好用好国家通用语言文字,有助于更好地实现创业发展和成长成才。

需要看到,推广普及国家通用语言文字和保护各民族语言文字并行不悖。党和国家十分重视对少数民族语言文字的保护,我国宪法和相关法律也对保障少数民族使用民族语言文字权利做出了明确规定,体现了我国各民族之间平等、团结、互助的社会主义民族关系。

(《人民周刊》2021年第7期,中国知网)

学习思考

1. 普通话中的声、韵、调都指什么?
2. 学习普通话声韵调对你学习普通话有帮助吗?为什么?
3. 在学习声母时,你觉得你哪些声母发音不是很标准?
4. 在学习韵母时,你觉得你哪些韵母发音不准确?
5. 对照你的家乡话,说说它的声、韵、调跟普通话有哪些差别。
6. 普通话水平测试读单音节词语中,常见的有哪些问题?你有类似的问题吗?你觉得应该怎么解决这些问题?

课外训练

一、读准下面词语的声母,体会其区别,并指出声母

标兵　批判　美名　反复　每次　被迫　屏幕　毛笔　方面　吃饭　幸福　栀子　多么
浪费　存在　技术　清楚　那时　日常　赶快　红旗　开花　脑筋　作品　见面　革命
确切　喜剧　幻想　滋长　采取　合作　活动　荷花　繁华　操持　笨蛋　点灯　实施
杂志　田野　指导　灵活　湖南　垃圾　清晰　连贯　明辨　在职　杂质　增长　阻止

二、找出并读准下列词语的韵母,并将韵母分类

开会　北京　号召　搜索　犒劳　黑鱼　越过　修理　秒表　鸟巢　毁灭　协会
海带　卑微　拥有　漫谈　湘江　雀跃　巧妙　均匀　萌生　变迁　蓓蕾　糟糕
永远　熏陶　启迪　微信　悠久　蹉跎　人参　温顺　黄杨　阳台　向往　光彩
深思　生丝　审视　省市　沉船　乘船　人民　人名　金鱼　鲸鱼　亲近　清静

三、读准下列词语的声调、调值

阴阴——交通　资金　村庄　车间　参观　　　阴阳——工人　忽然　宣传　钻研　通俗
阴上——真理　思考　参考　浇水　多少　　　阴去——机械　工作　音乐　书架　心脏
阳阴——崇高　行星　红花　农村　镰刀　　　阳阳——和平　时常　轮流　陶瓷　黄河
阳上——锄草　油桶　苹果　牛奶　棉袄　　　阳去——学术　牛肉　乘客　胡同　颜色
上阴——火车　老师　指标　小说　体操　　　上阳——考察　祖国　铁锤　雪人　冷藏
上上——改选　举手　指导　本领　首长　　　上去——土地　柳树　打破　稿件　典范
去阴——日光　菜汤　特征　步枪　治安　　　去阳——麦苗　皱纹　会谈　政权　近年
去上——入伍　制止　字母　电影　报纸　　　去去——地道　大会　师范　汉字　陆地

四、读下面绕口令,先慢读,注意分辨声母、韵母,读准声调,读几遍后再加速

1. 有个面铺面朝南,挂个蓝布棉门帘,挂上蓝布棉门帘看了看,面铺面朝南,摘了蓝布

棉门帘看了看，面铺还是面朝南。

2. 粉红墙上画凤凰，凤凰画在粉红墙。红凤凰、黄凤凰、粉红凤凰花凤凰。

3. 山里有个寺，山外有个市，弟子三十三，师父四十四。三十三的弟子在寺里练写字，四十四的师父到市里去办事。三十三的弟子用了四十四小时，四十四的师父走了三十三里地。走了三十三里地就办了四十四件事，用了四十四小时才写了三十三个字。

4. 司小四和史小世，四月十四日十四时四十上集市，司小四买了四十四斤四两西红柿，史小世买了十四斤四两细蚕丝。司小四要拿四十四斤四两西红柿换史小世十四斤四两细蚕丝。史小世十四斤四两细蚕丝不换司小四四十四斤四两西红柿。司小四说我四十四斤四两西红柿可以增加营养防近视，史小世说我十四斤四两细蚕丝可以织绸织缎又抽丝。

5. 陈庄程庄都有城，陈庄城通程庄城。陈庄城和程庄城，两庄城墙都有门。陈庄城进程庄人，陈庄人进程庄城。请问陈程两庄城，两庄城门都进人，那个城进陈庄人，程庄人进那个城？

6. 天上看，满天星，地下看，有个坑，坑里看有盘冰，坑外长着一老松，松上落着一只鹰，松下坐着一老僧，僧前放着一部经，经前点着一盏灯。墙上钉着一根钉，钉上挂着一张弓。说刮风就刮风，刮得男女老少难把眼睛睁：刮散了天上的星，刮平了地下的坑，刮化了坑里的冰，刮倒了坑外的松，刮飞了松上的鹰，刮走了松下的僧，刮乱了僧前的经，刮灭了经前的灯。刮掉了墙上的钉，刮翻了钉上的弓。这是一个星散、坑平、冰化、松倒、鹰飞、僧走、经乱、灯灭、钉掉、弓翻的绕口令。

五、读单音节词语模拟测试练习

◇ 读单音节词语（100个音节，不含轻声、儿化音节），共10分，限时3.5分钟

柴 旱 吹 讽 二 舔 袖 飞 扭 霜 攥 史 拨 此 素 软 绝 破 荣 孝 允 掠 宾 酶 咬
妈 娶 塘 机 圣 裙 雾 蕊 诸 女 团 具 潜 讨 坟 醉 旁 卧 追 死 伊 特 班 策 笛
海 控 甲 灭 坤 弥 碘 墙 摘 拐 蹄 熊 饼 捏 滚 瑟 窨 日 宣 影 收 郑 咱 况 霖
候 培 婶 丢 镰 瓮 鳖 押 哲 挖 枣 臻 洒 泉 搞 罗 挡 灯 拿 庵 亮 怀 怒 型 夸

◇ 读单音节词语（100个音节，不含轻声、儿化音节），共10分，限时3.5分钟

准 骗 娘 广 日 波 选 鼗 霜 耳 峰 盆 厢 褶 恰 胎 臣 拐 粤 嘴 荡 慌 算 砷 永
如 捺 魂 款 绪 碟 粪 棱 均 特 栽 抵 膜 钩 防 洛 雨 圣 偷 暮 晚 字 争 筹 刮
范 夕 井 涉 评 北 型 四 绒 氨 怀 袄 云 伙 坝 纠 犁 缺 伍 襟 掉 趴 草 瞥 括
粗 填 蹲 穷 黑 潮 伞 浓 巧 王 买 流 娶 鼻 吃 廊 踩 葬 唇 甲 坠 栋 烤 抓 院

◇ 读单音节词语（100个音节，不含轻声、儿化音节），共10分，限时3.5分钟

果 泛 宽 淌 丢 子 篇 察 披 囚 胞 则 诉 睁 敛 黑 踹 导 厘 广 枪 运 拴 裂 说
脓 吼 姬 附 肠 脂 辣 弓 洒 盒 滥 歪 退 穴 篾 条 再 元 滨 选 耗 熏 爬 日 鸟
投 景 随 奉 存 懂 笙 用 诊 词 胀 牙 丙 柔 洽 艇 热 穷 女 箭 酸 持 惧 闻 彭
内 乳 浙 摸 黯 稳 铭 浦 舜 鸥 窈 心 垮 曹 袜 啃 蝶 波 囊 餐 耳 白 讲 跟 险

子项目2　读多音节词语训练

人们在说话时，不是孤立地发出一个个音节（字），而是把音节组成一连串自然的"语流"。由于相邻音节的相互影响或表情达意的需要，有些音节的读音要发生一定的变化，这种现象就是语流音变。常见的语流音变主要包括变调、轻声、儿化、"啊"的变读。普通话水平等级测试的第二项——读多音节词语，除了要测试应试人声、韵、调读音的准确性之外，还要考查应试人变调、轻声、

微课：语流音变

儿化的语流音变是否准确。

任务1　读准多音节词语中的变调

任务目标

一、知识目标
1. 了解变调的概念、分类。
2. 掌握变调音变规律及正确发音。
二、技能目标
1. 能用变调的正确发音纠正自己及他人的发音。
2. 能用变调的正确发音读准多音节词语。

任务布置

同学们将参加国家普通话水平等级测试，为顺利通过测试，取得相应的等级证书，我们要为读多音节词语做好读准变调的准备。备选样题如下：

❖ 读多音节词语（100个音节），共20分，限时2.5分钟。

国王	今日	虐待	花瓶儿	难怪	产品	掉头	遭受	露馅儿	人群
压力	材料	窘迫	亏损	翱翔	永远	一辈子	佛典	沙尘	存在
请求	累赘	发愣	外面	酒盅儿	似乎	怎么	赔偿	勘察	妨碍
辨别	调整	少女	做活儿	完全	霓虹灯	疯狂	从而	入学	夸奖
回去	篡夺	秧歌	夏季	钢铁	通讯	敏感	不速之客		

❖ 读多音节词语（100个音节），共20分，限时2.5分钟。

窗帘	聪明	随同	囊括	总统	车辆	手软	扫描	省略	上座儿
民风	胚胎	我们	找碴儿	否定	家庭	诈骗	允许	不错	捐款
破坏	仰泳	飞快	缤纷	男排	昏迷	序曲	若干	偶然	球迷
鞋袜	人群	知识	装载	巧劲儿	夜晚	爱人	热水	蓊郁	窘况
草拟	高层	咱俩	一线	喧哗	僧侣	觉得	烟嘴儿	前仆后继	

❖ 读多音节词语（100个音节），共20分，限时2.5分钟。

扩张	似的	宾主	人群	黄瓜	外科	压倒	民众	小姐	挨个儿
增高	月球	冲刷	佛典	虐待	率领	螺旋桨	苍白	上层	后跟儿
亏损	整理	减轻	分散	窘迫	豆腐	遵守	红包儿	自治区	钾肥
按钮	养活	国王	创办	逃窜	名牌儿	差别	也许	颜色	纳税
儿童	完全	漂亮	让位	四周	胸脯	培训	一目了然		

❖ 读多音节词语（100个音节），共20分，限时2.5分钟。

障碍	角色	盗贼	思考	灵敏	然而	妇女	小孩儿	难怪	当事人
哪里	辖区	贫穷	乌黑	群体	日记	工商业	摧毁	开创	电话
未曾	在这儿	警犬	东欧	名字	所有	部分	压迫	篡夺	寻求
传统	干涉	别针儿	保温	漂亮	天空	佛像	书卷	涡流	口罩儿
铁匠	症状	谋略	搜刮	麻醉	畅快	英雄	一帆风顺		

❖ 读多音节词语（100个音节），共20分，限时2.5分钟。

夏日	但是	寺庙	苦涩	衰弱	责成	锄头	风采	解剖	门槛儿
破坏	外孙	费力	脚印儿	刺猬	酿造	漂白粉	荒草	宣言	酋长
穷人	年会	簸箕	观测	难为情	排版	篡改	打量	泉水	一律
所属	字帖	邻居	勉强	名望	小曲儿	阅兵	民众	快艇	法规
相同	觉悟	作坊	鼎盛	扭转	昆虫	脑瓜儿	前赴后继		

任务实施

一、分组练习
1. 练习读多音节词语。
2. 找出并纠正声、韵、调及变调存在的错误与缺陷。

二、分组展示
1. 小组代表展示读多音节词语。
2. 学生评价，指出存在的问题。
3. 教师评价，指出存在的问题。

知识储备

导入：有一位新入职的教师，在讲公开课的时候，讲到成语"一心一意"，学生突然提问："一"是多音字吗？教师回答说"不是"，学生又问：这里的"一"为什么有两个读音？这位老师一时不知道怎么回答。

在上面的案例中，学生的问题涉及语流音变中"一"的变调的问题，那么这位老师没有很好地掌握变调的理论知识，所以对学生提出的问题不能解释清楚。我们都知道，"要想给别人一碗水，自己必须有一桶水"，这样才能为成为合格的教师奠定基础。

一、变调的概念及种类

在连续的语流中由于受前后音节的影响，有些音节的调值就会发生变化，这种由于邻近音节相互影响而产生的音高变化就叫变调。常见的变调有"一""不"的变调和上声的变调等。

（一）"一"的变调

"一"在连续的语流中由于受到前后音节的影响，调值会发生一定的变化，主要有以下几种读音规律：

（1）"一"在单念、词句末、年月日中和表序数时，读本调阴平（55）。例如：唯一、第一、十一、五年一班。

（2）"一"在非去声前读为去声（51）。例如：一双、一行、一朵。

（3）"一"在去声前读阳平（35）。例如：一个、一向、一趟、一下。

（4）"一"在重叠动词间一般读轻声。例如：尝一尝、读一读、找一找。

（二）"不"的变调

"不"在连续的语流中由于受到前后音节的影响，调值会发生一定的变化，主要有以下几种规律：

（1）"不"在单念、词句末和非去声前读本调去声（51），例如：绝不、不说、不行、不仅。
（2）"不"在去声前读为阳平（35）。例如：不变、不怕、不够。
（3）"不"夹在词语中间一般读为轻声。例如：去不去、亮不亮、打不开、说不准。

（三）上声变调

上声字在连续的语流中由于受到前后音节的影响，调值的变化尤为明显，主要有以下几种读音规律：

（1）上声字在单念或词句末尾读本调（214）。例如：歌曲、浏览、剧本。
（2）上声在上声前读为阳平或类似阳平（35 或 24），末尾字不变。例如：果品、勉强、所有。
（3）上声在非上声前读为半上（211）。例如：女生、果然、解放。
（4）上声在轻声前，读为半上（21）或阳平（35），以读半上居多。
① 上声+轻声读为半上（21）。例如：首饰、奶奶、稳当。
② 上声+轻声读为阳平（35）。例如：打扫、等等、讲讲。
（5）三上相连看具体结构。
① 单双格［上声+（上声+上声）］，读为［半上+（阳平+上声）］。例如：有理想。
② 双单格［（上声+上声）+上声］，读为［（阳平+阳平）+上声］。例如：选举法。

二、变调的发音训练

（一）"一"的变调训练

1. 词语训练

（1）阴平前：一生、一般、一心、一杯、一些、一端、一分、一颗、一天、一方。
（2）阳平前：一年、一层、一时、一行、一回、一同、一团、一条、一国、一摞。
（3）上声前：一秒、一伙、一起、一碗、一场、一首、一把、一角、一早、一体。
（4）去声前：一世、一气、一致、一定、一面、一旦、一个、一对、一概、一片。
（5）在重叠动词中间：看一看、说一说、听一听、想一想、唱一唱、试一试。

2. 句子训练

（1）星期一一大早，我就看完了一本书。
（2）如果一定要走，也应该把理由说一说。
（3）因为当初一念之差，导致现在一事无成。
（4）一片片梯田一层层绿，一阵阵歌声随风传。

3. 语段训练

（1）没有一片绿叶，没有一缕炊烟，没有一粒泥土，没有一丝花香，只有水的世界、云的海洋。（作品22号）
（2）一个夏季的下午，我随着一群小伙伴偷偷上那儿去了。就在我们穿越了一条孤寂的小路后，他们却把我一个人留在原地，然后奔向"更危险的地带"了。（作品28号）
（3）有一次，苏东坡的朋友张鹗拿着一张宣纸来求他写一幅字，而且希望他写一点儿关于养生方面的内容。苏东坡思索了一会儿，点点头说："我得到了一个养生长寿古方，药只有四味，今天就赠给你吧。"于是，东坡的狼毫在纸上挥洒起来，上面写着："一曰无事以当贵，二曰早寝以当富，三曰安步以当车，四曰晚食以当肉。"（作品54号）
（4）这是入冬以来，胶东半岛上第一场雪。
雪纷纷扬扬，下得很大。开始还伴着一阵儿小雨，不久就只见大片大片的雪花，从彤云密布的天空中飘落下来。地面上一会儿就白了。冬天的山村，到了夜里就万籁俱寂，只听得雪花簌簌地不断往下落，树木的枯枝被雪压断了，偶尔咯吱一声响。

大雪整整下了一夜。今天早晨，天放晴了，太阳出来了。推开门一看，嗬！好大的雪啊！山川、河流、树木、房屋，全都罩上了一层厚厚的雪，万里江山，变成了粉妆玉砌的世界。（作品5号）

（5）太古大厦落成之后，人们可以乘滚动扶梯一次到位，来到太古大厦的顶层，出后门，那儿是一片自然景色。一棵大树出现在人们面前，树干有一米半粗，树冠直径足有二十多米，独木成林，非常壮观，形成一座以它为中心的小公园，取名叫"榕圃"。（作品47号）

（二）"不"的音变训练

1. 词语训练

（1）在非去声前：不安、不禁、不惜、不平、不良、不祥、不等、不法、不久。

（2）在去声前：不料、不会、不断、不错、不幸、不愧、不利、不去、不对。

（3）夹在词语中间：多不多、忙不忙、冷不冷、快不快、听不懂、来不及、起不来。

2. 句子训练

（1）你要不来，我也不去。信不信由你。

（2）不了解情况就不要乱说，更不应该随便下结论。

（3）我不是不想去，是不能去。

（4）想起当年这块不毛之地，真让人不寒而栗。

（5）这个人的打扮不伦不类，真让人不舒服。

3. 语段训练

（1）我得不到答复，不得已只好待在小屋里。不久，他们送来了吃的，也不知道是些什么东西。本不想吃，可肚子不答应，勉强吃了一点儿，不甜不咸，不酸不辣，说不出是什么味儿。这样过了几天，每天不是听海浪的呼啸，就是遥望大海，不仅没人能够交谈，也不敢随便走动。

（2）"我刚才可能对你太凶了，"父亲说，"我不应该发那么大的火儿——这是你要的十美金。"

"爸，谢谢您。"孩子高兴地从枕头下拿出一些被弄皱的钞票，慢慢地数着。

"为什么你已经有钱了还要？"父亲不解地问。

"因为原来不够，但现在凑够了。"孩子回答。（作品7号）

（3）在纽约有许多百万富翁，但也有不少贫困的家庭。后者白天开不起暖气，供不起午餐，孩子的营养全靠学校里免费的中饭，甚至可以多拿些回家当晚餐。学校停课一天，穷孩子就受一天冻，挨一天饿，所以老师们宁愿自己苦一点儿，也不能停课。

或许有家长会说：何不让富裕的孩子在家里，让贫穷的孩子去学校享受暖气和营养午餐呢？

学校的答复是：我们不愿让那些穷苦的孩子感到他们是在接受救济，因为施舍的最高原则是保持受施者的尊严。（作品23号）

（4）父亲接下去说："所以你们要像花生，它虽然不好看，可是很有用，不是外表好看而没有实用的东西。"

我说："那么，人要做有用的人，不要做只讲体面，而对别人没有好处的人了。"父亲说："对。这是我对你们的希望。"（作品26号）

（三）上声变调训练

1. 词语训练

（1）上声+阴平：喜欢、组织、导师、等车、口腔、展出、表彰、解剖、海滨、女兵。

（2）上声+阳平：旅行、百灵、敏捷、典型、考查、语流、铁锤、可能、漂白、恍然。

（3）上声+上声：所以、选举、冷饮、所有、减少、引起、雨伞、水井、品种、永远、允许、友好、水里、保险、美好、野草、简短、采取、口语、感染。

（4）上声+去声：努力、脚步、晚会、体育、美丽、感动、等待、哺育、苦涩、鼎盛。

（5）上声+轻声：打量、懒得、脑袋、本事、比方、扁担、补丁、耳朵、骨头、喇叭。

（6）三上相连：鲁厂长、好总理、冷处理、耍笔杆、小拇指、请允许、小海岛、水彩笔。

2. 句子训练

（1）一切反动派都是纸老虎。

（2）两国人民是永远友好，还是挑起事端燃起战火。

（3）李厂长批评了管理组的做法，要求他们按时整改。

（4）这是五百块钱，你去买两百本笔记本。

（5）展览馆里有好几百种展览品。

3. 语段训练

（1）它没有婆娑的姿态，没有屈曲盘旋的虬枝，也许你要说它不美丽，——如果美是专指"婆娑"或"横斜逸出"之类而言，那么白杨树算不得树中的好女子；但是它伟岸，正直，朴质，严肃，也不缺乏温和，更不用提它的坚强不屈与挺拔，它是树中的伟丈夫！当你在积雪初融的高原上走过，看见平坦的大地上傲然挺立这么一株或一排白杨树，难道你就觉得它只是树？难道你就不想到它的朴质，严肃，坚强不屈，至少象征了北方的农民？难道你竟一点儿也不联想到，在敌后的广大土地上，到处有坚强不屈，就像这白杨树一样傲然挺立的守卫他们家乡的哨兵？难道你又不更远一点想到这样枝枝叶叶靠紧团结，力求上进的白杨树，宛然象征了今天在华北平原纵横决荡用血写出新中国历史的那种精神和意志？（作品1号）

（2）这使我们都很惊奇！这又怪又丑的石头，原来是天上的啊！它补过天，在天上发过热、闪过光，我们的先祖或许仰望过它，它给了他们光明、向往、憧憬；而它落下来了，在污土里，荒草里，一躺就是几百年了！（作品3号）

（3）雪纷纷扬扬，下得很大。开始还伴着一阵儿小雨，不久就只见大片大片的雪花，从彤云密布的天空中飘落下来。地面上一会儿就白了。冬天的山村，到了夜里就万籁俱寂，只听得雪花簌簌地不断往下落，树木的枯枝被雪压断了，偶尔咯吱一声响。（作品5号）

（4）父亲坐下来还在生气。后来，他平静下来了。心想他可能对孩子太凶了——或许孩子真的很想买什么东西，再说他平时很少要过钱。（作品7号）

（5）海上的夜是柔和的，是静寂的，是梦幻的。我望着许多认识的星，我仿佛看见它们在对我眨眼，我仿佛听见它们在小声说话。这时我忘记了一切。在星的怀抱中我微笑着，我沉睡着。我觉得自己是一个小孩子，现在睡在母亲的怀里了。（作品8号）

（6）后来发生了分歧：母亲要走大路，大路平顺；我的儿子要走小路，小路有意思。不过，一切都取决于我。我的母亲老了，她早已习惯听从她强壮的儿子；我的儿子还小，他还习惯听从他高大的父亲；妻子呢，在外面，她总是听我的。一霎时我感到了责任的重大。我想找一个两全的办法，找不出；我想拆散一家人，分成两路，各得其所，终不愿意。我决定委屈儿子，因为我伴同他的时日还长。我说："走大路。"（作品33号）

任务 2　读准多音节词语中的轻声

任务目标

一、知识目标
1. 了解轻声的概念、作用。
2. 掌握轻声规律及正确发音。
二、技能目标
1. 能用轻声的正确发音纠正自己及他人的发音。
2. 能用轻声的正确发音读准多音节词语。

任务布置

同学们将参加国家普通话水平等级测试，为顺利通过测试，取得相应的等级证书，我们要为读多音节词语做好读准轻声的准备。备选样题如下：

❖ 读多音节词语（100 个音节），共 20 分，限时 2.5 分钟。

暗中	航空	名牌儿	亏损	作战	凉快	全身	未曾	指南针	完美
恰当	佛学	均匀	博士	相似	挫折	台子	喷洒	提高	宣传
小瓮儿	热闹	黄鼠狼	穷尽	解剖	定额	扭转	外面	挎包	规律
拼凑	叫好儿	侵略	遵守	妇女	低洼	大伙儿	丢人	婴儿	撒开
冷水	繁荣	眼睛	广场	综合	费用	天下	出其不意

❖ 读多音节词语（100 个音节），共 20 分，限时 2.5 分钟。

英雄	群体	候鸟	协商	首饰	柔软	刺激	跑腿儿	夸张	状况
而且	下降	男女	镇压	坎肩儿	全面	扫帚	工作	画外音	差别
虐待	衰老	训练	聪明	课本	红包儿	谬论	回归	富翁	所有制
强度	断层	表皮	盖子	长城	顶点	合同	掠夺	挨个儿	佛法
赞美	消费	速率	恩情	窘迫	问卷	人民	不以为然

❖ 读多音节词语（100 个音节），共 20 分，限时 2.5 分钟。

恰当	砂轮儿	核算	丰满	疟疾	表演	手绢儿	破坏	开外	寻找
恩情	从而	生产力	无穷	荒谬	群体	花脸	佛学	挨个儿	匪徒
锥子	观光	弱点	由于	渗透	妇女	半道儿	红润	老爷	飘带
上层	显微	镜拼命	夸张	媒人	白色	操纵	大娘	侵占	持久
宾客	钢铁	加工	英雄	质量	选举	创作	一丝不苟

❖ 读多音节词语（100 个音节），共 20 分，限时 2.5 分钟。

努力	作坊	森林	瞭望	着急	确凿	参差	挨骂	暂时	自己
加塞儿	连累	赧然	厚道	漩涡	订正	文件夹	手绢儿	压轴	追踪
调皮	拆迁	高血压	绯闻	规矩	符合	挣脱	纽扣儿	曲线	门闩
模板	怎样	计较	吆喝	似乎	板擦儿	埋怨	联谊	设计	综合征
车站	咱俩	掉色	辉映	斋果	兴奋	惩罚	一身正气

❖ 读多音节词语（100 个音节），共 20 分，限时 2.5 分钟。

损坏	昆虫	兴奋	恶劣	挂帅	针鼻儿	排斥	采取	利索	荒谬
少女	均匀	愿望	恰当	若干	加塞儿	浪费	苦衷	降低	夜晚
小熊儿	存留	上午	按钮	佛教	新娘	逗乐儿	全面	包括	不用
培养	编纂	扎实	电磁波	推测	吵嘴	收成	然而	满口	怪异
听话	大学生	发作	侵略	钢铁	孩子	光荣	前仆后继		

任务实施

一、分组练习
1. 练习读多音节词语。
2. 找出并纠正声、韵、调及轻声存在的错误与缺陷。
二、分组展示
1. 小组代表展示读多音节词语。
2. 学生评价，指出存在的问题。
3. 教师评价，指出存在的问题。

知识储备

导入：朗读小学语文课文《秋天》，注意"凉了""叶子""落下来""那么""排成个"的读音。

秋 天

天气凉了，树叶黄了。一片片叶子从树上落下来。

天空那么蓝，那么高。一群大雁往南飞，一会儿排成个"人"字，一会儿排成个"一"字。

啊！秋天来了。

音频2

在读这篇课文的时候，我们要注意把这些轻声词读准确，这样才能正确地指导学生朗读。在语流中哪些词要读轻声，轻声的发音有有什么特点？下面，我们来探讨关于轻声这个问题，为将来成为一名合格的教师打下坚实的基础。

一、轻声的概念及作用

普通话每个音节都有固定的声调，可是有些音节在一定的场合里因音节弱化而失去了原有的声调，念成一种既轻又短的声调，这种现象就是轻声。轻声是一种特殊的音变现象，不是普通话四声以外的独立调类。普通话中在某些情况下读轻声的字大都有它原来的声调，但也有少量的字没有本调，只读轻声，如："校园的花开了"中的"的"和"了"这两个字，在做助词的情况下，就是没有原调的轻声字。

轻声主要有以下的作用：
（1）区别词义。例如：大意 dàyi（疏忽）与大意 dàyì（主要意思）。
（2）区别词性。例如：对头 duìtou（名词）与对头 duìtóu（形容词）。

二、轻声的规律

轻声词有两类：一类是没有规律的习惯读轻声的词，这类轻声词比较多；另一类是有一定规律的轻声词。这里讨论有一定规律的轻声词，在普通话里下列词语常常要求读轻声：

(1) 助词（的、地、得、着、了、过）。
(2) 语气词（吧、吗、呢、啊、哇）。
(3) 叠音词（名词、动词）。
(4) 方位词（上、下、里、边）。
(5) 趋向动词（上、下、来、去、住、开、起来、下去）。
(6) 名词后缀以及虚语素（子、头、们、巴、么）。
(7) 量词"个"。

另外，在普通话中有些词是必读轻声词，我们在学习和使用普通话时要注意把握住这些必读轻声词。（见62页附录一"普通话水平测试用必读轻声词语表"）

三、轻声发音训练

（一）词语训练

一些常用的双音节词中第二个音节习惯上要读轻声。

萝卜	豆腐	耳朵	先生	体面	招呼	便宜	客气	扫帚	亮堂	葡萄	蘑菇	石榴
黄瓜	芝麻	罐头	行李	动静	骆驼	钥匙	分量	胳膊	巴结	包涵	明白	包袱
别扭	风筝	簸箕	知道	苍蝇	格式	俏皮	妖精	冤枉	裁缝	东家	机灵	休息
玫瑰	逻辑	迷糊	模糊	舒服	窝囊	絮叨	高粱	核桃	疙瘩	狐狸	玻璃	苍蝇
灯笼	街坊	云彩	眼睛	窟窿	刺猬	秧歌	相声	算盘	咳嗽	消息	亲戚	叨唠

（二）句子训练

(1) 我已经"报告"一次了，下午听"报告"。
(2) 她的"针线"活儿做得不错。请把"针线"借我用一下。
(3) 我们"兄弟"不在家。我们"兄弟"之间感情很好。
(4) 这本书"多少"钱买的？干工作不要计较"多少"。
(5) 小张的"买卖"倒闭了。小李的"买卖"很公平。
(6) 她掀开"帘子"往里看，丈夫已把"莲子"剥完了。
(7) 他太"大意"了，把"段落大意"都写错了。
(8) 在海边放风筝很有意思。
(9) 我们的任务是擦玻璃。
(10) 老奶奶把钥匙弄丢了。

（三）语段训练

(1) 有一个姑娘，长得漂亮，皮肤娇嫩，身材苗条，出落得像牡丹。她聪明又活泼，漂亮又乖巧。一个有月亮的晚上，姑娘到亲戚家玩，认识了一位洒脱、有出息的男人。他眼睛近视，戴着一副眼镜，长得白净，看上去斯文、有学问。姑娘喜欢上了他，眯缝着眼睛，上下打量了一番，还扭捏着卖弄脸蛋儿。谁知那男的很不自在，也不搭理她。姑娘着急了，想了个主意，等那男的走后，打听了他的名字和他的情况，才知道他是正经的男人，说话随和，经济宽绰，但有点儿做作，喜欢穿花哨的衣服，姑娘还知道这男的有个要好的朋友，正好是自己的街坊。

（2）如今在海上，和繁星相对，我把它们认得很熟了。我躺在舱面上，仰望天空。深蓝色的天空里悬着无数半明半昧的星。船在动，星也在动，它们是这样低，真是摇摇欲坠呢！渐渐地我的眼睛模糊了，我好像看见无数萤火虫在我的周围飞舞。海上的夜是柔和的，是静寂的，是梦幻的。我望着许多认识的星，我仿佛看见它们在对我眨眼，我仿佛听见它们在小声说话。这时我忘记了一切。在星的怀抱中我微笑着，我沉睡着。我觉得自己是一个小孩子，现在睡在母亲的怀里了。（作品8号）

（3）起初四周围非常清静。后来忽然起了一声鸟叫。我们把手一拍，便看见一只大鸟飞了起来，接着又看见第二只、第三只。我们继续拍掌，很快地这个树林就变得很热闹了。到处都是鸟声，到处都是鸟影。大的，小的，花的，黑的，有的站在枝上叫，有的飞起来，在扑翅膀。（作品48号）

（4）那时候，也许，它可以松一肩重担，站在树下，吃几口嫩草。偶尔摇摇尾巴，摆摆耳朵，赶走飞附身上的苍蝇，已经算是它最闲适的生活了。（作品57号）

任务3　读准多音节词语中的儿化

任务目标

一、知识目标
1. 了解儿化的概念、作用。
2. 掌握儿化规律及正确发音。
二、技能目标
1. 能用儿化的正确发音纠正自己及他人的发音。
2. 能用儿化的正确发音读准多音节词语。

任务布置

同学们将参加国家普通话水平等级测试，为顺利通过测试，取得相应的等级证书，我们要为读多音节词语做好读准儿化的准备。备选样题如下：

❖ 读多音节词语（100个音节），共20分，限时2.5分钟。

匪帮	恰好	推翻	栅栏	丢掉	男女	平分	消灭	后跟儿	虐待
窘迫	戒指	农村	佛像	大娘	热爱	全面	主人翁	朝廷	玩耍
另外	开窍儿	暗中	因而	鲁莽	被窝儿	增加	许可	工程师	云彩
场所	群体	定额	祖宗	柔和	批准	拒绝	夸耀	荒谬	旋转
离子	亏损	心眼儿	创作	犹豫	衰老	苍穹	一丝不苟		

❖ 读多音节词语（100个音节），共20分，限时2.5分钟。

佛寺	照相	亲切	返青	耻辱	幼儿园	爽快	局面	钢铁	传说
人群	逗乐儿	摧毁	爱国	挫折	篱笆	报答	随后	盼望	提成儿
螺旋桨	修养	明白	英雄	军阀	的确	公民	拉链儿	从中	暖瓶
深化	难怪	灯泡儿	温柔	内在	调和	总得	恰好	完善	眉头

夸张	学习	窘迫	毽子	典雅	妇女	标准	不速之客		

❖ 读多音节词语（100个音节），共20分，限时2.5分钟。

奶粉	在这儿	雄伟	婴儿	群众	电压	吵架	连续	枕头	新娘
航空	富翁	节日	上层	核算	大学生	名词	况且	抓阄儿	虐待
麻烦	追求	佛教	包子	原则	热量	农村	履行	骨髓	概括
拐弯儿	配套	玻璃	探索	创作	后跟儿	全体	春光	运动	神经质
昂首	衰变	诋毁	黑暗	挖苦	发票	贫穷	一目了然		

❖ 读多音节词语（100个音节），共20分，限时2.5分钟。

操作	疲倦	遵照	维持	金丝猴	周年	抓获	黄昏	脸盘儿	榨取
眉头	千瓦	佛像	笼子	权力	因而	打倒	硫酸	双亲	别扭
崩溃	妇女	一直	钢铁	上下	窘迫	必须	挨个儿	木偶	逃窜
虐待	帮忙	难怪	科学家	场所	门洞儿	另外	从小	人影儿	分配
仍然	将军	感慨	通讯	清楚	调和	悄声	拥有	补丁	

❖ 读多音节词语（100个音节），共20分，限时2.5分钟。

称赞	谢绝	勇敢	公约	哪个	布局	盼望	大气	携手	不安
拍摄	年轻	汇编	有点儿	风景	佳人	走访	原谅	采纳	巡回
产生	扰乱	允许	所谓	年头儿	宗教	不同	佛前	窘迫	俗名
快板儿	忍心	原野	算了	费力	爪子	自学	儿女	哀愁	期货
文化	一块儿	网球	防治	外语	敌对	国土	婚姻	潜移默化	

任务实施

一、分组练习

1. 练习读多音节词语。
2. 找出并纠正声、韵、调及儿化存在的错误与缺陷。

二、分组展示

1. 小组代表展示读多音节词语。
2. 学生评价，指出存在的问题。
3. 教师评价，指出存在的问题。

知识储备

导入：课堂上，老师正在朗读课文，当他读到"露珠儿从荷叶上滚落下来"的时候，有个学生提出说，老师你落了一个"儿"字，老师说这个"儿"字不用读出来，学生不明白，老师给他做了清楚的解答。

这个案例中，学生的问题涉及语流音变中儿化的问题，老师能够用自己掌握的相关知识，解答学生的疑惑，给我们做出了很好的榜样。所以，在学习过程中，我们要注意积累更多的知识，将来能够成为"传道""授业""解惑"的良师。

一、儿化的概念及作用

在普通话中,单独读 er 的字非常少,常用的只有"儿、而、耳、二"几个。卷舌韵母 er 不能与声母相连,除了自成音节外,还可以附加在其他音节后面,使前一个音节的韵母带上一个卷舌动作的尾音,改变原来韵母的音色,构成卷舌韵母,这种音变现象就是"儿化"。带上卷舌动作的韵母就叫"儿化韵"。

儿化主要有以下几个方面的作用:
(1)语法上,区别词性。如:盖(动词)——盖儿(名词)。
(2)词汇上,区别词义。如:眼(眼睛)——眼儿(窟窿眼儿、小孔)。
(3)修辞上,区别感情色彩。
① 表示细小、轻微的:石子儿、粉末儿、门缝儿。
② 表示亲切、可爱的:小熊儿、脸蛋儿、小鸟儿。

二、儿化音变的规律与发音

(1)前一音节末尾是 a、o、e、ê、u 的,在原韵母上直接加上卷舌动作(用 r 表示)。如:号码儿、山坡儿、秧歌儿、爆肚儿、半截儿。
(2)前一音节的韵母是 i、ü 的,在原韵母后直接加卷舌韵母 er。如:小米儿、小鸡儿、小曲儿、金鱼儿。
(3)前一音节的韵母是 i(前)和 i(后)的,去掉韵母,加上卷舌韵母 er。如:写字儿、没词儿、枪子儿、树枝儿、锯齿儿、没事儿。
(4)前一音节的韵母是 in、ün 的,去掉韵尾 n,加上卷舌韵母 er。如:脚印儿、合群儿。
(5)前一音节的韵尾是 i、n(in、ün)的,去掉韵尾后在主要元音上加卷舌动作。如:小孩儿、宝贝儿、一块儿、麦穗儿、门坎儿、鼻尖儿。
(6)前一音节的韵尾是 ng 的,去掉韵尾 ng,主要元音加上卷舌动作,同时鼻化。如:帮忙儿、竹筐儿、小样儿。

三、儿化的发音训练

(一)词语训练

去哪儿　耳膜儿　离谱儿　瓶盖儿　肚脐儿　茶馆儿　火锅儿　小鞋儿　口哨儿　跑腿儿
口味儿　蛋黄儿　一下儿　加油儿　面条儿　胡同儿　送信儿　落款儿　宝贝儿　嘴角儿
一块儿　墨水儿　旦角儿　石子儿　赶趟儿　纳闷儿　模特儿　哥们儿　巧劲儿　影片儿
豆腐干儿　一个劲儿　那么点儿　败家子儿　铺盖卷儿　闹着玩儿

(二)句子训练

(1)花园儿里种着茶花儿,花盆儿里养着菊花儿,花瓶儿里还插着梅花儿。
(2)下了班儿,上对门小饭馆儿,买一斤锅贴儿。
(3)一阵风吹来,树枝轻轻地摇晃,美丽的银条儿和雪球儿簌簌地落下来,玉屑似的雪末儿随风飘扬。
(4)树叶儿却绿得发亮,小草儿也青得逼你的眼。
(5)一开瓶子塞儿就是那么一股甜香;调上半杯一喝,甜香里带着股清气,很有点儿鲜荔枝的味儿。

(三)语段训练

(1)天上风筝渐渐多了,地上孩子也多了。城里乡下,家家户户,老老小小,也赶趟儿似的,一个个都出来了。舒活舒活筋骨,抖擞抖擞精神,各做各的一份事儿去。"一年之计在于春",刚起头儿,有的是工夫,有的是希望。

(2)有些猴儿早等急了,一听老猴儿也这么说,就跟着嚷起来:"对,吃西瓜吃皮儿!""吃西瓜吃皮儿!"猴儿王一看,认为已经找到了正确的答案,就向前跨了一步,开言道:"对!大家说的都对,吃西瓜是吃皮儿!哼,就小毛猴儿崽子说吃西瓜是吃瓤儿,那就叫他一个人吃,咱们大家都吃西瓜皮儿!"于是西瓜一刀两断,小毛猴吃瓤儿,大家伙儿是共分西瓜皮儿。

(3)落光了叶子的柳树上挂满了毛茸茸亮晶晶的银条儿;而那些冬夏常青的松树和柏树上,则挂满了蓬松松沉甸甸的雪球儿。一阵风吹来,树枝轻轻地摇晃,美丽的银条儿和雪球儿簌簌地落下来。玉屑似的雪末儿随风飘扬,映着清晨的阳光,显出一道道五光十色的彩虹。(作品5号)

(4)就在他快要挖好坑的时候,从别墅里走出一个人来,问小孩儿在干什么,孩子抬起满是汗珠的脸蛋儿,说:"教练,圣诞节到了,我没有礼物送给您,我愿给您的圣诞树挖一个树坑。"(作品41号)

任务4　读多音节词语模拟测试

任务目标

一、知识目标
1. 巩固声母、韵母、声调及语流音变的正确发音。
2. 掌握普通话词语轻重音格式。
3. 了解读多音节词语的考查要求及评分标准。
4. 知道读多音节词语的应试常识及技巧。

二、技能目标
1. 能用普通话语音系统中声、韵、调及语流音变的正确发音纠正自己及他人的语音。
2. 能用普通话语音系统中声、韵、调及语流音变的正确发音完成读多音节词语模拟测试。

任务布置

同学们将参加国家普通话水平等级测试,为顺利通过测试,取得相应的等级证书,我们来进行读多音节词语的模拟测试。备选样题如下:

❖ 读多音节词语(100个音节),共20分,限时2.5分钟。

举止	鼻子	冷落	选取	包干儿	答应	水平	厂房	创伤	品德
君权	差点儿	累积	勋章	多么	迫害	剥削	群体	两栖	五谷
同样	恰似	深化	蝌蚪	揣摩	嗓门儿	才能	参观	操作	逃走
台风	溶解	饭馆儿	刷新	扭转	慨然	矛盾	描绘	民国	崩溃
雄伟	辩证法	率领	流传	增强	部分	望远镜	异曲同工		

❖ 读多音节词语(100个音节),共20分,限时2.5分钟。

| 破裂 | 敏感 | 选种 | 非常 | 代理 | 奏鸣曲 | 快乐 | 特殊 | 月饼 | 差点儿 |

项目一　普通话水平等级测试训练

操作	瓦解	压缩	纳税	芝麻	久远	天真	对话	浓厚	把门儿
产品	策略	声音	平凡	采购	持续	迫切	两旁	北半球	迅速
脖颈儿	全民	佛教	轮廓	家乡	光荣	亏损	条款	内脏	手绢儿
讽刺	扭转	村庄	提防	被告	跑道	流血	不伦不类		

❖ 读多音节词语（100个音节），共20分，限时2.5分钟。

军队	赛跑	穷苦	光棍儿	运用	怪罪	捐款	太平洋	全体	坏死
掠夺	觉得	刮脸	往往	凉快	强调	一瞥	扭转	酒精	没空儿
表演	棉花	凑合	柔嫩	母亲	围脖儿	脑袋	沙发	战场	瑕疵
三轮车	传播	驾驭	匪徒	安置	石油	人生	诅咒	尊重	墨水儿
需要	从容	儿孙	存放	扫除	真正	羞怯	周而复始		

❖ 读多音节词语（100个音节），共20分，限时2.5分钟。

撇开	群众	窘迫	提成儿	日益	亏损	怀念	洼地	男女	喜欢
军阀	效果	舌头	傍晚	深化	线轴儿	协作	定额	随便	分配
牛仔裤	勉强	穷人	摧毁	往返	仍然	率领	母亲	昂扬	栅栏
佛寺	旋转	原因	价格	观察	装备	句子	操纵	逗乐儿	手稿
材料	长颈鹿	恰好	大褂儿	谬论	标志	虐待	不约而同		

❖ 读多音节词语（100个音节），共20分，限时2.5分钟。

边卡	汤圆	凉爽	一点儿	俊俏	王冠	拥戴	存在	迥然	讹诈
蘑菇	小曲儿	不吝	突击	批准	蜜蜂	喧嚷	时光	司法	善良
大伙儿	琼脂	窗户	抽象						
尾巴	老板	同盟	聘请	恳切	扰乱	暴虐	否则	解放	隧道
快餐	脉搏	会计	螺旋	角色	苹果酱	耳朵	纠正	墨水儿	承认
庄稼	耍弄	显微镜	新陈代谢						

任务实施

一、分组练习
1. 读多音节词语模拟测试。
2. 找出并纠正声、韵、调及变调、轻声、儿化存在的错误与缺陷。

二、分组展示
1. 小组代表进行读多音节词语模拟测试。
2. 学生打分、评价，指出存在的问题。
3. 教师打分、评价，指出存在的问题。

知识储备

导入：请你试为下面"读多音节词语测试"的语音资料打分，看一看你能否判断出这位应试者能达到什么测试等级。

音频3

[语音材料]
左手　拼命　总纲　醒目　组稿　转学　人缘儿　铁匠　准绳　喘息　领海　法宝

劝勉	配合	盼望	泥胎儿	大街	费用	农村	连续	热闹	凉快	而且	雄伟	拈阄儿
运动	橘子	区别	挂号	互相	奔驰	进化	风格	假条	困难	雕刻	喇叭	挖掘
外婆	桑树	研制	搜集	压缩	融洽	皇帝	偶然	惭愧	昂贵	民主		

一、读多音节词语考查要求及评分标准（见本教材"普通话概述"部分）

二、读多音节词语应试常识

（一）常见问题

1. 语音错误

（1）基本声韵调发音的评判标准与单音节字词测试相同。
（2）两个上声音节相连时没有按应有的规律变调。
（3）"一""不"在连读时发生变调错误。
（4）轻声音节没有读轻声或违背轻声连读的音高模式。
（5）儿化音节没有读儿化韵或读成两个音节。

2. 语音缺陷

（1）基本声韵调发音的评判标准与单音节字词测试相同。
（2）儿化卷舌色彩不明显或发音生硬。
（3）"中·重"格式的双音节词语读为"重·次轻"格式，第二个音节判为缺陷。

（二）应试指导

（1）准确鉴别容易读错的多音字，减少因识记不准确造成的错误。
（2）分辨轻声词与非轻声词。掌握必读的轻声词语，读准轻声音。（见附录一）
（3）准确掌握变调的一般规律，注意变调音节的正确发音。
（4）重视第二个音节的声调发音。（除轻声和儿化外，第二个音节必须读原调）
（5）注意儿化的读音准确。（见62页附录二）
（6）轻重音格式不要读错。
（7）不能把多音节词语处理成单音节词语，每个音节孤立地发音。
（8）要掌握好速度。语速不要过快，否则每一个字都不清晰，都有缺陷，都要扣分。
（9）注意不要漏行，否则将按照错误计分。
（10）保持充足的气息，发音到位。声音要响亮。

相关链接

词语的轻重音格式

一、双音节词的轻重格式

1. 中·重格式：

日常 大同 交通 领域 当代 小诗 出路 黄金 碧绿 时代 容颜 假如 晶莹 自然 减色 宝贵 人生 2

2. 重·中格式：

经验 视觉 听觉 界限 颜色 温度 声音 形象 重量 气味 性质 美好 情感 感官 价值 风气 背景

3. 重·次轻格式：
棉花 气氛 太阳 说法 小心 前边 玫瑰 客人 机器 连累 渣滓 因为 玻璃 糊涂 聪明 活泼 麻烦

4. 重·最轻格式：
清楚 老婆 头发 刺猬 扁担 困难 风筝 窗户 朋友 唠叨 力气 喉咙 荤腥 萝卜 功夫 模糊 扫帚

二、三音节词的轻重格式

1. 中·中·重格式：
播音员 收音机 呼吸道 东方红 天安门 展览馆 居委会 共产党 共青团 常委会 党支部 国际歌

2. 中·重·轻格式：
枪杆子 命根子 过日子 拿架子 吊嗓子 臭架子 卖关子 半拉子 打底子 拉冷子 洋鬼子 刀把子

3. 中·轻·重格式：
保不齐 备不住 吃不消 大不了 动不动 对不起 过不来 说得来 生意经 冷不防

三、四音节词的轻重格式

1. 中·重·中·重格式：大部分具有联合关系及少量其他结构关系的四字成语要读作中·重·中·重格式。
丰衣足食 日积月累 轻歌曼舞 心平气和 无独有偶 五光十色 天灾人祸 年富力强 耳濡目染

2. 中·轻·中·重格式：大部分四音节的专用名词、叠音形容词和象声词要读作中·轻·中·重格式。
慢慢腾腾 高高兴兴 模模糊糊 亮亮堂堂 跌跌撞撞 整整齐齐 清清楚楚 大大方方

3. 重·中·中·重格式：大部分具有修饰与被修饰、陈述与被陈述和支配与被支配关系的四字成语及一三格式组成的成语要读作重中·中·重格式。
惨不忍睹 义不容辞 敬而远之 诸如此类 相形之下 一扫而空

学习思考

1. 什么是变调？常见的变调有哪几种？
2. 你能用口诀概括"一""不"的变调规律吗？
3. "选举法"和"好领导"都是三个上声相连，它们的读法一样吗？为什么？
4. 什么是轻声？轻声有什么作用呢？
5. 什么是儿化？儿化有什么作用呢？

课外训练

一、朗读《普通话水平测试用必读轻声词语表》（见附录一）

二、朗读《普通话水平测试用儿化词语表》（见附录二）
三、朗读社会主义核心价值观内容

富强、民主、文明、和谐、自由、平等、公正、法治、爱国、敬业、诚信、友善。

四、读多音节词语模拟测试训练

◇ 读多音节词语（100个音节），共20分，限时2.5分钟。

琼脂	窗户	抽象	存在	老板	同盟	一点儿	聘请	恳切	扰乱
大伙儿	绿化	耳朵	苹果	纠正	承认	庄稼	讹诈	螺旋	角色
暴虐	昂首	非常	美好	否则	解放	隧道	快餐	脉搏	墨水儿
蘑菇	不吝	突击	批准	蜜蜂	喧嚷	时光	司法	善良	小曲儿
边卡	汤圆	凉爽	俊俏	王冠	拥戴	迥然	会计	潜移默化	

◇ 读多音节词语（100个音节），共20分，限时2.5分钟。

手指	策略	抢劫	森林	侨眷	港口	干净	日用	现代化	紧张
模特儿	炽热	群众	沉醉	快乐	窗户	名牌儿	应当	生字	奔跑
没准儿	混淆	衰落	分析	防御	沙丘	管理	晚上	卑劣	包装
板凳儿	此外	便宜	光环	塑料	扭转	加油	队伍	挖掘	女士
财富	取得	阳台	儿童	洒脱	科学	委员会	轻描淡写		

◇ 读多音节词语（100个音节），共20分，限时2.5分钟。

良辰	萎缩	一直	标尺	狂热	谋反	源头	蹂躏	洽谈	名牌儿
蒙古包	赔款	预告	发霉	次品	老实	柴草	了不得	罢免	农村
佛教	这会儿	重叠	给予	破损	绑腿	休息	餐巾	扭转	训练
烟卷儿	灭亡	风雪	快活	馈赠	酿酒	请柬	洼地	缺水	叙述
花瓶儿	挂图	浑浊	女兵	光电	穷苦	波段	似是而非		

附录一　必读轻声词语表

普通话水平测试用必读轻声词语表

附录二　普通话水平测试用儿化词语表

普通话水平测试用儿化词语表

子项目3　朗读短文训练

朗读是把文字转化为有声语言的一种创造性活动，也就是朗读者在理解作品的基础上用自己的语音塑造形象、反映生活、说明道理、再现作者思想感情的再创造过程。朗读是学习普通话语音的重要环节，更是教师的语言基本功之一。

朗读的基本要求是：

第一，用普通话语音朗读。

用普通话语音朗读，除要求朗读者要忠于作品原貌，不添字、漏字、改字外，还要求朗读时声母、韵母、声调、轻声、儿化、变调以及语句的表达方式等各方面都符合普通话语音的规范。

第二，把握作品的基调。

基调是指作品的基本情调，即作品的总的态度感情，总的色彩和分量。任何一篇作品，都会有一个统一完整的基调。朗读作品只有把握住作品的基调，作品的思想才能成为朗读者的思想，作品的感情才能成为朗读者的感情，作品的语言表达才能成为朗读者要说的话，才能收到好的朗读效果。

在普通话水平测试中，朗读短文测试的是应试者运用普通话朗读书面材料的水平，除了要测试应试者普通话发音的准确性之外，还要考查应试者对停顿、重音、语调等朗读一般技巧的掌握情况。

任务1　读准短文中的停连

任务目标

一、知识目标

1. 巩固声、韵、调及变调、轻声、儿化的正确发音。
2. 了解停连的概念。
3. 掌握停连的类别及运用。
4. 知道"啊"的变读规律及正确发音。

二、技能目标

1. 能用正确的声、韵、调及语流音变朗读短文。
2. 能用正确的停连朗读短文。

任务布置

同学们将参加国家普通话水平等级测试，为顺利通过测试，取得相应的等级证书，我们要做好用正确的语音及停连朗读短文的准备。备选样题如下：

朗读短文（400个音节），共30分，限时4分钟。

普通话水平测试用朗读作品11号——《国家荣誉感》（文本见附录三，79页）。

深入理解作品的思想内容，是朗读的基本要求之一，也是读好一篇文章的基础。在朗读这篇短文时，首先我们要深入体会作者在这篇文章中所表达的爱国情怀，通过正确的语音及朗读技巧，把作品传达出来的"为祖国而战"的澎湃激情用有声语言

音频4

表现出来。

任务实施

一、分组练习
1. 练习朗读短文。
2. 找出并纠正语音及停连存在的错误与缺陷。
二、分组展示
1. 小组代表展示朗读短文。
2. 学生评价，指出存在的问题。
3. 教师评价，指出存在的问题。

知识储备

导入：请阅读下面的一则笑话，思考为什么会出现这样笑话。

古时有一财主为儿子请私塾老师，问老师有啥条件，老师提笔写了以下文字：无鸡鸭也可无鱼肉也可唯青菜豆腐不可少不得半文钱。财主一看，这位老师要求太低了，特别高兴。没过多久，老师一看，顿顿饭都是青菜豆腐，就去找财主提出异议。财主说这不是你提的要求吗："无鸡鸭也可，无鱼肉也可，唯青菜豆腐不可少，不得半文钱。"先生说，我写的是"无鸡，鸭也可，无鱼，肉也可，唯青菜豆腐不可，少不得半文钱"。

古代人写文章不加标点，同样的话有时候由于停顿位置不同会造成不同的理解。上面这个笑话提示我们，在朗读的时候，我们要注意句子停连的问题，只有停连位置恰当，表情达意才能正确清楚，否则就可能出现割裂语义，甚至造成误解的情况。

一、停顿的概念及种类

停顿指的是朗读或说话过程中一句话内部或句与句之间的间歇。朗读时，有些句子较短，按书面标点停顿就可以。有些句子较长，结构也较复杂，句中虽没有标点符号，但为了表达清楚意思，中途也可以做些短暂的停顿。但如果停顿不当就会破坏句子的结构，这就叫读破句。朗读测试中忌读破句，应试者要格外注意。常见的停顿有以下几种类型：

（一）结构停顿

结构是指文章的段落层次，朗读时在这些地方所做的停顿就是结构性停顿。在朗读时，题目、段落之间都要有适当的停顿，它们之间停顿时间长短大致是这样的：题目＞段落＞自然段＞层次。以上停顿的时长一般都比句子内部的停顿要长。

（二）语法停顿

语法停顿指的是朗读时根据句子中的语法标志所做的停顿，主要包括句读停顿和语组停顿。

1. 句读停顿

按照文章字面上的各种标点符号进行的停顿，就叫作句读停顿。一般来说，句读停顿时间的长短是：顿号停顿的时间最短，逗号停顿时间比顿号稍长，分号、冒号停顿时间又比逗号长，句号、问号、感叹号停顿的时间最长。

句读停顿不是绝对的，有时为表达感情的需要，在没有标点的地方也可以停顿，在有标点的地方也可以不停顿。如"我可能来不了"这句话中间没有标点符号，但要想把说话者迟疑的语气表现出来，就应该在"我"之后做停顿；而"糟啦，糟啦，月亮掉到井里啦！"这句话，虽然中间有两处逗号，但为了体现小猴子的急迫心情，应该连起来读出。

2. 语组停顿

语组停顿指的是句子成分之间的停顿，它往往是为了强调、突出句子中主语、谓语、宾语、定语、状语或补语而做的短暂停顿，一般主谓之间、动宾之间、修饰语与中心词之间等都可停顿。语组停顿时间比句读停顿要短些。例如：

（1）一阵风吹来，树枝∧轻轻地摇晃，美丽的银条和雪球∧簌簌地落下来，玉屑似的雪末儿∧随风飘扬，映着清晨的阳光，显出一道道∧五光十色的彩虹。

（2）盼望着，盼望着，东风∧来了，春天的脚步∧近了。

（三）强调停顿

强调停顿是朗读时为了强调突出某一特定事物、意义或某种感情所做的停顿，这种停顿也叫感情停顿或逻辑停顿。

（1）强调停顿不受书面标点和句子语法关系的制约，完全是根据感情或心理的需要而做的停顿处理，它的特点是声断而情不断，也就是声断情连。例如：

① 后来啊，乡愁是一方矮矮的坟墓，我∧在外头，母亲∧在里头。

② 日子一天一天地过去了，父子俩也一天一天地感觉到，他们最大的敌人，也正在一步一步地向他们逼近：它就是∧孤独。

③ 它只是树木中的一个小小的∧长方形土丘，上面开满鲜花——没有十字架，没有墓碑，没有墓志铭，连托尔斯泰这个名字∧也没有。

（2）不过有时强调停顿与语法停顿是重合的。例如：

他勇敢地战斗了一生，而现在，就这么安详而又和平地∧死去了。

二、停顿的方式

停连的位置及时长确定后，还需要处理好停顿时最后一个音节的音高走向，这样才能取得很好的表达效果。处理停顿时最后一个音节音高走向的方式大致有两种方式，就是扬停或落停。

（一）扬停

一般语意未表达完整时的停顿用扬停，也就是在句中无标点处，或在分句之间、句与句之间，语意未完而又需要停顿的地方，最后一个音节处理为扬停。扬停的停顿时间较短，音高不向下落，稍上扬或持平，声停而气未尽意不断，让听者感受到语意未完，仍有下文。停顿之后，声音或缓起或突起。但运用扬停时，要注意声音不要上扬过高，否则会带出"疑问"语气，背离了语句的原意。例如：

这腰鼓，使冰冷的空气立即变得燥热了，/使恬静的阳光立即变得飞溅了，/使困倦的世界立即变得沸腾了。

（二）落停

一般语意结束的句尾的停顿用落停，也就是在一个相对完整的意思表达完成之后，句中使用句号、问号、感叹号的地方，最后一个音节处理为落停。落停的停顿时间相对较长，结尾音节音高顺势而落，气息减弱，字音收住。落停时音调具体的高低、字音和气息的收束时是急是徐，还要视具体情况而定。

任务 2　读准短文中的重音

任务目标

一、知识目标
1. 巩固声、韵、调及变调、轻声、儿化的正确发音。
2. 了解重音的概念。
3. 掌握重音的类别、表达方式。

二、技能目标
1. 能用正确的声、韵、调及语流音变朗读短文。
2. 能用正确的重音朗读短文。

任务布置

同学们将参加国家普通话水平等级测试,为顺利通过测试,取得相应的等级证书,我们要做好用正确的语音及重音朗读短文的准备。备选样题如下:

朗读短文(400个音节),共30分,限时4分钟。

普通话水平测试用朗读作品6号——《读书人是幸福人》(文本见附录三)。

这篇文章告诉我们,读书可以增广知识,理解他人,感化与陶冶情操;读书可以使人不断追求崇高,使有限的生命获得无限的可能性。朗读这篇文章时,我们不要仅仅把它作为一则朗读材料,而是要深入理解作者所表达的中心观点——读书人是幸福人,从中受到启示,养成热爱读书的良好品质。

音频 5

任务实施

一、分组练习
1. 练习朗读短文。
2. 找出并纠正语音及重音存在的错误与缺陷。

二、分组展示
1. 小组代表展示朗读短文。
2. 学生评价,指出存在的问题。
3. 教师评价,指出存在的问题。

知识储备

导入:请试用同一个句子"我去过上海"来回答以下3个问题:
(1)谁去过上海?
(2)你去过上海吗?
(3)北京、上海等地,你去过哪儿?

3个问题可以用同一个句子来回答,我们是通过什么来实现的呢?对,就是重音。由此可见,当我们把说话的重音放在一个句子中不同的词语上时,这个句子要表达的意味可能就会有所不同。因此,重音是必不可少的。在朗读和说话中,重音准确,才能突出重点,表意清楚,否则,如果缺少重音或重音确定不够准确,就会造成语意含糊,以致理解偏差或错误。

一、重音的概念及种类

重音是指朗读时需要强调或突出的音节或词语。重音突出语句的重点和作品的主题,增强语言的节奏感和表现力。

确定重音要根据文本的中心、表情达意的需要来选定。一个独立完整的句子,通常只有一个主要的重音,重音越少,表意越明确。当然,除了主要重音外,一个句子往往还会有次重音,朗读时也要注意适当地强调。语句的重音可分为语法重音和强调重音。

(一)语法重音

根据句子的语法结构确定的重音叫语法重音,一般它的位置比较固定。具体分为以下几种情况:
(1)一般短句里的谓语部分应稍重些。例如:
东风来了,春天的脚步近了。山朗润起来了,水涨起来了,太阳的脸红起来了。
(2)动宾结构中的宾语应该重读。例如:
谈文学、谈哲学、谈人生道理。
在双宾语中后一宾语重读。例如:
张老师教我们数学。
(3)定语、状语、补语比中心词要稍重些。例如:
① 现在正是枝繁叶茂的时节。
② 大雪整整下了一夜。
③ 他眼睛睁得大大的。
(4)疑问代词和指示代词一般要稍重些。例如:
① 谁能把花生的好处说出来?
② 一个夏季的下午,我随着一群小伙伴偷偷上那儿去了。
(5)比喻句中的比喻词和喻体要重些。例如:春天像小姑娘,花枝招展的,笑着,走着。

(二)强调重音

为了强调某种特殊意义或某种特殊感情而确定的重音叫强调重音,又可称为逻辑重音或感情重音。语句在什么地方该用强调重音并没有固定的规律,而是受说话的环境、内容和感情支配的。重音位置不同,表达的意思也就不相同了。例如:
我知道你会这样做的。(别人不知道,我知道)
我知道你会这样做的。(不要以为我不知道)
我知道你会这样做的。(别人不会这样做的)
我知道你会这样做的。(你怎么说自己不会)
我知道你会这样做的。(你不会那样做)
我知道你会这样做的。(你不仅仅是说说而已)
强调重音常常能够表达句子中的一些特殊逻辑关系:
(1)表示并列关系的重音。例如:

海上的夜是柔和的，是静寂的，是梦幻的。

（2）表示对比关系的重音。例如：

母亲要走大路，大路平顺；我的儿子要走小路，小路有意思。

（3）表示呼应关系的重音。例如：

世间有诸多的不平等，财富的不平等，权利的不平等，而阅读能力的拥有或丧失却体现为精神的不平等。

（4）表示递进关系的重音。例如：

起先，这小家伙只在笼子四周活动，随后，就在屋里飞来飞去。

（5）表示转折关系的重音。例如：

星光在我们的肉眼里虽然微小，然而它使我们觉得光明无处不在。

二、重音表达方式

重音不是简单地加重某个词的读音，它表示强调，所以重音可以用不同的方法显示。

（一）加强音量法

一般情况下，重音采取重读的方式来表达，它可以增强声音的气势，适合表达热烈激昂的情感情绪。例如：

人，不能低下高贵的头，只有怕死鬼才乞求自由；毒刑拷打算得了什么！死亡也无法叫我开口。

（二）延音法

有时，也可以用把重音音节拖长，让声音延续来表达重音。例如：

（1）"就算这样吧，"狼说，"你总是坏家伙，我听说，去年你在背地里说我的坏话。"

（2）是的，智力可以受损，但爱永远不会。

（三）顿字法

顿字法就是在重音音节前后停顿，来突出重音。重音往往与停顿连在一起的，有重音的地方一般都会做停顿，而停顿往往也是重音的一种提示。例如：

这天夜里，我做了个奇怪的梦，梦见自己变成了一只/小蜜蜂。

（四）轻读法

用比前后音节更轻的声音来表示重音，也能起到强调突出的作用。这种方式适合表现柔美、轻巧、宁静、深沉的意境和情感。例如：

（1）今年二月，我从海外回来，一脚踏进昆明，心都醉了。

（2）在这幽美的夜色中，我踏着软绵绵的沙滩，沿着海边，慢慢地向前走去。海水轻轻地抚摸着细软的沙滩，发出温柔的刷刷声。

任务3　读准短文中的语调

任务目标

一、知识目标

1. 巩固声、韵、调及变调、轻声、儿化的正确发音。
2. 了解语调的概念。

3. 掌握语调的类别、特点。
二、技能目标
1. 能用正确的声、韵、调及语流音变朗读短文。
2. 能用正确的语调朗读短文。

任务布置

同学们将参加国家普通话水平等级测试，为顺利通过测试，取得相应的等级证书，我们要做好用正确的语音及语调朗读短文的准备。备选样题如下：

朗读短文（400个音节），共30分，限时4分钟。

普通话水平测试用朗读作品28号——《迷途笛音》（文本见附录三）。

这篇短文讲述了6岁时的"我"，在野外玩耍后与小伙伴走散而迷路，正当"我"大哭的时候，被乡亲卡廷先生发现，但质朴的卡廷先生并没有扮演"救星"的角色，为了保护一个小男孩儿强烈的自尊，他不露痕迹地用笛声让"我"发现他，并和"我"一起在笛声中踏上了回家的小路。短文用一个温暖的故事告诉我们，别人有困难的时候，我们要及时伸出援手，并在向别人提供帮助时，要注意保护受助人的尊严。朗读这篇短文时，我们要注意体现小男孩儿迷路时的急切心情以及被人称为乡巴佬的卡廷先生的善良与质朴。

音频6

任务实施

一、分组练习
1. 练习朗读短文。
2. 找出并纠正语音及语调存在的错误与缺陷。
二、分组展示
1. 小组代表展示朗读短文。
2. 学生评价，指出存在的问题。
3. 教师评价，指出存在的问题。

知识储备

导入：朗读小学语文课文《坐井观天》，注意句子的语调。

坐井观天

青蛙坐在井里。小鸟飞来了，落在井沿上。
青蛙问小鸟："你从哪儿来呀？"
小鸟回答说："我从天上来，飞了一百多里，口渴了，下来找点儿水喝。"
青蛙说："朋友，别说大话了！天不过井口那么大，还用飞那么远吗？"
小鸟说："你弄错了。天无边无际，大得很哪！"
青蛙笑了，说："朋友，我天天坐在井里，一抬头就能看见天。我不会弄错的。"
小鸟也笑了，说："朋友，你是弄错了。不信，你跳出井来看一看吧。"

音频7

这篇寓言故事里，青蛙目光短浅、自以为是，小鸟眼界开阔、自信谦虚，朗读时，我们要把握好青蛙和小鸟说话时的语调，这样才能更好地把它表现出来。那么朗读中，如何处理句子的语调呢？下面，我们来探讨这个问题，为将来为指导学生朗读做好准备。

一、语调的概念

语调是指语句里声音高低升降的变化，其中以结尾的升降变化最为重要。语调一般是和句子的语气及说话者感情变化紧密结合的，不同的语气及感情变化就会形成不的语调。朗读时，如能注意语调的升降变化，语音就有了动听的腔调，听起来便具有音乐美，也就能够更细致地表达不同的思想感情。

二、语调的种类

语调变化多端，主要有平调、升调、降调、曲调4种类型。

（一）平调

平调一般多用在叙述、说明或表示迟疑、思索、冷淡、追忆、悼念等的句子里。朗读时始终平直舒缓，没有显著的高低变化。例如：

其实，友情也好，爱情也好，久而久之都会转化为亲情。（作品32号）

（二）升调

升调多在疑问句、反诘句、短促的命令句，或者是表示愤怒、紧张、警告、号召的句子里使用。朗读时，注意前低后高、语气上扬。例如：

许是累了？还是发现了"新大陆"？（作品22号）

（三）降调

降调一般用在感叹句、祈使句，或表示坚决、自信、赞扬、祝愿、沉痛、悲愤等感情的句子里。朗读时，注意调子逐渐由高降低，末字低而短。例如：

大雪整整下了一夜。今天早晨，天放晴了，太阳出来了。推门一看，嗬！好大的雪啊！山川、河流、树木、房屋，全都罩上了一层厚厚的雪，万里江山，变成了粉妆玉砌的世界。（作品5号）

（四）曲调

曲调用于表示特殊的感情，如讽刺、讥笑、夸张、强调、双关、特别惊异等句子里。朗读时由高而低后又高，把句子中某些特殊的音节特别加重加高或拖长，形成一种升降曲折的变化。例如：

没料到，老太太的回答更令女作家大吃一惊："耶稣在星期五被钉上十字架时，是全世界最糟糕的一天，可三天后就是复活节。所以，当我遇到不幸时，就会等待三天，这样一切就恢复正常了。"（作品37号）

任务4　朗读短文模拟测试

任务目标

一、知识目标
1. 巩固声母、韵母、声调、语流音变的正确发音。
2. 巩固停连、重音、语调的朗读技巧。

3. 了解朗读短文的考查要求及评分标准。
4. 知道朗读短文的应试常识及技巧。
二、技能目标
1. 能用普通话语音系统中声、韵、调及语流音变的正确发音纠正自己及他人的语音。
2. 能用普通话的正确语音及停连、重音、语调等朗读技巧完成朗读短文模拟测试。

任务布置

同学们将参加国家普通话水平等级测试，为顺利通过测试，取得相应的等级证书，我们来进行朗读短文的模拟测试。备选样题如下：

朗读短文（400个音节），共30分，限时4分钟。

普通话水平测试用朗读作品22号——《可爱的小鸟》（文本见附录三）。

短文主要写了航行途中，一只无家可归的小鸟被水手们救起，并和水手们一起快乐生活的情景，描绘出了一幅人与动物和谐相处的美好画面，并通过返航时，小鸟不愿离开自己生活的地方而被水手们放归大海这一情节，寄托了漂泊在外的人对祖国和故乡的眷恋。朗读时，我们要注意把小鸟与水手们相处的温馨画面及对祖国与故土的依恋之情表现出来。

音频8

任务实施

一、分组练习
1. 练习朗读短文模拟测试。
2. 找出并纠正语音及停连、重音、语调存在的错误与缺陷。
二、分组展示
1. 小组代表进行朗读短文模拟测试。
2. 学生打分、评价，指出存在的问题。
3. 教师打分、评价，指出存在的问题。

知识储备

导入：请你试为下面"朗读短文测试"的语音资料打分，看一看你能否判断出这位应试者能达到什么测试等级。

[**语音材料**] 朗读短文30号作品《牡丹的拒绝》（文本见附录三）。

音频9

一、朗读短文考查要求及评分标准（见本教材"普通话概述"部分）

二、朗读短文应试常见问题

（一）语音问题

朗读短文首先要测试的是应试人普通话的标准程度，因此，语音不标准失分会比较严重。常见的语音问题主要有：

（1）方音问题。声、韵、调存在错误与缺陷，前面已阐述，这里不再赘言。

（2）语流音变问题。变调、轻声、儿化、"啊"的变读存在错误与缺陷，前面已阐述，这里不再赘言。

（3）多音字的读音问题。

（4）由字形相近或由偏旁类推引起的误读。

（5）异读词的读音问题。异读词一律以《普通话异读词审音表》为准。

（二）错读、回读

在朗读过程中常常会出现字音错误的情况，造成这种情况有3种原因：一是不认识该字；二是受方音及习惯性读法影响；三是由于考试时的紧张心理影响而造成的。而回读现象往往是在错读之后，为了弥补失误而造成的。

（三）漏读、增读、改读

由于朗读习惯和临场紧张的原因，在朗读短文时也常常会出现漏读、增读的现象。

（四）停连不当，不够流畅

造成这种情况的主要原因是对朗读技巧掌握不够熟练，对朗读作品内容不够熟悉，再加上临场心里紧张。

三、应试指导

（一）不同体裁作品的朗读

1. 记叙类作品的朗读

记叙类作品主要是通过对人物、事件的具体叙述，来赞扬某种品质、肯定某种行为、表达某种认识。记叙类作品往往是以一个事件的经过贯穿全文，而人物又往往是事件的主体，所以揣摩不同人物的个性特点，注意通过各种朗读技巧读好人物的语言是记叙类作品朗读首先要强调的。朗读记叙类作品，还要注意把人物的语言和叙述性、描写性等语言区别开来。例如：

父亲坐下来还在生气。后来，他平静下来了。心想他可能对孩子太凶了——或许孩子真的很想买什么东西，再说他平时很少要过钱。

父亲走进孩子的房间："你睡了吗？""爸，还没有，我还醒着。"孩子回答。

"我刚才可能对你太凶了，"父亲说，"我不应该发那么大的火儿——这是你要的十美金。""谢谢您。"孩子高兴地从枕头下拿出一些被弄皱的钞票，慢慢地数着。

"为什么你已经有钱了还要？"父亲不解地问。

"因为原来不够，但现在凑够了。"孩子回答，"爸，我现在有二十美金了，我可以向您买一个小时的时间吗？明天请早一点儿回家——我想和您一起吃晚餐。"（作品7号）

在这段文字中，爸爸的话可以由低而轻的歉意转到高而重的疑惑；儿子的话可以由慢而快，先抑后扬，以表示愿望即将满足时的欢乐心情。

2. 抒情性作品的朗读

作者在抒情散文中有时用直接抒情的方法表达自己的感情，朗读这样的语句要特别加以注意。更多的情况是，作者在作品中通过叙事、写景、状物或议论来表达思想感情。朗读中就需要在深入理解、感受作品的基础上，体现出字里行间蕴含的思想感情。例如：

这样，我们在阳光下，向着那菜花、桑树和鱼塘走去。到了一处，我蹲下来，背起了母亲；妻子也蹲下来，背起了儿子。我和妻子都是慢慢地，稳稳地，走得很仔细，好像我背上的同她背

上的加起来，就是整个世界。（作品33号）

在这段文字中，无一字写"爱"，但字里行间无处不浸染着"爱"。所以，朗读时要把这种亲情之爱表达出来。

3. 议论性作品的朗读

议论性作品的突出特点是句与句、段与段之间有着紧密的逻辑关系。朗读时要把握好这种关系，并通过恰当运用重音、停连等技巧来表现。例如：

人活着，最要紧的是寻觅到那片代表着生命绿色和人类希望的丛林，然后选一高高的枝头站在那里观览人生，消化痛苦，孕育歌声，愉悦世界！

这可真是一种潇洒的人生态度，这可真是一种心境爽朗的情感风貌。（作品55号）

在这段文字中，"生命绿色和人类希望""高高的枝头""潇洒""人生态度""心境爽朗""情感风貌"可重读，强化作者鲜明的肯定态度；"观览人生，消化痛苦，孕育歌声，愉悦世界"和两个"这"字后可做稍长停顿，以引起大家注意，起强调作用。

4. 说明性作品的朗读

朗读说明性作品要突出其说明性、知识性、科学性。对作品中关键性的词语、句子可以运用停连、重音等技巧加以突出强调。例如：

水是一种良好的溶剂。海洋中含有许多生命所必需的无机盐，如氯化钠、氯化钾、碳酸盐、磷酸盐，还有溶解氧，原始生命可以毫不费力地从中吸取它所需要的元素。（作品13号）

在这段文字中，"水"后虽然没有标点，也要做短暂的停顿，"水是一种良好的溶剂"整句话要做稍长一些的停顿。"氯化钠""氯化钾""碳酸盐""磷酸盐""溶解氧"可通过重音来表达。

（二）应试常识

（1）拿到朗读作品后，马上准确地判断出该作品的节奏类型，选择恰当的口气、语速、感情等表达手段来进行朗读。

（2）用较快速度看一下文后的语音提示，弄清一些字词在文章中的特殊读音和难字词的读音，记住提示中的连读变调、轻声词等。

（3）快速默读全文，体味一下文中各句尤其是一些长句或难句应如何停连断句、语气连贯，保证流畅度。

（4）忠实于原作，避免加字、漏字、改字、回读现象的出现。

（5）各种音变应按照相关规则读准确。

（6）要把第400个音节所在的句子读完整。

相关链接

"啊"的音变

一、什么是"啊"的音变

当"啊"（a）处在句子末尾充当句末语气词时，由于受到其前面音节的最后一个元音或鼻韵尾的影响，它的读音会发生一定的变化，这种读音的变化就叫"啊"的音变。

二、"啊"的音变规律

（1）当"啊"前面音节的末尾元音是a、o（不含ao、iao两个韵母）、e、ê、i、ü时，"啊"读作"ya"。例如：

① 好美的花啊！→（huāya）
② 你快说啊！→（shuōya）
③ 真好喝啊！→（hēya）
④ 我砸的不是别人，是自己的同学啊！→（xuéya）
⑤ 应该奖励你啊！→（nǐya）
⑥ 快去啊！→（qùya）
（2）当"啊"前面音节的末尾元音是u和韵母是ao、iao时，"啊"读作"wa"。例如：
① 这都是千金难买的幸福啊！→（fúwa）
② 这里的条件真好啊！→（hǎowa）
（3）当"啊"前面音节末尾是前鼻韵尾（-n）时，"啊"读作"na"。例如：
① 真是个好人啊！→（rénna）
② 月亮真圆啊！→（yuánna）
（4）当"啊"前面音节的末尾是后鼻韵母（-ng）时，"啊"读作"nga"。例如：
① 她的歌声真动听啊！→（tīngnga）
② 原来是只小熊啊！→（xióngnga）
（5）当"啊"前一个音节的末尾元音是-i（后）时，"啊"读作"ra"。例如：
① 真是节外生枝啊！→（zhīra）
② 快点吃啊！→（chīra）
③ 是啊，请不要见笑。→（shìra）
（6）当"啊"前一个音节的末尾元音是-i（前）时，"啊"读作"za"。例如：
① 吃点瓜子啊！→（zǐza）
② 你来过几次啊？→（cìza）
③ 你是什么意思啊？→（sīza）

学习思考

1. 朗读有哪些技巧？
2. 普通话水平测试中朗读短文要注意哪些方面？
3. 普通话水平测试中朗读短文要不要投入情感？

课外训练

一、朗读并注意重音的表达

乡　愁

余光中

小时候，乡愁是一枚小小的邮票；
我在这头，母亲在那头。
长大后，乡愁是一张窄窄的船票；
我在这头，新娘在那头。
后来呵，乡愁是一方矮矮的坟墓，

我在外头，母亲呵在里头。
而现在，乡愁是一湾浅浅的海峡，
我在这头，大陆在那头。

二、朗读并注意句子的停连

1. 剧烈的疼痛使得巴尼只觉得眼前一片漆黑。但他知道，自己首先要做的事是保持清醒。
2. 他当过演员，在大学里教过书，还干了几天电工。
3. 母亲要走大路，大路平顺；我的儿子要走小路，小路有意思。
4. 此时，草地上一片欢声笑语。有的嬉闹，有的捉鱼，有的玩水，还有的在采摘草地上的不知名的小黄花。
5. 自古称作天堑的长江，被我们征服了。
6. 他呆在那儿，头靠着墙壁，话也不说，只向我们做了一个手势："放学了，你们走吧。"
7. 山川、河流、树木、房屋，全都罩上了一层厚厚的雪，万里江山，变成了粉妆玉砌的世界。
8. 坐着，躺着，打两个滚，踢几脚球，赛几趟跑，捉几回迷藏。
9. "……人群里，年长的是大娘，大爷，同年的是大哥，大嫂，兄弟，姐妹，都是亲人。又仿佛队伍同时是群众，群众又同时是队伍，根本分不清……"
10. 阿呀，我的太太！您真是大户人家的太太的话。我们山里人，小户人家，这算得什么？她有小叔子，也得娶老婆，不嫁了她，哪有这一注钱来做聘礼？她的婆婆倒是精明强干的女人呵，很有打算，所以就将她嫁到山里去。

三、朗读注意句调的处理

囚歌·叶挺

为人进出的门紧锁着，
为狗爬出的洞敞开着
一个声音高叫着：
——爬出来吧，给你自由！
我渴望自由，
但我深深地知道——
人的身躯怎能从狗洞子里爬出！
我希望有一天，
地下的烈火，
将我连这活棺材一齐烧掉，
我应该在烈火与热血中得到永生！

四、综合运用朗读基本技巧朗读下列诗歌

我骄傲我是中国人

王怀让

在无数蓝色的眼睛和棕色的眼睛之中，
我有一双宝石般的黑色的眼睛，
我骄傲，我是中国人！
在无数白色的皮肤和黑色的皮肤之中，
我有着大地般黄色的皮肤，

我骄傲，我是中国人！
我是中国人——
黄土高原是我的胸脯，
黄河流水是我沸腾的血液，
长城是我扬起的手臂，
泰山是我站立的脚跟。
我是中国人——
我是指南针、印刷术的后裔，
我是圆周率、地动仪的子孙。
在我的民族中
有史册上万古不朽的
孔夫子、司马迁、李自成、孙中山，
还有那文学史上万古不朽的
花木兰、林黛玉、孙悟空、鲁智深。
我骄傲，我是中国人！
我是中国人——
在我的国土上不仅有
雷电轰不倒的长白雪山、黄山劲松，
还有那风雨不灭的井冈传统、延安精神！
我是中国人——
我那黄河一样粗犷的声音，
不光响在联合国的大厦里，
大声发表着中国的议论，
也响在奥林匹克的赛场上，
大声高喊着"中国得分"。
当掌声把五星红旗托上蓝天，
我骄傲，我是中国人！
我是中国人——
我那长城一样巨大的手臂，
把采油钻杆钻进外国人
预言打不出石油的地心；
把通信卫星送上祖先们
魂牵梦萦的天空；
当五大洲倾听东方的时候，
我骄傲，我是中国人！
我是中国人——
我是莫高窟壁画的传人，
让那翩翩欲飞的壁画与我们同行。
我就是飞天，
飞天就是我。
我骄傲，我是中国人！

五、练习朗读普通话水平测试规定的 60 篇朗读作品（见本项目附录三）

附录三　普通话水平测试大纲朗读作品60篇

作品1号

　　我常想读书人是世间幸福人，因为他除了拥有现实的世界之外，还拥有另一个更为浩瀚也更为丰富的世界。现实的世界是人人都有的，而后一个世界却为读书人所独有。由此我想，那些失去或不能阅读的人是多么的不幸，他们的丧失是不可补偿的。世间有诸多的不平等，财富的不平等，权力的不平等，而阅读能力的拥有或丧失却体现为精神的不平等。

　　一个人的一生，只能经历自己拥有的那一份欣悦，那一份苦难，也许再加上他亲自闻知的那一些关于自身以外的经历和经验。然而，人们通过阅读，却能进入不同时空的诸多他人的世界。这样，具有阅读能力的人，无形间获得了超越有限生命的无限可能性。阅读不仅仅使他多识了草木虫鱼之名，而且可以上溯远古下及未来，饱览存在的与非存在的奇风异俗。

　　更为重要的是，读书加惠于人们的不仅是知识的增广，而且还在于精神的感化与陶冶。人们从读书学做人，从那些往哲先贤以及当代才俊的著述中学得他们的人格。人们从《论语》中学得智慧的思考，从《史记》中学得严肃的历史精神，从《正气歌》中学得人格的刚烈，从马克思学得人世//的激情，从鲁迅学得批判精神，从托尔斯泰学得道德的执着。歌德的诗句刻写着睿智的人生，拜伦的诗句呼唤着奋斗的热情。一个读书人，一个有机会拥有超乎个人生命体验的幸运人。

——节选自谢冕《读书人是幸福人》

语音提示：

1. 因为 yīn·wèi
2. 浩瀚 hàohàn
3. 为 wéi
4. 为 wéi
5. 获得 huòdé
6. 上溯 shàngsù
7. 为 wéi
8. 知识 zhīshi
9. 精神 jīngshen
10. 陶冶 táoyě
11. 学得 xuédé
12. 论语 lúnyǔ
13. 执着 zhízhuó
14. 睿智 ruìzhì

作品2号

　　一个大问题一直盘踞在我脑袋里：

　　世界杯怎么会有如此巨大的吸引力？除去足球本身的魅力之外，还有什么超乎其上而更伟大的东西？

　　近来观看世界杯，忽然从中得到了答案：是由于一种无上崇高的精神情感——国家荣誉感！

　　地球上的人都会有国家的概念，但未必时时都有国家的感情。往往人到异国，思念家乡，心怀故国，这国家概念就变得有血有肉，爱国之情来得非常具体。而现代社会，科技昌达，信息快捷，事事上网，世界真是太小太小，国家的界限似乎也不那么清晰了。再说足球正在快速世界化，平日里各国球员频繁转会，往来随意，致使越来越多的国家联赛都具有国际的因素。球员们不论国籍，只效力于自己的俱乐部，他们比赛时的激情中完全没有爱国主义的因子。

　　然而，到了世界杯大赛，天下大变。各国球员都回国效力，穿上与光荣的国旗同样色彩的服装。在每一场比赛前，还高唱国歌以宣誓对自己祖国的挚爱与忠诚。一种血缘情感开始在全身的血管里燃烧起来，而且立刻热血沸腾。

　　在历史时代，国家间经常发生对抗，好男儿戎装卫国。国家的荣誉往往需要以自己的生命去//换取。但在和平时代，唯有这种国家之间大规模对抗性的大赛，才可以唤起那种遥远而神圣的情感，那就是：为祖国而战！

——节选自冯骥才《国家荣誉感》

语音提示：

1. 盘踞 pánjù
2. 脑袋 nǎodai
3. 魅力 mèilì
4. 东西 dōngxi
5. 精神 jīngshén
6. 变得 biànde
7. 有血有肉 yǒuxiěyǒuròu
8. 似乎 sìhū
9. 频繁 pínfán
10. 因子 yīnzǐ
11. 然而 rán'ér
12. 挚爱 zhì'ài
13. 血缘 xuèyuán
14. 血管 xuèguǎn
15. 热血 rèxuè
16. 男儿 nán'ér
17. 戎装 róngzhuāng

作品 3 号

没有一片绿叶，没有一缕炊烟，没有一粒泥土，没有一丝花香，只有水的世界，云的海洋。

一阵台风袭过，一只孤单的小鸟无家可归，落到被卷到洋里的木板上，乘流而下，姗姗而来，近了，近了！……

忽然，小鸟张开翅膀，在人们头顶盘旋了几圈儿，"噗啦"一声落到了船上。许是累了？还是发现了"新大陆"？水手撵它它不走，抓它，它乖乖地落在掌心。可爱的小鸟和善良的水手结成了朋友。

瞧，它多美丽，娇巧的小嘴，啄理着绿色的羽毛，鸭子样的扁脚，呈现出春草的鹅黄。水手们把它带到舱里，给它"搭铺"，让它在船上安家落户，每天，把分到的一塑料桶淡水匀给它喝，把从祖国带来的鲜美的鱼肉分给它吃。天长日久，小鸟和水手的感情日趋笃厚。清晨，当第一束阳光射进舷窗时，它便敞开美丽的歌喉，唱啊唱，嘤嘤有韵，宛如春水淙淙。人类给它以生命，它毫不悭吝地把自己的艺术青春奉献给了哺育它的人。可能都是这样？艺术家们的青春只会献给尊敬他们的人。

小鸟给远航生活蒙上了一层浪漫色调。返航时，人们爱不释手，恋恋不舍地想把它带到异乡。可小鸟憔悴了，给水，不喝！喂肉，不吃！油亮的羽毛失去了光泽。是啊，我//们有自己的祖国，小鸟也有它的归宿，人和动物都是一样啊，哪儿也不如故乡好！

慈爱的水手们决定放开它，让它回到大海的摇篮去，回到蓝色的故乡去。离别前，这个大自然的朋友与水手们留影纪念。它站在许多人的头上，肩上，掌上，胳膊上，与喂养过它的人们，一起融进那蓝色的画面……

——节选自王文杰《可爱的小鸟》

语音提示：

1. 一缕 yìlǚ
2. 乘 chéng
3. 姗姗 shānshān
4. 噗啦 pūlā
5. 撵 niǎn
6. 结成 jiéchéng
7. 朋友 péngyou
8. 啄 zhuó
9. 搭铺 dāpù
10. 塑料桶 sùliàotǒng
11. 笃厚 dǔhòu
12. 舷窗 xiánchuāng
13. 啊 nga
14. 嘤嘤 yīngyīng
15. 淙淙 cóngcóng
16. 悭吝 qiānlìn
17. 哺育 bǔyù
18. 色调 sèdiào
19. 憔悴 qiáocuì
20. 啊 ra
21. 胳膊 gēbo

作品 4 号

那年我六岁。离我家仅一箭之遥的小山坡旁，有一个早已被废弃的采石场，双亲从来不准我去那儿，其实那儿风景十分迷人。

一个夏季的下午，我随着一群小伙伴偷偷上那儿去了。就在我们穿越了一条孤寂的小路后，他们却把我一个人留在原地，然后奔向"更危险的地带"了。

等他们走后，我惊慌失措地发现，再也找不到要回家的那条孤寂的小道了。像只无头的苍蝇，我到处乱钻，衣裤上挂满了芒刺。太阳已经落山，而此时此刻，家里一定开始吃晚餐了，双亲正盼着我回家……想着想着，我不由得背靠着一棵树，伤心地呜呜大哭起来……

突然，不远处传来了声声柳笛。我像找到了救星，急忙循声走去。一条小道边的树桩上坐着一位吹笛人，手里还正削着什么。走近细看，他不就是被大家称为"乡巴佬儿"的卡廷吗？

"你好，小家伙儿，"卡廷说，"看天气多美，你是出来散步的吧？"

我怯生生地点点头，答道："我要回家了。"

"请耐心等上几分钟，"卡廷说，"瞧，我正在削一支柳笛，差不多就要做好了，完工后就送给你吧！"

卡廷边削边不时把尚未成形的柳笛放在嘴里试吹一下。没过多久，一支柳笛便递到我手中。我俩在一阵阵清脆悦耳的笛音//中，踏上了归途……

当时，我心中只充满感激，而今天，当我自己也成了祖父时，却突然领悟到他用心之良苦！那天当他听到我的哭声时，便判定我一定迷了路，但他并不想在孩子面前扮演"救星"的角色，于是吹响柳笛以便让我能发现他，并跟着他走出困境！就这样，卡廷先生以乡下人的纯朴，保护了一个小男孩儿强烈的自尊。

——节选自唐若水译《迷途笛音》

语音提示：

1. 那儿 nàr
2. 其实 qíshí
3. 小伙伴 xiǎohuǒbànr
4. 奔 bēn
5. 惊慌失措 jīnghuāngshīcuò
6. 苍蝇 cāngying
7. 钻 zuān
8. 循 xún
9. 削 xiāo
10. 什么 shénme
11. 乡巴佬儿 xiāngbalǎor
12. 卡廷 kǎtíng
13. 小家伙儿 xiǎojiāhuor
14. 怯生生 qièshēngshēng
15. 角色 juésè
16. 孤寂 gūjì

其他作品

子项目4　命题说话训练

我们这里的命题说话指向的是普通话水平等级测试的第四项考查内容，这一项是对应试者普通话运用能力的一种综合检测，除了要测试应试者普通话语音规范程度之外，还要考查应试者普通话词汇、语法规范程度及说话的自然流畅程度等。

任务1　规范使用词汇完成命题说话

任务目标

一、知识目标

1. 巩固声、韵、调及变调、轻声、儿化的正确发音。

2. 了解词汇规范化的原则。
3. 掌握词汇规范化的内容。
二、技能目标
1. 能用正确的语音完成命题说话。
2. 能用规范的词汇完成命题说话。

任务布置

同学们将参加国家普通话水平等级测试，为顺利通过测试，取得相应的等级证书，我们要做好用正确的语音及规范的词汇完成命题说话的准备。备选样题如下：

命题说话（请在下列两个话题中任选一个），共 40 分，限时 3 分钟。
1.《谈谈对环境保护的认识》
2.《我所在的集体》

"绿水青山就是金山银山"，它形象地道出环保的重要性。在社会主义建设的新的历史时期，我们更要重视环境保护。这里，我们把它当作一个命题说话的话题来练习，但在日常生活中，我们不能仅把环保当个话题挂在嘴上而已，要把它落实到实际行动中去，从我做起，从身边的点滴做起，承担起作为公民应有的责任和义务。

任务实施

一、分组练习
1. 练习命题说话。
2. 找出并纠正语音存在的错误与缺陷。
3. 找出并纠正词汇的错误。
二、分组展示
1. 小组代表展示命题说话。
2. 学生评价，指出存在的问题。
3. 教师评价，指出存在的问题。

知识储备

导入：词汇，也叫语汇，是一种语言里所有词的总汇。在语言三要素中，词汇的发展变化最为迅速。随着时代和社会的发展，旧事物不断消亡，新事物不断出现，此消彼长中，词汇一直随之变化。在长期的变动中，词汇得到了发展，同时也出现了不规范的现象，因而，我们要不断地对词汇进行规范，为词汇系统建立明确的标准，确定能够进入普通话系统的词汇的范围，并要求使用汉语进行交流的人们共同遵守这个标准，自觉地运用规范的普通话词汇进行语言交际，保持现代汉语的纯洁健康。

普通话词汇的规范化要遵循一定的原则，主要有：普遍性原则，即吸收那些大家普遍使用的词语；必要性原则，即吸收那些在表情达意上必不可少又无可替代的词语；明确性原则，即吸收那些意义明确、便于理解与接受的词语；发展性原则，即要求规范标准在稳定中有所发展与变化。

普通话词汇规范化主要包括以下几个方面：

一、古语词的规范

语言是有继承性的，现代汉语是由古代汉语发展而来的，现代汉语中往往保留了许多古代汉语特有的语言现象，包括对古语词的吸收。这些古语词丰富了普通话的词汇，有的还具有较强的表现力，如果运用得恰当合理，可以使语言更加凝练、简洁，如"光临""谢绝""铭记"等。但有很多古语词随着时代的发展已经丧失了它的生命力，这样的词，我们就不应该再吸收其进入普通话词汇系统了。例如，已被现代汉语取代的古语词，普通话不再采用，像"目""雉"等词；生僻费解的古语词，普通话也不再吸收，像"巉岩""葳蕤"等词。

在用普通话进行语言交际时，对古语词的使用要有所限制，我们要准确理解和掌握古语词的意义和用法，根据表达目的、语言风格及语体特点做恰当的选择。如果不加选择地滥用古语词，就可能会造成语言的混乱，使说出的话文白夹杂、不伦不类，如："临汾离广州路途迢递，我之孩子尚幼，天气又热，故不能去。"

二、外来词的规范

外来词指的是一种语言从别种语言吸收过来的词语，也叫借词或外来语。汉语外来词就是从别种语言里吸收到汉语里的词汇。在普通话词汇系统中存在不少外来词，像我们非常熟悉的"磅""华尔兹""高尔夫""三明治""阿司匹林"等都是外来词，这些词是现代汉语词汇的有机组成部分，丰富了汉民族的语言，增强了现代汉语的表现能力。在吸收和使用外来词时要注意以下几个方面：

（一）不滥用外来词

如果汉语中有对应的能够把意思表达准确清楚的词语，就不使用外来词。如"先生"，我们就不用它的音译"密斯特"来表达。

（二）使用规范后的外来词

一个外来词进入汉语词汇中是有一个过程的，有些外来词在最初被吸收进来的时候，出现了一个词有多个汉语词汇与之对应的混乱现象。例如：

（1）一词多种音译的外来词。有的是音同字不同，如"啤酒"写作"皮酒"；有的则是读音与字形都不相同，如"白兰地"音译作"勃兰地"。现在"啤酒""白兰地"是规范的用法。

（2）音译意译并行的外来词。如"激光"与"雷射"、"电话"与"德律风"，现在"激光""电话"是规范的用法。

（三）不在汉语句子中夹杂外语单词

有些人在用汉语进行表达时，非必要情况下也喜欢夹杂外语单词，这种做法会破坏汉语的纯洁性，是我们必须坚决反对的。如"我肚子有点饿，看看桌子上的alarm clock，已经一点了"，这个句子中夹杂的"alarm clock"，应改为"闹钟"，这才是一种规范的表达。

三、方言词的规范

普通话作为现代汉民族的共同语，它的词汇系统是以北方话为基础建立起来的，同时也不断吸收已被广泛使用的其他方言区的方言词，以壮大自己。但当大量的方言词汇不断涌入普通话词汇系统中时，也引起了词汇的分歧与混乱，例如，同在基础方言区内，"蚜虫"还有与之并列的"蚁虫""密虫""油虫""旱虫"等不同叫法。因此，无论是基础方言词汇还是非基础方言词汇，在进入普通话词汇系统时都要对其加以规范。

（一）基础方言词汇的规范

作为基础方言词汇的北方方言，也不能全部归入普通话词汇系统。规范的原则首先是选取基础方言中通用的词汇进入普通话词汇，而将那些地方性过强和过于土俗的词语剔除，如四川方言中的"娃儿"（孩子）、东北话中的"黑瞎子"（熊）、河南话中的"中"（可以）、北京话中的"老爷儿"（太阳）等；其次基础方言中同实异名的词，以通行于书面的词为准，如"馒头""馍馍""蒸馍""饽饽"4个词表示同一种事物，普通话选取其中的"馒头"作为规范的用法。

（二）非基础方言词汇的规范

非基础方言词汇一般不能进入普通话词汇系统，只有少数词语可以进入并有一定的原则和条件。例如，非基础方言中有些词具有特定的意义和特殊的表现力，而普通话中又没有适当的词语可以代替，如"搞""名堂""扯皮""垃圾""尴尬"等，这时就需要吸收这些方言词来弥补普通话词汇的不足。除此之外，还有那些标志着只在某个或某几个地区存在的事物的词，也应保留，作为规范词使用，如两广地区的"荔枝""杧果"，西北地区的"青稞""牦牛"等。

（三）防止滥用方言词语

对方言词汇进行规范，并不是在任何情况下都要限制使用未进入普通话词汇系统的方言词。例如，在某些文艺作品中，为了人物塑造及场景细节描绘的需要，就可以适当地使用方言词，发挥它们特定的表达效果。但要提倡恰当地使用方言词汇，防止不受节制地滥用方言词汇，促进普通话词汇的健康发展。

四、新词语的规范

新词语是随着时代的发展，适应交际的需要而产生的，它是在基本词汇的基础上，运用现代汉语构词规律创造出来的，又可称为新造词。新词语的出现是语言发展的必然现象，它可以不断丰富充实普通话的词汇系统。新词语的产生必须是规范的，要符合现代汉语的构词规律，表意明确，能够普遍为广大群众所理解与接受。然而在新词语产生及使用的过程中，不可避免地会出不规范的现象，因此，我们有必要对新词语加以规范。

（一）"生造词语"的规范

"生造词语"，绝大多数是生拼硬凑出来的，不符合现代汉语构词规律和习惯，表意含混，难以为人们理解和接受。

1. 生造的双音节词语

（1）最近姚大爷显得格外频忙。

（2）他的发言很精绝。

（3）她的脸是那么的白丽。

上面例句中的"频忙""精绝""白丽"，都属于这类"生造词"，是我们要加以规范的对象。

2. 随意缩略的词语

还有在日常交际中，有些人违背约定俗成、表意明确等原则，随意对某些词语进行缩略，制造了很多不合规范的缩略语，例如，把"英雄业绩"缩略为"雄业"，"邮政编码"缩略为"邮码"，"严格执法"缩略为"严执"等，这都是不可取的做法。

（二）网络新词语的规范

随着时代的发展，网络上经常产生一些新词语，并且它们的认可度在不断提高，越来越多地融入人们生活之中。网络新词的产生是时代发展过程中一种特定的语言现象，我们应该辩证地去看待这个问题。一方面，部分网络新词语反映了时代的发展，生动新鲜，形象传神，对丰富发展普通话词汇系统有着积极的促进作用；另一方面，还有部分网络新词语不符合词汇规范化的原则和要求，随意性强，表意不清，甚至粗俗下流，任其流行，会对现代汉语的健康发展起到阻碍甚至是破坏作用。

显然，普通话词汇系统对网络新词语不能做全盘吸收，对那些表意清晰、表现力强、社会认可度极高的网络新词可以将其吸收到普通话词汇中来，发挥它们对现代汉语积极的影响作用；对那些语义混淆、低级粗俗、被多数人诟病的网络新词，则要坚决加以摒弃；而那些随意性大、生命力不强的昙花一现式的网络新词，一般很快就会被人们遗忘，随着时间的推移而自生自灭。

任务 2　规范使用语法完成命题说话

任务目标

一、知识目标
1. 巩固声、韵、调及变调、轻声、儿化的正确发音。
2. 了解语法单位及结构成分。
3. 掌握词、短语的类别及语法功能。
4. 掌握现代汉语句子常见语病。

二、技能目标
1. 能用正确的语音完成命题说话。
2. 能用规范的语法完成命题说话。

任务布置

同学们将参加国家普通话水平等级测试，为顺利通过测试，取得相应的等级证书，我们要做好用正确的语音及规范的语法完成命题说话的准备。备选样题如下：

命题说话（请在下列两个话题中任选一个），共 40 分，限时 3 分钟。
1.《谈谈科技发展与社会生活》
2.《我喜爱的职业》

科技是国家发展的根本动力，是民族振兴的基石，因此，我们党和国家领导人在多种场合都提出要大力发展先进的科学技术。进入 21 世纪以来，我国的科技发展取得了巨大的进步，中国正在步入科技强国之列。作为新时代的青年，我们不但要认识到科技发展给我们的社会生活带来的重大影响，同时还应该培养热爱科学的情感，树立科技创新的意识，努力学习，在科技兴国之路上做出自己应有的贡献。

任务实施

一、分组练习
1. 练习命题说话。

2. 找出并纠正语音存在的错误与缺陷。
3. 找出并纠正语法的错误。

二、分组展示

1. 小组代表展示命题说话。
2. 学生评价，指出存在的问题。
3. 教师评价，指出存在的问题。

知识储备

导入：语法是一种语言组词造句的规则，是语言中词、短语、句子等语言单位的组织结构规律，这种规律是客观存在于语言深层的，它不以人们的主观意志为转移，随着语言的产生和发展而变化。现代汉语语法包括词法和句法两部分。

一、语法单位及结构成分

（一）语法单位

语法单位指的是具有一定语法功能的音、义结合体。现代汉语语法单位有语素、词、短语、句子、复句和句群。

1. 语素

语素是语言中最小的音、义结合体，是语法分析的最小单位。一般一个语素就是一个音节，但除了单音节语素外，还有双音节语素（如"踌躇"）及多音节语素（如"布尔什维克"），语素是构成词的备用单位。

2. 词

词是语言中能够独立运用的最小的语法单位。词是用来构成短语或句子的备用单位。有些词加上语调可以单独成句。

3. 短语

短语也叫词组，是由两个或两个以上的词用一定的语法规则组合而成的语法单位。短语是造句的成分，也可以单说。最简单的短语由两个词组成。大多数短语加上语调就可以成句。

4. 句子

句子是由词或短语按照一定的语法规则组成的、能表达相对完整的意思、具有特定语调的语法单位。词和短语是语言的备用单位，句子是语言的使用单位。句子可分为单句和复句。单句是由词或短语加上语调构成；复句是由结构上互不包含、意义上密切相关的两个或两个以上的单句构成。单句进入复句后失去了相对的独立性，所以将其称为分句。

5. 句群

句群也叫句组或语段，是由语义和语法上相关的几个句子组成的、有明确的中心意思的语法单位。

（二）结构成分

结构成分是短语或句子的组成成分，由词或短语来充当，它们处于短语或句子内部的一定位置，体现了特定句法关系，具有特定的语法功能，也叫作"句子成分"或"句法成分"。现代汉语的结构成分主要包括：

1. 主语和谓语

主语是谓语陈述或说明的对象，谓语是对主语的陈述或说明，二者之间是陈述和被陈述的关系，它们的位置一般是主语在前、谓语在后。

2. 述语和宾语

述语是述宾短语中支配、关涉宾语的动作或行为，宾语是述宾短语中述语所支配或关涉的对象，述语和宾语之间是支配与被支配的关系，它们的位置一般是述语在前、宾语在后。

3. 定语和中心语

定语是名词性偏正短语中对中心语起修饰或限制作用的成分。定语和中心语之间是修饰与被修饰的关系。它们的位置一般是定语在前、中心语在后。

4. 状语和中心语

状语是谓词性偏正短语中对中心语起修饰、说明作用的成分。状语与中心语之间是修饰与被修饰的关系，它们的位置一般是状语在前、中心语在后。

5. 述语和补语

补语是述补短语中对述语起补充说明作用的成分。补语与述语之间是补充与被补充的关系，它们的位置一般是述语在前、补语在后。

6. 中心语

中心语是偏正短语中被修饰语修饰、限制的成分。

二、现代汉语的词法

词法主要是指词的构成、变化、分类及语法功能。在这里，我们主要了解两个方面的问题：一是词的类别及其语法功能，二是部分方言词法与普通话的差异。

（一）实词及其语法功能

按照语法功能来分可以将词分为两大类：实词和虚词。

实词指的是能够单独充当句子成分的词，它既有词汇意义，也有语法意义。现代汉语中有九类实词，包括名词、动词、形容词、数词、量词、代词、副词、叹词、拟声词。

（1）名词是表示人或事物名称的词，其语法功能主要有：
① 经常用作主语和宾语，也可做定语。
② 能出现在介词后面，一起组成介宾结构。
③ 一般能与数量短语组合，受数量短语修饰。
④ 一般不受副词修饰。
⑤ 一般不能用重叠，量化的名词可重叠，如"天天"；对举表示全面纷繁之意时可重叠，如"山山水水"。

（2）动词是表示人或者事物的动作行为、发展变化、心理活动等意义的词，其语法功能主要有：
① 动词经常做谓语或谓语中心语，也能做主语、宾语、定语、状语、补语。
② 动词可受副词修饰，但一般不受程度副词修饰。
③ 动词后大都可以带"着""了""过"等助词。
④ 大多数动词可以带动量补语。
⑤ 部分动词能够重叠。

（3）形容词是表示事物的形状、性质或状态的词，其语法功能主要有：
① 一般多做定语、状语、谓语，部分可做补语、宾语（心理或感觉动词后）。
② 大多能够受程度副词的修饰。

③ 一般不能带宾语。
④ 部分形容词能够重叠。
（4）数词是表示数目或次序的词，其语法功能主要有：
① 数学计算中可单独用作主语、宾语。
② 与量词组成数量短语，可做定语、状语、补语等。
（5）量词是表示人、事物或行为的单位的词，其语法功能主要有：
① 与数词或指示代词组合成量词短语，充当句法成分。
② 部分单音节量词重叠后，可以做主语、谓语、定语、状语。
在现代汉语中，数词本身只表示抽象的数的概念，在计算事物或动作的数量时，数词的后面必须加上量词，数词跟量词连用就是数量词。
（6）代词是具有代替、指示作用的词，它分人称代词、疑问代词和指示代词3类，语法功能主要可做主语、宾语、定语、状语。
（7）副词是修饰限制动词、形容词，表示程度、范围、语气等的词，其语法功能主要有：
① 副词都可做状语。
② 程度副词"很""极"在一定条件下可做补语，其中，"很"做补语时前面需加"得"；"极"做补语时后面要跟"了"字。
③ 除"不""没有""也许"外，副词一般不独立成句。
（8）叹词是模拟人类的声音，表示感叹、呼唤、应答的词，其语法功能主要有：
① 可充当独立语。
② 有时能独立成句。
③ 有时能用作谓语、状语、定语、补语。
（9）拟声词是用来模拟自然界声音的词，其语法功能主要有：
① 可充当独立语。
② 有时能独立成句。
③ 主要可做状语。
④ 多数可以重叠。
⑤ 重叠后加"的"的情况下可做谓语、定语、补语。

（二）虚词及其语法功能

虚词指的是不能单独充当句子成分的词，它一般没有词汇意义，只有语法意义。现代汉语中有3类虚词，包括介词、连词、助词。
（1）介词是指经常附在名词或者名词性短语前面，组成介词短语，表示处所、方式、时间、对象、目的等关系的词，其语法功能主要有：
① 介词不单独做句子成分，它跟名词、代词组合成介词短语，在句中做状语、补语或定语。
② "被""叫""给""让"等可以直接附在动词前面，形成被动句式。
③ "在""向""比""为"等具有介词和动词两种功能。
使用介词时要注意搭配得当，因为介词是虚词中最易用错的词类。
（2）连词是把词、短语、句子或句群连接起来，并表明各语法单位之间的某种关系的词，其语法功能主要有：
连词不能独立运用，在各种语法单位中只起连接作用。另外，"和""跟""与""同"既做连词也做介词，在使用时要注意区分。

（3）助词是附着在词语或句子后边，辅助它们按照一定的规则组成句子的词。助词类别及其语法功能有：

① 结构助词：常用在附加成分和中心语之间，表示修饰与被修饰、限制与被限制、补充与被补充的结构关系。包括："的"用于定语和中心语之间，"地"用于状语和中心语之间，"得"用于中心语和补语之间。

② 动态助词：常附着在动词后，表示动作或性状在变化时的状态。包括："着"表示动作进行或状态持续，"了"表示动作完成或状态实现，"过"表示经历过某种动作或状态的变化。

③ 比况助词：附着在词语后，表示比喻。例如，"似的""一样""一般"。

④ 语气助词：用在句中或句尾表示停顿或陈述、疑问、祈使、感叹等语气。

（三）普通话与方言词法差异对照

1. 数量词

有一些方言的称数法与普通话说法不大一样，有时候在数量上会加以替代或省略。

① a. 他今年二十一岁。　　　b. 他今年二一岁。
② a. 距离考试还有一个多月。b. 距离考试还有月把天（月把日）。

2. "二"与"两"

在普通话里"两"一般只做基数词，"二"除了可以做基数词，还可以做序数词，但一般在量词如"层"的前面，只做序数词。"二层楼"是第二层楼的意思。"二"和"两"在做基数词的时候意思是一样的，但根据普通话的习惯，用法也有许多不同。

① a. 二比二（竞赛比分）。　b. 两比两。
② a. 还有二两油。　　　　　b. 还有两两油。
③ a. 下午两点多。　　　　　b. 下午二点多。

3. "不知道""不认得"

普通话里的"不知道""不认得"等，湖北有的地区说成"找不到"。有些地区把"不认得"说成"认不到"或"不会认得到"。有的地区还把否定词"不"移位到"知道"或"认得"之间，或者说成"晓不得"。

① a. 这件事我不知道。b. 这件事我知不道。c. 这件事我晓不得。
② a. 这个人我不认得。b. 这个人我认不到。c. 这个人我不会认得到。
③ a. 这道题怎么答，我不知道。b. 这道题怎么答，我知不道。
④ a. 这道题怎么答，我找不到。b. 这道题怎么答，我晓不得。

4. "会不会""能不能""有没有"

普通话里用来表示疑问的句式"会不会（动）"，在四川等一些方言区中用"（动）得来""（动）不来""（动）得来不"或"得不得（动）"这样的句式。普通话的回答是在动词前面加"会"或"不会"来表示，而四川等方言的回答是"（动）得来"或"（动）不来""不得（动）""不得会（动）"。但像"合得来""合不来""谈得来""谈不来"等是一些方言和普通话里都有的说法，表达的意思也一样。

普通话里表许可或可能的疑问句式"能不能（动）"，在有些方言里用"（动）得不"来表示，回答一般用"（动）得"表示肯定或许可，用"（动）不得"表示否定或不许可。

普通话中"有没有"的意思，有的方言区用"得不得"来表示。

① a. 这种舞你会不会跳？　b. 这种舞你跳得来跳不来？
② a. 你会跳这种舞吗？　　b. 你跳得来这种舞不？

③ a. 这种舞你会跳不会跳？　　b. 这种舞你跳得来不？
④ a. 我们不会说谎。　　　　　b. 我们说不来谎。
⑤ a. 我不喜欢闻烟味儿。　　　b. 我闻不来烟味儿。
⑥ a. 他不吃辣椒。　　　　　　b. 他吃不来辣椒。
⑦ a. 他会不会不理我？——不会，他不会。b. 他得不得不理我？——不得，他不得。

5. 语气词

普通话表陈述语气的"嘛"，湖北话中经常用"吵""着""子"等来表示；普通话表陈述语气的"呢"，内蒙古等地用"的嘞"来表示；普通话表疑问语气的"吧"，内蒙古方言中常用"哇"来表示。

有时不需要句末语气词，有的地方却加上语气词"的"。

有时应该用语气词"了"，有的地方却用"的"。

① a. 先坐下，你别慌嘛。　　　b. 先坐下，你别慌吵。　　c. 先坐下，你不慌着。
② a. 你忙什么呀？　　　　　　b. 你忙什么子？
③ a. 姐姐看孩子呢。　　　　　b. 姐姐看孩子的嘞。　　c. 姐姐看孩子哩。
④ a. 这是上次看的电影吧？　　b. 这是上次看的电影哇？

6. 结构助词"的""地"

普通话里的结构助词"的""地"，在有些方言里说成"葛""子"。另外，吴方言有一个用在句末的助词"葛"，出现频率很高，它大体相当于普通话的"的"，人们在说话时，常常会不自觉地把它变为普通话的"的"，例如："很好的。""他会来的。"这似乎没什么问题，因为有时普通话里也这么说，但有时这种表达相对而言在交际中不够规范。

① a. 这是你的字典。　　　　　b. 这是你葛字典。
② a. 我们慢慢地走。　　　　　b. 我们慢慢子走。
③ a. 慢慢地吃。　　　　　　　b. 慢慢子吃。

7. "起来"

普通话里趋向动词"起来"常放在动词或形容词之后，表示动作或状态的开始，格式有"动词+起+宾语+来"或"宾语+动词+起来"，有些方言把"起来"放在宾语之后。

① a. 下起雨来了。　　　　　　b. 雨下起来了。　　　　c. 下雨起来了。
② a. 说起话来没个完。　　　　b. 话说起来没个完。　　c. 说话起来没个完。

8. 形容词重叠

形容词在普通话中可以重叠，但单音节重叠一般要在后面加上"的"字，如"红红的"。但在湖北、浙江等一些方言里常常没有"的"。有的方言里有三叠。状态形容词及其重叠形式和某些方言中的表示法也不同。另外要注意，性质形容词的重叠式和状态形容词不再受程度副词的修饰。

① a. 他的手洗得很白。　　　　b. 他的手洗得白白。　　c. 他的手洗得白白白。
② a. 血红血红的　　　　　　　b. 血红红的　　　　　　c. 红蛮红的　　　d. 红红哇的
③ a. 冷冰冰　　　　　　　　　b. 冰冰冷　　　　　　　c. 冷冰哒　　　　d. 冰嘎凉
④ a. 雪白雪白的　　　　　　　b. 雪雪白的　　　　　　c. 雪白白的
⑤ a. 喷喷香　　　　　　　　　b. 喷香香
⑥ a. 清清白白　　　　　　　　b. 清清白　　　　　　　c. 清白清白
⑦ a. 认认真真　　　　　　　　b. 认认真
⑧ a. 高高兴兴　　　　　　　　b. 高高兴

⑨ a. 大大方方　　　　b. 大大方　　　　　　c. 大方大方

9. 程度副词

普通话里"很""太""非常"等程度副词可以直接放在动词、形容词之前表示动作、性状的程度，不能直接放在动词、形容词之后。有些方言（如四川话）里却常把"很"直接放在动词、形容词之后表示程度。有些方言虽然程度副词也可直接放在动词、形容词之前，但所用的是不同于普通话的方言副词，如"好""好好""忒""过""老""异"等。

① a. 菜太老了，不能吃了。　　b. 菜老很啰，吃不得啰。
② a. 这花儿多好看啊！　　　　b. 这花儿好好看啊！
③ a. 这天真蓝啊！　　　　　　b. 这天好好蓝啊！
④ a. 冬天北方非常冷。　　b. 冬天北方过冷。　　c. 冬天北方老冷。　　d. 冬天北方异冷。

三、现代汉语的句法

句法主要是指短语和句子等语法单位的构成和变化规则，具体包括短语结构规则、句子结构规则、句子类型等内容。这里，我们主要了解两个方面的问题：一是短语的类别及其功能；二是句子的常见语病。

（一）短语及其语法功能

根据短语内部结构可以将短语分为：主谓短语、动宾短语、中补短语、偏正短语、联合短语、连动短语、兼语短语、复指短语、方位短语、介词短语、量词短语、助词短语。

（1）主谓短语是内部构成成分之间有主谓关系的短语，其语法功能主要有：
① 独立成句。大多主谓短语加上语调就可以成句。
② 还可充当主语、谓语、宾语、定语、状语、补语。例如：
a. <u>你能来</u>太好了。
b. 他<u>人很善良</u>。
c. 我知道<u>你能来</u>。
d. <u>你买的</u>水果真新鲜。
e. 学生<u>一个接一个</u>地走进教室。
f. 我激动得<u>眼泪不住地流</u>。

（2）动宾短语是内部构成成分之间有动宾关系的短语，其语法功能主要有：
① 少数可独立成句。
② 主要充当谓语。
③ 也可充当主语、宾语、定语、补语。例如：
a. <u>打篮球</u>是一项非常好的运动。
b. 我喜欢<u>看电影</u>。
c. <u>看书</u>的习惯一直伴随着我。
d. 孩子吓得<u>扔下了手里的玩具</u>。
④ 较少充当状语。例如：
他<u>极有信心</u>地走上了舞台。

（3）中补短语是内部构成成分之间有补充和被补充关系的短语，也叫述补短语或后补短语，一般有"动词+补语"和"形容词+补语"两种形式，其语法功能主要有：
① 可独立成句。

② 主要充当谓语。例如：
一朵朵白云倒映在蔚蓝的海面。
③ 也可充当主语、宾语、定语、补语。例如：
a. 玩得开心是孩子们的心愿。
b. 我们感觉学得太扎实了。
c. 走得快的游客已经到山顶了。
d. 她高兴得跳了起来。
④ 较少充当状语。例如：
她跑得气喘吁吁地赶上了我们。

（4）偏正短语是内部的构成成分之间有偏正关系的短语，还可分为"定中"和"状中"两种类型。
① 定中短语的语法功能。
A. 主要充当主语或宾语。例如：
a. 校园里的花都开了。
b. 她放下了手里的书。
B. 也可充当谓语、定语、状语。例如：
a. 站在领奖台上的运动员满脸的笑容。
b. 我最喜欢那只蓝眼睛的小猫儿了。
c. 种植这个品种可以大幅度提高水稻的产量。
② 状中短语的语法功能。
A. 可独立成句。
B. 主要充当谓语。例如：
收到录取通知书的他特别高兴。
C. 也可充当定语、状语、补语。例如：
a. 特别用功的学生一般都会取得较好的成绩。
b. 他非常认真地给我们讲解了这道题。
c. 她今天穿得很漂亮。
D. 较少充当主语、宾语。例如：
a. 和妈妈通电话是她每天必做的一件事儿。
b. 喝了一杯热水之后，他感到特别舒服。

（5）联合短语是内部构成成分之间具有联合关系的短语，其各成分之间语法地位平等，具有并列、递进、选择等关系。联合短语还可分为"名词性联合短语""动词性联合短语""形容词性联合短语"。
① 名词性联合短语的语法功能。
名词性联合短语的语法功能与名词相当，主要可充当主语、宾语、定语。例如：
a. 妈妈和爸爸一起走进了家门。
b. 我在超市给奶奶买了一箱牛奶和两袋水果。
c. 中华民族是一个勤劳勇敢的民族。
② 动词性联合短语的语法功能。
动词性联合短语的语法功能与动词相当，主要可充当谓语（有些可带宾语），也可充当定语、状语、补语。例如：

a. 我家的小狗儿经常在床上蹦来跳去。
b. 这次会上研究并解决了附近几个村村民的用电问题。
c. 偷鸡摸狗的行为是为人所不齿的。
d. 一行人顶风冒雨地来到了防汛指挥部。
e. 听到这个消息，她们高兴得手舞足蹈。
③ 形容词性联合短语的语法功能。
形容词性联合短语的语法功能与形容词相当，主要可充当定语、谓语、状语，也可充当宾语、补语。例如：
a. 她是一个天真可爱的小姑娘。
b. 雨后的空气新鲜而清凉。
c. 服务员认真又耐心地为客人讲解着酒店的入住流程。
d. 在午后的阳光的照耀下，她感到温暖而舒适。
e. 刚满周岁的宝宝走得又快又稳。

（6）连动短语是内部构成成分之间有连动关系的短语。构成连动短语的几个动词性词语表示的是连续发生的动作行为，它们中间不能有语音停顿和关联词语，顺序也不能颠倒。连动短语的语法功能与动词性词语相当：
① 主要充当谓语。例如：
他坐地铁去图书馆了。
② 也可充当主语、宾语、定语、补语。例如：
a. 拆东墙补西墙不是好办法。
b. 我们决定坐飞机去上海。
c. 现在是举手表决的时候了。
d. 他累得坐下来不动了。

（7）兼语短语是内部的构成成分之间有连环套叠关系的短语，它由一个述宾短语和一个主谓短语因表达的需要套叠在一起，述宾短语的宾语兼做主谓短语的主语。兼语短语的语法功能主要有：
① 主要充当谓语。例如：
老师让他去搬桌椅。
② 也可充当主语、宾语、定语、补语。例如：
a. 派他去是大家共同的决定。
b. 我们看见有人走过来了。
c. 大家没有催他快走的想法。
d. 赛场上的气氛紧张得让人喘不过气来。

（8）复指短语是内部构成成分之间在意义上有复指关系的短语，复指关系指的是各个构成成分从不同角度指称同一人或同一事物。复指短语各构成部分共同做某一句子成分，所以又叫同位短语。复指短语的语法功能与名词性短语相当：
① 主要充当主语和宾语。例如：
a. 邻居小李是个爱运动的年轻人。
b. 救人的就是他们几个大学生。
② 也可充当定语。例如：
这是班主任刘老师的书。

（9）方位短语是方位名词附着在别的词或短语后面所构成的短语，主要表示时间、处所、范围等。方位短语是名词性短语，其语法功能主要有：
① 充当主语、定语、状语。例如：
a. <u>院子里</u>有棵大枣树。
b. <u>树上</u>的小鸟叫得正欢。
c. 我<u>放学后</u>去图书馆。
② 也可做宾语。例如：
他的年龄在<u>三十岁左右</u>。
③ 与介词组成介宾短语。例如：
几个游客在<u>大树下</u>乘凉。

（10）量词短语是由数词、指示代词或疑问代词加上量词组成的短语，它的语法功能因短语中的量词种类不同而有所不同。
① 物量词构成的量词短语，主要充当定语，也可充当主语、宾语，重叠后可充当状语。例如：
a. 我买了<u>五斤</u>西红柿。
b. <u>这一辆</u>是我新买的车。
c. 筷子好像不够用了，我再去买<u>几双</u>。
d. 她的眼泪<u>一颗一颗</u>地从脸上滑落下来。
② 动量词构成的量词短语，主要充当补语，也可充当状语。例如：
a. 一下午他跑了<u>三趟</u>幼儿园。
b. 我<u>一下</u>就跳过去了。

（11）介宾短语是由介词与名词性词语构成的短语，它的语法功能与形容词比较接近，主要有：
① 主要充当状语。例如：
我的眼镜<u>被同桌</u>不小心摔坏了。
② 也可充当定语、补语。例如：
a. 我<u>对这个问题</u>的看法和你有所不同。
b. 这位婆婆的家住<u>在山里</u>。

（12）助词短语是助词与其他词语共同构成的短语，根据其中助词的不同可分为以下3类：
① "的"字短语。
"的"字短语是结构助词"的"附加在一个词语后构成的，其语法功能与名词性词语相近，主要做主语和宾语，也可做谓语。例如：
a. <u>开车的</u>是一个中年男人。
b. 这几条鱼都是<u>新鲜的</u>。
c. 我的这双皮鞋是<u>定做的</u>。
② "所"字短语。
"所"字短语是结构助词"所"附加在一个非名词性词语的前边构成的，是名词性短语，其语法功能主要是充当主语或宾语。例如：
a. <u>所需</u>不多，几件简单的衣服就够了。
b. 日有<u>所思</u>，夜有<u>所梦</u>。
③ 比况短语。

比况短语是比况助词"一样""一般""似的"附加在其他词语的后边构成的,用于比喻或比较。其语法功能是主要充当定语、状语,也可充当谓语、补语。例如:

a. 会场里响起了<u>雷鸣般</u>的掌声。
b. 百米赛道上,运动员们<u>旋风一般</u>冲向了终点。
c. 他整天哈巴狗儿似的,谁见了都烦。

(二)句子常见语病

1. 搭配不当

(1)主谓搭配不当。
① 主语与谓语的词语意义搭配不当。例如:
他一进教室,同学们的眼睛都集中到了他的身上。
例句中"眼睛"与"集中"搭配不当,应把"眼睛"改为"目光"。例如:
② 暗中更换主语造成的主谓搭配不当。
我们也学小孩子一样,掐一把花,直到花和叶子都蔫了,才带着抱歉的心情,丢到山洞里,随水漂走了。
例句中前面主语是"我们",后面主语已经换成"花",造成了"我们"与"丢""漂"搭配不当,可改为"把它们丢到山洞里,让它们随水漂走了"。
③ 主语或谓语为联合短语,双方不能完全配合而造成的主谓搭配不当。例如:
挖土方开始了,我们的任务和工期都十分艰巨和紧张。
例句中"任务和工期"与"艰巨和紧张"这两个联合短语的内部不能完全配合,可改为"任务艰巨""工期紧张"。

(2)述宾搭配不当。
① 述语与宾语的词语意义搭配不当。例如:
要深化对南极地区海冰融化现象在南极上空大气运动过程的认识,就必须扩大科学考察区域,加强科研观测精度,改进实验设计方法。
例句中"加强"与"精度"搭配不当,可将"加强"改为"提高"
② 述语或宾语为联合短语,双方不能完全配合而造成的主谓搭配不当。例如:
网络提速降费能够推动"互联网+"快速发展和企业广泛收益。
例句中"推动"与"'互联网+'快速发展和企业广泛收益"这个联合短语中的内容不能完全配合,造成了"推动"与"企业广泛收益"搭配不当,可在"企业广泛收益"前加"实现"进行改正。
述宾搭配不当尤其容易发生在以下三种句式中:双谓语+单宾语、单谓语+双宾语、双谓语+双宾语。

(3)定、状、补与中心语搭配不当。例如:
a. 教育战线肩负着培养大批科技队伍的历史任务。
b. 他渐渐地爬起来,吃力地向前走着。
c. 一到晚上,他就吓得胆小如鼠,不敢出门。
例句①中"大批"与"队伍"搭配不当,可将"队伍"改为"人才";例句②中"渐渐"与"爬"搭配不当,可将"渐渐"改为"慢慢";例句③中"吓"与"胆小如鼠"搭配不当,可将"胆小如鼠"改为"胆战心惊"。

(4)主宾搭配不当。

① 主语与宾语之间没有同一关系或隶属关系而造成的搭配不当。例如：

售票员其实是一个枯燥、烦琐又易遭遇矛盾的工作。

例句中"售票员"与"工作"搭配不当，可将"售票员"改为"售票"。

② 暗中更换主语造成的主宾搭配不当。例如：

晋文公当上晋国国君以后，治理政治，发展生产，训练军队，成为北方一大强国。

例句中前面的主语是"晋文公"，后面的主语已经换成了"晋国"，造成了"晋文公"和"强国"搭配不当，可改为"使晋国成为北方一大强国"。

③ 主语或宾语为联合短语，双方不能完全配合而造成的主宾搭配不当。例如：

一进校园，我们看到的和听到的都是灿烂的笑容和愉快的歌声。

例句中"我们看到的和听到的"与"灿烂的笑容和愉快的歌声"这两个联合短语中的内容不能完全配合，造成了"看到的"与"愉快的歌声"搭配不当，"听到的"与"灿烂的笑容"搭配不当，可改为"我们看到的是灿烂的笑容，听到的是愉快的歌声"。

（5）关联词搭配不当。例如：

培养新世纪的一代新人，不只是学校的事，而是整个社会的事。

例句中"不只是"与"而是"搭配不当，可将"而是"改为"而且是"。

2. 成分残缺

（1）主语残缺。

① 滥用介词或"介词+方位词"，造成主语残缺。例如：

在这部电影中，刻画了一个女知识分子的典型。

例句中加了"在……中"后，使句子主语缺失了，可去掉"在……中"。

句首滥用的介词常有"在""当""从""对于""为了"等，这种病句较为常见。修改时，一是可将介词及其连带的方位词删去，二是保留介词短语做状语，后边加上适当的词做主语。

② 暗中更换主语造成主语残缺。例如：

《王老虎抢亲》中江南才子周文宾男扮女装，被王老虎抢回家，把他送到妹妹王秀英房中。

例句中前句主语是周文宾，后句主语是应该是"王老虎"，由于前后两句主语不一致，因此造成了后句主语残缺，修改时，可在"把"字前加"王老虎"。

③ 主语的定语较长造成主语残缺。例如：

复读的第一天，上语文课，一位约莫四十岁，额上略带几丝皱纹，戴着眼镜，精神抖擞，带着微笑走进了教室。

例句中由于带了较长的多项目定语使主语残缺，修改时可在"精神抖擞"后加上"的老师"。

（2）谓语残缺。

① 不恰当的省略，造成谓语残缺。例如：

最近又发动了全面的质量大检查运动，要在这个运动中建立与加强技术管理制度等一系列的工作。

例句中，后面的句子缺少了支配宾语中心词"工作"的谓语，可在"建立"前加个谓语"完成"。

② 误以介词短语做谓语，造成谓语残缺。例如：

我们沿着林荫路，很快就到了公园。

例句中前面的句子中"沿着林荫路"只是一个介词短语，它不能做谓语，这一部分谓语残缺了，可在"沿着林荫路"后加上"走"。

③ 中途改变陈述主体，造成前一句子谓语残缺。例如：

一天，炮一连炊事员朱柯忠在去炮兵阵地的路上，突然有一个打扮成采猪草模样的人迎面向他走来。

例句中前一句陈述主体是朱柯忠，但并没有谓语来陈述他，后一句的陈述主体变成了另外一个人。修改时，可在"突然"之后补"发现"或"看见"。

（3）宾语残缺。例如：

这一套消化系统正常进行，人的营养状况就好。

例句中"进行"在此处是及物动词，它后面缺少了被支配的宾语，可在"进行"后加"工作"。及物动词做谓语必须带宾语，宾语残缺，动作就没有了对象，行为就没有了结果，意思也就难以表达清楚了。

（4）定语、状语残缺。例如：

① 想要取得优异成绩，必须付出劳动。

② 在通常情况下，人们不愿意取代圆珠笔。

例句① 应在"劳动"前加上定语，如"艰苦的"等。例句② 应在"取代"前加上状语，如"用钢笔"等，这样才能使语意更加明确。

（5）关联词语残缺。例如：

这次学术会，收获很大，时间并不长。

例句中前后分句构成的是转折关系，但缺乏必要的关联词，应在"时间并不长"前加"尽管"等表示转折。

（6）其他残缺。

① 中心语残缺。例如：

该厂引进了具有 20 世纪 90 年代中期国际先进水平的日本五十铃 N 系列轻型卡车，成为国内第一家合资生产五十铃 N 系列轻型卡车的厂家。

例句中，长定语"具有 20 世纪 90 年代中期国际先进水平的日本五十铃 N 系列轻型卡"后面，没有中心语，致使"引进"没有可支配的宾语，修改时，可在长定语后加上中心语"生产技术"。

② 介词残缺。例如：

中国男子乒乓球队在 2004 年 3 月 7 日卡塔尔首都多哈结束的第 47 届世界乒乓球男子团体比赛中第 14 次捧得斯韦思林杯。

例句中"卡塔尔首都多哈"不能直接做"结束"的状语，应在"卡塔尔"前加上介词，如"于"等。

3. 成分赘余

（1）主语赘余。例如：

我们高三年级的同学，在上课时候，一般地说，我们都能认真听讲，遵守课堂纪律。

例句中第二个"我们"可以承前省略，可去掉。

（2）谓语赘余。例如：

按照民主程序，他们选出了自己信任的村长，负责掌管全村的行政事务。

例句中用了"负责"与"掌管"两个动词做谓语，形成了词语堆砌，修改时，删除其中之一即可。

（3）宾语赘余。例如：

人与人之间总会有不同的邂逅和相逢，正是不同的人的生活轨迹不停地相交，才编织成这大千世界纷繁的生活。

例句中"邂逅"与"相逢"语义重复，造成宾语赘余，修改时，应去掉其中一个。

（4）修饰成分赘余。

① 定语赘余。例如：

睡觉了还点灯，真是不必要的浪费。

例句中"浪费"本身就是不必要的行为，前加"不必要"造成了定语赘余，修改时可将"不必要"去掉。

② 状语赘余。例如：

目前财政困难，有些问题短期内不可能很快得到解决。

例句中"短期内"与"很快"语义重复，造成状语赘余，修改时去掉其一即可。

③ 补语赘余。例如：

从此，原来这个平静的家庭里，就不时地发生使人不安的怪事出来。

例句中"发生"就是已经出现，再用"出来"造成补语赘余，修改时可将"出来"去掉。

4. 语序不当

（1）定语位置不当。

① 定语与中心语位置颠倒。例如：

我国茶叶的生产，远销世界几十个国家。

例句中"生产"应做定语，却放在中心语的位置上，造成了定语与中心语的位置颠倒，应改为"我国生产的茶叶"。

② 定语错放在状语位置上。例如：

鸟儿在枝头优美动听地唱着歌儿。

例句中"优美动听"作为"歌儿"的定语错放在了状语的位置上，应改为"唱着优美动听的歌儿"。

③ 多项定语语序不当。例如：

花园里盛开着的美丽的那几朵红玫瑰花被人摘走了。

例句中主语中心语"玫瑰花"前有"花园里""盛开着""美丽""那几朵""红"五个定语，它们的排列顺序不当，应改为"花园里那几朵盛开着的美丽的红玫瑰花"。

多项定语的排序有一定的规则，按定语与中心语的距离由远及近来排序，一般是：

a. 表示领属、时间、处所的名词、代词或短语；b. 指示代词；c. 数量短语；d. 动词或动词性短语；e. 形容词或形容词短词；f. 表示性质的名词或名词性短语。

如以"国家队的一位有二十多年教学经验的优秀的篮球女教练"为例，这一短语中6个定语的顺序是：国家队（表领属）、一位（数量短语）、有二十多年教学经验（动词性短语）、优秀（形容词）、篮球（名词）、女（名词，单音节）。

另外，一般情况下，同级别的多个定语，音节越少离中心语越近；带"的"的定语放在不带"的"的定语之前。

（2）状语位置不当。

① 状语出现在定语位置上。例如：

就在昨天晚上，他们两人交换了互相的意见。

例句中"互相"应做"交换"的状语，却放在了定语的位置上，应改为"互相交换了意见"。

② 多项状语语序不当。例如：

许多老师昨天都在休息室里同他热情地交谈。

例句中谓语中心语"交谈"前有"昨天""都""在休息室里""同他""热情"五个状语，它们的排列顺序不当，应改为"许多老师昨天在休息室里都热情地同他交谈"。

多项状语的排序有一定的规则,按状语与中心语的距离由远及近来排序,一般是:
a. 表目的、原因或条件的介宾短语;b. 表时间的状语;c. 表处所的状语;d. 表范围或频率的副词;e. 表情态或程度的词或短语;f. 表对象的介宾短语紧挨中心语。

如以"为使你们及早注意昨天在教室里全都清楚地对你们讲过"为例,这一短语中6个状语的顺序是:为使你们及早注意(表目的)、昨天(表时间)、在教室里(表处所)、全都(表范围)、清楚(表情态)、对你们(表对象)。

(3) 关联语位置不当。

这里主要指的是第一个分句中关联词和主语的位置关系。一般来说,前后分句主语一致时,关联词语放在主语后;主语不一致时,关联词放在主语前。例如:

① 他如果不实事求是,事业就会遭受损失。

例句中前后两个分句的主语不一致,所以,"如果"应放在第一分句的主语"他"之前。

② 在治疗某些炎症时,不仅中药能与一般抗生素媲美,而且副作用小,成本较低。

例句中前后分句的主语都是"中药",所以,"不仅"应放在"中药"的后面。

(4) 介词结构位置不当。例如:

世界各大报纸关于这起震惊国际体坛的事件都做了详细报道。

"关于"所引导的介词短语做状语时,只能放在主语之前,如果较长,还应该用逗号将之与后面的部分隔开。例句可改为:"关于这起震惊国际体坛的事件,世界各大报纸都做了详细报道。"

(5) 并列词语位置不当。例如:

任何一种文明的发展都有与其他文明碰撞、融合、交流的过程,完全封闭的环境不可能带来文明的进步,只会导致文明的衰落。

例句中"碰撞、融合、交流"三个并列词语的位置不恰当,它们之间有动作行为的先后关系,应改为"碰撞、交流、融合",才符合逻辑。

并列词语在表达意义上会出现下列情况:时间、动作有先有后,空间距离有远有近,范围有大有小,程度有轻有重,感情有浅有深等,所以,在使用并列词语时,应该按一定的规律来排序。

(6) 主客体位置不当。例如:

因为我从小生活在大海边,所以大海的传说对我一点儿也不陌生。

例句中"大海的传说"和"我"主客体的顺序颠倒了,应该改为"我对大海的传说"。

(7) 对应位置不当。例如:

思想和语言的关系是形式和内容的关系。

例句中"思想"应与"内容"对应,"语言"应与"形式"对应,所以,要把"形式和内容"改为"内容和形式",才能与前面的"思想和语言"一一对应。

5. 结构混乱

(1) 句式杂糅。

① 不同句式杂糅在一个句子中。例如:

他们本着保证质量、降低成本为原则,使用了新的工艺和新的技术。

例句把"本着保证质量、降低成本的原则"和"以保证质量、降低成本为原则"两种句式捏合在一个句子中,形成句式的杂糅。修改时选择其中一种句式即可。

有时候,一个意思可以用不同的句式来表达,在说话的时候,如果把两种或几种不同的句式都用上,就会出现句式杂糅的情况。

② 两个句子套叠成一个句子。例如:

我从小生长在这片大草原上到处是成群的牛羊。

例句把"我从小生长在这片大草原上"和"这片大草原上到处是成群的牛羊"这两个句子套叠在一起,形成了一个杂糅的句子,可改为:"我从小生长在这片大草原上,这里到处是成群的牛羊。"

这种杂糅的句式的特点是,前一句话的结构已经完整,却把它的最后一部分用作下一句话的开头。

(2)中途易辙。

说话时,一个话题说了一半,又转而说另外一个话题,结果两个意思杂糅在一个句子里,造成表意混杂。例如:

作者观察细致,一泓清潭、汩汩流水、朗朗歌声,都能激发他的灵感,都能从中找到抒情叙事的切入点。

例句中首尾两句主语都是"作者",中间主语却换成了"清潭、流水、歌声",造成了陈述对象的混乱。可修改为:"作者观察细致,对于能激发灵感的一泓清潭、汩汩流水、朗朗歌声,他都能从中找到抒情叙事的切入点。"

(3)反客为主。

反客为主是指把前半句主语以外的成分用作后半句的主语,造成结构混乱。例如:

当匪军偷袭游击队的时候,他们反而被游击队包围,歼灭了无数匪军。

例句中前半句的主语是"他们",而后半句的主语应该是游击队,使句子纠缠不清。可改为"他们反而被游击队包围,无数的匪军被歼灭了"。

(4)句式不统一。例如:

他比谁说得都动听,可是做得比谁都差。

例句中前后两个部分用了不同的句式,不够统一,可将前句改为"他说得比谁都动听",或将后句改为"可是比谁做得都差"。

6. 表意不明

(1)对象不明。

① 代词指代对象不明。例如:

下课后,老师把刘婷和琪琪喊到跟前,语重心长对她说,上课要认真听讲。

例句中"她"指代不明,既可指代"刘婷",也可指代"琪琪",造成表意不明。

② 词语关涉对象不明。例如:

他在某杂志生活栏目上发表的那篇关于饮食习惯与健康的文章,批评的人很多。

例句中"批评的人"关涉对象不明确,既可指"文章中所批评的人",也可指"批评这篇文章的人"。

(2)歧义。

① 词义不明造成歧义。例如:

看病的是她的姐姐。

例句中"看病的"一词词义在两可之间,使句子表意不明,既可理解为"姐姐是医生,给别人看病",也可理解为"姐姐是患者,来看病"。

② 一词多义造成歧义。例如:

他们走了好久。

例句中"走"一词多义,在这里可理解为"行走",也可理解为"离开"。

③ 一字多音造成歧义。例如:

我们的邻居特别好说话。

例句中"好"是多音字，读"hǎo"时可理解为"容易"，读"hào"时可理解为"喜欢"。

④ 修饰不定造成歧义。例如：

小区里来了三个医院的医生开展义诊。

例句中"三个"作为定语，既可修饰"医院"，也可修饰"医生"，容易形成歧义。

⑤ 停顿不同造成歧义。例如：

我看见她笑了。

例句因为停顿不同可有不同理解：如果在"看见"后停顿，表示"她笑了"；如果在"她"后停顿，表示"我笑了"。

⑥ 重音不同造成歧义。例如：

她是小明的妈妈。

例句中重音放在不同的词上，表示的意思有所不同，如果放在"她"上，强调的是"谁是小明的妈妈"；如果放在"小明"上，强调的是"她是谁的妈妈"；如果放在"妈妈"上，强调的是"她与小明是什么样的亲属关系"。

⑦ 省略不当造成歧义。例如：

班长拉着刘畅走进教室，手里拿着一本数学书。

例句中后一句省略不当，使"拿"的主语是"班长"还是"刘畅"不明确。

⑧ 结构关系不同造成歧义。例如：

昨天，参加学校高考动员会的学生家长共有八百多人。

例句中"学生家长"既可理解为并列关系，表示"学生和家长"；也可理解为偏正关系，表示"学生的家长"，容易出现歧义。

7. 不合逻辑

（1）自相矛盾。例如：

翻开几千年的历史记录，人们就发现，地震最强烈的地方往往总是在山边地带。

例句中"往往"与"总是"矛盾，"往往"是"经常"之意，但并未达到全部，还有例外的情况；"总是"是"全都是"之意，没有例外情况。

（2）概念范围不清。例如：

作为一个文学爱好者，我阅读了大量的小说、诗歌、散文以及中外国文学名著。

例句中"小说、诗歌、散文"与"文学名著"是交叉关系，并列在一起使用，造成了句子逻辑关系的混乱。

包含关系、交叉关系或不属于同一类别的概念不能并列在一起使用。

（3）照应不当。例如：

公民能否遵纪守法，是社会安定团结的重要保障。

例句中"能否"涉及两面，而"社会安定团结"只能照应前面"能"这一面，所以句子前后照应不周。

（4）否定失当。例如：

这几年来，刘青无时无刻不忘搜集整理民歌，积累了大量的资料。

例句中"无时无刻"与"不"组成了双重否定，双重否定等于肯定，用在这个句子的语境中显然是不合情理的。可将"无时无刻"改为"时时刻刻"。

在使用多重否定时，还有本身含有否定意义的词（"防止""杜绝"等）与"不"搭配时，常常发生否定失当的情况。

（5）强加因果。例如：

周谷城先生早年积极投身五四运动，所以最终成为蜚声海内外的著名学者和历史学家。

例句中把"投身五四运动"作为"成为蜚声海内外的著名学者和历史学家"的原因并不确切，两分句间没有必然因果联系。

（6）不合事理。例如：

为了防止余震发生，当地政府已经组织群众住进了临时帐篷。

例句中"防止余震发生"的说法不合事理，因为目前我们还无法防止"余震发生"。

任务3 命题说话模拟测试

任务目标

一、知识目标
1. 巩固声、韵、调及变调、轻声、儿化的正确发音。
2. 巩固词汇、语法使用规范。
3. 了解命题说话的考查要求及评分标准。
4. 知道命题说话的应试常识及技巧。

二、技能目标
1. 能用普通话语音系统中声、韵、调及语流音变的正确发音纠正自己及他人的语音。
2. 能用普通话的正确语音及规范的词汇、语法完成命题说话模拟测试。

任务布置

同学们将参加国家普通话水平等级测试，为顺利通过测试，取得相应的等级证书，我们要做好用正确的语音及规范的语法完成命题说话的准备。备选样题如下：

命题说话（请在下列两个话题中任选一个），共40分，限时3分钟。

1.《谈谈社会公德（或职业道德）》

2.《我知道的风俗》

社会公德是在社会公共生活中人们都要遵守的道德行为准则。它一经形成，便得到了全体社会成员的认可，在维护社会公共生活、调节社会成员间的利益关系等方面发挥着重要的作用。遵守公共秩序、讲究文明礼貌、爱护公物、保护环境等都是人们熟知的社会公德的内容。作为社会生活中的一员，作为新时代青年的我们，不但要熟知社会公德的内容，更要成为遵守社会公德的表率。

任务实施

一、分组练习
1. 练习命题说话。
2. 找出并纠正语音存在的错误与缺陷。
3. 找出并纠正语法的错误。

二、分组展示
1. 小组代表展示命题说话。

2. 学生评价，指出存在的问题。
3. 教师评价，指出存在的问题。

知识储备

导入：请你试为右侧"命题说话测试"的语音资料打分，看一看你能否判断出这位应试者能达到什么等级。

音频 10

[语音材料] 命题说话《我知道的风俗》。

一、命题说话考查要求及评分标准（见本教材"普通话概述"部分）

二、命题说话应试常见问题

（一）语音标准程度较差，失分过多

由于方音及习惯影响，在测试过程中语音错误及成系统的语音缺陷过多，造成语音标准程度较差，失分过多。

（二）词汇、语法不合规范

词汇、语法不规范的情况首先表现在方言词汇、语法的使用之上，这是在测试中最容易出现的问题，也是失分较多的原因之一。其次，在表达过程中，经常出现搭配不当、成分残缺、句式杂糅等病句，使表达混乱，缺乏逻辑。另外，还有滥用外来词语与网络用语的现象。

（三）语言表达不够自然流畅

自然流畅程度不够主要表现在4个方面：

（1）口语化较差，有书面化倾向。在进行口语表达过程中，应试人缺乏口语化意识，过多使用书面语言，这是很多应试人员最容易出现的问题，造成不必要的失分。

（2）有朗读背诵腔调。有的应试人员事前准备了命题说话的稿子，测试时照着原稿背诵下来，使"说话"带上了背诵的腔调，听起来过于流畅。这样同样要被扣分。

（3）语速过快或过慢。语速过快，导致等长的时间内可供评判的音节过多，失误也随之增多；语速过慢，使语流停顿、间歇过多，语调生硬、怪异，甚至有的出现一字一顿的现象，严重影响了整个表达的流畅度。

（4）口头禅、衬字过多。这种情况反映了应试人不好的口语表达习惯，同样会被视为语流有间歇、停顿而失分。

（四）缺时

（1）无意缺时。有的应试人对考试程序不熟悉，不知道自己已经开始考试，录音开始后，还在茫然等待系统提示；有的应试人已经开始录音，但还没有进入考试状态，不知从何说起。所以缺时很容易发生在录音刚刚开始时。

（2）语流停顿间歇缺时。在说话过程中，由于思路受阻等原因，会出现语流停顿间歇缺时，如果停顿时间较长、出现频率过高，就会被累计缺时，并在自然流畅程度上也会失分。

（五）离题、雷同

（1）离题。有的应试人不看自己的考题，说事先准备好的题目，这属于故意离题；有的应试人看错题目，如将"我喜欢的节日"看成"我喜欢的节目"；有的应试人说的过程中有部分离题。前两者属于全篇离题，40 分将被全部扣掉；后者将视离题程度与时长酌情扣除相应分数。

（2）雷同。雷同是测试中经常出现的现象，大致有以下几种情况：一是使用网上下载的范文，二是背诵名家名篇，三是抄袭其他应试者的说话内容。这 3 种情况将视雷同程度与时长扣除相应分数，如全篇雷同，会被扣除 15 分，这对应试人最终的评测等级影响较大。

三、命题说话的技巧

（一）应试前充分准备

命题说话的题目总共 30 个，应试者可以事先做好准备，从以下技巧中得到启发。

1. 将话题合并归类，归纳话题思路

《普通话水平测试用话题》中所提供的 30 个话题可以归纳成 3 大类型：记叙描写类，如《我尊敬的人》《童年的记忆》《难忘的旅行》等；说明介绍类，如《我喜爱的职业》《我知道的风俗》《我喜爱的文学艺术形式》等；议论评说类，如《谈谈个人修养》《谈谈社会公德》《谈谈科技发展与社会生活》等。

将话题合并归类后，针对每一类话题准备说话的题材内容，并归纳不同类型话题的说话思路。例如：

（1）记叙描述类。

这类话题有："我的理想（或愿望）""我最尊敬的人""童年的记忆""难忘的旅行""我的朋友""我的假日生活""我的成长之路""我的家乡""我向往的地方"。

这类话题比较容易，只要按照事情发展的时间顺序往下说就行了。它们的话题思路大致可分为四个步骤：是谁（是什么）；为什么；举例子；怎么办。

例如，"我的理想（或愿望）"：

① 我有很多愿望，比如……我最大的愿望是能去各地旅游（长高、成为一名律师……）。

② 有人会问，你为什么会有这样一个愿望呢？因为……

③ 列举在旅游中学到的知识，了解到的各地风俗（列举个子矮的苦恼等）。

④ 今后我打算找一份与旅游有关的工作……（今后我打算加强营养和锻炼等与长个有关的措施……）

（2）说明介绍类。

这类话题主要有："我的学习生活""我喜欢的动物（或植物）""我喜欢的职业""我喜爱的文学（或其他）艺术形式""我的业余生活""我喜欢的季节/天气""我知道的风俗""我和体育""我喜欢的节日""我所在的集体""我喜欢的明星（或其他知名人士）""我喜爱的书刊""购物消费的感受"。

这类话题忌讳只列出干巴巴的几个条目，不能展开详细说明。可以从一个事物的几个方面去说明或介绍。它们的话题思路大致可为分 4 个步骤：是什么（是谁或什么样）；表现在哪几个方面；每个方面是怎么样的；自己的态度或打算。

例如，"我的业余生活"：

① 每个人都有不同的爱好和业余生活，我觉得自己的业余生活是丰富多彩的。

② 很多时候，我会在业余时间去打篮球。

③ 列举打篮球的好处及自己怎么做的（列举看书、旅游等的好处及自己怎么做的）。

④ 丰富的业余生活给我带来了……今后我想再多培养一些兴趣爱好，让生活更加……

（3）议论评说类。

这类话题主要有："卫生与健康""学习普通话的体会""谈谈服饰""谈谈科技发展与社会生活""谈谈美食""谈谈社会公德""谈谈个人修养""谈谈对环境保护的认识"。

这类话题需要比较缜密的思维和更强的概括能力。它们的话题思路大致可分为4个步骤：是什么（提出自己的观点）；为什么（归纳出几条理由）；举例子（在每条理由后分别举例子）；怎么办（提出建议）。

例如，"谈谈卫生与健康"：

① 俗话说：身体是革命的本钱，它告诉我们健康是多么重要。我觉得要想拥有健康的体魄，良好的卫生习惯必不可少。

② 首先，注意饮食卫生，因为……其次，注意环境卫生，因为……

③ 怎么注意饮食卫生呢？我们可以……怎么注意环境卫生呢？需要从……做起。

2. 转换表达方式

巧妙转换表达方式，使整个说话过程以叙述为主。30个话题中以叙述类居多，而叙述类话题比较有利于应试者发挥。所以针对说明类、议论类话题，应试者可以设法将说明或议论转换成叙述。如"谈谈个人修养"这一话题，应试者可以先发几句议论，然后转换成叙述："个人修养对一个人来说十分重要。我有个朋友，他的个人修养就很高。有一次……还有一次……"

3. 考前熟记准备的说话素材

应试者可以把能利用同一素材来完成的话题再次归类，看成一个话题来准备。如"我的学习生活""我的假日生活""我的业余生活""我喜爱的文学艺术形式"等就可以再度归类，看作一个话题，为它们准备同一组素材，应试时再做一些处理，使素材能更好地为应试时的话题服务。再次合并归类后，30个话题大约能归纳为七八个话题，应试者可以把每个话题都练习一遍，甚至可以熟记，记住每个话题所选用的素材，应试时就能胸有成竹了。

4. 选取材料，构思提纲，组织语言

选材要选择自己熟悉的材料，最好是自己的亲身经历，这样才有话可说，不至于出现冷场的尴尬局面。再根据不同类型的话题思路，构思一个简略的提纲，想想先说什么，后说什么，哪些地方多说，哪些地方少说，确定说话的顺序，简单构思开头、正文和结尾。之后，再依据构思好的提纲组织语言，尽量做到表达通俗易懂，层次清晰明朗。

5. 说话时注意扬长避短

如果应试者在语音方面存在系统性缺陷，如平翘舌不分、鼻边音不分、前后鼻音不分、儿化音不到位等，在准备说话内容时应该尽量避开这些语音难点。比如，有的应试者平翘舌不分，在说话中应尽量避免出现平翘舌音，如"知识"可换成"学问"；再如，有的应试者是n、l不分，则应尽量避开鼻音和边音，如"牛奶"可换成"豆浆"。

（二）应试时灵活运用

1. 移花接木

应试时，命题说话的话题如果与应试者事先准备的不一致，可以使用"嫁接法"处理，就是把准备好的话题内容临时移到应试话题里。比如，应试者准备的话题是"我的学习生活""我喜爱的书刊"，而应试话题是"我的假日生活"，这时，可以用一个开头"我的假日生活丰富多彩，其中我最喜欢的还是学习……"，巧妙地把为"我的学习生活"这个话题准备的内容移到应试话题里；或以"假日里我喜欢读一些文学名著……"为开头，把为"我喜爱的书刊"这个话题准备的内容移到应试话题里。

2. 改头换面

为避免因准备不充分导致缺时而被大量扣分，应试时，应试者可以复述事前熟记的内容，但在复述时，要尽量淡化背诵的痕迹，可以做以下一些处理：一是将准备的内容口语化，在准备稿件时就要充分考虑到这一点，多用常用的口语词汇；二是可以适当使用语气词"吧""吗"或"这个""那个"等衬字衬词，但要注意避免过多使用；三是少用文言词和书面色彩较浓的词语；四是多使用简单句子和短句，避免使用结构复杂的长句；五是力求通俗浅显、灵活流畅。

3. 拓宽话题

有些话题没有做更多的限定，应试者不要自己把话题范围缩小变窄。如"我喜欢的节日"这一话题，有些应试者误以为是"我最喜爱的节日"，这样会由于题目的自我限定导致无话可说。应试者不要把说话内容限定在某一个节日上，可以说很多个节日。在应试时，如果准备的内容说完而规定时间还没有到，必须联系相关的内容继续往下说。如"我喜爱的动物"这个话题，应试者说，"我喜爱的动物是狗，从前我家里就养了一只狗"，说完"狗"后，如果时间还没到，应试者可以接着说，"除了狗之外，我还喜爱猫，我家以前也养过一只猫"。

4. 注意常用字词的正确读音

在测试中，有一些常用的词应试者常常会读错，如因为（wèi读成wéi）、比较（jiào读成jiǎo）、尽（jǐn读成jìn）管、处（chǔ读成chù）理、结（jié读成jiē）果、地方（fang读成fāng），等等。这些高频词反复读错，将会导致大量失分，提醒应试者多加注意。

5. 控制语速，说满3分钟，并且要有一定信息量

为了顺利说满3分钟，又减少不必要的错误，应试者还应该控制语速，语速适中，发音从容，可以提高语音的标准程度。如果语速过快，不仅会影响语音的准确程度，而且会导致在规定的时间里说话的音节增加，错误率上升，事先准备的内容也不能说满3分钟，直接影响得分。另外应试者说话的语速也不能过慢，因为语速过慢会影响语句的完整，使人听起来感觉别扭，不像是日常说话，会在自然流畅程度上被扣分。

学习思考

1. 普通话水平测试命题说话中，常见的有哪些问题？你有类似的问题吗？你觉得应该怎么解决这些问题？
2. 具体说说命题说话技巧有哪些。

课外训练

一、为30个命题说话列提纲

二、根据以下参考提纲进行命题说话训练

1. 我尊敬的人

（1）介绍"我"最尊敬的人是谁。

（2）详述他是怎样一个人。例如：① 肖像；② 性格；③ 其他与主题相关的侧面。

（3）通过具体事例说出"我"对他的尊敬。

（4）综述他的性格和品德，以表达"我"对他的崇敬之情。

2. 我喜爱的动物
（1）介绍"我"喜欢的动物是什么。
（2）详述这种小动物。例如：① 外貌；② 生活习性；③ 有关小动物的其他知识。
（3）说说"我"喜欢它的原因。例如：① 外表漂亮、可爱，招人喜欢；② 性格温顺、听话；③ 善解人意；④ 讲典型案例，表述小动物和"我"的亲密关系。
（4）点题，表达"我"对小动物的感情。

3. 难忘的旅行
（1）叙述"我"是什么时候去哪里旅行的。
（2）记述那次旅行的具体经过。① 时间和同行的人；② 旅行中具体发生的故事；③ 这次旅行让"我"难忘的原因。例如：让"我"领略了祖国美丽的大好河山；旅行中的艰难辛苦与胜利到达后的快乐喜悦；这次旅行让"我"懂得了某个道理，学到了许多知识；旅行中结识了一位难忘的朋友，他给"我"留下了深刻的印象。

4. 学习普通话的体会
（1）概述普通话的重要性。
（2）具体谈谈"我"学普通话的做法和体会。例如：① 在日常生活、学习中坚持使用普通话；② 有计划、经常性地使用普通话读一些文章；③ 多与别人用普通话交流，多听广播。
（3）综述学习普通话的感受。① 要有恒心，克服习惯性的方言；② 要大胆，敢于在公众面前讲普通话，不怕出错；③ 要有信心，通过努力一定能学好普通话。

5. 我的家乡
（1）概括介绍"我"的家乡是个什么样的地方。
（2）具体介绍家乡的情况。例如：① 有山有水，风景秀丽；② 鱼米之乡，丰衣足食，资源丰富；③ 民风淳朴，和蔼可亲。
（3）随着国家经济的发展，"我"的家乡发生了很大变化。① 种田不用纳税；② 办起工厂；③ 盖起小楼，卫生有极大的改善。
（4）党的富民政策，使家乡人民生活更加富裕。
（5）祝愿家乡明天会更好。

6. 谈谈对环境保护的认识
（1）概述环境保护的重要性。如自然环境是人类赖以生存的基本条件，和我们密不可分。
（2）谈谈自然环境的变化和对我们的影响。① 以前的自然环境，例如：山中采蘑菇、河里捉螃蟹；② 现在的环境：山秃水枯，雾霾成灾；③ 分析原因：乱砍乱伐，破坏植被，肆意排污，造成河水严重污染等。
（3）总结要点：自然环境被破坏了留给后代的会是什么呢？爱护环境、保护环境是全社会的责任，也是我们每个人的责任，要从我做起，从现在做起。

三、命题说话模拟测试
✧ 命题说话（请在下列两个话题中任选一个），共40分，限时3分钟。
1. 我向往的地方
2. 谈谈美食
✧ 命题说话（请在下列两个话题中任选一个），共40分，限时3分钟。
1. 我知道的风俗

2. 谈谈社会公德（或职业道德）

✧ 命题说话（请在下列两个话题中任选一个），共40分，限时3分钟。
1. 我和体育
2. 谈谈购物（消费）的感受

✧ 命题说话（请在下列两个话题中任选一个），共40分，限时3分钟。
1. 我喜爱的明星
2. 我喜爱的文学（或其他）艺术形式

✧ 命题说话（请在下列两个话题中任选一个），共40分，限时3分钟。
1. 童年的记忆
2. 谈谈个人修养

附录四　普通话水平测试用话题

1. 我的愿望（或理想）
2. 我的学习生活
3. 我尊敬的人
4. 我喜爱的动物（或植物）
5. 童年的记忆
6. 我喜爱的职业
7. 难忘的旅行
8. 我的朋友
9. 我喜爱的文学（或其他）艺术形式
10. 谈谈卫生与健康
11. 我的业余生活
12. 我喜欢的季节/天气
13. 学习普通话的体会
14. 谈谈服饰
15. 我的假日生活
16. 我的成长之路
17. 谈谈科技发展与社会生活
18. 我知道的风俗
19. 我和体育
20. 我的家乡（或熟悉的地方）
21. 谈谈美食
22. 我喜欢的节日
23. 我所在的集体
24. 谈谈社会公德（或职业道德）
25. 谈谈个人修养
26. 我喜欢的明星（或其他知名人士）
27. 我喜爱的书刊
28. 谈谈对环境保护的认识
29. 我向往的地方
30. 谈谈购物（消费）的感受

常见口语交际形式训练

【项目目标】

一、知识目标

1. 了解讲述的概念、形式；了解复述、描述、评述、讲故事的概念；知道复述、描述、评述的分类；掌握复述、描述、评述、讲故事的要求、技巧。
2. 了解演讲的概念、种类；知道演讲的要求；掌握演讲的技巧、步骤。
3. 了解拜访接待应该注意的问题；了解劝说沟通常见形式；了解求职应聘口语的特点；知道拜访接待的基本礼仪；知道求职应聘面试应该注意的问题；掌握拜访接待的常用语；掌握劝说沟通的基本方法；掌握求职应聘口语的技巧。
4. 了解态势语概念、作用；知道态势语运用的原则；掌握表情语、手势语、身体语的运用。

二、素质目标

1. 引导学生养成日常交际中清晰、准确、流畅、自然、严谨、得体的良好说话习惯。
2. 培养学生对祖国语言的尊重热爱之情，增强学生语言规范的意识，引导学生感受祖国语言的魅力。
3. 培养学生必备的人文素质及良好的道德、思维品质和心理素质。
4. 引导学生树立自主学习、终身学习的观念。
5. 培养学生的团队协作精神。
6. 培养学生的教师职业意识。

【知识结构导图】

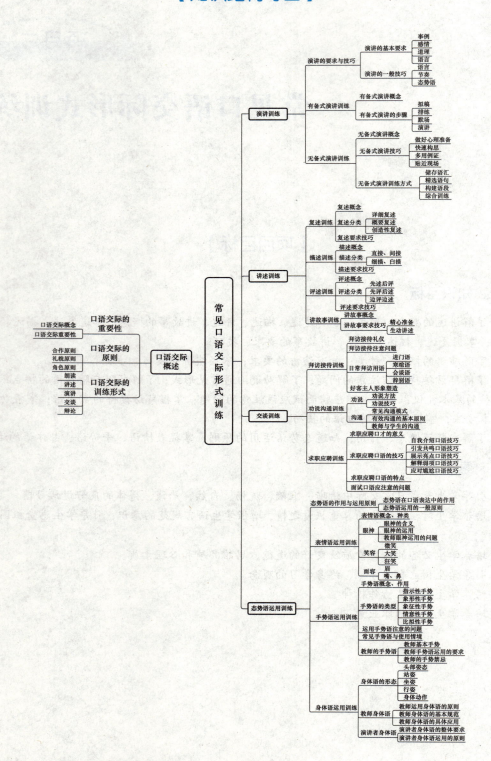

口语交际概述

一、口语交际的重要性

口语交际指的是在社会人际交往中，听话人与说话人在特定的语境中，为了特定的目的，运用有声语言及相伴随的语言符号，传递信息、交流思想感情的基本言语活动。

在人类历史中，口语是语言的初始形态，也是最重要的语言表现形态。发展到今天，口语交际已经成为应用最为广泛、最为便捷的语言交际形式，运用口语进行交际成为人类社会生活的一个必要组成部分。

从古至今，口语交际活动在人类社会生活中展现着各种神奇的功能，发挥着举足轻重的作用。历史上的"烛之武退秦师""晏子不辱使命""张仪连横助秦""孔明舌战群儒"……无一不在证明口语交际的重要性。在现代社会生活中，口语交际依然是人类最直接、最活跃、最频繁的语言交际形式。随着时代与社会的发展，人与人之间的交往空前频繁，口语交际在人们生活中的比重呈几何级数增长，占据了更为突出的地位，在传播信息、沟通联络、交流思想、调节行为、开展工作等过程中具有不可替代的作用，成为维系人际感情的纽带、稳定社会环境的保障、提高经济效益的途径。

口语交际在社会发展及个人发展中都有极为重要的作用。对于个人来说，具备较强的口语交际能力有利于促进人的思维发展，为个人终身的学习、生活和工作奠定基础。《语文课程标准》总目标明确地指出："口语交际能力是现代公民的必备能力。学生要具有日常口语交际的基本能力，在各种交际活动中，学会倾听、表达与交流，初步学会文明地进行人际沟通和社会交往，发展合作精神。"由此可见，一般口语交际能力是一个人适应社会发展的最基本的能力，它已经成了现代社会衡量人才的标准之一。当代大学生作为未来社会建设的主力军，需要具备全面发展的优良素质和技能，而良好的口语交际能力，则是其中的基础技能之一，所以，我们要充分认识提高口语交际能力的重要性。

二、口语交际的原则

人们在进行口语交际过程中，必须共同遵守一些既定的原则，这样才能保证交际双方能够顺利进行信息的传递、思想的沟通与交流。

（一）合作原则

口语交际是一种双向活动，它要在交际双方之间展开。为了使交际得以展开，说话人和听话人首先必须遵守的是合作原则，合作的姿态是口语交际能够成功的前提条件。

在口语交际过程中是否真正遵循了合作原则，有以下4条准则可以作为检验：

1. 量的准则

量的准则要求交际双方要为对方提供适量的信息。这个量应该满足交际所需，又不超出交际所需。也就是说，量的准则规定，我们向对方传递的信息不宜过多，也不能过少，我们只需提供对方想得到的信息。例如：

问：昨天一天你去哪儿了？
答：上午去学校上课。

这里只回答了"上午"做什么了，没有回答其他时间都做什么了。所以，信息不完全。这样的回答就不符合量的准则要求。

2. 质的准则

质的准则要求交际双方要为对方提供真实的信息。真实的信息包含两层含义，一是所提供信息不是虚假的，二是提供的信息要有足够的证据。也就是说，在交际过程中双方要尽量说真话。

从前有10个人，相约每人带一壶酒来聚餐。其中一个人想：我带一壶水去，和他们的酒放在一起，谁也不会知道是谁带的。殊不知，别人也和他想的一样，都带了水来当白酒。结果到喝酒时，每个人倒了一杯，发现一点儿酒味也没有，都以为是自己那壶水，也不好说酒淡，反而啧啧称赞："好酒！""好香啊！"

这个笑话中，每个人喝的都是水，却称赞"好酒"，因此每个人发出的信息都是虚假的。

3. 关系准则

关系准则要求交际双方所提供的信息要与话题相关。关系准则规定，要保证你说的每一句都和目前所进行的谈话是关联的，也就是说，你所说的话和目前你们正在讨论的话题有紧密的联系，发话人不能说对方不感兴趣的话题，受话人不能频繁转移对方的话题，或者避而不答、答非所问，更不能离题万里。例如：

甲："你贵姓啊？"

乙："我坐汽车来的。"

这里乙的回答跟甲的问题毫无关联，答非所问，这就违反了关系准则。

4. 方式准则

方式准则要求交际双方提供信息的表达方式要清楚、明白。方式准则规定，说话时要简练、井井有条，避免晦涩、歧义。例如：

相面的人常用"父在母先亡"这样有歧义的话让自己左右逢源。这句话可以有多种解释，听话的人无法正确理解说话人要表达的真正含义。这样的会话方式都不符合显豁、明确的准则。

在这4个准则中，前3个准则规定了说话的内容，第四个准则规定了说话方式。在这4个准则中，关系准则是最基本的也是最重要的，就是要求每一个说话人的话语都应该是切题的，同时也是和对方所说的话相关联的，只有这样语言交际才能进行下去。

在口语交际过程中，双方应该互相配合，真诚地遵守合作原则，才能使交际顺利进行，圆满实现交际目的。但在实际交际过程中，人们有时会故意违反合作原则，以达到欺骗对方或引起对方深思的目的。

（二）礼貌原则

合作原则是口语交际中的根本原则，在此基础上，在实际交际过程中人们还要遵守另外一条原则——礼貌原则，也就是说交际双方在交际过程中要遵守普遍的社会礼貌规范。这条原则是对合作原则的补充和完善，它使口语交际实际中违反合作原则的现象得到合理的解释，在很多情况下，它使合作最终得以实现。

在口语交际过程中，礼貌原则体现为以下六个方面：

1. 得体准则

得体准则要求交际双方尽量减少有损于对方的观点，尽量增加有益于对方的观点；同时，尽量减少对自己的赞誉，尽量增加对自己的贬损。得体准则的基本策略是以对方为"利益中心"，也就是要尽量少让对方吃亏，多使对方获益。得体准则是要给予对方慷慨的赞誉，自己要尽量谦虚。例如：

甲：这场比赛我们能够取胜，多亏了你的超水平发挥。

乙：应该说是大家的功劳。如果没有大家的积极配合，我就是有再高的水平，也无从发挥。

这段对话中，甲对乙在比赛中所起的重要作用给予了充分肯定，而乙则尽量减少对自己的赞誉，表现出谦逊的态度，双方的言语行为都符合得体的准则。

2. 一致准则

一致准则要求交际双方尽量减少与对方在观点上的不一致，尽量增加与对方在观点上的共同点。例如：

"这颜色还可以吧？"大老张轻轻用手摸着油漆过一遍的家具，自我欣赏地上下扫看着。

"可以，可以！"潘苟世连连点头，他到外屋掂了一下暖壶，空的，便不满地看了一下老婆，玉珍立刻拎上暖壶出去了。

这段对话中潘苟世出于礼貌，在家具颜色的问题上尽量与大老张的观点保持一致，对大老张的问题给予了肯定的回答，虽然看起来是一种表面上的应付，但他遵循了口语交际中的一致准则。

3. 同情准则

同情准则要求交际双方尽量减少对对方的反感，增加对对方的同情。例如：

甲：我这两天感冒了。

乙：我知道，肯定是那天游泳游的。

丙：怎么自己都不知道注意。

丁：很难受吧，这两天一定要多注意休息呀。

在这3个回答中，甲没有从乙和丙那里得到期待的同情，甚至得到了责备，而从丁那里得到了同情和安慰，这里只有丁的话显得更为得体和礼貌。

（三）角色原则

话语角色是指交际主体在特定场合说话时所择取的社会身份。在社会生活中，每个人都不以单一的角色呈现于世，在不同的语境中常常都会承担不同的社会角色。同一个人在同一时期可能为长为幼、为父（母）为子（女）、为媳（婿）为婆（翁）、为主为客、为徒为师、为领导者为被领导者……因此，在言语交际中要有角色转换、选择、调整意识，否则会出现话语角色不明。适切的话语角色是话语建构得体的必要条件，交际主体只有正确进行角色定位，才能做到彬彬有礼、合意得体，取得交际的圆满成功。交际主体以自身社会角色为基础，以对方为参照系，经选择而确定自我话语角色，交际双方的话语角色关系也随之明确。话语角色要做到随语境而转换，必须注意遵守现实角色的规范而不受自己潜在角色的干扰。在特定会话场景中，交际双方对自我角色及双方关系的决定应由交际目的来决定，即言随意遣、随旨定位，否则将事与愿违。

三、口语交际的训练形式

常见的口语交际的形式包括朗读、复述、描述、解说、评述、演讲、交谈、辩论、即兴讲话等。一般口语交际能力训练可以从读与说两个方面进行基础训练，辅以态势语训练、心理素质训练和思维训练。朗读技能的训练是一般口语交际训练的重点，它是学生获得思维能力、组词造句能力、运用口头语言表达能力的必由之路。说的技能训练包括凭借文字材料与不凭借文字材料两种口语表达形式的训练。一般口语交际训练的最高目标就是能够摆脱文字材料，自由、准确、生动、得体地进行即兴说话。因此，说的技能训练以凭借文字材料的复述、描述、演讲等训练为基础，逐渐走向不凭借文字材料的交谈、辩论、即兴讲话的训练。

子项目1 讲述训练

讲述的意思是叙述或讲解，就是把已知的事情和道理讲出来，是口语表达的一种形式，包括复述、描述、评述等具体形式。对于师范生来说，口语表达能力的提高需要循序渐进地进行训练，讲述训练是基础、必要的训练之一。而作为幼儿教师，不仅要掌握讲述的基本技能，还要把讲故事这项基本职业技能练好。

任务1 复述训练

任务目标

一、知识目标
1. 了解复述概念。
2. 知道复述分类。
3. 掌握复述要求、技巧。

二、技能目标
1. 能遵照原始材料进行详细复述。
2. 能概括原始材料进行概要复述。
3. 能加工原始材料进行创造性复述。

任务布置

1. 阅读下文，请在理解主旨的基础上，抓住文中主要事件进行详细复述。

邓亚萍的励志故事

邓亚萍是乒乓球历史上最伟大的女子选手之一，她5岁起就随父亲学打球，1988年进入国家队，先后获得14次世界冠军头衔；在乒坛世界排名连续8年保持第一，是排名世界第一时间最长的女运动员，成为唯一蝉联奥运会乒乓球金牌的运动员，并获得4枚奥运会金牌，其中包括单打和与乔红组合的双打。

童年的邓亚萍，因为受当时体育教练父亲的影响，立志做一名优秀的运动员。但是她个子矮，手脚粗短，根本不符合体校的要求，体校的大门没能向她敞开。于是，年幼的邓亚萍跟父亲学起了乒乓球，父亲规定她每天在练完体能后，还必须做100个发球接球的动作。邓亚萍虽然只有七八岁，但为了能使自己的球技更加熟练，基本功更加扎实，便在自己的腿上绑上了沙袋，而且把木牌换成了铁牌。

对一个孩子来说，这是多么难能可贵！这不但要使身体备受煎熬，心理方面也要承受巨大的压力。小小的她，每闪、展、腾、挪一步，都可以用举步维艰来形容！

腿肿了！手掌磨破了！——这是家常便饭！但她从不叫苦，不喊累！负责训练的父亲，有时心疼得掉眼泪！付出总有回报，由于邓亚萍的执着，10岁的她便在全国少年乒乓球比赛中获得团体和单打两项冠军。

进入国家队后，邓亚萍都是超额完成自己的训练任务，队里规定上午练到11时，她就给自己延长到 11 时 45 分,下午训练到 6 时,她就练到 6 时 45 分或 7 时 45 分,封闭训练规定练到晚上 9 时,她练到 11 点多。邓亚萍为了训练经常误了吃饭时间,她就自己泡面吃。

在队里练习全台单面攻时,邓亚萍依旧往腿上绑沙袋,而且面对两位男陪练的左突右奔,一打就是两小时!在进行多球训练时,教练将球连珠炮般打来,邓亚萍每次都是瞪大眼睛,一丝不苟地接球,一接就是 1 000 多个。

每一节训练课下来,汗水都湿透了邓亚萍的衣服、鞋袜,有时甚至连地板也会浸湿一片,不得不换衣服、鞋袜,甚至换球台再练。长时间从事大运动量、高强度的训练,从颈到脚,邓亚萍身体很多部位都是伤病。为对付腰肌劳损,她不得不系上宽宽的护腰,膝关节脂肪垫水肿、踝关节几乎长满了骨刺,平时只好忍着,实在痛得厉害就打一针封闭,脚底磨出了血泡,就挑破它再裹上一层纱布接着练。就算是伤口感染,挤出脓血也要接着练。

邓亚萍的出色成就,改变了世界乒坛只在高个子中选拔运动员的传统观念。国际奥委会主席萨马兰奇也为邓亚萍的球风和球艺所倾倒,亲自为她颁奖,并邀请她到洛桑国际奥委会总部做客。

2. 听小组一名组员朗读下列文字材料,其他组员做 1 分钟的概要复述。

程母教子

我国古代很重视幼儿的早期教育。大凡知名的人物,从小几乎都受得了良好的家庭教育。这方面的许多故事于今不无积极的借鉴意义。

900 多年前,北宋仁宗明道元年和次年,公元 1032 年和 1033 年,在我国河南省洛阳先后诞生了兄弟二人,这就是被后人称为"洛学"的程氏二兄弟——兄程颢,弟程颐,他们都是我国历史上著名的学者。学术上,是宋代"理学"的一派代表人物,在教育活动方面也有显著成就。他们有很高的个人修养,和蔼可亲,尊师敬长,堪称一代楷模。

程氏兄弟从小就受到了良好的家庭教育。他们的母亲是一个贤淑善良的女人,喜好读书,知情达理,博学多识,通晓古今。她不但自己温敦厚道,而且能息夫怒、严教子、宽仆人,和谐地操持着家庭生活。二程的父亲一生为官,有时因官事而烦躁动怒,程母总是想法宽慰劝解,使他在孩子们面前不失去家长应有的尊严。孩子有了过失,程母绝不袒护遮掩。她认为,有的孩子之所以不好,大多数是因为父母的溺爱。程氏兄弟很小的时候,有一次,他们互相追逐奔跑,不小心都跌到了,于是,小哥俩就躺在地上拼命地哭喊。这时,仆人赶紧跑过来要去搀扶他们。程母却拦住仆人,而让兄弟俩自己从地上爬起来,一面叫他们止住哭声,一面呵责他们说:"你们如果安稳一些,不这样莽撞,难道能跌倒吗?"这件事给兄弟二人印象极深,多年之后,程颐只要看到谁能够安静地用功,就认为这个人善于读书,是一定能够有成就的。

又有一次,吃饭时,桌子中央摆了一盆蛋羹,程颐和程颢就吵着要吃,说这是最好吃的。程颐还伸出小手,想把盆拉到自己跟前来。程母用筷子轻轻地打了他一下,然后严肃地说:"这是绝对不行的!你们刚刚几岁,小小年纪就挑称心的吃,什么都要舒舒服服,那长大以后,会成什么样子呢?要学会吃苦,才能耐劳,将来才会有出息。"从此以后,程氏兄弟很注意自己的言行,一心攻读,对于饮食无所择求,衣着也很随便。他们一生一直不富裕,但始终安贫乐道,这和程母的教诲有着密切关系。

3. 阅读《小猪和靴子》故事片段,尝试对故事的结尾进行创造性的复述。

清晨,小猪去树林里玩。忽然,他发现树边有一个红红的东西,口小底大,摸上去很滑:"咦,这是什么?好像是个皮袋子,是谁丢的呢?"

小猪手里拿着这东西,嘴里叫着:"谁丢了袋子,谁丢了袋子?"

树上的八哥听见了，叽叽喳喳地说："小猪，这不是袋子，是一顶漂亮的红帽子呀！"

"噢，不是袋子是帽子。"小猪连忙戴在头上，一边走一边叫，"谁丢了帽子，谁丢了帽子？"

狐狸看见了，嘻嘻地笑起来："小猪，这不是帽子，是一只好看的瓶子呀！""嗯，这瓶子真不错。"

小猪采了许多美丽的野花放进瓶子里。"谁丢了瓶子？"小猪捧着瓶子走一步，叫一声。

这时候，来了一只小花狗。他知道了这事，对小猪说："没人丢，没人领，就送给生病的小熊吧！"……

任务实施

一、分组练习
1. 组内练习复述。
2. 找出并纠正复述中存在的问题。

二、分组展示
1. 小组代表展示复述。
2. 学生评价，指出存在的问题。
3. 教师评价，指出存在的问题。

知识储备

导入：请同学们自选一段 3~5 分钟的音频，把你听到的内容列出一个提纲。

一、复述的概念

复述就是把听过的或读过的现成材料，通过回忆，在理解的基础上重新整理，再次用口语讲述语言材料的一种独白式的口语表达形式。其特点是转述语言材料，重在保持原状。复述不仅要理解、记忆材料的内容，还要把握材料的逻辑结构，因此，复述并不是记忆力训练，而是一种综合思维训练，有益于提高理解力、记忆力、逻辑思维能力和口语表述能力。

二、复述的分类

复述一般分为详细复述、概要复述和创造性复述 3 种类型。

（一）详细复述

详细复述是在理解原材料的基础上，完整连贯、详尽细致地重述原材料的复述形式。

详细复述必须用自己的话严格遵照原始材料的内容结构，完整、清晰、准确地述说材料。详细复述要注意：第一，按照原材料的叙述顺序，逐段复述内容；第二，重复的信息，特别是关键语句的主要内容，基本保持不变；第三，按照原材料原有的逻辑结构，有层次地复述。复述内容尽可能保持原貌，并非全文照搬，背诵下来。为使复述清晰、易懂、易记，可将书面语言转换成口头语言，把复杂的长句改成简单的短句，或将难懂的书面语词改成通俗易懂的口语词，一般性的语句可以适当地增删调整。

（二）概要复述

概要复述是在总体把握理解原材料的基础上，对其内容加以分析、综合、概括和浓缩，用简洁的语言，准确概括原材料重要内容的一种复述形式。

概要复述类似于作文中的"缩写"，它不是简单的缩短，而是对原材料的再创作，必须保留原材料的中心要点，可略去那些解释、举例、描写、过渡和背景材料，前后衔接结构完整。其要领是：把握整体，理清线索，保枝去叶，反映原貌。具体说，就是要抓住材料的中心，对主要内容进行归纳，用简明连贯的语言口头陈述。

【示例】

概要复述欧·亨利的小说《麦琪的礼物》（原文略）

圣诞节的前一天，贫穷的德拉想给丈夫吉姆一个惊喜，于是她把秀发剪下来，用卖头发的钱买了一条白金表链，这样可以配上吉姆的金表。而吉姆也想给妻子一个惊喜，他同样卖掉了金表，买了妻子渴望已久的全套漂亮的梳子作为圣诞礼物，一对小夫妻在圣诞节来临的时候，因为没有钱为对方买圣诞礼物，不得不各自卖掉自己最宝贵的东西，都为双方精心准备了不寻常的礼物。但当他们互赠礼物时，才发现自己准备的礼物已不是对方需要的，也使彼此愿望落空。但是，他们却得到了比梳子和表链更珍贵的礼物——那就是爱。

（三）创造性复述

创造性复述也称为扩展性复述，是在把握原始材料基本内容的前提下，加上自己的见解和想象，对其内容和形式做某些创造性的改变和扩充，然后把内容讲述出来的表达形式。

创造性复述记叙性材料，可以通过联想和想象，补充细节，使得内容更充实、完整、生动；创造性复述说明性材料，可以增加具体说明、扩充说明方法；创造性复述议论性材料，可以增加论证层次、补充论据、增加论证方法等。

创造性复述时可以采用变式复述的形式，就是在充分理解课文的基础上，通过联想和想象，或转换叙述的角度，或进一步充实内容，发展情节，具体生动地刻画人物的形象，使内容更生动、更完整的一种表达形式。变式复述有改变体裁、变换叙述角度、改变叙述顺序三种形式。

创造性复述要注意：第一，以原材料为基础，合理想象，扩展情节内容，不要背离原意和基本框架；第二，根据原材料的中心思想确定扩展创作的重点，就某一方面进行扩展，不要面面俱到；第三，可以根据表达的需要运用描述、论证、比喻、对比、夸张等多种手法。

【示例】

以第三人称把《泊船瓜洲》（原诗略）改写成小故事

宋代诗人王安石应召从江宁（今南京）出发赴京担任翰林学士。

这天下午，王安石乘船顺江而下。他站在船头，望着滔滔的江水，欣赏两岸的景色，只见初春的江南一派生气勃勃：草长莺飞，鸟语花香，柳树长出了绿芽，小草从土里探出头来，花儿绽开了笑脸，蜜蜂、蝴蝶在花丛中翩翩起舞，竹笋也出来凑热闹……眼前美丽的春色，勾起了他对家乡的无限思念，不禁暗暗感叹："阳春三月的江南，是多么美丽啊！我却在此时匆匆离开家乡……"对家乡的眷念让王安石产生了想返回家乡的念头。但是，这个念头很快被打断了，因为这次上任是皇上的旨意，不得违抗。王安石没有心思再欣赏这春意盎然的美景，愁容满面地走进了船舱，浓浓的思乡情让他不禁泪流满面。

到了傍晚，船在瓜洲靠岸，王安石想到离京口不远的钟山所在之地江宁，想到自己的家园，他再也睡不着了。他走出船舱，只见月亮悄悄地出现在夜空中，皎洁的月光引起了诗人的联想：春天去了可以再来，而我这一去，不知道什么时候才能回来？于是他一边吟诵一边挥笔写下这样一首诗：

京口瓜洲一水间，钟山只隔数重山。春风又到江南岸，明月何时照我还。

王安石觉得"春风又到江南岸"的"到"字用得不好，就改为"过"，接着又改为"入""满"等字。经过反复推敲，他从"春风何时至，又绿湖上山"这诗句中受到启发，觉得用"绿"字形象生动，感觉春风迎面吹来，便改为"春风又绿江南岸"。

一首著名的思乡诗就这样诞生了！

三、复述的基本要求

复述是对现成的语言材料的重述，虽然具有模仿性，但并不是简单的重复。针对不同的文体和不同的复述要求，可以采取不同的复述形式。不论哪种形式的复述，都要注意把握以下几点：

（一）忠实原文，抓住主题

复述成功的前提是要仔细阅读或仔细聆听原始材料。关键是能抓住主题，能够正确理解和把握基本内容，不能改变原意或者忽略重点。

（二）层次分明，条理清晰

复述时要能够完整记忆内在的线索和主要事件，复述时一定要交代清楚时间，地点，人物，事情的起因、经过、结果等，线索清晰，层次分明。复述要有条理性，详略得当，体现各部分内容的逻辑关系。

（三）语言简洁流畅，有表现力

复述是把书面语言转换成为口头语言，复述训练的目的在于培养一种系统的、连贯的说话能力和思维品质，因此，复述要做到声音响亮，吐字清楚，语句通顺，前后连贯，有一定的表现力和感染力。

四、复述训练方法

复述能力的培养要遵循循序渐进的原则：第一阶段，以概要复述为主；第二阶段，以详细复述为主；第三阶段，增加创造性复述的训练。除了在复述形式方面逐步增加难度，在每种形式的复述准确度和流畅度上也要逐渐提高要求。复述训练的基本过程如下：

（一）理解材料

理解材料是复述的重要条件，理解不仅包括对内容中每个句子、每个词的正确理解和运用，而且包括对整体结构的正确分析。

（二）记忆要点

记忆是复述的基础。要想复述得好，在阅读时，必须要求快速记住材料里的一些重要词语、结构层次和具体内容，边读边记，养成口、脑并用的良好习惯。反复读的过程就是记忆的过程，记忆就是复述的准备，复述反过来又能进一步加深记忆。

（三）整合材料

复述不是照搬原文，必须按一定的要求，对材料进行综合概括，适当取舍，可以提纲挈领浓缩要点；可以回忆要点，再现细节；也可以展开想象，丰富情节。

（四）编制提纲

编制复述提纲是进一步理解分析、整理概括材料及寻找各段相互关系的过程。提纲的编制应视材料的特点而定，可以是表格、结构、各段意的概括，也可以是关键词。

（五）反复练讲

对材料做了上述的分析、加工以后，就可以开始练讲。通过反复练讲达到对内容的熟悉，最后使自己的感情与材料中的感情想融合，做到表达生动形象。因为口语带有很大的偶然性，可以反复讲述，以求达到较好的效果。但切忌写成文字稿，慢慢从提纲过渡到腹稿，要提高到即兴表达能力。

任务 2　描 述 训 练

任务目标

一、知识目标
1. 了解描述的概念。
2. 知道描述的分类。
3. 掌握描述要求、技巧。
二、技能目标
1. 能对场景事物做细致描述。
2. 能对场景事物做简要描述。

任务布置

1. 请同学们观看 70 周年国庆阅兵式片段，并用自己的话简要描述当时的场面。
2. 请同学们仔细观察这两幅油画，并详细描述画中的人物和场景。

任务实施

一、分组练习
1. 组内练习描述。
2. 找出并纠正描述中存在的问题。

二、分组展示
1. 小组代表展示描述。
2. 学生评价，指出存在的问题。
3. 教师评价，指出存在的问题。

知识储备

导入：同学们，仔细观察你们的教室，用自己的话向别人介绍一下你们的教室。

一、描述的定义

描述是指通过观察，将人、事、物、景等具体事物的形态特征，用形象生动的语言描绘给人听的一种口语表达方式。在描述过程中常常要通过丰富的想象，运用传神的描绘，塑造栩栩如生的听觉形象，以增强口语的生动性、直观性和审美性。

【示例】

教师讲述"望梅止渴"成语的由来

"望梅止渴"是怎么回事呢？传说有一次曹操带兵打仗，找不到水喝，太阳像一盆火，晒得士兵的喉咙眼儿都冒烟了，他们肩膀上的刀枪越来越沉，两条腿像灌了铅，步子也迈不动了。这时，曹操眉头一皱，计上心来。他清清嗓子，大声说道："大家听着，这一带地形我很熟，前面不远有一片梅树林，年年这时候，梅子挂满了枝头，又甜又酸，好吃得很，大家快走，我们采梅子好解渴！"士兵们信以为真，顿时嘴里酸溜溜的，流出了口水，浑身也来劲了，一下子走了好长一段路，终于找到了水源。这就是"望梅止渴"成语的由来。

二、描述的分类

从描述角度的不同来划分，可以分为直接描述和间接描述；从描述详略的不同来划分，可以分为细描与白描。

直接描述又叫正面描述，是对描述对象进行直接的描述。这种描述，是说话人观察、感受到的是什么，就直截了当地说出来。间接描述又叫侧面描述，它通过与有联系的其他人、其他事、其他物、其他景的描述，或者是别人的评价，来达到表现自己的描述对象的目的。这种方法习惯上叫烘托。

细描是工笔式，多角度地做细致描绘。对这种描述，说话者往往倾其全力，调动各种技巧和手段，如对比、类比、比拟、夸张、借代等淋漓尽致地表现描述对象的状况，给接受者一个极其鲜明生动的印象。白描是写意式描述，多用对话，寥寥几句就把事物活生生地勾勒出来。虽然它也要把握描述对象的特点，但对这些特点，不讲求精细、周密，较少调动技巧、手段，不修饰或少修饰，只是简单地、质朴地予以勾勒，给接受者一个大体的轮廓。朱自清对春天景色的描写与鲁迅对祥林嫂外貌的描写分别代表了细描与白描手法的运用。

【示例一】

朱自清的《春》中对春天景色的描述：

小草偷偷地从土地里钻出来，嫩嫩的，绿绿的。园子里，田野里，瞧去，一大片一大片满是的。坐着，躺着，打两个滚，踢几脚球，赛几趟跑，捉几回迷藏。风轻悄悄的，草软绵绵的。

桃树，杏树，梨树，你不让我，我不让你，都开满了花赶趟儿。红的像火，粉的像霞，白的像雪。花里带着甜味儿；闭了眼，树上仿佛已经满是桃儿，杏儿，梨儿。花下成千成百的蜜蜂嗡嗡地闹着，大小的蝴蝶飞来飞去。野花遍地是：杂样儿，有名字的，没名字的，散在草丛里，像眼睛，像星星，还眨呀眨的。

【示例二】

鲁迅小说《祝福》里对祥林嫂外貌的描写：

头上扎着白头绳，乌裙，月白背心，年纪大约二十六七，脸色青黄，但两颊却还是红的。

三、描述的基本要求

第一，描述时，内容应该真实准确，自然贴切，要符合生活的实际，全面真实地反映描述对象，不能以偏概全。

第二，描述时，语言要鲜明形象，多使用修辞手法，使表达生动形象，富有感染力。

第三，描述时，要突出描述对象的特点。为了帮助接受者更好地认识、理解描述对象，并产生强烈的感觉，就必须抓住对象最突出的特点来描述。泛泛而谈，人云亦云，难以获得很好的交际效果。

四、描述的技巧

口头描述是一个快速的"看—想—说"的过程，即为"观察—感受—表达"的过程。因而，描述对逻辑思维、语言等方面的要求更高。

要提高描述能力，首先要学会观察，没有观察的基础，描述则无法进行。具体来说，观察要注意以下两点：其一，要具体地观察。即要多方位、多角度地全面观察事物，把握事物或场景的细节。其二，观察要有个人感受。观察时不仅用眼睛看，用耳朵听，更要用心去感受，要对观察的事物充满热情，才能真正把握事物的特点。在仔细观察之后，要通过联想和想象重新组织观察内容，理清观察对象的基本特点，还要通过表象，发现事物的本质规律，并组织好语言，丰富和补充观察对象。

任务3 评述训练

任务目标

一、知识目标

1. 了解评述的概念。

2. 知道评述的分类。
3. 掌握评述的基本要求。
二、技能目标
1. 能对原始材料进行先述后评。
2. 能对原始材料进行边评边述。

任务布置

1. 请用先述后评的形式向其他人介绍下面这则寓言。

陶罐铁罐

国王的橱柜里有两个罐子，一个是陶的，一个是铁的。骄傲的铁罐看不起陶罐，常常奚落它。

"你敢碰我吗，陶罐子！"铁罐傲慢地问。

"不敢，铁罐兄弟。"陶罐谦虚地回答。

"我就知道你不敢，懦弱的东西！"铁罐说，带着更加轻蔑的神气。

"我确实不敢碰你，但并不是懦弱。"陶罐争辩说，"我们生来就是盛东西的，并不是来互相碰撞的。说到盛东西，我不见得就比你差。再说……"

"住嘴！"铁罐恼怒了，"你怎么敢和我相提并论！你等着吧，要不了几天，你就会破成碎片，我却永远在这里，什么也不怕。"

"何必这样说呢？"陶罐说，"我们还是和睦相处吧，有什么可吵的呢！"

"和你在一起，我感到羞耻，你算什么东西！"铁罐说，"走着瞧吧，总有一天，我要把你碰成碎片！"

陶罐不再理会铁罐。

时间在流逝，世界上发生了许多事情。王朝覆灭了，宫殿倒塌了。两个罐子遗落在荒凉的废墟上，上面覆盖了厚厚的尘土。

许多年过去了。有一天，人们来到这里，掘开厚厚的堆积物，发现了那个陶罐。

"哟，这里有一个罐子！"一个人惊讶地说。

"真的，一个陶罐！"其他的人都高兴得叫起来。

捧起陶罐，倒掉里面的泥土，擦洗干净，它还是那样光洁、朴素、美观。

"多美的陶罐！"一个人说，"小心点儿，千万别把它碰坏了，这是古代的东西，很有价值的。"

"谢谢你们！"陶罐兴奋地说，"我的兄弟铁罐就在我旁边，请你们把它掘出来吧，它一定闷得不行了。"

人们立即动手，翻来覆去，把土都掘遍了。但是，连铁罐的影子也没见到。

2. 阅读对比下面两则故事，根据个人见解用边述边评的形式对故事内容进行评述。

【故事一】

早年，尼泊尔的喜马拉雅山南麓很少有外国人涉足。后来，许多日本人到这里观光旅游，据说这是源于一位少年的诚信。

一天,几位日本摄影师请当地一位少年代买啤酒,这位少年为之跑了三个多小时。第二天,那个少年又自告奋勇地再来替他们买啤酒。这次摄影师们给了他很多钱,但直到第三天下午那个少年还没有回来。于是,摄影师们议论纷纷,都认为那个少年把钱骗走了,不会再回来了。

第三天夜里,那个少年却敲开了摄影师的门。原来,他在一个地方只买到了4瓶啤酒,于是,他又翻了一座山,蹚过一条河,才又买到另外6瓶,返回的时候摔坏了3瓶。少年哭着拿着碎玻璃片,向摄影师交回零钱,在场的人无不动容。这个故事使许多外国人深受感动,后来,到这儿的游客就越来越多。

【故事二】

古时候,济阳的一个商人过河的时候船沉了,他就在水里抓住一根大麻杆大声呼救。有个渔夫听到喊声就过来了,商人急忙对他大喊:"我是济阳最大的富翁,你如果能救我,我给你100两金子。"等到被救上岸后,商人却翻脸不认账了。他只给了渔夫10两金子。渔夫责怪他不守信,出尔反尔。商人说:"你一个打鱼的,一生都挣不了几个钱,突然得10两金子还不满足吗?"渔夫很不高兴地走了。

不料想后来那个商人又一次在原地翻了船,有人想去救他,那个曾被他骗过的渔夫看见了说:"他就是那个说话不算数的人!"于是商人就淹死了。商人两次翻船而遇同一个渔夫是偶然的,但商人不得好报却是在意料之中的。

任务实施

一、分组练习
1. 组内练习评述。
2. 找出并纠正评述中存在的问题。
二、分组展示
1. 小组代表展示评述。
2. 学生评价,指出存在的问题。
3. 教师评价,指出存在的问题。

知识储备

导入:请同学们仿照下例,从你看过的图书、电影、戏剧中选择一部,用口语的形式推介给大家。

【示例】

《爱的教育》简介

《爱的教育》是意大利著名儿童文学作家德·亚米契斯的代表作品。它用日记的形式记述了四年级小学生安利柯在一个学年中的学习和生活情况。作品主要写了发生在安利柯身边的各种小事，以及这些事给他带来的感受与影响，同时，还包括家人写在他日记本上的劝诫启发性的文章，以及老师在课堂上宣读的每月故事。

作品较全面地描写了9~13岁儿童的日常生活，详细展现了他们在一段时间内的成长过程，展现了他们如何学会为人处世，成为一个正直、勇敢、有活力、有责任心的人。整部作品用平实的文字记叙了最为平凡的生活，站在儿童的角度审视生活中的美丑善恶，表现了"爱"的主旨。这里的师生之爱、同学之爱、父母儿女之爱……看似微不足道，但却感人肺腑。作品问世以来，被翻译成几百种文字，广为流传，经久不衰，影响了世界各国一代又一代的读者。

一、评述的含义

评述，就是对一定的人物、事件或观点发表自己的见解的一种表达方式。在课堂教学时，教师恰当地评述可以提高学生的思维能力。在日常生活中，我们也常常看到很多评述类节目，例如《焦点访谈》《今日说法》等。

评述与复述、描述不同，复述、描述是把已经感知的原材料以不同的方式再现出来，而评述不仅要再现材料，其核心在于"评"，即表达个人的感受或者观点。评述是"评"和"述"的结合，"述"是"评"的基础，"评"是"述"的目的，"述"要做到取舍得当，"评"要做到有的放矢。因此，评述相对于复述、描述，是更高层次的一种综合性口语表达方式。

通过评述训练，可以提高评述者的复述、描述能力，还可以提高理解能力、辨析能力、鉴赏能力，以及思维的反应力、敏捷性和条理性。从口头表达训练角度来说，评述训练是一个较高阶段的训练。评述以听、看、读以后所产生的见解和感受为表达对象。

二、评述的形式

按照"评"和"述"的顺序，可以将评述分为先述后评、边述边评、先评后述3种形式。

（一）先述后评

先述后评是指先用复述或描述的方式表述材料内容，再对材料进行评论的评述方式。它又可以分为自述自评和他述我评两种方式。自述自评是评述者自己对评述对象进行复述或描述，然后自己再进行评论；他述我评是评述者听了别人的复述或描述后，根据自己的感受进行评论。

先述后评是最简单最基本的评述方式。要注意结构均衡，避免"述"得过多，"评"得过少，可以对材料进行全面评述，也可以对重点材料进行评述；但要注意"述"与"评"的统一，观点集中，有针对性。在评述事件、新闻或发言时，常常使用先述后评的方式。

【示例】

中央电视台新闻节目主持人白岩松对韩国女老板罚中国工人下跪一事发表评述。标题是《伤心一跪与民族气节》。白岩松在评述中先交代这个事件的过程，然后描述韩国女老板的骄横霸道，下跪雇工的愚昧懦弱，拒跪者的大义凛然，最后议论道：

"关于女老板罚中国工人下跪的事，在这里我不想再议论这个女人了，因为她连被议论的资格都没有。不过这件事让我想起47年前毛主席在天安门城楼上宣布：中国人民从此站起来了。然而，这些人面对的不是战场，更不是在刺刀、枪口的面前，而是面对一个口袋里装满金钱的外国女人。我不禁更对同胞们说：曾经的贫困，不是我们觉得比别人低一等的理由，金钱更不是我们膝盖发软的原因。我要说，在奔向富裕的道路上，站直喽，别趴下，更不要跪下！"

点评：这段评述坚持以小见大、由表及里、由此及彼的评述思路，句句都是肺腑之言。话语中既包含着民族自尊感，又具有无可辩驳的逻辑力量，是一篇很好的评述范例。

（二）边述边评

这是一边讲述事件，一边表达自己的看法，"述"与"评"水乳交融地交错进行。这种方式，一般适用于对较复杂的事件或现象的评述或者评述者要表达多个观点，也可以看作一篇口头表达的夹叙夹议的议论文。这要求评述者熟悉述的内容，并且有独到的见解、感受，使"述""评"紧密结合。其特点是概述对象，引出论题，"述""评"交融。

【示例】

在 2005 年春节联欢晚会中，人们熟记了一张美丽的面孔。作为《千手观音》的领舞，邰丽华和她的同伴让世界都为这个舞蹈而动容，更为残疾人的特有精神而赞叹。

……

正是这种执着和天赋，让邰丽华在众多的舞者中脱颖而出：1992 年被中国残疾人艺术团选中，成为艺术团首位独舞演员；她以特殊方式创造艺术，15 岁曾在意大利斯卡拉剧院与全世界最优秀的艺术家同台表演，被誉为"美的化身与人性的使者"；2000 年，她又登台美国纽约卡内基音乐厅，邰丽华表演舞蹈的巨幅海报，是卡内基音乐厅里唯一一张中国剧照。

邰丽华将美奉献给世界。她领舞的《千手观音》，在 2004 年雅典残奥会上震撼世界，在 2005 年春节联欢晚会上感动国人。她带领艺术团创造了人类特殊艺术经典《我的梦》，走遍祖国山山水水，出访五大洲 60 多个国家。她将爱传递给人间，带领艺术团开展大量公益慈善活动和义演，并用节省下来的演出收入注资设立"我的梦"和谐基金，两年来为四川地震灾区、左权革命老区、台湾风灾等捐款 534 万元，为国际慈善项目捐款 44 万美元。

生活在无声世界里的她，没有抱怨命运的不公，而是以快乐和感恩的心面对身体的不圆满，以顽强的意志追求人生的圆满，为世人奉献着美与爱。

——改编自新华网/新华时政

上述文字采用边述边评的方式，以感人的叙述和清晰的逻辑给人以启迪和振奋的力量。

（三）先评后述

即先阐明自己的见解和感受，然后再述说事实或理由，证明自己的观点是正确的，意在强调自己的观点。

先评后述有利于听众直接迅速地了解评述者的观点，引起听众的注意，产生先声夺人的效果，但也容易造成突兀、使听众缺乏聆听的心理准备的听知效果。所以，先评后述的方式运用要借助或依赖某种特定场合、背景或语境的支持，才能避免上述负面效果的产生。进行先评后述要有充分的思考准备，推敲观点，选好论据，安排好评述的条理。评述时要注意重点突出，论述符合逻辑条理，切忌"评""述"分离，简单堆砌。

三、评述的基本要求

（一）评与述要一致，要相互关联

"评"要公允中肯，不可有偏见，也不能主观片面；"述"要实事求是，准确无误，不可夸大其词，修饰无度。

（二）评述要观点鲜明，理由充分

评和述的关系就是观点与材料的关系，你赞成什么，反对什么，强调什么，突出什么，都要态度鲜明、观点明确，不可模棱两可、含糊其词、不知所云。有了观点，理由应当充分，不能泛泛而谈，言之无据。

（三）语言准确简练，表达严谨，有条理

评述讲究论证，论证要逻辑严密，条理分明，概念明确，推论合理。在语言运用方面，评述要用词精当准确、通俗流畅，开口评人说事，不要声色俱厉，否则往往事与愿违。评要做到要言不烦，述要做到简练概括。

任务4　讲故事训练

微课：讲故事的基本要求

任务目标

一、知识目标
1. 了解讲故事的概念。
2. 掌握讲故事的技巧。
二、技能目标
1. 能按要求对故事素材进行加工。
2. 能按要求讲述故事。

任务布置

1. 请对下面的故事进行修改加工并讲给同学们听。

寄　冰　块

狮子大王住在非洲，这里的夏天异常炎热，热得知了都悄无声息了。狮子大王感到酷热难耐，就把动物们召集起来，商量怎样才能消暑。

猴子说要造个地窖躲在里面，因为地窖里特别凉爽；大象对猴子的这个想法表示反对，认为这不可行，因为地窖里是难以装得下像大象这样的庞然大物的；狐狸自作聪明地提出，南极到处被冰雪覆盖，所以可以写信让企鹅寄块冰来为大家消暑。狮子大王极其赞同狐狸的方法，于是就叫狐狸马上写信，寄往南极。

企鹅收到了狮子大王的来信，迅速挑好了一大块方方正正的冰块，装进箱子，又立即寄往非洲。不料，冰块在离开南极到达非洲的过程中早就融化了。

过了很久，狮子大王终于收到了企鹅寄来的箱子，立刻兴致勃勃地把它打开，结果看到里面却装着一摊水。狮子大王极为恼怒，立即给企鹅写了回信，责怪他为什么不寄冰块却寄来一摊水，并表示希望企鹅能将真正的冰块寄来。狮子大王派人把箱子和信一起寄回南极。

企鹅收到被退回的箱子感到特别奇怪，对狮子大王在信中说的话也十分不解，因为他看到箱子里面装的明明是冰，根本没有水。原来，在被寄回南极的途中，箱子里的水又变成了一块方方正正的冰。

2. 请给下面故事中的角色设计恰当的动作、语气、语调、声音并讲述故事。

拔 萝 卜

老公公种了个萝卜,他对萝卜说:"长吧,长吧,萝卜啊,长得甜啊!长吧,长吧,萝卜啊,长得大啊!"萝卜越长越大,大得不得了。

老公公就去拔萝卜。他拉住萝卜的叶子,"嗨哟,嗨哟"拔呀拔,拔不动。老公公喊"老婆婆,老婆婆,快来帮忙拔萝卜!""哎!来了,来了。"老婆婆拉着老公公,老公公拉着萝卜叶子,一起拔萝卜。"嗨哟,嗨哟"拔呀拔,还是拔不动。老婆婆喊:"小姑娘,小姑娘,快来帮忙拔萝卜!""哎!来了,来了。"小姑娘拉着老婆婆,老婆婆拉着老公公,老公公拉着萝卜叶子,一起拔萝卜。"嗨哟,嗨哟"拔呀拔,还是拔不动。小姑娘喊"小狗儿,小狗儿,快来帮忙拔萝卜!""汪汪汪!来了,来了。"小狗儿拉着小姑娘,小姑娘拉着老婆婆,老婆婆拉着老公公,老公公拉着萝卜叶子。"嗨哟,嗨哟"拔呀拔,还是拔不动。小狗儿喊:"小花猫,小花猫,快来帮忙拔萝卜!""喵喵喵!来了,来了。"

小花猫拉着小狗儿,小狗儿拉着小姑娘,小姑娘拉着老婆婆,老婆婆拉着老公公,老公公拉着萝卜叶子,一起拔萝卜。"嗨哟,嗨哟"拔呀拔,还是拔不动,小花猫喊:"小耗子,小耗子,快来帮忙拔萝卜!""吱吱吱!来了,来了。"小耗子拉着小花猫,小花猫拉着小狗儿,小狗儿拉着小姑娘,小姑娘拉着老婆婆,老婆婆拉着老公公,老公公拉着萝卜叶子,一起拔萝卜。"嗨哟,嗨哟"拔呀拔,大萝卜有点动了,再用力地拔呀拔,大萝卜拔出来啦!他们高高兴兴地把大萝卜抬回家去了。

任务实施

一、分组练习
1. 组内练习修改故事。
2. 组内练习讲故事。
3. 找出并纠正讲故事中存在的问题。
二、分组展示
1. 小组代表展示讲故事。
2. 学生评价,指出存在的问题。
3. 教师评价,指出存在的问题。

知识储备

导入:说到故事,大家再熟悉不过了,那些耳熟能详的童话、寓言、神话、传说……为我们带来多样的精神享受,《小红帽》《丑小鸭》《小马过河》……童年记忆中的那些生动有趣的故事真是让人终生难忘。听故事是孩子们不可或缺的一项精神享受,对于小朋友来说,听老师讲故事,是他们永远的期待,而对于一名教师特别是幼儿教师来说,讲好故事则是一项十分重要的教学基本技能。

一、讲故事的含义及作用

讲故事就是把看到的或听到的事件完整地讲述给别人听的一种口语言表达形式。在口语交际活动中,讲故事是最富于艺术色彩的,尤其是在幼儿园,讲故事是一种深受孩子欢迎的教育活动形式。著名儿童教育家孙敬修先生说:"一个生动故事的教育作用,要比单纯地要求、命令、说教效果好很多。"它能够寓教于乐,向儿童传授知识,丰富儿童的情感体验,陶冶情操,带给儿童无限的身心愉悦,使幼儿潜移默化地得到教育和启发,对于幼儿语言、思维、情感、想象力和理解能力的发展,都有重要的促进作用。

二、讲故事的基本要求

(一)精心地准备

1. 选取恰当的故事素材

故事的选材直接影响到讲故事的效果。因此,在选择故事时要注意以下几点:

第一,在选择故事材料时,要选择内容生动丰富、充满趣味的作品。一般来说,情节曲折、结构完整、形象鲜明的故事,更能吸引听众。特别是在幼儿教育中,更应选择情节围绕中心展开、符合生活逻辑、人物形象突出的故事。

第二,选材一定要选择那些深浅适度、符合大多数听众欣赏水平的故事,要考虑到不同听众的心理特点。给幼儿讲故事,应该选择短小精悍、生动有趣的童话、神话或寓言故事。故事的内容要注重知识性、教育性和趣味性,还要符合幼儿的实际认知水平。

2. 认真整理加工素材

选好故事的基本材料后,还要根据讲述时间和听众特点,对故事的情节进行删减、调整,使故事紧凑、生动,既有形神兼备的细节描述,又有反映人物性格的对话,并且要突出故事的高潮。在这个过程中要注意以下几点:

第一,处理好开头和结尾。故事的开头一定要有吸引力,要能够引起幼儿倾听的欲望,故事的结尾要能够让幼儿有所思索,富有意味。开头语和结束语都可以根据故事的特点和讲故事的目的进行设计。

第二,注意把书面语转换成口语。现有的幼儿故事一般都能体现故事口语化的特点,但这些幼儿故事基本上是供阅读使用的,并不是专门提供给讲故事者的讲稿。在实际讲述时,我们会发现仍有一些故事存在这样那样的问题,并不适合讲述,这样就大大影响了讲故事的效果。

【示例】

当一群青蛙在树林里穿行的时候(一群青蛙蹦蹦跳跳地要穿过一片树林),其中(有)两只掉进了一个很深的坑里。所有的青蛙都聚集(围)在坑边,当它们看见这个坑有多深时(青蛙们一看这是个很大很深的坑),它们就告诉这两只青蛙不要白费力气了(就对那两只青蛙说:"哎呀,这个坑又大又深,你们蹦不上来了,别蹦了!")。

这个故事中出现的"穿行""其中""当……时""聚集""白费力气"等词语,在阅读是问题不大,但在讲述时还是显得不够口语化,不适合儿童听赏。这时就需要讲故事者根据内容改为更为活泼生动的适合儿童听赏的口语。

第三,注意把长句改为短句。听话时,语音信号是按线性次序一个接一个进入耳朵的。如果句子长了,或者结构复杂了,那么当句子末尾进入脑海中时,句子的开头或许已经印象不深了。在听话人的脑子里,句子就不完整了。所以讲故事时,能够拆分为单句的,不要合成复句,就连长修饰语也要尽可能地避免。

项目二 常见口语交际形式训练

【示例一】

到后来,联合国禁烟委员会向地球上最后一个吸烟者宣布他们的最后一个决定:"您不能留在这颗'无烟星球'上,如果您还继续抽烟。"他们对爸爸说:"去当个宇航员怎么样?我们可以给你一艘飞船。"

这段话很长,直接讲下来儿童就会听不懂,必须改为适合儿童理解的短句:

后来呀,联合国禁烟委员会要把地球变成一个没有香烟的地方,我爸爸成了地球上最后一个抽香烟的人,联合国禁烟委员会就对我爸爸说:如果我爸爸还要一直抽烟,就不能留在地球上了,他们可以给我爸爸一艘飞船,让他去当宇航员。

【示例二】

某幼儿教师给小朋友讲故事:"有一匹小马和他的妈妈住在绿草茵茵的小河边。除了妈妈过河给河对岸的村子送粮食的时候,小马总是跟随在妈妈的身边寸步不离。时光飞逝,转眼间小马长大了……"孩子们先是大眼瞪小眼,接着就各自玩各自的了。

这名幼儿教师在讲故事的时候,使用了复杂句和长句,而且使用了"绿草茵茵""寸步不离""时光飞逝"等词,不易于幼儿理解和接受,在讲述的时候,是生硬地背诵,而不是绘声绘色地描述。教师在讲故事时要掌握幼儿的心理特点,多用短句和口语化的词汇,加强讲故事的基本技巧训练。

第四,要合理处理故事中的对话。儿童故事经常要借助角色对话推动故事情节的发展。但是,儿童故事中对话较多这种特殊形式,在阅读时问题不大,在讲述时就会由于不断出现某某角色说、某某角色说而降低故事的听赏性。因而,讲故事者在讲述故事时,遇到对话较多的情况时,要适当修改,根据故事情节加上一些关联词句,也可以称之为串词,从而让故事听起来更生动。

【示例】

在森林里的红草莓村,小动物们愉快地生活着。有一天,来了一个怪物,他的样子可怕极了。怪物进了村,说:"我叫山大王,是专门来吃小动物的,每天吃一个。"

狮子大王气极了,他扑向山大王,用牙齿使劲儿咬他。山大王说:"哈哈,咬吧,咬吧,一点儿也不痛。"大象用鼻子卷起一块大石头,狠狠地砸山大王。山大王说:"哈哈,砸吧,砸吧,一点儿也不痛。"斑马冲过去,用脚狠狠地踢山大王。山大王说:"哈哈,踢吧,踢吧,一点儿也不痛。"黑熊冲过去用劲抓山大王。山大王说:"哈哈,抓吧,抓吧,一点儿也不痛。"

山大王说:"我是不怕痛的,所以你们谁也打不过我。我要把你们都吃掉。"所有的动物吓得都开始逃了。

这时候,小老鼠出现了。他说:"我来对付山大王。"小老鼠拿着一根狗尾巴草向山大王冲过去。山大王一看,乐了:"哈哈,你这么个小东西还想跟我斗?"小老鼠冲过去,用狗尾巴草挠山大王的痒痒。山大王痒得在地上直打滚:"痒死啦,痒死啦,饶了我吧!"最后,山大王只好逃走了。大家都说:"小老鼠,你的本事真大呀!"小老鼠说:"没什么,我只是知道山大王虽然不怕痛,但是他怕痒。"

后来,山大王只要一看到小老鼠,就吓得赶紧逃。从此以后,山大王再也不敢吃小动物了,他只好吃树叶。

口语化修改后:

127

在森林里,有个红草莓村,那里的动物们愉快地生活着。有一天,村里忽然来了一个怪物,他的样子可怕极了。可怕的怪物进了村,对小动物们说:"我叫山大王,是专门来吃小动物的,以后我每天要吃一个。"小动物们听了害怕极了。

狮子大王听了这话很生气,他大吼一声用力扑向山大王,用它尖尖的牙齿使劲儿咬山大王。可是山大王不但没躲开,还哈哈笑着说:"咬吧,咬吧,你咬得一点儿也不痛。"大象看到山大王竟然不怕狮子咬,就用自己长长的鼻子卷起一块大石头,狠狠地砸向山大王。没想到山大王站在那里一动不动,还哈哈笑着说:"砸吧,砸吧,我觉得一点儿也不痛。"这时,一匹年轻的斑马冲了过去,用他有力的长腿狠狠地踢向山大王。奇了怪了,山大王还是笑哈哈地说:"踢吧,踢吧,怎么一点儿也不痛?"黑熊看不过去了,冲过去用他的大熊掌使劲抓山大王。哎呀,山大王还是笑哈哈地说:"抓吧,抓吧,不痛,不痛,一点儿也不痛。"

山大王得意扬扬地说:"我是不怕痛的,所以你们谁也打不过我。我要把你们一个一个地吃掉。"小动物们一听,都吓坏了,狮子、大象、斑马、黑熊都打不过山大王,这可怎么办?赶紧逃吧。

正当大家准备逃跑的时候,一只小老鼠出现了。他说:"大家不要怕,我来对付山大王!"大家一听,很怀疑小老鼠是不是在吹牛。只见小老鼠拿着一根狗尾巴草向山大王冲过去。小老鼠拿着狗尾巴草不停地挠山大王的痒痒,山大王痒得在地上滚来滚去,一边滚一边叫:"痒死我啦,饶了我吧!"最后,小老鼠居然打败了山大王,山大王只好灰溜溜地逃走了。

小动物们看到山大王逃跑了,都很开心,他们围着小老鼠说:"小老鼠,你真棒!你的本事真大呀!"小老鼠说:"没什么,我只是知道山大王虽然不怕痛,但是他怕痒。"

后来,山大王只要一看到小老鼠,就吓得赶紧逃。从此以后,山大王再也不敢吃小动物了,他只好吃树叶。

(二)生动地讲述

1. 使用形象的口语

要用生动活泼的、充满浓郁生活气息的、符合人们口语习惯的话语讲故事。语音上要做到字正腔圆,自然流畅;用词上要注意准确生动;语法上要注意规范,多使用简单句;修辞上要注意恰如其分,形象感人。

2. 把握好语气、语调和语速

儿童故事多半具有鲜明的感情色彩,饱含浓烈的爱憎情感。讲故事时,一定要学会准确运用语气的声音形式,把故事中各种情感色彩传达到位,增强故事的感染力。

讲故事要注意语调的抑扬顿挫。有些同学在讲故事时,不注意语调的表达,不注意重音、停顿和语调的处理,还常常以自己习惯的说话方式来代替众多角色的语言,缺乏语言造型功夫,表现不出角色性格的差异,大大影响了讲故事的表达效果。因此,讲故事要学会运用语调,提高语言表达能力,把故事讲得活灵活现。

讲故事时语句的缓急快慢,可以更好地烘托故事气氛,突出故事内容的发展变化。一般来说,故事的开头一般用慢速来讲,情节紧张时要注意快慢结合、张弛有度,有时还可以适当停顿,增强情节的感染力。同时,给老人或儿童讲故事,速度不宜过快;给青年或成年人讲故事,速度不宜过慢。故事中有许许多多的角色,这些角色语言的语速可以有不同的表现,比如年幼的语速略快;开朗活泼、勇敢机智者或狡猾奸诈者讲话速度宜快;年长者、威严者或愚昧迟钝者,速度宜慢。

3. 恰当运用态势语

讲故事时恰如其分地运用态势语，可以增强语言的表达效果，提高讲故事的质量。

故事讲述时，讲述者的步态、手势、动作要比日常生活夸张很多，这样才会有较好的舞台效果。例如：《小熊过桥》的故事中，在表现小熊害怕不敢过桥的紧张心情时，可以紧紧地抱住肩膀，过桥后可以用欢呼、拍手、蹦跳等动作表现小熊轻松愉快的心情。态势语的运用要依据情节需要，不能脱离故事故作姿态。

在运用态势语的同时，也可以制作一些道具饰物，在讲故事时作为辅助。

另外，登台讲故事时，也有一些简要的程式，要注意练习。基本模式是：

上台时情绪饱满，充满自信，先做个深呼吸，再调整步伐，以稳健自然的步伐登台；登台后目光环视全场，直立台前，调整好站立姿势，停顿少顷，虚视台下听众，鞠躬，展示自然微笑；讲故事之前先说一段简短的开场白；讲完故事后，微笑，说结束语，敬礼，以自然稳健的步态下台。开场白参考示范：××好！我是××，今天我要讲的故事是《××××》；结束语参考示范：我的故事讲完了，谢谢大家！

4. 巧妙使用拟声

拟声包括故事中人物的声音和自然界的声音两种。运用不同的声音代表不同的人物，可以使人物角色鲜明。例如《狼和小羊》的故事，狼的声音应该是粗声粗气的，透露出凶狠，而小羊的声音则是又轻又细的，显出单纯、弱小。但是，讲故事不同于说评书，只要稍微改变音色，使听众区别人物就可以了。由于情节的需要，讲故事有时要模仿自然界的风声、雨声、雷声，模仿人的笑声、哭声、叹息声，也要模仿动物的鸣叫声以及汽车、轮船、飞机、枪炮的声音，恰当运用口技模拟声音，可以起到渲染环境气氛的作用，增强故事的真实性和形象性，增强口语的表达效果。

相关链接

看图讲故事

看图讲故事是讲故事者通过对画面的观察进行口头创编故事并讲述。所讲述故事的内容可以是图上看到的，也可以是由图上内容联想到的。要想看图讲好故事，需要有细致的观察力和丰富的想象力。在细致观察的基础上，展开丰富的想象进行构思，然后创编出精彩动人的故事。

一、如何分析图画

（一）观察注意顺序

观察时注意正确的顺序，讲故事时才能条理清楚。由于图画可以是单幅，也可以是多幅，依据不同的形式可以采取不同的方法。看单幅图讲故事时，观察顺序可以按照方位对画面进行观察，从左到右，或从上到下，或从远到近。看多幅图讲故事，首先按照图的顺序对每幅图按照观察顺序进行仔细观察；其次，要根据图的顺序找出图跟图之间的联系。

（二）观察分清主次

观察时分清主次，如主体和环境，讲故事时才能重点突出。图画中的事物哪些是主、哪些是次,是观察时要区分清楚的。一般来说,图画中出现的与角色有关的人物、动物或植物是主,图画中起衬托作用的背景或风景是次。分清主次,才能抓住重点,在讲述时才不会本末倒置。

(三)观察抓住细节

观察抓住了细节,讲故事才能具体生动。这个细节主要指角色的细微表情、动作、形态等方面,也可以是背景中事物的具体形态。只有观察到细节,讲述时才能有更细致生动的表达。没有细节充实,故事很可能成了叙述的流水账。

(四)观察力求整体

观察还要注意整体,讲故事才能完整和谐。对于图画中出现的事物还要从整体去把握,不要有所遗漏和缺失。比如,图画中出现了小狗、小猫和小老鼠,如果通篇只讲小猫和小狗,缺失了小老鼠的角色,就会使故事的整体性受到影响。

观察方法这四要素缺一不可。观察时要紧扣画面进行合理想象。仔细看图、弄清图意。先从整体看图,了解图画的基本内容,接着观察图画上的景物,然后再观察图画中的角色外貌、动作、表情,要根据画面中的角色动作、表情来想象他们在干什么;最后再从整体上全面看图,想想画面说的是什么意思,表达了什么中心思想。依据角色与景物之间的关系编故事,还可以在此基础上,展开创造性想象讲画面以外的故事。

二、看图讲故事的技巧

(一)把握故事的六要素

一般来说,故事要具有6个要素,即时间、地点、人物、事件、起因、结果。我们在看图讲故事的时候,要依据图画提供的内容把这些要素放进去,这样才能锻炼完整讲述故事的能力。

(二)设计生动的故事情节

讲给幼儿听的故事必须讲究情节性。因此,在看图讲故事时,要注意创编故事的情节安排上要新鲜有趣,可设置悬念和冲突,也可采用夸张、反复、对比、幽默等手法增强故事的曲折性。幼儿故事的情节一般比较单纯,发展脉络非常清楚,情节主线一般都单线发展,不蔓不枝。情节组织的方法一般以顺叙为主,按事情的发展来讲述。

(三)在细节讲述中展现鲜明的角色形象

看图讲故事时,要注意故事角色的形象要鲜明。由于幼儿故事不宜太长,讲角色时只要讲出角色性格特征中最突出的特点就行,这就需要在细节上下功夫。比如,小狐狸的形象特征是狡猾聪明,在讲述中就要尝试从小狐狸的语言、动作、神态、行为上做细节叙述,从而使小狐狸的聪明狡猾能栩栩如生地展现在听众面前。

(四)巧用儿化韵增强口语化效果

看图讲故事时,要注意讲述语言的口语化。语言运用要通俗、明快、质朴,不用生僻的词语,多用短句,要符合幼儿听赏习惯。尤其可以巧用儿化韵,儿化韵的语言符合幼儿的审美习惯,儿童听来会感到亲切,富于感染力。看图讲故事时可以借用此法,来增强故事的听赏性,获得更好的讲述效果。

(摘自:买艳霞《幼儿教师故事讲述训练》,华东师范大学出版社,2016年1月125~126页。有删改)

学习思考

1. 复述有哪几种形式？复述的基本要求是什么？
2. 怎样才能提高自己的复述能力？
3. 讲故事怎样才能做到生动形象？

课后练习

1. 向同桌复述你看过的一部电影的主要故事情节。
2. 选择一篇小说，将其概括成一个四五百字的小故事。要求抓住情节发展的主要脉络，内容详略得当，语言简明扼要。
3. 以《陌上桑》为原材料，进行创造性复述训练，分别尝试改变体裁（改为散文、小说等）、改变叙述角度（改为第一人称）、改变叙述结构（改为倒叙、插叙等），在班级里交流。

日出东南隅，照我秦氏楼。秦氏有好女，自名为罗敷。罗敷喜蚕桑，采桑城南隅。青丝为笼系，桂枝为笼钩。头上倭堕髻，耳中明月珠。缃绮为下裙，紫绮为上襦。行者见罗敷，下担捋髭须。少年见罗敷，脱帽著帩头。耕者忘其犁，锄者忘其锄。来归相怨怒，但坐观罗敷。

使君从南来，五马立踟蹰。使君遣吏往，问是谁家姝？"秦氏有好女，自名为罗敷。""罗敷年几何？""二十尚不足，十五颇有余。"使君谢罗敷："宁可共载不？"罗敷前致辞："使君一何愚！使君自有妇，罗敷自有夫！"

"东方千余骑，夫婿居上头。何用识夫婿？白马从骊驹，青丝系马尾，黄金络马头；腰中鹿卢剑，可值千万余。十五府小吏，二十朝大夫，三十侍中郎，四十专城居。为人洁白晳，鬑鬑颇有须。盈盈公府步，冉冉府中趋。坐中数千人，皆言夫婿殊。"

4. 描述一件你所珍爱的物品，要求抓住描述对象特征的细微之处去描述，给人留下深刻的印象。
5. 请对你看过的一部电影，从立意、情节、表演、艺术表现手法等方面，做评述训练，注意感性剖析和理性剖析的交织，要引起听众的兴趣，力求做到言简意赅、切中要害。
6. 阅读以下材料，按照讲故事的要求，对语言和情节进行修改，再讲给同学听。

愚公移山

古代有一位老人，住在华北，名叫愚公。他的家门南面有两座大山挡住他家的出路，一座叫作太行山，一座叫作王屋山。愚公下决心率领他的儿子们要用锄头挖去这两座大山。有个老头子名叫智叟的看了发笑，说："你们这样未免太愚蠢了，你们父子数人要挖掉这样两座大山是完全不可能的。"愚公回答说："我死了以后有我的儿子，儿子死了，又有孙子，子子孙孙是没有穷尽的。这两座山虽然很高，却是不会再增高了，挖一点就会少一点，为什么挖不平呢？"愚公每天挖山不止，这件事感动了玉皇大帝，他就派了两个神仙下凡，把两座大山背走了。

7. 仔细观察下面的图片，根据所学知识，将图片内容编成一个故事，在班级里讲述。

子项目 2　演讲训练

演讲，是就某个问题，面对听众说明事理、发表见解、抒发情感，从而感召听众的一种口语交际活动，又叫演说或讲演。演讲以口语（讲）和态势语（演）为表现手段，以事、理、情的结合为内容，以说服和感染听众为目的。通过演讲，演讲者的品德修养、心理素质、社会阅历、知识经验、情感体验、风度仪表等方面可以得到综合的展现。

演讲可广泛用于多种场合，有着极为重要的历史价值和社会意义。首先，演讲是政治斗争的利器，古今中外许多著名的政治家都是杰出的演讲家，他们用演讲争取盟友，攻击与战胜对手；其次，演讲是培养人才的重要途径，演讲活动可以为现代社会培养各方面开拓型人才；再次，演讲是宣传、教育的有效形式；最后，演讲是锻炼人的意志，提高人的心理素质，推广普通话，提高口语表达能力的一种行之有效的手段。

演讲的分类方法有很多，我们从方便训练的角度出发，采用"根据演讲前是否有准备"来划分的方法，将演讲分为有备式演讲和无备式演讲。

任务 1　有备式演讲训练

任务目标

一、知识目标
1. 了解演讲的概念、作用。
2. 知道演讲的要求。
3. 掌握演讲的技巧。
4. 知道有备式演讲的步骤。
二、技能目标
能够运用演讲技巧进行有备式演讲。

任务布置

以下三题可任选其一：

1. 请以"新时代的英雄"为题做有备式演讲。

"一个有希望的民族不能没有英雄，一个有前途的国家不能没有先锋。"从古至今，中华大地上曾涌现出了无数的英雄人物，他们是国家的脊梁、民族的灵魂。不同的时代有不同的英雄，新时代的中国更是英雄辈出，让我们向英雄致敬，为他们唱响一曲新时代的英雄赞歌。

2. 请以"坚持与放弃"为话题做有备式演讲。

"二战"期间，当众人对英国是否会像法国一样走向亡国的境地表示疑虑时，丘吉尔首相发表了一篇只有三句话的演讲，举世震惊。第一句是"永不放弃"，第二句是"永远、永远不要放弃"，第三句是"永远、永远、永远都不要放弃"。

3. 就大学生关心的社会热点问题，自选内容做有备式演讲。

任务实施

一、分组练习
1. 组内练习有备式演讲。
2. 找出并纠正演讲中存在的问题。

二、分组展示
1. 小组代表展示有备式演讲。
2. 学生评价，指出存在的问题。
3. 教师评价，指出存在的问题。

知识储备

导入：请同学们自选一段名人演讲视频，观看后交流一下个人感受。

一、演讲的基本要求

演讲具有综合性、艺术性、现实性、时代性等显著特点，要想演讲成功，必须满足其基本要求：以事感人、以理服人、以情动人、以势夺人。

（一）事例真实典型

演讲具有时代性，要体现新的时代精神，必须具有强烈的时代气息，体现时效性，因而选用的材料必须新颖，必须符合时代潮流，而且可以满足听众求新思维的需要。同时演讲还要具有典型性，能够反映社会的现状，具有一定的代表性，使演讲更具有吸引力。例如：

> 我走上讲台，许多同学发笑。我知道大家在笑我穿的花裙子，但我请大家不要嘲笑，要多一分理解。这件花裙子，我穿上的确不好看，因为样式太老。过去，妈妈总劝我穿，都被我堵了回去。昨天，妈妈又把这裙子取出来，说再不穿就更小了，如果当旧衣服处理掉，一次也没穿上身怪可惜的。我抢白她说："你就知道省钱，一点审美观也没有。"妈妈愣住了，缓缓地叠起裙子，把它收到一个包里。当她转身时，我看到她眼里闪出泪花。昨天夜里我很

久没有睡着，我觉得太对不起妈妈一番苦心了。今天早上，我自己把这裙子扒出来，穿在身上就来上学了。我知道，这裙子包含着妈妈的一片爱心。我穿上它，妈妈会高兴。这也算对她的一点回报吧!

同学们，我们的父母可能思想赶不上潮流，也可能还有些小气，但他们对子女的爱，是永远不会改变的。我们眼下还不能挣钱养活他们，那就至少做些让他们高兴的事吧!哪怕干这事会很难堪、很痛苦，会被人嘲笑。但一想到这是对父母的回报，不就能感到一种自豪吗?学着去理解父母，尝试着去回报父母，这是我们成熟的表现。大家说不是吗?

这是一位中学生的课前三分钟演讲，事例真实，而且具有一定普遍性，又是现身说法，更显得真切感人，所以能引起同学们的心理共鸣和由衷赞赏。

(二) 感情充沛真挚

曲啸同志说:"情不真则无以惊心动魄，这是演讲成功的经验之谈……我在演讲的过程中特别注意这个问题。我讲'爱'，就满腔热诚地'爱'，我讲'恨'，就痛心疾首地'恨'。于是我看到:听众与我一起进入共同的喜怒哀乐。"闻一多先生的《最后一次演讲》充满了对李公朴烈士的缅怀之情，表现了对暗杀李先生的国民党特务的满腔愤怒。这篇演讲不仅在当时引起了在场听众的强烈反响，就是几十年后的今天，我们重读这篇演讲词，也无不受到强烈的震撼，依然感到热血沸腾。

在演讲中表达感情，必须注意以下几点:第一，真挚自然;第二，表达适度;第三，格调要高。例如一位学生在启蒙老师的生日庆典上，发表了让老师无比激动的演讲:

"尊敬的老师，在已经走过的人生旅途中，我受到过不少赞扬、嘉奖，但这些我都淡忘了，唯独您给我的两次批评，我总是"耿耿于怀"。一次是您在课堂上要我背课文，我特别不敢当众说话，先是出不了声，后来像蚊子叫，您一遍又一遍让我重来，最后您说:"我到教室外面去，什么时候背完了什么时候吃午饭。"您走出教室，全班同学都盯着我，我鼓足所有的勇气，终于"吼"出了课文。随着话音落地，您满面笑容走进教室。

还有一次全校作文竞赛，我获得第一名，可5天后，您怒气冲冲地把我叫到办公室，指着一篇报纸上的文章叫我看。我马上明白了，老师发现了我"参考"的那篇文章，我的脸刷地红了。老师那天把我训了3个小时，从作文讲到做人。老师，旧话重提，我不是记仇，我是记恩啊!我今天向您汇报的是，我大大小小发表过一千多篇文章，没一篇是"参考"别人的;我大大小小做过一百多场报告，多大的场面也不发憷。老师，您知道吗?这些都是从您的批评中起步的!

在老师的生日庆典上，演讲者紧紧围绕着自己与老师密切相关的故事来选材，用朴实无华但饱含深情的语句，把真实而激动的情绪充分地表达了出来，也让老师激动不已。

(三) 道理正确深刻

演讲是靠深刻的哲理说服和征服人的，深刻的道理可以说是演讲艺术的根本。只有将新鲜生动的事例与深邃的道理结合起来，演讲才能有血有肉，才有生命力。这就要求演讲者必须具备较高的理论素养，演讲前深入思考、细心观察，才能用看似平常的语言讲出一番不寻常的道理，发人深省。例如:

是啊，当祖国贫穷的时候，她的人民就挨饿受冻；当祖国弱小的时候，她的人民就受辱被欺；当祖国富裕的时候，她的人民就快乐幸福；当祖国强大的时候，她的人民就昂首挺胸。历史早已雄辩地证明了这一点。当侵略者的铁蹄践踏祖国身躯时，上海公园的门口就竖起了"华人与狗不得入内"的招牌；当帝国主义的大炮轰进了祖国胸膛之时，无数人民群众就惨遭屠戮；而当新中国的旗帜高高升起的时候，中华儿女就站起来了；当祖国女排登上世界冠军宝座的时候，海外侨胞也扬眉吐气。啊！我终于明白了，为什么人们总是把祖国比作母亲，因为，祖国和人民，正如母亲和子女，是耻辱与耻辱连在一起，荣誉与荣誉连在一起，痛苦与痛苦连在一起，幸福与幸福连在一起，血肉与血肉连在一起，命运与命运连在一起！这，就是"祖国——母亲"这个比喻的真正内涵。

演讲者用看似平常的语言，列举了大量事实，讲授了一个深刻的道理，祖国就是人民的母亲，祖国与人民是血脉相连、荣辱与共的。

（四）语言精练优美

演讲的语言不同于我们平时说话，要求语句简练生动、流畅自如，给人一种铿锵悦耳、富于节奏的音韵美，只有这样，才具有很强的表现力和感染力。例如吕元礼的演讲《祖国——母亲》：

人们常说：第一次把美人比作花的，是天才；第二次把美人比作花的，是庸才；第三次把美人比作花的，是蠢才。不错，如果人云亦云、鹦鹉学舌，就是再美的比喻，也会失去光彩。但是，在生活中，有这样一个比喻，你用它一百次、一千次、一万次，也同样具有强大的感染力。同志们或许会问，这是什么样的比喻呢？那就是，当你怀着一颗赤子之心，想到我们祖国的时候，你一定会把祖国比作母亲！

演讲者开头就用了一组排比句，很有冲击力，也很有吸引力。这一组排比句又与后面的"一百次、一千次、一万次"形成了对比，最后得出结论——祖国就是母亲。

二、演讲的技巧

（一）语言技巧

在演讲过程中，语言表达的总体原则是：简洁准确，清楚明白，生动形象，通俗易懂。

（1）多用短句、易懂词汇、流行口头语。

（2）多用能表明个人倾向的词汇。如"我认为""在我看来""显而易见"等。

（3）适当使用重复。演讲中使用重复，就是对主要观点或主要信息的强调，让听众加深印象，以引起注意和思考。但要注意不能太多重复，否则就会弄巧成拙，变得啰唆，这是演讲的大忌。

（4）适当使用简略语。演讲中使用一些简略语，可以使演讲简练活泼一些，如"中央电视台"简称为"央视"。但要注意所用简略语必须是规范简称或大家熟悉的、约定俗成的，不能自造。

（5）适当使用数字。用数字作为例证，使论述更加有说服力。

（6）多用熟语。演讲中多使用常用成语、惯用语、谚语、格言、歇后语等，会使演讲通俗活泼。

（7）灵活使用多种修辞手法。演讲中适当地使用一些修辞手法，可以使演讲更为生动感人。使用设问，可引起人们的思考和注意。排比的使用，可使演讲气势磅礴，有排山倒海之势，效果甚佳，在演讲中几乎是不可缺少的手法。例如，马丁·路德·金的演讲《我有一个梦》，就八次使用了排比手法，使他的演讲充满气势与感人的力量。比喻的使用，使演讲既通俗又形象。另外，夸张、对偶、对照等都可以使用。

(二) 节奏技巧

演讲活动中，演讲者根据内容表达的需要，对声音做出不同的处理，有助于演讲者思想感情的表达，增强演讲的形象感和感染力。这里包括发声技巧、节奏技巧和变音技巧。其中最基本、最重要，也是最容易学习和掌握的是节奏技巧。要想把握好节奏技巧，主要要从重音、停顿、速度、语调4个方面入手进行训练。有关重音、停顿、语调的理论知识在本教材朗读的部分已做介绍，这里不再赘述。下面简单说一说速度。

这里所讲的速度是指演讲语速的快与慢。语速的快慢多是由演讲内容和演讲者的情感表达决定的。一般来说，讲到内容重要的地方，语速就要慢一些；讲到一般内容时，语速就可以相应快一些。在演讲者感情激越时，语速自然就会快；而当演讲者情感平静时，语速就可放得平缓而稍慢。例如："敌人残酷无情，我们别无他路，要么奋起反击，要么屈膝投降。因此，我们必须下定决心，若不克敌制胜，就是捐躯疆场。"抒发如此激愤的感情，语速要稍快一些，这样既符合自己的心境，也能感染听众。

(三) 态势语技巧

态势语是人们表情达意进行交际的辅助手段。态势语虽然只是有声语言的辅助，但在演讲中却是不可或缺的。演讲是"讲"与"演"的结合，"演"就是态势语的配合，要做到和谐、得体、适度。

1. 仪表装束

演讲者可以在上台前对自己进行适当的修饰与美化，但要注意，演讲者化妆，只能是化淡妆，千万不可浓妆艳抹。否则，会使听众产生失真的感觉，有矫揉造作之嫌。演讲者还应当根据自己的身材体型选择合适的服装，着装要整洁大方、得体入时、协调和谐，既满足听众的审美要求，又不至于影响演讲的效果。

2. 身姿语

演讲时的身姿，主要指上场、站立、退场时的身姿。上下场时都要抬头挺胸，目光平视正前方，步履轻捷而稳健，展现出良好的精神风貌，给观众以好的第一印象。走上演讲台站稳之后、开口之前，要挺胸吸气，以产生挺拔、精神焕发的感觉。站立时身体的重心平均落在两个脚上，两脚自然分开，不超过肩的宽度，或一前一后站定。双手轻松自然地沿着身体两侧下垂，头部端正。这是演讲最基本的站姿。好的身姿，给观众一种自信和可信赖的感觉。

3. 表情语

演讲时的面部语言中，笑是一种值得提倡的语言，是感染人、给听众留下美好印象的有效手段。演讲者在使用哭与笑这两种表情语时，要注意符合语境，善于控制。正确的做法是：含泪不掉泪，能哭不出声；有笑不大笑，可笑反不笑。

4. 目光语

演讲者运用目光语可具体采取的方法：环视，就是演讲者有意识地环顾全场的每个听众，从左到右，从前到后，从听众的各种神态中了解和掌握现场的情绪。演讲开头的环视既是向听众打招呼，又能帮助静场。演讲中的环视是做短暂的现场调查，检验演讲的效果，以便及时调整自己的演讲方式与演讲内容。演讲者还可以恰当地使用眼神来帮助自己表达思想，抒发感情。

5. 手势语

在演讲中，手势语是"演"的重要部分。手势活动的幅度大小与演讲者的感情、语势有很大的关系。幅度大，表示强烈；幅度小，表示平和。一般来说，演讲者大幅度的手势不宜过多，只能偶尔使用。

三、有备式演讲的步骤

有备式演讲就是演讲前，在演讲主题范围内，演讲者做了充分准备的演讲。

有备式演讲在命题上有统一命题和自由命题两种。统一命题是由演讲活动的主办人或组织者提前统一确定演讲题目，这个题目可以是非常具体的，也可以是在内容方面有大致的要求和圈定，演讲者可以在总的内容框架下自拟小题目；自由命题是对演讲的内容和题目不做规定和限制，演讲者可以自拟题目，确定演讲内容。

有备式演讲一般在准备过程中可分为4个步骤：拟稿—排练—默场—演讲。

（一）拟稿

有备式演讲一般会在演讲前准备完整的演讲稿，或者列提纲、打腹稿，那么可以说拟稿是演讲准备工作的核心，也是演讲成败的关键。

一般演讲稿有开头、主体、结尾3个部分。拟稿时要努力做到："响"开头，"曲"主体，"韵"结尾。"响"开头，指的是演讲稿开头做到简洁新颖，掷地有声，能引起听众听下去的兴趣；"曲"主体，指的是演讲稿主体内容做到起伏跌宕；"韵"结尾指的是演讲稿的结尾做到收束有力，简洁明快，富有情趣，耐人寻味，深化主题，促人深思。这里，我们列举一些开头和结尾的方式供大家参考。

1. 演讲稿开头的常用方式

（1）直接点题式。例如鲁迅先生的演讲《少读中国书，做好事之徒》的开头：

"今天我的讲题是《少读中国书，做好事之徒》。我本来是搞国学研究工作的，是担任中国文学史课的，论理应当劝大家埋首古籍、多读中国书，但我在北京，就看到有人在主张读经，提倡复古。来这里后，又看见有些人老抱着《古文观止》不放，这使我想到：与其多读中国书，不如少读中国书好。

在比较庄重的集会上演讲，开头可以顺承题目，直接说明演讲的目的或缘由，阐释演讲的主旨或结构等。但是竞赛性演讲往往不采用这种常规套路。

（2）名言警语式。例如谢宁在《未来的中国》演讲中的开头是这样的：

"中国，一个巨人在那里沉睡。让他睡吧，因为他一醒来，就会撼动世界。"这是那位曾横扫欧洲大陆、企图称霸全球的拿破仑说过的一句话。在我们民族还处在沉睡状态中的时候，就已经有一些西方的有识之士在密切地关注着我们这个东方巨人的动向了。……

（3）提问式。例如蔡畅在《一个女人能干什么》的演讲中的开头是这样的：

今天我讲一个问题，就是一个女人能干什么。一个女人能干什么呢？我的回答是："能干，什么都能干；不干，什么也不能干。能干又不能干，不能干又能干。"为什么这样说呢？要确定女人能干不能干，有两方面的条件。首先要看环境，就是要看处在一个什么政权下，什么社会制度下，这是一方面，另一方面，也要看个人努力怎样。……

（4）分享故事式。例如《岂能让车轮带走幸福》演讲稿的开头是这样的：

在我演讲前想先给大家讲一个小故事，那是发生在纽约街头的一幕：一位中国留学生与其美国女友正想横穿马路,这时红灯亮了,但我们的这位留学生不由分说拉起女友就往前冲。事后,女友同他"拜拜"了,理由就是:连交通规则都不遵守的男人,修养太差!4年后,这位先生回国了,与其中国女友过马路时又遇到了红灯,这次,虽然50米内无任何机动车辆,他还是等绿灯亮了之后才走。事后,这位女友也提出要分手,理由竟是:连红灯都不敢闯的男人算什么男子汉!在座的各位朋友,这令人遗憾的反差,足以反映国人交通安全意识淡薄的程度。

(5) 设置悬念式。设置一种使听众关注的情境和氛围,造成悬念,令人关注,使听众急切地想知道下面演讲的内容,构成悬念式开头。例如:

我想诸位会同意今天晚上我要讲的这个题目的,它对于这个国家中的每个男人、女人、孩子都是绝对的至关重要。因为它将触及每个人的腰包,和我们在座的每个人都密切相关。

拟定演讲稿开头要注意以下几点:第一,要力求简明,尽早切入主题;第二,要力求新颖别致,不说套话;第三,既不能盛气凌人,也不要谦虚过度。尽量不说让听众一听就泄气的话,例如"我可能讲不好""我今天没做什么准备"等。

(6) 幽默式。以幽默开场先讲一则笑话,会给人愉快轻松的感觉。例如:

某君应邀到一所中学做青少年心理保健知识演讲,当时正热播欧洲杯,他就以此为切入点,开始他的演讲:"很高兴在这个'热情'的午后,和大家共同交流心理保健方面的知识。不少同学看上去面露倦容,想必是昨天夜里通宵达旦坚持看欧洲杯的缘故。古人云,'道不同,不与相谋',今天我荣幸地遇到了这么多的同道中人。本人也是一名铁杆球迷,从1994年世界杯开始入门儿,十年磨一剑,如今已达到了业余九段水平。"

以幽默开场,以谈球赛为切入点,演讲一开始就吸引了学生的注意力,并告知自己的爱好,增加了学生对演讲者的认同感,为主体演讲做了很好的铺垫。当然,这样的开场对某些成年人来讲,效果可能一般,甚至相反,所以,一定要看对象。又如:

著名的好莱坞巨星施瓦辛格,他当选州长后首次演说是这样开场的:"今天早上,我女儿来找我,她在我耳边说,州长先生,咖啡已经好了!"话音未落,掌声四起,笑声一片。

为什么这个开场会有如此好的效果呢?原来,施瓦辛格要面对的是债台高筑的加州政府,财政赤字庞大,要扭转困境谈何容易,虽然在竞选中胜出,却仿佛开始品尝咖啡的苦味。这个开场是一语双关,意味深长。

(7) 自报家门式。例如:

抗战时期,著名作家张恨水在成都中央大学的演讲开场:"今天,我这个'鸳鸯蝴蝶派'作家到大学这里演讲,感到很荣幸,我取名'恨水'不是什么情场失意,我取名张恨水是因为我喜欢南唐后主李煜的一首词《乌夜啼》:'林花谢了春红,太匆匆,无奈朝来寒雨晚来风,胭脂泪,留人醉,几时重,自是人生长恨水长东!'我喜欢的这首词有'恨水'二字,我就用它作为笔名了。"这种开场,真诚坦率有趣,能快速拉近演讲者与听众间的距离,使听众消除对演讲者的陌生感,为主题演讲打开场面。

(8) 独特创新式。这种开场白别开生面,十分吸引人。例如20世纪80年代,某大学生的《大学生的责任》的演讲开场:

同学们,我今天演讲的题目是《大学生的责任》。大家一定会说,这题目都让人讲烂了,你怎么还讲呢？是啊，我为什么还要讲呢？昨天，我在同学的笔记本上发现一首中英文结合的小诗，诗中写道：人生本是 happy/何必苦苦 study，/只求考试 pass/拿到文凭 go away/既然如此 lazy/何必天天 study/。娶位漂亮的 lady/抱个胖胖的 baby。读到这里，我的心在颤抖，难道我们 80 年代的大学生，只是为了考试 pass 和漂亮的 lady 吗？不，绝不！这可怜的百分之零点几，是不能代表我们百分之九十九点几的！为此，我今天要认真地讲一讲大学生的责任。

这里要注意演讲开场中常见的问题：
第一，过分谦虚。这会让人感觉演讲者缺少自信。例如：
某青年做《当代青年的风采》的演讲开场："在下姓张，很高兴今天有机会在这里演讲。不过，丑话说在前，由于本人学识疏浅，加上这段时间很忙，没时间好好准备，演讲中如有不对之处，请大家批评指正。下面，我演讲的题目是……"这样的开场对自己接下来的演讲非常不利。
第二过分卖弄。例如：
某君被邀请到一所学校做演讲，面对几千名师生，他一上台，就一口气介绍了自己的十几个头衔，很令人反感。又如，有一名青年，一上台演讲就向听众介绍自己曾在什么大赛中获奖。这样只会适得其反，是不可取的。

2. 演讲稿结尾的常用方式
（1）余韵式。这种结尾往往能够促人深思，耐人寻味。如赫胥黎《珍惜科学，尊重科学》的结尾："假如听从那些窒息科学、扼杀科学的人的意见，我恐怕我们的子孙将要看到英国的光辉像亚瑟王在雾中消失那样黯淡下来，等到他们发出像基妮法那样的哀哭时，反悔已经来不及了。"

（2）总结式。这类结尾可以使听众对整个演讲有清晰明确的印象。如《自豪吧，我们的名字叫军人》的结尾："自豪吧，同志们！因为我们的职业是军人，军人的代名词就是牺牲，而这种牺牲换来的是我们民族的繁荣昌盛！"

（3）号召式。这种结尾可以激起听众感情的波涛，使听众产生一种蓬勃向上的力量。如《再筑一道长城》的结尾："朋友们，让我们携起手来，用我们的思想，用我们的全部再筑一道长城，一道坚不可摧的血肉长城！让我们伟大的祖国、伟大的中华民族，永远、永远立于世界民族之林！"

（4）决心式。这种结尾有助于坚定听众的信念，增强演讲的号召力。如《我的理想》的结尾："历史，令我们懂得了国力强盛、国防坚强与国家安宁、人民幸福休戚相关；现实，让我们知道了建设现代化国防需要的是拥有现代科学文化知识的真正人才！我——一名中学生，为我的理想，为我向往的橄榄绿，为创造国防事业更加灿烂的明天，将努力学习，不断进步，全面发展。"

（5）警语式。这种结尾可以起到警示作用，也起到增强效果的作用。例如胡适先生 1929 年在中国公学 18 年级毕业典礼上的劝学演讲的结尾："诸位，11 万页书足以使你成为一个学者了。可是，每天看三种小报也得费你一点钟的工夫，四圈麻将也得费你一点钟的光阴。看小报呢？还是打麻将呢？还是努力做一个学者呢？全靠你们自己的选择！易卜生说：'你们最大责任是把你这块材料铸造成器。'学问便是铸器的工具。抛弃了学问便是毁了你自己。"
"再会了！你们的母校眼睁睁地要看你们 10 年之后成什么器。"

（6）抒情式。这种结尾，更易激起听众心中感情的浪花。例如《奉献之歌》的结尾："啊！奉献，这支朴实的歌，这支壮烈的歌，这支深远的歌，这支永远属于母亲——我们祖国的歌，让我们每一个中华儿女都来唱这支歌吧！"

（7）祝贺式。这种结尾可以造成欢乐愉快、热情洋溢的气氛，使人在愉快中增加自豪感和荣誉感。例如《在毕业典礼上的演讲》的结尾："同学们！最后请让我用本届毕业同学自己的一句心里话，结束今天这个隆重而难忘的典礼：'我们是一张张即将远航的风帆，母校是我们永远向往并随时希望停靠的一个港湾。'我代表母校全体师生祝愿你们一帆风顺！也永远期盼你们常常回到这个港湾来停靠片刻，以驶向更为远大的世纪之航！"

拟定演讲稿的结尾，要注意以下几点：

第一，切忌冗长拖沓；第二，不要突兀而起空喊口号；第三，不讲陈词滥调；第四，尽量不要讲"耽误了大家的宝贵时间""演讲水平不高，请大家多多指教"之类的客套话。

除了准备完整的演讲稿，有的演讲者只需要编拟提纲就可以了，这也是一种有备式演讲。提纲的编拟，没有固定的模式，可详可略。

美国前总统克林顿1993年就职演说的提纲就是概要式的。

开篇：春回大地。

主体：① 美国若要永存，就必须变革；② 变革的必要性；③ 要复兴美国；④ 要复兴美国就必须迎接挑战。

结尾：行动起来，把自己奉献给美国的理想。

再如下面的详尽提纲《爱与美的凯歌》：

开头：引马克思语、马克思之女爱琳娜语（详见卡片），并提出中心观点只有付出艰巨的努力，才能奏响壮丽的婚姻进行曲。

主体：分析问题及举例。

问题一：信心不足，认为年龄太大，难以找到理想的爱人。举例：① 陈毅与夫人张茜结婚时，已42岁；② 高士其同志与夫人金爱娣结婚时，已超过50岁。

问题二："文革"期间片面宣传"个人事业再大，也是小事；国家的事儿再小，也是大事"，造成心理障碍。诡辩论冒充辩证法。

问题三：注重外表，忽视内在。适当批评，要求外表要适度。

问题四：门当户对的观念。说明：无产阶级已破除此观念。许多人不仅不计较出身，也不计较肤色。正面举例：① 财政部部长吴波同志与保姆结成儿女亲家；② 廖承志同志4个子女找的都是普通工农群众的子女。反面举例：①《简•爱》中罗彻斯特的第一次婚姻；② 青年中的一两个例子。

问题五：鄙视再婚，使离婚或失去配偶者难以找到对象。讲点历史，批判"好女不嫁二夫"。举例：① 刘兰芝被休后仍有不少人求婚；② 蔡文姬与董祀；③ 卓文君与司马相如。

有时有的演讲者不需要事先写好讲稿，也不需要提前拟定提纲，只需在脑海里对演讲内容酝酿一番，凭借着记忆就去演讲，这种方法也叫打腹稿。这种演讲方式更加灵活，更加适合于临场发挥。

（二）排练

排练可以加深演讲者对演讲稿的理解，增强记忆；可以预测正式演讲的效果，进行相应的调整；可以增强演讲者的信心和勇气。许多演讲家都很重视演讲的排练工作。

（1）熟悉讲稿。在比较隆重的会议上发表的命题演讲，或篇幅较长难以背诵的讲稿，正式演讲时可以持稿。竞赛性演讲或篇幅不长的演讲，对讲稿则要熟读成诵，在正式演讲时必须脱稿。

（2）揣摩讲稿。在排练的时候，要逐句逐段地进行分析，设计好停顿和重音的位置、节奏的快慢、声调的高低等,并在讲稿上做出相应的标记。还要考虑演讲的态势,看在哪些地方要重点强调,需要使用什么样的手势。

(3)试讲检验。演讲者可以一个人对着镜子或借助于录音机进行试讲,也可以请家人、朋友做听众进行试讲。在试讲中,演讲者一定要有实战的心态,放开胆子,亮开嗓音,要有真情实感。通过镜子、录音和亲朋的反映,检验自己的演讲效果。通过反复试讲,不断改进。

(三)默场

这是临上场前的最后准备,主要包括:

(1)心理准备。克服怯场心理,消除紧张情绪。可采用闭目养神法、情绪转移法、心理调节法、语言暗示法、深呼吸法等方法。

(2)情感准备。上场前要在情感上养精蓄锐,厚积薄发。不论自己遇到什么情况、心情如何,都要排除一切干扰,充分利用各种手段将自己调整到半兴奋、兴奋状态,很好地进入角色。

(四)演讲

到正式演讲时,就要求演讲者充分运用演讲技巧,将自己的情感、见解完全抒发,才能都表示出来,与观众形成共鸣。可是演讲过程有时会发生一些预料不到的变化,这就要求演讲者要当机立断,随机应变,巧妙处置,化险为夷。

任务 2 无备式演讲训练

任务目标

一、知识目标
1. 巩固演讲的要求与技巧。
2. 了解无备式演讲的训练方式。
3. 掌握无备式演讲技巧。
二、技能目标
能够运用演讲技巧进行无备式演讲。

任务布置

请根据下列情境进行无备式演讲。

[情境一] 假定你的家人过生日,在庆祝生日的宴席上,请你做一段临时讲话。

[情境二] 假定你碰到媒体的街头采访,请你谈一谈对"电子阅读与纸质阅读"的看法。

[情境三] 假定你和10名同学一起到某校实习,在该校的全体教师大会上,该校校长把你们这些实习生介绍给大家,并致了欢迎辞后,同学们推举你作为代表发言。

任务实施

一、分组练习
1. 组内练习无备式演讲。

2. 找出并纠正演讲中存在的问题。
二、分组展示
1. 小组代表展示无备式演讲。
2. 学生评价，指出存在的问题。
3. 教师评价，指出存在的问题。

知识储备

导入：著名节目主持人杨澜在广州天河体育中心主持一场文艺晚会，中途报幕退场时，被绊摔倒，直接从台阶滚了下去。出现这样的尴尬情况，全场一片哗然。但杨澜起身后，带着她那招牌式的笑容镇定地说："真是'人有失足，马有漏蹄'呀！我刚才的'狮子滚绣球'节目演得还不够熟练吧！看来，这演出的台阶不那么好下呢，但台上的节目会很精彩的。不信，大家瞧她们。"这一段即兴讲话赢得了台下观众热烈的掌声。

一、无备式演讲的概念

无备式演讲也就是即兴演讲，是临场有感而发的演讲。这种演讲一般是演讲者事先毫不知情，没有准备，更没有文字底稿做依托。它要求演讲者思维敏捷，快速构思，出口成章。一般这类演讲篇幅较为短小，我们只要掌握一定技巧，并经过一些训练，遇到这种场合，还是完全能够应付的。

二、无备式演讲的技巧

（一）做好准备

首先是做好心理上的准备。参加集会之前，就要根据集会内容，考虑自己届时有无可能被指定做即兴演讲。只要有可能，就要考虑讲些什么、怎么讲，以免到时被动。其次是如果出席集会，自己有强烈感受，想即兴发言，就更需要精心准备，打好腹稿，必要时还可列出提纲。

（二）快速构思

在演讲前，演讲者必须在现场快速构思。构思的重点是确定演讲的议题。演讲者可根据集会的主旨、时境、听众、会场布置以及自己的知识与生活积累，选择恰当的议题，找准切入点，借题发挥，引申开来。例如，某高校领导参加一个学生座谈会，他走进会场时看到学生正坐在台下等他上台演讲。他灵机一动，略加思索，由会场的座位安排做切入点，说道："同学们，我想最好把今天的座位调整一下，摆成一个圆圈。这样，我就成了这个圆圈上的一点，大家都有了共同的圆心和相等的半径，我们就心心相印了。"这番话以座位为议题，将自己放在与学生平等、亲近的位置上，使会场气氛顿时活跃起来。

（三）多用例证

在演讲中，例证除了能论证和说明演讲者的观点外，还可以使理论观点具体化、形象化，易于为听众接受，吸引听众的注意力，帮助演讲者消除紧张情绪、增强自信心，使演讲渐入佳境。列举实例可以多谈自己的亲身经历，这样能使听众感到亲切、真实。对实例的叙述要具体、生动，使听众如见其人、如临其境。举例时要注意不能故弄玄虚，也不宜引用人所共知的老掉牙的故事。

（四）贴近现场

成功的无备式演讲必须贴近现场内容、时境、听众。如闻一多先生在一次晚上的即兴演讲中，触景生情，指着月亮说："朋友们，你们看，月亮升起来了，黑暗过去了，光明在望了。但是乌云还待在旁边，随时会把月亮盖住。"这样的演讲形象生动，寓意深刻，与现场景物达到了情景交融的地步。再如，著名学者马寅初先生在郭良夫老师婚礼上的一句话演讲，也是一个优秀的范例。婚礼上，时任北大校长的马寅初先生本没想到要讲话，可应宾客们的请求，临场发挥，说了一句话："我想请新娘放心，因为根据新郎的大名，他就一定是位好丈夫。"这句演讲词巧妙地以新郎的姓名来展开，幽默的话语，适应了现场欢乐轻松的氛围。

三、无备式演讲训练方式

无备式演讲的议题涵盖面不可太宽。几分钟的演讲，能讲清一两个问题就相当不容易了，没有必要也没有可能长篇大论。要想使无备式演讲收到好的效果，必须经过一些训练。演讲训练可由易到难，由分解到综合，由模仿到创造，循序渐进。

（一）储存语汇训练

丰富语汇，积累语汇，这样可以避免临场演讲时出现用词贫乏的现象。尽可能多地用不同词语表达同一事、物、情、态。如，用"ABB"式形容词表达喜、怒、哀、乐、愁等不同心情。

（二）精选语句训练

养成选择语句时求新求精的良好的口语表达习惯，避免语句千人一面、人云亦云。训练时要求尽量说别人没有说过的话。

（三）构建语段训练

通过简短的一段话语的表达训练，达到口语表达得体、顺畅的训练目标。例如对参加全省职校师资培训班学员讲话的开场白：

> 七月的武汉，像个大蒸笼，发了酵一样的空气沤在那儿，你从早到晚就是什么事不干，也会汗流浃背。在这样的三伏天里，大家来到了这座火炉城。气温高，没有学员们参加培训的热情高。因为，俗话说，"心静自然凉"，大家心中有一块净土，有一片清凉天地——这就是，不努力学习，将无颜面对江东父老……

这是一位领导在参加全省职校师资培训班讲话的开场白。他首先与学员沟通，争取心理上的理解和求同；然后进行暗示——凉，从心理上给学员降温；最后总结我们的目的。用了欲抑先扬的手法，表达得体、顺畅，容易让听众产生共鸣。

（四）综合训练

综合训练包括选题、立意、切入、事例、语言、态势等诸多方面。常用的模式主要有"要言不烦"式、"扩句成篇"式、"借题发挥"式、"散点连缀"式、"三么式"、"三部曲"式等。初学演讲者如果能按照这些模式框架反复练习，就可初步掌握无备式演讲的规律。

1. "要言不烦"式

"要言不烦"式又叫作"一句话演讲"法。运用这种方式，要"一言以蔽之"，用一句话简明扼要地表明一个观点。例如一位优秀中学教师在教师节庆典上应邀做即席演讲：

"我以为，作为一位教师，最重要的是我们能为学生做些什么，而不是学生或学生家长能为我们做些什么。"这个演讲虽然只有一句话，但有破有立，发人深思，说明教师的天职在于奉献，而不是索取。

2. "扩句成篇"式

"扩句成篇"式可以说是"要言不烦"式的扩展。就是先选定通篇演讲的中心意思或者核心句，然后进行扩展补充，充实为一篇演讲词。运用"扩句成篇"式进行演讲时，先要开门见山，展现中心句，然后加以扩展，对中心句进行阐发，引用适当的事例或名言加以论证。例如姜昆在一次即兴演讲中说：

> 为青年服务，就要爱青年伙伴，注意发现他们身上的亮点。我遇到过这么一位青年伙伴。亚太地区足球赛，中国对科威特那场，我刚进体育场，前边一个青年一眼把我认出来了。他叼着烟，穿一身挺紧的衣服，说："哎呀，快看，姜昆来了！"我忙说："你歇会儿，歇会儿，干吗呀！咱们来看球对不对？别影响大伙看球！"可是他照样同我说话，弄得很多人围着我。幸亏球赛开始了，这才为我解了围。我开始讨厌他，最后又喜欢他了。我怎么喜欢他了？李富胜扑了一个点球以后，我们攻进对方一个球——1比0。那小伙子高兴啊，一蹦多高。当然我也蹦了，但没他蹦得高！他一会喊"中国万岁"，回头说："怎么样，姜昆，今晚写段相声段子，就写咱们的球赛。今晚我陪你打夜班了。香烟我供着，我一个人全带了！"那个兴奋劲，甭提了。当然作为一个足球爱好者应该有这种兴奋，这是对祖国的荣誉感嘛。……对足球的希望就是对祖国的希望啊！我们找到了共同点，我们共振了！

这段演讲的中心句就是开头那句话。后边的话全是它的扩展。用一个典型例子说明什么是青年身上的"亮点"以及如何发现青年身上的"亮点"。话虽不少，但结构很简单：一个观点带一个例证。

3. "借题发挥"式

"借题发挥"式通常是由与演讲有关的某句话、某个词语触发灵感，再抓住这个触发点进行发挥，引申出另一番新意。例如电影演员赵子岳除夕在北京监狱向服刑人员所做的演讲：

> 我和你们一道来辞旧迎新。我们辞旧迎新就是总结过去，展望未来；你们辞旧迎新应该是树立新的"我"，甩掉旧的"我"。首先要正视旧的"我"，然后要痛恨旧的"我"，只有这样，新的'我'才能树立起来。我今年来看你们，说不定明年这个时候我还来看你们。我希望明年再来的时候你们都有一个新的"我"！

赵子岳借特定时间——除夕，特定地点——监狱，将此时此刻人们常用的成语——"辞旧迎新"，引申为甩掉旧"我"、迎接新"我"，切合语境，贴近主旨，有很强的感召力和感染力。

4. "散点连缀"式

演讲者发言前，有时会想到一些不相关联的事物，也就是思维的散落"点"。这时如果能确定发言的意脉，用这根意脉之"线"，将这些"散点"连缀起来，就会组成一篇很有意义的演讲。"散点"是即兴演讲特定的（或设计的）语境中闪现的景、物、人、事，是演讲的"切入口"或借题发挥的话题，几个散点之间要同主题形成自然而有机的联系；在训练中不要简单地理解为用几个词来造句，不要把几个散点生拉硬拽地拼凑成一段话。例如某人在上海市"钻石表杯"业余书评授奖会上的演讲：

今天，我参加"钻石表杯"业余书评授奖会，我想说的一句话是：钻石代表坚韧，手表意味时间，时间显示效率。坚韧与效率结合，这是一个人读书的成功所在，一个人的希望所在。

这篇演讲由"钻石""手表"这两个"散点"，联想到"时间""效率"另外两个"散点"，以"读书"为意脉，将四个"散点"连缀成篇，可谓短小精悍。

5. "三么（me）"式

"三么"式指在演讲前短暂的准备时间里，快速思考三个最基本的问题，即"是什么""为什么""怎么样"。"三么"框架只是演讲前和演讲中的思维模式，而不是口语表达模式，表达时要选准"切入口"，不露"三么"的痕迹。例如湖南师范大学党委副书记戴海同志在一次大学生晚会上的即兴演讲《矮子的风采》：

这话题之二嘛，是"矮子问题"。由我当众提出这个问题，岂不惹火烧身？这也要点勇气呢！老实说，在我年轻的时候我并不觉得"矮"有什么问题，直到20世纪80年代，在舆论压力之下，才感觉成了问题。其实，白鹤腿长，鸭子腿短，都是生来如此，何必自寻烦恼！现在要问，矮子能有风采吗？答曰："高个儿不见得都有风采，矮个儿不见得都没有风采。"那么，矮个儿怎样才能也具有风采呢？我有几点心得可供参考：

第一，是要有自信。论个子，我比他低一头，而论觉悟、学识、才能，可能比他更胜一筹！这也叫"以长补短"吧？第二，不要犯忌讳，大凡麻子怕说麻子，秃子甚至怕说电灯泡，其实越犯忌讳越尴尬，不知道自己说白了反而没事。我常有机会跟北方汉子们在一起开会或聊天，我跟他们开玩笑：我不如你高，你可别怪我，怨只怨我们那山上的猴子就个子小些！第三，把胸脯挺起来，但也用不着踮脚尖。衣着讲究适当，比方不穿横条、方格的衣服，但也用不着老穿高跟鞋，我主张矮要矮得有骨气，还是脚踏实地好！第四，最重要的还是本人的德学才识，有修养，有风度，对社会有贡献，自然受人爱戴。

趁着晚会的高兴劲儿，解开这个"矮子问题"，不知台下的某些同学心里是否踏实一些？

6. "三部曲"式

"三部曲"式演讲的结构分为开头、主体、结尾三部分。一般要求是"开头扣现场，中间谈看法，结尾表希望"。例如某同学在学校伙食工作座谈会上的发言：

学校总务处为改进食堂工作专门召开这次座谈会，征求学生代表的意见，我们都很高兴。刚才几位同学的发言都挺好，我也有同感。我只想提一点建议，就是学生食堂在售饭时间上如何保障正常的教学秩序的问题。按学校规定，午饭是12点开饭，但食堂不少窗口11点半就开始卖饭了，而且经常如此。这样一来，下第四节课才去买饭的同学就吃不到热菜，买不到好菜。于是第四节课上不到11点半，有的同学就坐不住了，还有人建议老师提前下课。再一个是早饭问题，按规定7点开饭，7点半结束，可不少窗口到7点50分预备铃都响了还在卖饭。买饭晚的同学干脆把烧饼、油条带到课堂上吃，影响了课前10分钟演讲。我个人认为这种做法已影响到学校的正常教学秩序。希望食堂今后售饭严格遵守学校的作息时间表。就说这些。

这篇演讲是典型的"三部曲"式。开头紧扣座谈会的主旨、呼应前面的发言，让人觉得头开得很自然；主体部分谈个人意见有理有据，提的确实是应予纠正的问题；结尾谈希望时也点到为止比较得体。

相关链接1

演讲临场控制技巧

一、忘词的紧急处理

1. 专心致志。演讲者临场精力要高度集中，心无旁骛，牢记演讲第一，不管听众席或会场中发生什么情况，都不分心。

2. 以背代讲。事先通过反复练习，将讲稿快速地背上一遍又一遍，然后再按正常速度声情并茂地演讲。对于初次登台的演讲者来说，这确实是克服怯场情绪、避免忘词的一个办法。

3. 持稿备用：当脱稿演讲的把握不大时，就可以持稿上台，有备无患。演讲时万一忘词，就可以打开讲稿，瞥上一眼。

4. "跳跃"法。演讲中如果忘掉了一句或一段话，就干脆若无其事地跳过去，哪儿没忘记就从哪儿接着讲。如果隔过的这一段在演讲过程中又想起来了，不妨再补讲一番。

5. 插话法。在突然忘词时，演讲者临时向听众提出诸如此类的问题："后面的朋友能听清楚吗？如果能听清楚，请点一下头。"在等待听众反应的时间内想下边的内容。一旦想起来了，就可以说声："好，既然大家都能听清楚，我就继续讲下去。"

二、口误的紧急处理

1. 将错就错。口误不一定都必须纠正。讲错了某句话，如果听众没反应也无关大局，就可以将错就错，继续往下讲。

2. 表示否定。发生了重要的口误，自己也马上意识到了，就可以紧接着说一句表示否定的话，诸如"这样的观点我们当然不能同意"或"这种说法显然不对"，再陈述正确的观点。

3. "改弦更张"。觉察到自己说错了某句重要的话，马上用"换句话说"或"这也就是说"做过渡，将正确的观点用其他方式再讲一遍，以正视听。

相关链接2

为了悲剧不再重演

陶百姗

前些时，《青海日报》曾披露了这样一个事实：一个年仅9岁的小学四年级学生夏雯，因期末考试两门功课成绩低于90分，竟被亲生母亲活活打死。此后《羊城晚报》又报道，一个19岁的大学走读生，因成绩达不到与家长签订的"条约"规定，竟把自己的亲生父母活活勒死。当我从报上看到这些骇人听闻、触目惊心的消息时，我的心在哭泣。我哭夏雯小小年纪就惨死在分数线下，我哭名望甚高的大学教授也惨死在分数线下，我更为自己，为我们众多的老师而哭。

为了分数，我们年轻的教师们不得不放弃花前月下的漫步谈心；为了分数，我们的中年教师们不得不丢下全家老小，一心扑在教学上，从早到晚身心不离教室；为了分数，我们的老教师们不得不起早贪晚，任劳任怨，不知道什么叫老年健身迪斯科，顾不得头上银霜添了一层又一层。

分数,你牵动着多少家长的心灵;分数,你困扰着多少教师的日夜;分数,你操纵着多少学生的生命;分数,你制造着多少人间的悲剧……

敬爱的老师们,我们都为小夏雯的过早夭折痛心、流泪,可我们都静下心来,深刻地反思过吗?小夏雯的死,也有我们不可推卸的责任哪!

不知道从什么时候起,我们这些吃教育饭的人一说起学生的读书情况,自然而然地就是考试成绩多少哇,在班上名列第几呀,哪两个有希望进重点哪,然后把这种信息,一次一次地输送给家长。家长望子成龙、盼女成凤,于是老师、家长双管齐下,多重压力,将我们的学生,特别是毕业班的学生推进一个无边无涯的美其名曰"刻苦、勤奋、努力、拼搏"的苦海中去。就拿我任教的学校来说吧。初三的学生,每天早晨6点多到学校,要到晚上8点多放学,学生在校时间长达14小时,一天到晚各科教师走马灯似的上课、考试。所有的自习课都被6门主课承包下来,学生自己毫无自由支配的时间。这样一天下来已经疲惫不堪了,可有的老师晚自习下课后还要留一节课外辅导课,还要布置家庭作业。暑假、寒假的试题和作业当然更要加码,再加码。没有星期日,也没有节假日,有的只是名目繁多的试题、讲义。有一年国庆节放假两天,可有的班每个学生发了各类讲义28张,有的学生跳了起来,叫苦连天地说28张讲义就是夜以继日地做,也做不完,我们还不如不放假!所以,我们在报纸上经常能读到学生的呼吁信:"让我们从繁重的题海战役中解放出来吧!"但呼吁归呼吁,积重难返,"大气候"不变,"我自岿然不动"。所以,我们的学生只好在笔记本上倾吐心声:伟大的老师啊,您崇高得多像那光芒万丈的太阳。可太阳每天都能按时落山,老师啊,你怎么总离不开教室,离不开我们?!

说实在的,哪个老师的愿望不是美好的?哪个老师又不在为自己苦行僧般的生活叹苦经、发牢骚!哪个老师不知道享天伦之乐,度安乐之年?然而,为了维护那可怜的"尊严",为了争得那可怜的"声誉",为了顾及那可怜的"面子",一句话,为了摘取重点学校那几顶可怜的"桂冠",我们都心甘情愿地"春蚕到死""蜡炬成灰",与学生同甘共苦,战三九严寒,斗伏夏酷暑,就这样月复一月、年复一年地熬了过来。可学生毕竟是学生,"物极必反"是颠扑不破的真理。违背教育教学规律,违背青少年身心发展规律,强按牛头喝水,结果是什么?结果是导致了一种极为可怕的现象,厌学情绪在学生中潜滋暗长、蔓延扩散:学生中有在校得过且过的,有上课漫不经心的,有作业马虎应付的,甚至有铤而走险、离家出走,以至自杀轻生的。

讲到这里,我不由得想起晚唐诗人罗隐的诗句:"采得百花成蜜后,为谁辛苦为谁甜?"心中有说不尽的辛酸和苦楚。我们国家为改变落后面貌,多么需要大批有理想、有道德、有文化、有纪律的一代新人!然而,这一代新人中却有相当一部分厌倦学习,不想读书了。一篇中小学教育危境纪实的报告文学《神圣忧思录》,曾经震撼了多少教师的心灵!难道我们这些从事教育工作的人,还要再亲手编写一部《神圣忧思录》的续篇吗?

敬爱的老师们,为了小夏雯的悲剧不再重演,为了儿子残杀父母的恶性案件不再发生,让你,让我,让我们大家都从自己做起,为了学生的身心健康,为了他们的茁壮成长,让我们真正担负起教书育人的重大责任吧!少跟学生们打题海战役,多考虑我们教育改革的方案构想,不要让年事已高的巴金先生再颤巍巍地站出来呼吁"要给孩子以发展的天地",不要再让老人为"孩子们过早地失去童年"而痛心!

为了祖国的明天,拜托了!

学习思考

1. 对于演讲的意义,谈谈你的看法。

2. 演讲的基本要求有哪些?
3. 简述演讲技巧中态势语表达技巧包括的内容。
4. 演讲的临场控制技巧包括什么?
5. 有备式演讲的步骤是怎样的?
6. 演讲稿常见的开头和结尾方式有哪些?
7. 即兴演讲的具体要求是什么?
8. 即兴演讲常用的模式主要有哪些?

课后练习

一、为下面几段演讲词设计恰当的态势语并进行试讲

1. 我们民族历史上最灿烂的科学的春天到来了。我是上一个世纪出生的人,能参加这样的盛会,百感交集,思绪万千。

2. 我没有任何私心。我敢于把自己的任何思想向全国同胞袒露。如能在为祖国的自由和尊严而进行的光荣战斗中成仁,将是我的莫大幸福!

3. 朋友们,东方艺术楼动工的隆隆机声已经近了,已经听到了!我希望在中国的大地上建起广厦崇楼的同时,我们共同建造精神的崇楼!当我挖起动工第一锹土的时候,我将亲吻我亲爱的母校——南开大学的土地。今天,当日的梦境化为了现实。虽然马蹄湖已经是荷花香消,翠叶已残,然而我相信诸位的心头,现在是一片和煦温暖的春阳。

二、分别将下列语句"扩句成篇",并做即兴演讲练习

1. 尊师重教,贵在行动。
2. 不要透支明天的健康。

三、以"我最崇拜的人"为题,试用"三么"式做3分钟即兴演讲练习

四、根据下面两个演讲题目,各编拟出一个详尽提纲和一个概要式提纲

1. 时间的重量。
2. 人生的岔路口。

五、请从下列话题中任选,做命题演讲练习

1. 人生处处是考场。
2. 站在烦恼里仰望幸福。
3. 智慧总是在孤独中生根。
4. 不必要完美。

六、请围绕"青春"这个话题自拟题目,做自由命题演讲练习

有人认为,青春像一座山背负一路感伤;郭敬明也曾说,青春是道明媚的忧伤。你眼中的青春是什么样的?

子项目3 交 谈 训 练

交谈是指两个或两个以上的人有明确目的而进行的相互交流的活动。它是人际最广泛、最简便的言语交流形式。

任何人在日常生活与社交场合中,或为了交流思想感情,或为了建立良好的人际关系,总要与他人交谈。交谈可以说是生活的纽带、感情的桥梁、工作的手段。教师更是要学会交谈,善于

交谈，因为只有这样，才能及时地了解幼儿的思想动态，更好地与他们交流，更好地完成保育幼儿和教育幼儿的任务。

任务1 拜访接待训练

任务目标

一、知识目标
1. 了解拜访接待应该注意的问题。
2. 知道拜访接待的基本礼仪。
3. 掌握拜访接待的常用语。
二、技能目标
能够用恰当的方式进行拜访接待。

任务布置

请根据下列情境模拟拜访与接待。

［情境一］你和小李高中同学，大学不在一个学校读书，这一天你去拜访小李，交流了各自的学业及生活情况。

［情境二］你写了一篇文章，自我感觉不错，想请教一位有名望的老师指导，希望能在报纸上发表。

［情境三］教师节前夕两名同学前去拜访老师，汇报近来学习情况和思想动态，感谢老师在小学阶段对自己的启蒙教育。

任务实施

一、分组练习
1. 组内练习拜访与接待。
2. 找出并纠正拜访与接待中存在的问题。
二、分组展示
1. 小组代表展示拜访与接待。
2. 学生评价，指出存在的问题。
3. 教师评价，指出存在的问题。

知识储备

导入：请同学们说一说你去做客或你家来了客人，你是怎么说、怎么做的。

拜访和接待是人们常见的社会交往方式，是人际交往中必不可少的环节。借助于这种活动，人们可以增加了解、加深印象、沟通信息、增进交流。对不同的关系、不同的人群，要区别对待，因人而异，因事而异。一般说来，拜访和接待的语言，要体现出亲疏有别、远近有别、男女有别、忙闲有别，要把握谈话的分寸。

一、拜访

"拜"表示敬意，"访"表示有目的地探望并与之谈话。拜访是为了礼仪或某种特定目的而进行访问、会晤，可分为礼节性拜访、交友性拜访、工作性拜访、公关性拜访、外交性拜访等。无论哪种性质的拜访，都要注重礼节。

（一）拜访礼仪

（1）应选择适当的时间拜访，一般说来，清晨、吃饭、午休、深夜均不宜登门拜访。拜访前应事先和被访对象约定，要选择好拜访的时间、地点，不能随意冒昧前往。拜访时要准时赴约，万一因故迟到或取消拜访，应及时通知对方。拜访时间的长短应根据拜访目的和主人意愿而定，一般而言时间宜短不宜长。遇到另有来客，应前客让后客。

（2）到达被访人所在住地时，短促按门铃或轻轻敲门，进屋后应等主人安排好座位后再坐下。

（3）谈话要开门见山，不要海阔天空，要有时间观念，要有节得体。

（4）与主人的意见相左时，不要争论不休。对主人提供的帮助要致以谢意。

（5）要注意观察接待者的举止表情，当接待者有不耐烦或为难的表现时，应转换话题或口气；当接待者有结束会见的表示时，应立即起身告辞。告辞时要同主人说"再见"。

（6）拜访者要体现出应有的礼貌，要做到衣帽整洁、举止有度，要注意多用谦词、敬词，特别要注意小节，如抽烟、吐痰等都不可随意而为。对主人的敬茶、敬烟应表示感谢，如果自己要抽烟，应征得主人的同意。

（二）日常拜访用语

就日常拜访用语而言，包括进门语、寒暄语、会谈语和辞别语四个部分。

1. 进门语

短促按门铃或轻轻敲门。即使被拜访者的家门开着，也应该礼貌地问一声："请问，××在家吗？""屋里有人吗？"得到回答后方可进入。

（1）首次拜访，一般这样说："一直想来拜访您，今天如愿以偿了！""初次登门，就劳驾您久等，真不好意思！""真对不起，给您添麻烦来了。"

（2）再次拜访，一般只需简单地说一句"好久没有来看您了"，或者说："我们又见面了，真高兴。"关系密切的，不妨以玩笑的口吻说："我又来了，不招您讨厌吧！"

（3）回复拜访，一般可以这样说："上次劳驾您跑了一趟，我今天登门拜谢来了。"或者说："上次托您办事，一定给您添了不少麻烦，今天特地登门拜谢。"

（4）礼仪拜访主要是为了表示祝贺、看望、吊唁之情，进门语要与有关的祝贺、酬谢、唁慰的内容联系起来。如说："听说您的儿子已被××大学录取，特地赶来祝贺！""听说您生病住院，今天特地来看望你。"又如："好久不见，借您走马上任的东风，给老朋友贺喜来了。"

2. 寒暄语

（1）寒暄语的类型主要有3种：问候型、称赞型、起兴型。

（2）寒暄语应注意的问题：

① 话题应自然引出。寒暄的内容很广，诸如天气冷暖、小孩的学习情况、老人的健康状况以及最近发生的新闻趣事等，都可以作为寒暄的话题。但是，寒暄时具体谈什么要有所选择。例如：天气特别冷，可以从低温谈起；主人的小孩和老人在场，可以从询问小孩的学习情况，或者

从询问老人的健康状况谈起。

② 寒暄内容一定要符合情境、习惯，不可以随心所欲、信口开河，要避免犯禁忌。

③ 寻找共同点，建立认同心理。主人和客人都要善于挑选双方都有兴趣或有共同感受的话题，以求得心理上的接近或趋同。这样，可以为双方进一步交谈创造融洽的气氛。

3. 会谈语

（1）节制内容。会谈话题要集中，言简意赅。谈得太多，既可能影响拜访主旨的表达，又可能出现"言多必失"的情况，最终会影响拜访目的的实现。交谈时间宜掌握在半小时左右。

（2）节制音量。客人谈话应降低音量，保持适度，千万不要高谈阔论，敞开嗓门说话。

（3）节制体态语。客人应避免手舞足蹈、频繁走动、捶胸顿足、号啕大哭、指手画脚等动作。

4. 辞别语

（1）同进门语相呼应。例如礼仪性拜访，如果进门说"初次登门，劳驾您久等，真不好意思"，辞别语可以说"今天初次拜访，十分感谢您的盛情款待"。

（2）表示感谢，请主人留步。客人在辞别时，应对主人的热情款待表示谢意，并请主人留步。如："十分感谢您的盛情款待，再见！""就送到这里，请回吧。"

（3）邀请对方来自己家做客。客人告辞时，除对主人表示感谢外，还可邀请主人及家属来自己家做客。如："老同学，告辞了。您什么时候也到我家坐坐！"或"也请你们一家人来寒舍聊聊"。注意，邀请对方不可勉强。

二、接待

（一）接待礼仪

1. 热情迎接

客人登门时，首先要做到热情迎接。开门见面后，一般应起身握手相迎，要表达出自己的喜悦与欢迎之情，可以说"欢迎，请进，快请进来""欢迎，欢迎，请上座"等。如果知道来客姓名就直呼其名或称谓，以示亲切。如果想不起来客人的姓名，可以婉转地说："您今天这身打扮，我都快认不出来了，你叫……"询问姓名，要相机行事，若当着客人的面实在不好询问，就索性等客人走后再打听。

2. 诚心接待

客人进门要准备茶水，酒满茶半，左手扶住杯子底部上方三分之一处，右手托住杯底，双手奉茶，嘴上可以说"请""请品尝"。还可依据客人的爱好提供饮料、点心之类的饮食。与客人交谈时，态度要真诚，语气要平和，以聆听为主，应尽量让对方把话说完。对工作性拜访者，要做到平易近人，多用商量的口吻，比如："你看这样行不行？"对公关性拜访者，应多谈友谊之词，表达愿意合作之意，对能给予帮助的要不遗余力，对帮不上忙的事，可表示自己的歉意；对礼节性拜访者，要表达谢意，对对方所做工作给予赞美和肯定，比如："这样忙还来看我，真是太高兴了。"对亲朋性拜访者，则可以谈谈自己，也可以问问对方及其家人的情况，表达出关心之意。若是恰巧自己也要出门，应该和客人商量、进行安抚并致歉："真不巧，我有点急事，您坐，我出去一会儿就回来。"

3. 礼貌送别

客人要告辞，主人应该尽到诚恳挽留的义务，如客人执意要走，则不必强留。送客人至家门外并说些告别语，例如"一路顺风""有事常联系""慢走""欢迎再来"等，不要急于回转。客人请主人留步后，主人要目送客人走远，招手"再见"再回转。送完客人回屋时，不要急于关门，关门声音要轻,以免引起客人误会。

(二) 塑造好客主人形象

(1) 作为主人,首先应对来访者的进门语做礼貌周全、热情的应答,可以表示慰问或感谢。如:"我也想在家里同你聊聊。快请进!""我也懒,好久没到你那儿去了。""哎呀!上次已经打搅了,还让你再跑一趟,叫我怎样感谢你呢。"

(2) 在接待应酬中,主人要能够一见面就主动叫出来访者的姓名,这样可以迅速缩短主客之间的距离,建立友好关系。但是,在接待中,难免出现叫不出名的情况,这便需要用巧妙的语言加以掩饰。如说:"对不起,上次没听清你的名字。""你和××太像了,你的名字叫……"一般来说,长辈对晚辈、领导对下属、同辈之间可以直呼其名。而晚辈对长辈、下属对领导,应采用"姓加辈分"的称呼,如李大爷、张叔叔、赵老,或者"姓加职位"的称呼,如王局长、赵科长、程主任等。

(3) 谈话要因人而异。首先,谈话内容因人而异。作为主人应尽快弄清来访者的意图,以便迅速确定谈话话题,顺应客人的心愿,给客人以愉快的感受。相反,不了解来访者的意图,谈话就可能出现"话不投机"的尴尬局面。其次,谈话方式因人而异。来访的客人在年龄、性别、文化层次、职业以及来访的目的等方面都各不相同,这就要求主人要具备与各种不同的来访者侃侃而谈的本领。要做到这一点,就要在语速、音量、用语等方面因人而异。与老年人交谈,应注意语音稍大,语速稍慢;与小朋友交谈则应轻声细语;与文化层次较高的来访者交谈,则应使用文雅的语言。

三、拜访、接待应该注意的问题

(一) 创造良好的氛围

无论是拜访还是接待都需要有宽松和谐的氛围,虽然有主动和被动之分,但双方都要以诚相待。亲切自然、热情周到、耐心细致、平易近人是拜访、接待最理想的氛围。

(二) 把握谈话的分寸

拜访和接待是社交形式,对不同的关系、不同的人群,要区别对待,因人因事而异。

无论是访友,还是待客,都要注重交际双方的身份、地位,说话时要大方、有礼、有节、适度、得体。

(三) 力戒不受欢迎的言行

最后应注意避免出现一些在人际交往中不受欢迎的言行,比如:喋喋不休,不拘小节,随便许诺,喜好争辩,说三道四,背信弃义,耍小聪明,悭吝小气,刨根问底,得寸进尺,高深莫测,唯我独尊,挑肥拣瘦,虚伪做作,传播隐私。

任务 2 劝说沟通训练

任务目标

一、知识目标
1. 了解劝说沟通常见形式。
2. 掌握劝说沟通的基本方法。

二、技能目标
能够用恰当的方式劝说沟通。

任务布置

请根据下列情境，设计劝说沟通语，并演示。

［情境一］假设你是幼儿园老师，上谈话课，请小朋友们说说喜欢的食物。小朋友们一时兴奋，变得吵吵闹闹，请他们安静一下。

［情境二］假设你是班主任，你们班的许松在书桌上乱写乱画，同桌告诉老师，他不服气，说不是他一个人这么做，并且还说要好好收拾同桌。请你与许松沟通，并说服他改正错误。

［情境三］假设你刚刚入职，单位培训新进职员，你们小组有好几个人在培训时玩起了游戏，部门主任对此不满，作为组长，请你与组员沟通解决这一问题。

任务实施

一、分组练习
1. 组内练习劝说沟通。
2. 找出并纠正劝说沟通中存在的问题。
二、分组展示
1. 小组代表展示劝说沟通。
2. 学生评价，指出存在的问题。
3. 教师评价，指出存在的问题。

知识储备

导入：请同学们阅读《触龙说赵太后》，说说触龙是用了哪些方法说服赵太后的。

每个人都有自己的世界观、人生观和价值观，所以有时候人与人之间会出现意见相左的时候，为了消除误会、分歧或者纷争，我们要学会劝说沟通。劝说沟通在现实生活中有着重要意义，是消除烦恼、化解矛盾、调解人际关系的口语表达形式。在进行劝说沟通时要讲究方法，把握时机，还要注重语言艺术。这样才能使劝说沟通收到理想的效果。

一、劝说

（一）劝说的方法

1. 晓之以理

人们的领悟力有强弱之分，道理也有大小之分，对于领悟力强的人，可以讲大道理，对于领悟力弱的人，可以讲小道理，用委婉、征询的口气，循循善诱，使对方接受自己的意见。例如：

《烛之武退秦师》中记载了这样一段历史：晋、秦围郑，郑国危在旦夕。关键时刻，烛之武挺身而出，他采取了站在对方的立场上、替对方考虑的劝说方法，为秦君分析了亡郑对于秦国有没有好处。原来，灭亡郑国，仅仅是增加了晋国的实力，秦国不仅得不到任何好处，反而使自己的力量相对减弱了，这当然是秦国所不希望的。亡郑，对秦有百害而无一利；舍郑，对秦有百利而无一害。晓之以理的结果是，秦国不仅退了兵，而且留下了三员大将帮助郑守国。

2. 动之以情

俗话说：伤树莫伤根，伤人莫伤心。劝说对方，不仅要晓之以理，也要动之以情，用真情、诚信感化对方，使之心悦诚服地改变立场、态度和观点。例如：

曹操大兵压境，东吴何去何从，急需孙权早做决断。如何让主公听从自己的正确建议，《资治通鉴·赤壁之战》中鲁肃一番推心置腹的话感人至深："今肃可迎操耳，如将军不可也。何以言之？今肃迎操，操当以肃还付乡党，品其名位，犹不失下曹从事，乘犊车，从吏卒，交游士林，累官故不失州郡也。将军迎操，欲安所归乎？"真诚的话是最感人的，也最容易让人接受，孙权听后大受感动："诸人持议，甚失孤望。今卿廓开大计，正与孤同。"

3. 衡之以利

趋利避害是人的本性之一，说服对方可以换位思考，设身处地为对方指明利害关系，权衡利弊，实现利益最大化。例如：

《廉颇蔺相如列传》中，当赵王问："取吾璧，不予我城，奈何？"相如曰："秦以城求璧，而赵不许，曲在赵；赵予璧而秦不予赵城，曲在秦。均之二策，宁许以负秦曲。"蔺相如指明了"不予璧"的利害关系，有的放矢地说服了赵王，赵王派蔺相如"奉璧西入秦"。

（二）劝说的技巧

1. 善用比喻，巧借名言

用生动浅显的比喻说服他人更易让对方领悟接受。尤其是一些难以表述清楚的复杂问题，用比喻的方法说出来就会深入浅出、化抽象为具体。例如"快嘴"龙永图在向大家解释复杂的世界贸易组织的贸易问题时做了这样的阐释：

"加入世界贸易组织，一旦发生贸易摩擦，对我们中国有什么好处？这就好比一个大个子和一个小个子打架，大个子喜欢把小个子拉到阴暗角落里单挑，而小个子则愿意把冲突拿到人多的地方去，希望有人出来主持公道。我们之所以愿意通过世界贸易组织多边争端机制解决问题，也就是想让大家来评评理。"

名言警句易于流传，是浓缩的精华，有很强的公信力，在说服别人的过程中，把它作为言简意赅的理论依据，效果会很明显。

2. 调节气氛，以退为进

当说服处在僵持状态时，如果盛气凌人、气氛紧张，这种说服往往是要失败的。因此，采取以退为进的方法很有效。

一次法学家王宠惠在伦敦参加外交界的宴会时，有位英国贵妇人问他："听说贵国的男女都是凭媒妁之言，双方没有经过恋爱就结成夫妻，那多不对劲啊！像我们，都是经过长期的恋爱，彼此有深刻的了解后才结婚，这样多么美满！"王宠惠笑着回答："这好比两壶水，我们的一壶是冷水，放在炉子上逐渐热起来，到后来沸腾了，所以中国夫妻间的感情起初很冷淡，而后慢慢就好起来，因此很少有离婚事件。而你们就像一壶沸腾的水，结婚后就逐渐冷却下来，听说英国的离婚案件比较多，莫非就是这个原因吗？"

王宠惠以退为进，在巧妙的比喻中缓解紧张气氛，也柔中带刚地维护了中国人的尊严。

3. 列举事实，活用数据

事实胜于雄辩，活生生的数据最能让人折服。一位导游在向游客介绍岳阳楼时是这么说的：

这就是驰名中外的岳阳楼，它与武昌的黄鹤楼、南昌的滕王阁合称江南三大名楼，素有

"洞庭天下水，岳阳天下楼"的美誉。它原是三国时代东吴的鲁肃训练水师的阅兵台。唐代建为岳阳楼，宋代由巴陵县令滕子京主持重修，整个楼阁为纯木结构，重檐盔顶，1984年落架大修后重新开放。现在楼高20米，由4根楠木柱支撑，楼顶就像古代将军的头盔。全楼没有一颗铁钉，在力学、美学、建筑学、工艺学等方面都有杰出的成就。现在，楼内藏有清代刻的《岳阳楼记》屏雕，大家要想领略"衔远山，吞长江，浩浩汤汤，横无际涯"的风光，请随我登楼观赏。

导游员讲历史、说现实、摆数字、引古文对岳阳楼做简要说明，带领游客步步向前。

4. 抓住真理，以刚制刚

有真理就有说服力，但是遇见不讲理的人怎么办？只有以刚制刚了。威胁的话语能够增强说服力，但是，在具体运用时要注意态度友善，讲清后果，程度不能过分。有一烟民入商场买烟后，点燃便抽，售货员以店规不许抽烟而阻止。烟民非但不听，还振振有词责问商店何以要卖烟。两不相让，进而发展到争吵。商店经理闻声而至，问明情况，笑着拍了拍烟民的肩膀说："按你的意思好像并非无理。是啊，商店不让抽烟，为什么要卖烟呢？不过，我们商店还卖手纸呢。"围观的众人不禁大笑，烟民顿时脸上发红，二话没说，掐了烟头，讪讪离去。

二、沟通

沟通是人与人之间、人与群体之间思想与感情的传递和反馈的过程，以求思想达成一致和感情的通畅。它有三大要素：要有一个明确的目标；达成共同的协议；沟通信息、思想和情感。沟通是信息传与受的行为，发送者凭借一定的渠道，将信息传递给接收者，以求对方完全理解发送者的意图。

（一）常见的沟通模式

1. 语言沟通

语言是人类特有的一种非常好的、有效的沟通方式。语言的沟通包括口头语言、书面语言、图片或者图形。

口头语言包括我们面对面的谈话、开会等，书面语言包括我们的信函、广告和传真，甚至用得很多的 E-mail 等，图片包括一些幻灯片和电影等，这些统称为语言的沟通。

2. 肢体语言的沟通

肢体语言包含的内容非常丰富，包括我们的动作、表情、眼神。实际上，在我们的声音里也包含着非常丰富的肢体语言。我们在说每一句话的时候，用什么样的音色去说，抑扬顿挫地说等，都是肢体语言的一部分。

我们说沟通的模式有语言和肢体语言这两种，语言更擅长沟通的是信息，肢体语言更善于沟通的是人与人之间的思想和情感。

（二）有效沟通的基本原则

1. 交代问题的背景信息

问题越复杂，这个原则越重要。有时，我们想当然地认为听众和我们一样了解问题的背景信息，可以牢牢把握所要讨论的问题，想当然地认为你的听众会领悟你没有直接表达的意思，但实际上，可能很多听众对这些信息根本一无所知。当我们拿不准的时候，最好能清楚地讲明背景信息。

2. 不要将主观看法当作客观事实

客观命题的真假判断是没有争议的，但主观命题有，我们不能对主观命题的真假做出随意的判断。如果想让某个主观命题被大家接受，就必须为它做论证。

3. 避免使用双重否定

有时候，使用双重否定会给人带来困扰，因为语句表面上听起来是否定但实际上是肯定。为了避免歧义，最好直接表达本意，不要使用双重否定句。不要说"这里不是不欢迎她来"，直接说"这里欢迎她来"。

4. 根据对象选择合适的语言

不要对着外行人使用业内行话，沟通的关键是理解。最忌讳两件事：一是对人讲话态度傲慢；二是故作高深，让人云里雾里。

5. 避免使用模糊和多义的语言

模糊和多义是制约有效沟通的两个典型因素。模糊和多义的语言共同的缺点是没有一个固定的无可争议的内涵。一个词语的指代物不明确，那就是模糊的。如"人们不喜欢那样的音乐"，听者不会明白到底是哪种音乐。一些词如"爱""公平""善良""邪恶"等都是抽象词，本身含义并不是绝对统一的。因此，在使用这类词语时，必须对其做出准确的理解。在你试图说服别人某件事情是不公平的之前，你要告诉他们你是如何定义不公平的。另外，如多义词，包含多重含义，为了避免造成歧义，应该清楚地表明本意。

（三）教师与学生的沟通

沟通与幼儿教师的工作密不可分。与幼儿真诚对话，赢得他们的喜爱和信任，帮助他们健康成长是幼儿教师达成工作目标的保证。同时，与家长和谐相处，跟他们友善沟通，能使教师的教育教学工作事半功倍。

1. 与孩子沟通的准备

（1）怎样称呼孩子。

第一次见面或者在不熟悉孩子姓名时，称呼其为"小朋友"；去掉姓直接称呼孩子的名；重叠称呼孩子名字中的某一字；跟着家长称呼孩子的昵称；名字后面加"小朋友"；正式而重要的场合称呼姓名。

（2）选择与孩子沟通的时机。

入园和离园是与幼儿沟通的好时机。另外，要避免在不当的时机与幼儿沟通，如，孩子专心致志于某一件事时，孩子正在发脾气时，都不是最好的沟通时机。

2. 与幼儿沟通的语言技巧

（1）语言的选择。

首先，要选择词义简明、具体、孩子易于理解的词语。与幼儿沟通时，少用一些多义词、生僻词或有比喻义的词；对孩子说话要具体，而不要用一些笼统的词语。只有这样，孩子才会明白自己的哪些行为是得到肯定的。注意：幼儿教师语言的儿童化并非是跟着孩子说一些"叠词"，如吃饭说成吃饭饭，喝水说成喝水水等。这样不利于幼儿的语言发展。

其次，要使用正面的语言。告诉幼儿应当做什么，而不是指出不应当做什么。

再次，要用幼儿乐于接受的语言，如拟人化、比喻化说法。例如：

活动后，小明在搬椅子回座位时，重重地拖椅子，发出很大的声音。对这种情况，教师可以说："我听见小椅子喊疼，是哪个小朋友把椅子的腿拉疼了呀？轻点好吗？"

最后，要多用描述性的语言，少用评价性的语言。

描述性的语言如："明明的小耳朵可真灵""你发现了别人没发现的问题""你把书皮撕了，图书多疼啊"。

评价性的语言如："你是个好孩子""你真聪明""你真棒""你怎么这么调皮""你这个捣乱的孩子"。

(2) 语气、语调的选择。

"低声"是比较容易让幼儿接受的沟通方式，而对孩子大声呵斥，对你和孩子的沟通会起反作用；亲切柔和的语气能让孩子更愿意与你沟通；放慢语速，有利于走进孩子的世界。

(3) 与幼儿沟通时语言上需注意的其他问题。

第一，不说反语、讽刺性的语言；第二，不说恐吓性的话语，如小孩不睡觉就说"你再不睡觉，我们班就不要你了"；第三，不用命令式、警告式的句型说话，如"我警告你……""你最好赶快……"；第四，少用表达沮丧、失望的句子，如"怎么会遇上你这种孩子""你太让我失望了"，这些话会让孩子怀疑自己的价值。

3. 促进与幼儿有效沟通的方法

(1) 教师要认真倾听与应答。

当孩子要和老师说话的时候，老师应放下手头的事情，看着孩子的眼睛，认真倾听；同时，要不时发出"哦""嗯""这样啊"等回应性的语言向孩子传达"我在听着"的信息，让孩子知道老师正在倾听他们的诉说。

(2) 教师要起引导作用。

与幼儿沟通时，老师的引导是很重要的。巧妙的引导能起到缓和情绪、道出原委、接受教育的作用。

① 肯定幼儿的感受。如对惧怕打针的幼儿，要肯定他的感受，对他说："打针是有一点不舒服，但你真勇敢，一点也没哭。"（对想哭还没哭的孩子）"打针有点疼吧？可你只哭了一下就停了，下次会更棒，对吗？"（对刚哭的孩子）；"我还以为打针不舒服大家都会哭呢，原来咱们班小朋友都很勇敢，真是长大了。老师觉得很骄傲！"（对多数孩子没哭的情况）

② 肯定孩子的努力。如孩子因为扣不上自己衣服上的纽扣在哭，你可以说："你能将小纽扣和扣眼对上，真棒，再让它用力钻出来，试一试，用手指往上顶，一定能成功！"

③ 学会将球抛回给孩子。如孩子问："老师，雨是从哪里来的？"老师："这是个有趣的问题。你是怎么想的？"可能孩子会很乐意对你说出他的理解。

④ 装装小糊涂或故意充当"弱者"。在孩子的心目中，教师无所不能、无所不知。如果偶尔发现教师也有弱点，而且需要他们的帮助时，孩子会喜出望外，会尽最大的努力帮助教师，这时再与他们进一步沟通会容易得多。

(3) 其他好用的沟通技巧。

① 给孩子一个选择的机会。当孩子不肯服从某个要求时，教师可以围绕这个要求的最终目的，在方式或数量上给孩子一个选择，给孩子的抗拒情绪设一个缓冲区。如午睡后，孩子不肯起床。教师就建议说，你是希望自己悄悄起来穿好衣服呢，还是让老师大声数十下起来？孩子出于游戏的心理，通常选择自己悄悄起来。要注意的是，给予孩子的选择应该围绕完成要求本身。主要是形式或数量上的选择，而行动的结果是不可选择的。否则，选择就无效了。

② 给孩子一个台阶。跟父母、老师发生争执后，孩子也需要一个台阶下，这时，不妨给孩子提供一个选择的机会，能有更好的沟通效果。一小孩在吃饼干的时候，坚持要拿两块，家人不给，她就哭闹，后来，家人把她手中的那块饼干掰成两块，分别放在她两只手中。这小孩也就觉得满足，不再哭了。

③ 鼓励孩子善用身边的资源。例如，孩子："老师，今天的红豆糕很好吃，是怎么做的？"你可以对他说："我觉得你可以去问问为我们做点心的师傅。"

④ 重视幽默的力量。有的孩子中午起床后不愿意自己穿衣服,想让老师帮他穿,老师可以故意把裤子穿在他的胳膊上,或者把袜子套在他手上。之后,他就会告诉你穿错了,于是他自己可能就会自己动手穿衣服了,还会对你说:"老师,你穿得不对,应该是这样穿的。"

⑤ 利用以退为进的方法。孩子任性的时候正面教育往往一时起不了作用,这时可以以退为进,先让孩子说说他的愿望,这样可以使孩子情绪稳定下来,比较容易找到沟通的切入点,让他意识到自己的错误,改善自己的行为。如下例:

一个叫子浩的孩子上了大班还天天哭。园长知道了,把子浩带到园长室玩。对他说:"子浩,你这么个可爱的孩子整天哭什么呀?"他不好意思了。"告诉我,你还准备哭几天?""十天!"他调皮地说。"十天?好,这是你说的哦!"园长当真拿出纸和笔,一边写一边说:"子浩说他还哭十天。"孩子着急了:"不行,不准写!"园长故作认真,孩子知道这是不光荣的事,坚决不肯。于是园长说:"好好,这个不算,重来。你说还准备哭几天?""哭一天行了吧!"园长重新记录:子浩说还准备哭一天。"那你说话不算数怎么办?""算数!""我看这么办吧!如果你反悔,我就挠你的痒痒。"园长真的快速地挠了挠他的胳肢窝,孩子笑成了一团。然后园长一本正经地把纸上的字读了一遍。最后跟孩子达成了"协议",把纸条贴在办公室的橱门内侧。此后,孩子果然遵守承诺,渐渐地不哭了。(孙秀芬《教育无痕》,《幼儿教育》2007年第4期,有删改)

任务3　求职应聘训练

任务目标

一、知识目标
1. 了解求职应聘口语的特点。
2. 知道求职应聘面试应该注意的问题。
3. 掌握求职应聘口语技巧。
二、技能目标
能用求职应聘口语技巧模拟求职面试。

任务布置

根据下面的情境模拟求职面试。
[情境] 某幼儿园招聘幼儿教师,下面是该幼儿园的招聘启事。

招 聘 启 事

我园因工作需要,现公开招聘幼儿教师10名,具体应聘要求如下:
一、基本条件
1. 2021年应届学前教育专业毕业生,专科及以上学历。
2. 热爱幼教及相关工作,品学兼优,有爱心,有责任感,有良好的团队协作精神。
3. 具备教师资格证。
4. 身体康健,相貌端正,年龄在20~30岁,身高1.55米以上,男女不限。
二、报名时间:2021年5月8—16日
三、报名地点:××幼儿园人事科(办公楼201室)

四、联系电话：0000-12345678
五、联系人：张老师、李老师

××幼儿园
2021 年 4 月 5 日

任务实施

一、分组练习
1. 组内练习求职面试。
2. 找出并纠正求职面试中存在的问题。
二、分组展示
1. 小组代表展示求职面试。
2. 学生评价，指出存在的问题。
3. 教师评价，指出存在的问题。

知识储备

导入：随着社会经济的发展，人事制度改革日渐成熟。高校毕业生与用人单位基本上都实行了双向选择。面对人才市场的激烈竞争，如何在强手如林的竞争队伍中脱颖而出，得到用人单位的青睐，掌握求职应聘技巧尤为重要。

一、求职应聘口才的意义

求职应聘是利用自己所学的知识和技能，向企事业单位寻求创造物质财富和精神财富、获取合理报酬、作为物质生活来源的一种过程。求职应聘口才是指在求职应聘过程中，求职应聘者运用准确得体、恰当有力、生动巧妙、有效的口语表达策略，取得圆满的求职应聘效果的口语表达的艺术和技巧。简言之，就是求职应聘者在应聘过程中进行语言表达所表现出来的一种才能。

求职应聘口才在求职应聘过程中犹如一柄护身的利剑，将助求职应聘者过关斩将，走向成功的就业之路。

主持人杨澜在北京外国语学院读大四时，正碰上中央电视台招聘《正大综艺》节目主持人。在应试中，主考官猝不及防地问她："你敢不敢穿'三点式'？"杨澜面对这个难题，采取了界外答问，收到了很好的效果。

杨澜说："这与社会环境很有关系，如果在外国裸体浴场，'三点式'不见得就显得开放，而在中国，穿'三点式'不符合人们共同的审美价值标准。"

杨澜跳出考官们用选择疑问句所设的圈套，以界外答问，大处着眼，举例佐证，举重若轻地回答了这对当时女孩子来说最敏感、最棘手的难题，最终从美女如云的竞争对手中脱颖而出，谋得了中央电视台主持人的职业，从此走上传媒职业者的人生之路。

求职应聘口才是一个人各种能力的外在标志，是求职应聘者综合素质的具体体现，是求职应聘者专业能力的扩大和延伸，是求职应聘和经营、交往的现实需要。强化求职应聘口才训练已经成为广大求职应聘者的迫切要求。

二、求职应聘口语的特点

在求职应聘过程中使用的口语，我们可称之为求职应聘口语，它主要有以下特点：

（一）目的性

在面试考场上，求职应聘者运用简洁、坦诚而富有个性的语言进行自我介绍、回答问题等，是为了让面试单位认可自己的实力与价值，以获得理想的职位，具有很强的目的性。

（二）自荐性

自荐性强，是求职应聘口才区别于其他口才的一大特点，这是因为求职应聘行为就是为了把自己成功地推销出去。作为求职应聘者，除了平日积淀的良好思想修养和专业素质外，还要做到知己知彼、有备而来、彬彬有礼，还要敢于毛遂自荐、自信自知、有的放矢。

（三）艺术性

求职应聘口才不仅是自身能力的体现，更是求职应聘技巧的体现。求职应聘面试是通向职场成功的第一步，因此求职应聘者不仅要赢，而且要赢得漂亮。要想赢得让人记忆深刻，求职应聘者在面试时就要做到审时度势、随机应变、别具一格，突破招聘人员的问话限制，把话说得耐人寻味、富于艺术鉴赏性。

三、求职应聘口语的技巧

（一）自我介绍的口语技巧

求职应聘者在应聘时经常会进行简短的自我介绍。自我介绍是向别人展示自己的一个重要手段，自我介绍好不好，直接关系到给别人第一印象的好与坏及以后交往的顺利与否。同时，自我介绍也是认识自我的手段。

1. 自我介绍的特点

（1）简短性。求职应聘者的自我介绍一般都要在3～5分钟内完成（有的甚至只有1分钟），应聘者要针对用人单位的需要，将对方最感兴趣和自己美好的一面展现出来，引发对方的探究欲望。

（2）概括性。语言简明扼要，给招聘者一个整体印象。

（3）重点性。详略得当，有主有次，重点介绍自己的能力与应聘岗位的匹配及发展潜力。切忌胡子眉毛一把抓，不假思索脱口而出。

（4）条理性。自我介绍要层次清晰，有条不紊，具有较强的逻辑性。

（5）新颖性。自我介绍的内容和语言组织要有新意，能对招聘者产生吸引力。

2. 自我介绍的种类

（1）直白式。直白式就是简简单单、直截了当地告知招聘方自己的有效信息。例如："我叫××，是××人，××学院毕业，学的是××专业，学制×年，××学历……"

（2）文雅式。文雅式就是把话说得很规范而且有文采，显示出深厚的文学功底。例如："鄙人××，祖籍湖北襄阳，就学于××学院，主修专业为××，学制3年……"

（3）成果式。成果式就是着重展示自己的成果，用成果去抓住并打动招聘方的心。例如："我叫×××，××人，××大学××专业，曾经获得全国大学生科技创新奖，获得湖北省大学生英语演讲比赛三等奖，荣获国家奖学金一次，公开发表学术论文×篇……"

（4）幽默式。这种介绍能够在短时间内拉近求职应聘者与招聘者的心理距离，也可以使面试过程轻松愉快。例如:"我叫李小溪,知名度堪比小溪流。生于××省,一介草民;专科毕业,普通院校;其貌不扬,性格不错;成绩可以,特长颇多……"

(5) 职务式。借助于职务的列举来显示出自己的学识水平与技术或组织能力。例如:"我叫×××,××学院××专业毕业,我坚信实践出真知,所以在学院学生会担任社团部部长,在社会实践中先后兼任过两家公司的总经理助理;我热爱科学,在校期间担任过两届学生科技攻关小组组长……"

3. 自我介绍的基本要求

(1) 内容要有针对性,分场合、分岗位设计内容,把握时间、重点突出,不可千篇一律。

(2) 语速适中,口齿清楚,用语规范,避免出现交流障碍。

(3) 禁忌吞吞吐吐,前言不搭后语,话语太长,满口套话,过分自谦。

(二) 引发共鸣的口语技巧

求职应聘的过程是一个双向交流的过程,求职应聘者表达的内容能否引起招聘方的共鸣非常重要,因此必须掌握引发共鸣的特点、种类和要求。

1. 引发共鸣的特点

(1) 契合性。求职应聘者所阐述的内容必须和招聘者所希望听到的内容相一致。一致的程度越高,招聘者产生的兴趣就会越大,求职应聘者被录用的希望也就越大。这不仅要求求职应聘者具有良好的驾驭语言的能力,同时还要具备敏锐的观察与判断能力。

(2) 典型性。既指求职应聘者表述的内容及形式在招聘者心目中引起的共鸣面最广,也指求职应聘者表述的内容或形式在招聘者心目中引起的共鸣程度最深或共鸣的时间最久,还指某一求职应聘者表述的内容或形式被招聘者认为是众多求职应聘者中最突出的。一般来说,共鸣度越高,共鸣面越广者,应聘成功的概率相应也就越大。

(3) 感染性。指求职应聘者表述的内容或形式既能引起招聘者的共鸣,又能产生认可和叹服、欣赏。也就是说,求职应聘者所表述的内容或形式直接感染着招聘者。感染程度越深,应聘成功的概率自然也就越高。

2. 引发共鸣的种类

(1) 悲剧式:讲出自己不同于常人的悲惨境遇,如家境、身体、经历等,因为人们普遍都有对于弱者的同情心,对于可怜者的怜悯心。

(2) 喜剧式:用幽默、风趣、讥讽或自嘲等方法来激发招聘者的笑神经,在其心目中建立起良好的初始印象。

(3) 实用式:求职应聘者要学会用语言去提醒或引发(激发)招聘者,使招聘者感到求职应聘者的知识与技能确实对自己有用。

3. 引发共鸣的基本要求

(1) 共鸣要合情合理,既合乎求职应聘者自身的情况,又符合招聘方现实的需要。

要准备好共鸣的后续事项,如进一步地深入论辩,或是具体的实务操作等;注意共鸣的经济效益和社会效益,而且求职应聘者所发出的共鸣都只能是正效益。

(2) 注意从现场的各种因素中发现共鸣点。

例如校友之间、同乡之间、同行业岗职之间等,都是很好的共鸣点,并注意从招聘方的话语中间捕捉共鸣点。

求职应聘引发共鸣还要注意避免判断失误,引不起共鸣,求职应聘者自己"剃头的挑子一头热";共鸣点太肤浅或准备不足,无法继续深入,给招聘者留下不成功的投机印象;共鸣点与所应聘的团队及岗位关联不紧，甚至毫无关联，引不起招聘者的兴趣；共鸣的题材太敏感，他人唯恐避之不及；共鸣时的表现太激烈，暴露了求职应聘者的性格弱点。例如：

　　小李是某职业技术学院的高才生，主学数控，选修文秘，应聘某知名集团公司的文秘岗位。面试中双方谈得非常愉快，快接近尾声时，人力资源主管问她："对你来说现在找一份工作是不是不太容易，或者说你很需要这份工作？"小李回答说："那倒不见得。"结果没有被录用。

　　小李这句话，客观上可能是想表现自己的不卑不亢，主观上却流露出了一种傲气。如果回答"我希望得到这份工作，也自信有能力做好这份工作，但如果你们还有更合适的人选，我会尊重你们的决定"，或许这份工作就得到了。

（三）展示亮点的口语技巧

亮点就是优势，求职应聘时展示亮点就是增加胜算。

1. 展示亮点的特点

（1）适用性：求职应聘中的亮点首先就是要对招聘者有用，最好还是对方迫切需要的。

（2）突出性：优势有大小的差别，何为大、何为小虽然不好具体界定，但一定要是最突出的，或者是求职应聘者身上最突出的，或者是这批应聘者中最突出的，或者是招聘者眼前最需要的。总之，符合的项数越多越好。

（3）潜在性：有些优势暂时没有表现出来（比如研究能力），但只要求职应聘者具备良好的素质，有见地的招聘者常常也会慧眼独具、视其为优势的。

（4）转化性：相关的优势之间常常可以相互转化。对于某些急需行业或技术而言，在一时找不到更理想的应聘者的前提下，聪明的招聘者往往也会将这些可能转化的相关优势直接作为急需优势来加以吸纳利用。

2. 展示亮点的种类

（1）工作式：在实际工作中发现自己的优势，并用生动精当的语言陈述表露出来。

（2）技术式：在应用技术中发现自己的优势，并用生动精确的语言陈述表露出来。

（3）生活式：在日常生活中展露某一项独特的本领，形成自己的优势，让别人用生动精当的语言陈述表达出来，并不断地传扬开去。

（4）特殊式：求职应聘者只要具备了某一项较为独特的本领，都可以而且应该寻找到急需的相关行业并展露出来。

（5）发展式：发展好自己的优势主要包含两层意思：第一，任何优势都是从小到大发展而成的，假如求职应聘者已经具备了某一稀缺的优势萌芽，就应该加紧培植，让其迅速成长壮大；第二，任何优势都是不断发展和前进的，即使求职应聘者已经具备了某一明显的独家优势，仍然应该不断发展完善，万不可停滞、封闭，否则最终仍可能会被他人取代。

3. 展示亮点的基本要求

（1）亮点越多越好，亮点越突出越好；亮点与所求聘的岗位关系越紧越好，亮点表述越生动风趣越好。

（2）要从招聘单位或岗位职责中最薄弱的环节去寻找并展示亮点，重点展示职业亮点而不是性格亮点。亮点要与自我介绍形成一致，有鲜明的现实效益性和可操作性。

（3）展示亮点不能无中生有或者随意夸大，经不起招聘方的检验。亮点与自我介绍不能前后矛盾，不能让招聘者怀疑其真实性；不能把职业亮点与性格亮点混为一体，使亮点的分量太过微薄，引不起招聘方的兴趣。

（四）解释弱项的口语技巧

金无足赤，人无完人，每个人都有自己的短板，如何化短为长，赢得招聘者的好评，是需要一些技巧的。

1. 解释弱项的特点

（1）同情性：求职应聘者所展示的弱项必须是能使人产生同情的弱项。

（2）可塑性：人们之所以能接纳、同情求职应聘者的弱项，目的并不是欣赏，而是希望能亲手给予改变——这种改变往往可以激发他人的功业感和自豪感。所以求职应聘者所表现出来的弱项一定是可以改变的弱项，而不能是僵死有害的痼癖。

（3）无害性：求职应聘者所显露出来的弱项还必须是安全的，即对他人或团队不会产生任何妨碍（包括物质与精神等），否则，招聘者即使想同情也不敢去同情了。

（4）缘由性：求职应聘者所显露出来的弱项还应该是有缘由的，这个缘由可以是生活经历、成长环境或家庭经济状态等。总之，必须符合现实中的因果关系，必须让人理解并看到可以改变的前景。

2. 解释弱项的种类

（1）性格式：暴露某一方面的性格弱点。首先，要全面分析自己的性格类型。其次，必须评判好自己的性格弱项与公众的相容性。

（2）技术式：显示个人专业技术上的弱项，并估测这个弱项的改进可能以及对应聘的工作岗位的影响。

（3）知识式：展示自己某一方面的知识缺陷，同样也应正视这个缺陷的弥补可能，以及是否会对应聘的工作岗位产生影响。

（4）身体式：展示自己在身体方面的某些不足，同样也得正视这个不足，是否有其他的代偿功能，是否会影响应聘的工作岗位。

（5）心理式：暴露自己在气质、心理方面的弱点，同样需要先全面分析自己的气质类型、心理定式等及其产生或形成的原因，然后再评判自己的这些气质、心理弱项在生活中的危害程度及改进可能，充分考虑到公众的相容程度等。

3. 解释弱项的基本要求

（1）说话注重客观性，一分为二或者一分为三。掌握好弱项与岗位、职业的关系，无关的弱项一般不必说出。要在综合分析的基础上来展示弱项，让招聘方觉得可信却不可怕。

（2）亮点为主，弱项居次。所展示的弱项一定不能构成对岗位或职业的危害，所展示的弱项应该具有可补性。

（3）禁忌：完全不展示弱项，招聘者会觉得求职应聘者言过其实；夸大弱项或者弱项太多，让招聘者感到害怕；弱项明显对工作或团队有害，而且无法克服、更改，为安全起见，招聘者只好忍痛割爱。

（五）应对尴尬的口语技巧

面试过程是一个智力较量的过程。招聘方提出的问题中，最让应聘者感到棘手的是一些令人尴尬的问题，而这些问题最能帮助招聘者发现问题，检测性格特征、心理素质等。那么，求职应聘者如何应对尴尬问题呢？

1. 应对尴尬的技巧

（1）承受尴尬。求职应聘者经受尴尬的锻炼，学会从尴尬中寻求解脱，重觅新路，创造出"柳暗花明又一村"的新境界来。

（2）急中生智。求职应聘者在紧急状况下快速反应，力求在最短的时间内做出合理的选择，拿出比较科学正确的解决办法。

（3）仿真训练。模拟相似的应聘情境，锻炼自己抗挫和应变的能力等。

2. 应对尴尬的基本要求

（1）镇定不慌乱，争取时间，尽可能在最短的时间内拿出解决办法；奉行无伤害原则，既解决问题，又不会影响招聘方的要求，还不至于伤害其他方的利益。

（2）礼貌不拒绝，记住求职应聘口才的"二十四字法则"——有备而来，有的放矢；巧问妙答，谦虚自信；表现能力，展示风度。

（3）切忌临阵慌乱，茫然不知所措；强词夺理，引发争执；陷入尴尬，不懂得另辟蹊径。

四、面试口语应该注意的问题

面试是口才的竞技场，其结果是被录用或被淘汰。在求职应聘面试中要学会扬长避短、未雨绸缪，要做好求职应聘面试的准备，掌握其技巧，这是开启事业之门的一把钥匙。

（一）克服自卑，表现自信

进入招聘的面试阶段，应当努力克服羞怯心理。平常不太好意思在陌生人、领导、专家面前讲话的，不妨在正式面试前，由家长或朋友请一两位有一定相关知识的陌生人进行模拟面试。这样可以减少一点羞怯感和自卑心理。事实上，在才能和智慧不相上下的人群中，具有充分的信心、拥有更高的热情，成功的概率会更大。例如，广东省财政厅有一次公开招聘副厅长人选，有9名候选人参加竞争。答辩会上主考问7号答辩人："你和其他竞争者相比，有什么优势和劣势？"7号充满自信、踌躇满志地说："我想来想去，觉得自己没什么明显劣势。"在一片笑声中他又补充说："缺点在一定条件下也是优点。"结果如愿以偿。

（二）听清题意，发挥特长

面试的题目，许多是考官们事先准备好的，有题卡供选择，也有的是即兴提问的。应试者必须听清题意或看清题意。应试者要针对所问的题目靠船下篙地回答，不要偏离中心，让话语"信天游"。参加招聘考试，有的是专业对口的，有的是与专业相关、相近的，有的是与原来所学的专业不太对口的。但多数考生都会经过"充电"，扩大知识视野，努力做到一专多能，适应市场经济和人才需求的变化。在招聘中，要抓住机会，主动发挥自己的专业特长和优势，调动生活积累。

（三）重视情境，模拟练习

情境设置题目是活题，这类题目特别重要，应试者回答的时间相对也长一些。作为应试者，如果有条件了解一下以往招聘口试中这类情境设置型题目，会有好处。考试前也可做一些猜想，围绕某些特定的情境做些模拟准备。例如你是一场赈灾义演晚会的节目主持人，请你首先设计一段开场白，描述现场氛围及晚会宗旨，然后再将其中两位参加晚会的代表介绍给现场观众，一位是参加抗洪抢险的解放军战士，一位是曾给灾区捐款的下岗再就业职工。有位应聘者的即兴发挥非常出色，获得了评委的一致好评：

> 观众朋友们，晚上好。九八之夏洪魔席卷中华大地，九八之夏爱心汇集大江南北。此时，前方抗洪军民勇战洪魔；此地，后方支持的百姓慷慨解囊。这一元一角浓缩的爱心，这一歌一舞表达的深情，在这里，在我们今天的赈灾晚会上，汇聚成一股激荡的春潮。下面我为大

家介绍两位晚会特邀的嘉宾。这一位是在抗洪抢险中只身勇救群众 12 人的英雄，解放军战士王伟；这一位是刚刚再次就业就捐献了自己第一个月全部工资的下岗大姐赵玉梅。正因为有了他们，才有了九八之夏冲不垮的中华大堤！共对长天，让我们同唱一首《爱的奉献》。

（四）灵活应答，留下印象

许多地方的招聘报名者甚多，而评委所提的问题是有限的，也可以说是比较集中、有针对性的。有些职业、职位的口试，是依照次序单独进行，同类型的题目问过不同的应答者后，评委就可看出其中的高低。一般来说，除了应答者的外在形象、普通话水平比较突出者给评委留下难忘的印象之外，那种能够调动创造性思维机制，灵活应答，产生意外效果的，也可能给评委留下深刻的印象。

学习思考

1. 拜访用语包括哪些？
2. 接待应该注意什么？
3. 劝说的方法和技巧有哪些？
4. 如何与幼儿沟通？
5. 自我介绍有几种类型？
6. 求职应聘语言技巧有哪些？

课后练习

一、根据下列情境模拟拜访接待

[情境一] 请以毕业生的身份，以感恩为目的，模拟拜访自己的老师。
[情境二] 请以春节为背景，模拟接待家中的来客。
[情境三] 请以幼儿园教师的身份，以了解家庭情况为目的，进行一次模拟家庭访问。

二、请分析下面的应聘回答有什么不当之处，你认为应该怎样回答？

问：你认为和什么样的人合作最困难呢？
答：我不喜欢和太认真的人合作。
问：你最大的弱点是什么？
答：我的脾气很坏。
问：如果让你选择，你将选择哪一职位？
答：我选择当行长助理。

三、根据下列情境模拟求职面试

[情境] 假设你参加小学教师的面试，你该如何表现，使自己能够顺利通过？

子项目 4　态势语训练

态势语是人类三大语言形态之一。它和口头语、书面语一道，共同构建起神圣的语言殿堂。如果说口头语言是人类有义、有序的声音作为物质材料的信息载体，书面语言是人类以有义、有序的文字为物质材料的信息载体的话,那么是态势语则是人类有义、有序的表情语、手势语、身体语、空间距离、服饰语为物质材料的信息载体了。态势语是人们在交际中用肢体态势等来传递信息、表达感情、表示态度的非有声语言。这种肢体态势既可以支持、修饰或否定言语行为,又可以部分代替言语行为,发挥独立表达功能,同时又能表达言语行为难以表达的感情和态度。

一、态势语在口语表达中的作用

(一)强调作用

在口语表达过程中,有的意思已经表达得很清楚很充分了,但为了突出这层意思的重要性,常常辅之以眼神或手势,以便加强听众的印象。

毛泽东同志在《第一次全国人民代表大会议开幕词》结尾时,激情澎湃、坚定有力地说:"我们的目的一定要达到!(掌声)我们的目的一定能够达到!(掌声)"毛主席讲话时,伴随着一个向前推进的有力的手势。这个手势,强调了"我们的目的一定要达到"的革命坚定性和"我们的目的一定能够达到"的胜利的必然性,给全党全军和全国人民以极大的鼓舞和鞭策。态势语使有声语言的表现力和感染力得到升华。

(二)补充作用

口语表达过程中,有的意思虽然表达清楚了,但意犹未尽,于是便用手势等态势语言加以补充,完善口语表达的不足。1917年11月7号晚,列宁领导的革命军队炮轰冬宫。《伟大的红色演说学家》这样描绘当时的列宁:"拿下冬宫后,天气已近早晨,列宁微笑着对托洛茨基说:'从地下状态和动荡不安到掌握政权,这个转变太突然了,头晕脑涨。'说着他用手在头边做了一个旋转的动作。"口语的"头晕脑涨"已经把意思说得差不多了,再做一个"旋转动作",是对前者的恰到好处的补充。

(三)替代作用

在口语表达中的某一时段,有时会暂停讲话,而以态势语代替后续的内容。这种替代非但不影响听众对内容的正确理解,相反,还能收到"此时无声胜有声"的效果。

1945年的8月28日清晨,毛泽东同志乘飞机去重庆和蒋介石谈判。在延安的机场,毛泽东和成百上千的欢送的人们告别,作家方纪在《挥手之间》中细腻地描写了这感人肺腑的一幕:

机场上人群静静地立着,千百双眼睛跟着主席高大的身形在人群里移动,望着主席一步一步走近了飞机,一步一步踏上了飞机的梯子……直到他在飞机舱口停住,回转身来,又向着送行的人群……

主席站在飞机舱口,取下头顶上的帽子,注视着送行的人们,像是安慰,像是鼓励。人们不知道怎样表达自己的心情,只是拼命的一齐挥手,像是机场上蓦地刮来一阵狂风,千百条手臂挥舞着,从下面,从远处,伸向主席。

主席也举起手来,举起他那顶深灰色的盔式帽,但是举得很慢很慢,像是在举起一件十分沉重的东西。一点一点的,一点一点的,举起来,举起来;等到举过了头顶,忽然用力一挥,便停止在空中,一动不动了。

毛主席的"挥手"究竟表达了什么意思呢?方纪以诗一样的语言诠释了"挥手"的丰富含义:

"它像是表达了一种思维的过程,作出了断然的决定;像是集中了所有在场的人,以及不在场的所有的革命干部、战士和群众的心情,而用这个动作表达出来,这是一个特定的历史性的动作,概括了当那个伟大的历史转折时期到来的时候,领袖、同志、战友以及广大革命群众之间,无间的亲密,无比的决心,无上的英勇。"

当然,在常见的口语表达中,用态势语代替口头语,一般是短暂的,表意也是明确的,远没有"挥手"这样持久、这样深刻,但态势语在口语表达中的代替作用实在是显而易见的。

(四)审美作用

态势语不仅是演讲者思想感情的外化,同时也是演讲者风采风度的展示。准确、简化、优雅和富有个性的态势语,既有助于演讲者顺畅无误地表达自己的思想和感情,又能给听众以美好和谐的审美愉悦。

美国已故总统尼克松曾在他的回忆录中对周恩来总理的风度做出如下的描述:

"周恩来的敏捷机智大大超过了我能知道的其他任何一位世界领袖。他优雅的举止,直率而从容的姿态,都显示出巨大的魅力和泰然自若的风度。他从来不提高讲话的调门,不敲桌子,也不以中止谈判相威胁来迫使对方让步。他在手里有'牌'时,说话的声音反而更加柔和了。在谈话中,他有四个特点给我留下了不可磨灭的印象:精力充沛,准备充分,谈判中显示出高超的技巧,在压力下表现泰然自若。"

这是尼克松对周总理的整体审美评价,其中不容忽视的是,谈到的举止、姿态、讲话的调门、不敲桌子等,都是态势语言中重要的组成部分。这就是说,周总理的行为举止(即态势语)和他的智慧、品德是一样的,都具有极高的审美价值。

二、态势语运用的原则

态势语的运用是有一定的原则的,运用不好会弄巧成拙、画蛇添足。

(一)准确性原则

态势语所传递的信息受表达环境的制约,因此运用态势语必须进行推敲,力求准确。如同样一个手势,在不同文化背景下可能代表截然相反的含义。

尼克松态势语用得不准确成了他的轶闻。尼克松总统在任期间参加下一届总统竞选,在一次记者招待会上,他双手上抬招呼大家站起来,而嘴上却说:"大家请坐。"在另一次演讲中,他手指听众,却说"我",然后指着自己说"你们",弄得大家莫名其妙,很多选民认为他老了,纷纷弃他而去。尼克松因态势语用得不准确而贻笑大方,从一个侧面诠释了态势语的重要性。

(二)适度原则

态势语仅仅是对口头表达必要的补充和辅助,因此运用态势语要适可而止,否则可能喧宾夺主。

(三)协调原则

态势语的运用要根据演讲内容和感情需要,同有声语言协调一致。它的节奏要同有声语言的节奏同步,超前或滞后都会影响有声语言的表达,破坏交谈或演讲的整体一致性。另外,态势语的运用要针对听者的多少、会场的大小、环境条件变化而有所区别,还要根据听众的不同而有所选择。

（四）自然原则

"台下刻意训练，台上听其自然"，如果老想着怎样做动作，便会失之做作，甚至影响话语表达。多去想：怎么说话让人感兴趣。态势语是交谈者或演讲者的自然流露，是有声语言的有机组成部分，要顺乎自然，不要为了追求美而画蛇添足，为了追求有风度而机械模仿。态势语只有与有声语言融合起来，随内容和感情的需要而出现，强调临场性，才是自然的、恰当的。

任务1 表情语训练

任务目标

一、知识目标
1. 了解表情语的概念、作用。
2. 知道表情语运用的原则。
3. 掌握表情语的运用方式。
二、技能目标
能在口语表达中恰当使用表情语。

任务布置

1. 请选择下面剧本中的片段，配合表情语的使用演一演。

小熊拔牙

柯　岩

（熊妈妈、小熊、兔医生、小狗、小猫、松鼠、小鸟）
妈妈：我是狗熊妈妈。
小熊：我是狗熊娃娃。
妈妈：我长得又胖又大。
小熊：我就像我妈妈。
妈妈：妈妈要去上班。
小熊：小熊在家玩耍。
妈妈：不对，你要先洗洗脸……
小熊：嗯、嗯……好吧，洗一下。
妈妈：不对，你还要刷牙…….
小熊：嗯、嗯……好吧，刷一下。
妈妈：不对，要好好地刷，还有……
小熊：还有，还有……什么也没有啦！
妈妈：不对，想想吧！……不自己拿饼干……不自己拿……
小熊：好啦，好啦，都知道啦！不许拿饼干，不许吃甜瓜，不许抓糖果，还不许打架……
（小熊用脑袋把妈妈往门口顶，妈妈疼爱地戳一下他的额头，出去了。）

小熊：（唱）妈妈走了，啦啦啦啦啦，现在我当家，啦啦啦啦啦。先唱个小熊歌，do re mi fa 啦啦啦啦，再跳个小熊舞，so fa mi re，蹦蹦跳跳，哒！哎呀，答应过妈妈洗脸呀！

小熊：先洗洗小熊眼，再擦擦熊嘴巴，熊鼻子抹一抹，熊耳朵拉两拉，熊头发梳三下，嗯，就不爱刷牙。

（唱）饼干拿几块，唉，答应过不吃它。糖球抓一把，唉，答应过不吃它。这罐糖蜂蜜，哈哈，没说过不吃它。这桶果子酱，哈哈，妈妈也忘了提它。

小熊：先吃一勺蜜，真甜！再吃一勺酱，真鲜！勺儿才舀一点点。不如盛上一小盘，越吃越想吃，干脆添一碗。一勺、一盘、一大碗，吃完挨个舔三舔……

（唱）小熊吃得真高兴，小熊吃得肚子圆。啦啦啦，甜到舌头底，啦啦啦，甜到牙齿尖。唉呀呀，咝，咝，咝，怎么甜变成了酸？酸到舌头底，酸到牙齿尖，哎呀呀，嘶，嘶，嘶，怎么变成了疼？疼得没法儿办。

小熊：哎哟，哎哟，疼得小熊直打转，哎哟，哎哟，疼得小熊直叫唤。

兔医生：（唱）身穿白衣裳，手提医药箱，每天给人去看病，小兔大夫真叫忙。

小熊：大夫，大夫，快来呀！牙齿疼得像针扎……

兔医生：你先别哎哟，别直着嗓子叫，嘴巴张开来，让我瞧一瞧。唉，你的牙齿真不好。唔，这一颗要补一补，唔，这一颗嘛，要拔掉。你坐好，唉，我够不着，你怎么长得这么高？搬个板凳当梯子，爬上去给你打麻药。哎，你坐好，别害怕，钳子夹牢才能拔。……拔呀拔，拔不动它，你这颗牙齿怎么这么大？

小熊：哎哟哟，快拔掉，你怎么长得这样——小？

小兔唱：小狗小狗快快来！

狗唱：汪汪汪，我来了。

兔、狗唱：帮助快把牙拔掉，拔呀，拔呀，拔不动……你这颗牙齿怎么这么重？

小熊：哎哟哟，快拔掉，疼得小熊眼泪冒。

兔、狗唱：小猫小猫快快来！

小猫：喵喵喵，我来了。

众唱：帮助快把牙拔掉，拔呀拔，拔不动，哎呀！（大家差一点儿跌倒）

兔唱：夹碎了……你这颗牙齿都烂透了。

小熊唱：哎哟哟，快拔掉，疼得小熊双脚跳。

众唱：松鼠松鼠快快来！

松鼠唱：吱吱吱，我来了。

众唱：帮助快把牙拔掉，拔呀，拔呀，还是拔不动。你这颗牙齿可真要命！

小熊：哎哟哟，快拔掉，我实在疼得不得了。

众唱：小鸟小鸟快快来！

鸟唱：唧唧唧，我来了。

众唱：帮助快把牙拔掉，拔呀，拔呀，拔不动，一二，一二，一二，哎佐，哎佐，哎佐哟（咕咚，大家摔倒在地），总算拔掉了。

兔：现在还疼吗？

小熊：嘻，一点也不疼了。

兔：好，现在涂上一点药，以后牙齿要保护好，要不一颗一颗都要烂，一颗一颗都要这样来拔掉。

小熊：嗯，嗯，我不来，嗯，嗯，我不干。为什么光叫我牙疼，你们牙齿都不烂？

兔：我们从来不挑食。

狗：汪汪汪，从来不多吃甜饼干。
猫：喵喵喵，也不偷把蜂蜜吃。
松鼠：吱吱吱，也从不偷把果酱舔。
鸟：也吃菜，也吃饭。
猫：也吃鱼。
狗：也吃肉。
松鼠：也吃胡萝卜。
鸟：也吃棒子面。
众：阿姨给什么，就吃什么，牙齿每天刷几遍。
小熊：那……以后，我也不挑食，每天也把牙齿刷几遍。
众唱：说到一定要做到，省得把牙齿全拔完。
小熊唱：说到一定要做到。
众唱：千万别把牙齿全拔完。

2. 请设计一段表扬语表扬学生（幼儿），并注意表情语的使用。

任务实施

一、分组练习
1. 组内练习表情语的运用。
2. 找出并纠正使用表情语时存在的问题。
二、分组展示
1. 小组代表展示表情语的使用。
2. 学生评价，指出存在的问题。
3. 教师评价，指出存在的问题。

知识储备

导入：请同学们做出"开心、失望、痛苦、厌恶、神秘、陶醉……"的表情，并互相评价一下。

一、表情语的概念、种类

表情语，是指通过面部表情和肢体反应来传递信息和表达情绪的非有声言语手段。语言专家测定：在人们可接受的信息之中，只有45%来自有声语言，而55%来自无声的态势语言；而在态势语言中，又有70%来自表情。艺术家们往往会通过对人物表情的描绘，来表现人物内心的情绪和情感，栩栩如生地展现人物的精神风貌。

罗曼·罗兰早就指出："表情语是多少世纪培养的成功的语言，是比嘴里讲的要复杂到千万倍的语言。"运用表情语要自然放松，要与所讲的内容一致，要配合你的身体动作，站要稳，双脚与肩同宽，手自然下垂，身体前倾；当然也可以来回走动，但是脚下有根，不是那种虚的或者飘的，稳重沉着。事实上，表情语又是集中体现在眼神、笑容、面容三个方面。

二、眼神

眼睛除了有接受外界信息的功能之外，还有外泄和传输内心世界的功能。内心的欢乐与痛苦，平和与焦躁，喜爱与憎恨，尊敬与鄙薄，恬淡与奢求，渴望与气馁，进攻与退却，接纳与拒绝，感情的潮涨与潮落，良心的发现与泯灭等，这一切几乎都能通过眼睛直接或委婉地表达出来。所以，泰戈尔说："一旦学会了眼睛的语言，表情的变化将是无穷无尽的。"

（一）眼神的含义

从眼神中有时可以判断一个人的心是坦然还是心虚，是诚恳还是伪善：正眼视人，显得坦诚；躲避视线，显得心虚；叵斜着眼，显得轻佻。眼睛的瞳孔可以反映人的心理变化：当人看到有趣的或者心中喜爱的东西时，瞳孔就会扩大；而看到不喜欢的或者厌恶的东西时，瞳孔就会缩小。目光可以委婉、含蓄、丰富地表达爱抚或推却、允诺或拒绝、央求或强制、寻问或回答、谴责或赞许、讥讽或同情、企盼或焦虑、厌恶或亲昵等复杂的思想和愿望。眼泪能够恰当地表达人的许多情感，如悲痛、欢乐、委屈、思念、温柔、依赖等。

（二）眼神的运用

眼神的运用包括注视的时间、注视的角度、注视的部位、注视的方式等四个方面。

1. 注视的时间

注视的时间长短，一般跟注视者的态度有着密切的关系。如果是表示友好，表示重视，表示颇感兴趣，通常注视的时间较长；如果表示不在意，漫不经心甚至是蔑视，则注视的时间极短。

2. 注视的角度

加拿大医学博士柏恩提出的人格结构的PAC分析理论，对于我们理解注视的角度是不无好处的。第一种，视线向下的P型（Parents），表现出父母对子女，或者长辈对后辈的爱护、爱怜与宽容的心理状态；第二种，保持平视的A型（Adult），是基于理性与冷静思考或对等评价的成人心理状态；第三种，视线向上的C型（Children），表示尊敬、敬畏和撒娇等以自我为中心的儿童心理状态。这些分析理论，现在依然是我们判断注视角度和感情色彩的重要依据。

3. 注视的部位

在口语表达过程中，对象是个体还是群体，注视的部位是完全不同的。所谓注视的部位，实际上是指人际交往中的目光所及之处。如果口语表达者面对的是群体，那么目光所及之处则应该是"大家"。高明的口语表达者会让在场的每一位听众亲切地感受到，你是在看着他说话。如果口语表达者面对的是个体，注视的部位不同，不但说明自己所持的心态不同，而且表明双方的关系也不相同。注视对方的双眼，表示重视对方，聚精会神，一心一意，这属于关注型注视；注视对方的额头，表示认真严肃，这是属于公务型注视；注视对方的眼部至唇部，是口语表达中常用的办法，这属于常规社交型注视。

4. 注视的方式

注视的方式有直视、凝视、环视等，每种注视的效果不同。

对演讲者而言，恰当地使用眼神用语，不仅有助于思想感情的表达，同时也有利于相互理解与合作。运用眼神用语可具体采取如下方法：环视，就是演讲者有意识地环顾全场的每个听众，从左到右，从前到后，从听众的各种神态中了解和掌握现场的情绪。演讲开头的环视既是向听众打招呼，又能帮助静场。演讲中的环视是做短暂的现场调查，检验演讲的效果，以便及时调整自己的演讲方式与演讲内容。演讲者还可以恰当地使用眼神来帮助自己表达思想，抒发感情。一般来说，不同的眼神表达不同的思想感情。目光坚毅，表现坚强和决心；目光炯炯，表现心底无私、信心十足；目光明澈如秋水，表现内心平和、充满爱意；双目微闭、头轻轻晃动，表现陶醉、幸福。

对教师这个职业而言，教师的喜怒悲惊都可以通过面部表情表现出来。眼神要注视着学生，说话时要看着学生，在大多数情况下，要用亲切柔和或鼓励赞许的眼神，在批评学生的时候，目光可以严肃一些，但一定要避免用鄙夷、轻视的眼神。教师要会用眼睛说话，会用眼神传意。在课堂上，教师的视线有意识地自然流转，环顾观察全场，可以同所有学生保持眼睛的接触，使每个学生都感到你看到了他，你在同他说话，从而增强相互之间的感情联系，提高他们参与学习的兴致。教师在课堂上可把目光较长时间地停在某一学生的脸上，这就起到了很好的提醒和关注作用，同时还可以起到感情和情绪微妙交流的作用，有助于了解对方的心理。教师目光似视非视，好像在看着什么，但实际上什么也没看，这样可以调整、消除环顾所带来的飘忽感和专注可能带来的呆板感，有时还可以消除教师紧张心理，帮助教师集中思想。

（三）教师眼神运用中存在的问题

（1）眼神暗淡无光，让人昏昏欲睡。
（2）视线不与对方交流。
（3）长时间地死死盯着某一个同学，会使对方有侵犯感。
（4）视线盯着天花板、窗外或者讲义，不敢正视学生。
（5）眼球滴溜溜乱转或者眼动头不动。
（6）做手势的时候手到眼不到。
（7）边想边说时频繁眨眼或者闭目冥思。
（8）视角频繁转换，飘忽不定，给人心不在焉的感觉。
（9）当众挤眉弄眼。

三、笑容

笑容，即人们愉快欢乐时所呈现出来的面部表情。在言语交际中，它不但是内容的显示屏，同时也是交际者之间的一种润滑剂。展示笑容，可以缩短彼此间的心理距离，打破交际障碍，为心灵的沟通创造有利条件。

笑容包括3类：

第一种是微笑。它是一种程度较浅的笑容，是一种自得其乐、知心会意、亲善友好的表示，这是一种适应范围最广的笑容。

第二种是大笑。它是一种程度较深的笑容，常常伴随着"哈哈哈"的笑声。通常表达十分开心、十分欢乐、十分愉快的心情。

第三种是狂笑。它是一种程度最深的笑容，笑声响亮并伴随前俯后仰的动作。狂笑通常表狂喜和极度快乐。一般只用于模拟人物的情态，在说话和演讲中忌讳狂笑。

在表情语言中，笑是一种值得提倡的语言，是能够感染人、给听众留下美好印象的有效手段。演讲者在使用哭与笑这两种表情语时，要注意符合语境，善于控制。正确的做法是：含泪不掉泪，能哭不出声；有笑不大笑，可笑反不笑。

笑容语，是指通过面带笑容，以不显著、不出声的笑来表达信息的一种态势语。笑容是人类最好看的表情，是一种不学就会的世界通用语。在口语交际中，若是人人都擅长运用这种世界语，那么，将会收到意想不到的交际效果。笑容可以美化形象。笑容可以使人际关系更融洽。在态势语中，微笑是极富感染力的，它通行四海、所向披靡。正因为微笑具有如此重要的作用,所以在口语交际中,我们应该学会微笑这种无声的语言,使我们的交际更和谐、更融洽、更顺畅。

四、面容

所谓面容,是在感情的驱动下,面部肌肉的运动和面部器官如眉、嘴、鼻、耳的互动所显示出的综合表情。面部肌肉松弛表明心情愉快、轻松、舒畅,肌肉紧张表明痛苦、严峻、严肃。一般来说,面部各个器官是一个有机整体,协调一致地表达出同一种情感。

人的面部可以表现出十分微妙的表情,而且表情的变化十分迅速、敏捷和细致,能够真实、准确地反映情感,传递信息。面部表情细微多变、丰富复杂,是人类区别于其他动物的特征之一,是人类个体表达情感、传达情绪最原始、最自然、最直观、最重要的方式。因此面部表情在交际时总会直观地暴露出人们的真实情感和态度。面部表情有表情达意的作用,是说话人心理情绪、情感的直接体现,反映出说话者说话时的态度。人们在撒谎、隐瞒真实情况或是遇到其他情况时,会违反合作原则中"质"的准则,这时表情语会向听话人一方传递某种信息,对话语起到鉴别信息真假的作用。

(一)眉

眉间的肌肉皱纹能够表达人的情感变化。柳眉倒竖表示愤怒,横眉冷对表示敌意,挤眉弄眼表示戏谑,低眉顺眼表示顺从,扬眉吐气表示畅快,眉头舒展表示宽慰,喜上眉梢表示愉悦。

(1)表示严肃。眉毛微皱,双唇较紧地抿在一起,眼睛略微张大。

(2)表示兴趣。眉毛微微上扬,双眼略微张大,一般口部微张,同时嘴角略上翘呈现微微的笑意,以示关心、重视,且含有鼓励、赞扬成分。

(3)表示询问。眉毛上扬,眼睛略大,嘴微微张开。它与表示兴趣的面势语共同点是"关注",不同的是要去掉微笑,换成疑惑状。

(4)表示惊奇。眉毛上扬,睁大双眼,嘴圆张。

(5)表示反省与沉思。眼睛盯某一方向皱眉伴有呼吸急促、肌肉紧张等反应。

(6)表示悲哀与痛苦。面孔拉长,面部肌肉松弛,两侧面皮自然垂落,眼、脸、嘴唇了无生气,眉头紧蹙。

(7)表示怨恨与愤怒。怨恨与愤怒虽然是两种不同的形态,但二者的面部特征却大同小异。面部发红或发紫,呼吸急促,青筋暴起,鼻孔打开且发抖,双唇紧闭,眼睛瞪大,眼中发光,眉头紧锁。

(二)嘴和鼻

(1)嘴:嘴部表情主要体现在口形变化上。伤心时嘴角下撇,欢快时嘴角提升,委屈时噘起嘴巴,惊讶时张口结舌,愤恨时咬牙切齿,忍耐痛苦时咬住下唇。面对压力或处境尴尬时,咬嘴唇、舔嘴唇表示你在试图给自己解压、让自己放松。

(2)鼻:厌恶时耸起鼻子,轻蔑时嗤之以鼻,愤怒时鼻孔张大,鼻翼抖动;紧张时鼻腔收缩,屏息敛气。"仰人鼻息"表示奉承,耸鼻子示意不快、生气或愤怒。伸舌头表示羞涩、惊异。当人在说谎时会做出刮鼻子的动作,那是因为"撒谎时人们的肾上腺素会急剧上升",这是路易斯维尔大学交流学教授、心理学家 Michael Cunningham 说过的,肾上腺素增加会导致毛细血管扩张,鼻子就会发痒。

任务 2　手势语训练

任务目标

一、知识目标
1. 巩固态势语运用的原则。
2. 了解手势语的类型。
3. 知道常见手势语与使用情境。
3. 掌握教师手势语运用的要求。
二、技能目标
能在口语表达中恰当使用手势语。

任务布置

1. 请从下面的儿童诗中选择一首，配合手势语的使用进行朗诵表演。

水果们的晚会
杨　唤

窗外流动着宝石蓝色的夜，
屋子里流进来牛乳一样白的月光，
水果店里的钟当当地敲过了十二下，
美丽的水果们就都一齐醒过来，
请夜风指挥虫儿们的乐队来伴奏，
这奇异的晚会就开了场。
第一个是香蕉姑娘和凤梨小姐的高山舞，
跳起来裙子就飘呀飘得那么长；
紧接着是龙眼先生们来翻筋斗，
一起一落地劈啪响；
西瓜和甘蔗可真滑稽，
一队胖来一队瘦，怪模怪样地演双簧；
芒果和杨桃只会笑，
不停地喊好，不停地鼓掌。
闹呀笑呀的真高兴，
最后是全体水果们的大合唱，
他们唱醒了沉睡着的夜，
他们唱醒了沉睡着的云彩，
也唱来了美丽的早晨，
唱出来了美丽的早晨的太阳。

青蛙写诗
张秋生

下雨了，
雨点儿淅沥沥，沙啦啦。
青蛙说："我要写诗啦！"
小蝌蚪游过来说：
"我要给你当个小逗号。"
池塘里的水泡泡说：
"我能当个小句号。"
荷叶上的一串水珠说：
"我们可以当省略号。"
青蛙的诗写成了：
"呱呱，呱呱，呱呱呱。
呱呱，呱呱，呱呱呱。

一株紫丁香
滕毓旭

踮起脚尖儿，
走进安静的小院，
我们把一株紫丁香，
栽在老师窗前。
老师，老师，
就让它绿色的枝叶，
伸进您的窗口，
夜夜和您做伴。
您听，您听
绿叶在风里沙沙，
那是我们给您唱歌，
帮您消除一天的疲倦。
您看，您看，
满树盛开的小花儿，
那是我们的笑脸，
感谢您时时把我们挂牵。
夜深了，星星困得眨眼，
老师，快休息吧，
让花香飘进您的梦里，
那梦啊，准是又香又甜。

2. 根据下列教师的教学内容与语言，为其设计恰当的教学手势语并模拟演示。
一位教师在指导幼儿认识各种动物时，一个幼儿指着图片问："老师！蜗牛吃什么长大呀？"

这个问题一时把教师难住了,教师说:"这个问题我也不知道,等我看看书再告诉你吧。"后来这位教师翻阅了生物词典、科技小册子,找到了答案,对那个幼儿说:"蜗牛是吃蔬菜的茎叶和果树的嫩芽长大的。"

任务实施

一、分组练习
1. 组内练习手势语的运用。
2. 找出并纠正使用手势语时存在的问题。

二、分组展示
1. 小组代表展示手势语的使用。
2. 学生评价,指出存在的问题。
3. 教师评价,指出存在的问题。

知识储备

导入:请同学们观察图片中的手势,你认为它可以表示什么含义?同学们自己做一些手势,并说说它们表示什么含义。

一、手势语的概念及作用

手势是最灵活自如、最富有表现力的动作。手势语是教师或演讲者运用手指、手掌、拳头、手臂的动作变化,表达思想感情的一种态势语。由于手势语具有表情具体、意思鲜明、形象感强、动作幅度大的特点,得体地运用手势语,会使讲话更有吸引力和说服力,更有气势,所以在口语交际中,手势语被频繁地使用。正如法国画家德拉克洛瓦指出的那样,"手应当像脸那样富有表情"。手势语是指通过手的动作表现出来的一种体态语,是典型的动作语。在口语交际中,手势语有着不可低估的作用,生动形象的有声语言再配以准确精彩的手势动作,必然会使讲话更富有感染力、说服力和影响力。

二、手势语的类型

（一）指示性手势

指示性手势，即指出、指明、指示具体对象，示意事物的数量或概念的手势。比如"今天我们讲3个内容"，出示3个手指；表示"上下左右"的概念常以手示意。

吴敬梓在《儒林外史》中对严监生有一段极为生动形象并极富讽刺意义的描写："严监生病得一连三天不能说话。晚间挤了一屋子人，桌上点着一盏灯。严监生喉咙里痰响得一进一出，一声不倒一声的，总不得断气，还把手从被单里拿出来，伸着两个指头。大侄子上前问道：'二叔，你莫不是还有两个亲人不曾见面？'他把头摇了两三摇。二侄子走上前来问道：'二叔，莫不是还有两笔银子在哪里，不曾吩咐明白？'他把两眼睁得溜圆，把头又狠狠地摇了几摇，越发指得紧了。奶妈抱着哥子插口道：'老爷想是因两位舅爷不在跟前，故此记念。'他听了这话，把眼睛闭着摇头，那手只是指着不动，赵氏慌忙揩揩眼泪，走近上前：'爷，别人都说得不相干，只有我晓得你的意思……你是为那盏灯里点的是两茎灯草，不放心，恐费了油，我如今挑掉一茎就是了。'说罢，忙走上去挑掉一茎。众人看严监生时，点点头，把手垂下，顿时就没了气。"

（二）象形性手势

象形性手势，即用来模拟事物的手势，给听众以形象化的感觉。

毛泽东同志在展望新中国的美好前景时，有过一段很有趣的讲话。他说，新中国像个什么东西呢？他把两个手的大拇指和食指分别弯曲成半圆形，然后慢慢合拢，接着说，像个太阳，像个初升的太阳。这个手势动作，把未来新中国比喻成一个看得见的太阳，十分形象，十分深刻。

作为教师，当你的学生走上台来演讲，为了鼓励他，你伸出两个手指，摆出"V"的造型，他一定心领神会，因为"V"是英语"victory"的第一个字母，代表"胜利"的意思。

再比如，马上就要考试了，有人问你："复习得怎么了？"你一句话没说，只是伸手摆出一个"ok"的样子，"ok"表示的是"准备好了"。

（三）象征性手势

象征性手势，即用来表示抽象意义的手势。

演讲者在讲到"我们的祖国有巍峨壮观的青藏高原，有长江黄河"这句话时，可以左手向左前方扬起，示意巍峨高耸的青藏高原；右手向右前方平伸，示意滚滚流淌的长江黄河。面部表情与手势协调一致，充满自豪感。

列宁在演讲中有这样一句话"苏维埃在前进"，就身体前倾，运用了右手掌向下、右手臂有力地向右前方伸出这一象征性手势，喻示苏维埃在前进，给人以希望和鼓舞。

（四）情意性手势

情意性手势用于示意带有强烈感情色彩的内容。

1946年，闻一多在昆明做著名的"最后一次演讲"，当讲到"反动派暗杀李先生的消息传出后，大家听了都万分痛恨。这些无耻的东西！他们的心是怎么长的"时，"砰"的一声猛拍讲台的手势，把混在台下的特务吓得紧缩着脑袋不敢吱声。拍桌子的手势表达了闻一多悲愤的心情。

《孔雀东南飞》中，刘兰芝、焦仲卿的"举手长劳劳，两情同依依"的挥手告别，也是这种情意性手势的典型例证。

（五）比拟性手势

比拟性手势用于形象的比喻，把抽象的概念具体化、形象化。

刘伯承有一次讲述"个人利益服从整体利益"这个抽象的道理时，就形象地描画："有人刚参加革命时，脑子里有两个一般大的圈圈，一个是个人主义，一个是整体利益。"一边说一边用两只手的拇指和食指做成两个大小相同的圈，并排对在一起，然后向大家讲这两个圈的摆法。他用左手的圈把右手的圈套住说："还要用整体利益的大圈把个人主义的小圈套进去，这就叫个人利益服从整体利益。"刘伯承"用整体利益的大圈把个人主义的小圈套进去"这一形象的比喻把抽象的概念"个人利益服从整体利益"具体化、形象化了，他运用的就是比拟性手势。

三、运用手势需要注意的问题

在运用手势这种特殊的语言时，需要注意以下几点：
（1）要雅观自然，简约明快。
（2）要紧密配合，协调一致。
（3）要因人而异，灵活运用。

至于在什么情况下该打什么手势，这是无法明确规定的，全靠自己揣摩、模仿。但初学者一定要注意：不要刻意去追求那种千人一招、万人一式的程式化的手势动作。每个人都有自己的特点，只要能突出自己的特点就行。

四、常见手势语与使用情境

（1）表决心、意志，加重语气。手掌伸开，稍抬起，然后向胸前方向移动，同时握拳。
（2）表否定。手掌伸开，抬至胸前，然后向左下方用力挥动。
（3）表号召。手掌伸开，抬至胸前，然后向前上方用力挥动。
（4）表方位。食指伸直，其余四指紧握，然后举起指某一方向。
（5）表数目。手指向前平伸，掌立起，或伸出若干指，或握若干。
（6）表无可奈何。两手同时伸掌，稍向前下垂，掌心向前抖动一两次。
（7）表对方。两手同时伸掌，稍向前平伸，掌心相对，两臂成一定角度。
（8）表欢呼、希望。两手同时伸掌，向前上方同时挥动，使臂有一定角度。
（9）表团结。两手同时伸掌，向前抬起至胸前，掌心相对，然后向里靠拢，至双手紧握。
（10）形容某事物。两手同时伸掌，配合做某种形状。
（11）跷拇指。主要表示高度称赞、非常佩服、绝对的首屈一指。
（12）伸食指。食指与嘴唇垂直并靠拢嘴唇或与嘴唇接触，表示"请安静"。这时嘴唇通常撮起，眼睛要稍稍睁大。举起食指和中指象征胜利；跷起大拇指，表示赞许、夸奖。
（13）丁字手势。丁字手势的含义为"暂停"。
（14）按掌。单手下按用于个体，表示坐下，双手下按用于群体，其意是要求坐下，引申为"停止做某事"。掌心向上，表示征求意见；掌心向下，表示要求听众安静；掌心向前，表示拒绝；掌心向内，并向胸前拢，表示恳求理解或承担责任；掌心向上，摊开双手，表示希望理解或无可奈何。

（15）劈掌。手掌挺直，自上而下像斧子般劈下，表示一种果敢的决心。

（16）抬手。单手上抬用于个体，表示起立，含有请的意思。双手上抬表示起立，还象征坦诚、真诚，这时手掌不是上抬，而是向两边摊开。

（17）鼓掌。鼓掌的基本含义是赞许、肯定。也可用来表示打节奏、提醒、暗号、讽刺等含义。

（18）握拳。攥紧拳头，置于胸前，拳心向内，前后挥动数次，以示力量。拳头紧握举过头顶，是一种挑战或号召。

五、教师的手势语

教师手势，即教师利用手的动作与姿势，可传递思想感情，组织教育教学，展示自身良好的精神风貌与职业修养。据研究表明，手势与表情结合，可传导信息的40%。恰当的手势往往是在内心情感的催动下，瞬间自然做出来的。手势可以反映人的修养、性格。手势对于增强教学效果具有十分重要的作用，所以教师要注意手势语言的运用幅度、次数、力度等技巧，在教学实践中，以各种不同形态的造型，描摹事物的复杂状态，传递潜在心声，显露自己心灵深处的情感体会与优雅举止。

作为教师，讲课时都需要配以适度的手势来强化讲课效果。手势要得体、自然、恰如其分，要随着相关内容进行。一般而言，手势由进行速度、活动范围和空间轨迹3个部分构成。在教学中，主要被用于表示形象、传达感情两个方面。

（一）教师的基本手势

（1）垂放与背手。垂放，是教师最基本的手势。手放的位置有两种：第一种是双手自然下垂，掌心向内，叠放或相握于腹前；第二种是双手伸直下垂，掌心向内，分别贴放于大腿两侧。当教师站立或行走时，通常可以选择两手垂放或者背手，这是基本的手势。背手，多见于站立、行走时，既可显示教师的威严，又可镇定自己。应用方法，双臂伸到身后，双手相握，同时昂首挺胸，但要注意，背手时容易给他人留下盛气凌人的感觉，所以在正式场合，或者有领导和长辈在场的情况下要慎用。

（2）持物。运用教具的老师，一定要注意稳重有度，不可持物乱挥舞。

（3）握手。在面试前，如果考官主动向你伸出手，你迎上去握住他，这是表示友好与交往的诚意；你若无动于衷不伸出手去，或懒懒地稍握一下对方的手，则对考官不够尊重。

（4）夸奖。这种手势主要用以表扬学生。表扬学生时，可以伸出右手，跷起拇指，指尖向上，指腹面向被夸奖者。但在试讲时，不应将右手拇指竖起来反向去指黑板，因为此举很不雅。

（5）指示。是用以指示方向的手势。当教师需要为他人引导或指示方向时，标准的手势应当是：伸直并拢手指，掌心向上，腕关节伸直，指尖与手臂形成一条直线，首先指向被引导者的身躯中段，随后再指向其应去之处。若是掌心向下，则是极不礼貌的。试讲中不可用手指直指评委。

（二）教师手势运用的要求

1. 幅度大小适度

教师手势运用，应注意大小幅度。手势的上界一般不应超过对方的视线，下界不低于自己的胸区，左右摆的范围不要太宽，应在自己胸前或右方进行。在课堂上，教师手势动作幅度不宜过大，次数不宜过多，不宜重复。

2. 自然亲切

教师在课堂上，多用柔和的曲线手势，少用生硬的直线条手势，以求拉近师生间的心理距离。低年级学生的情绪感染力比较强，教师可以自然地抱抱他们、摸摸他们，增强学生对你的认可。

3. 恰当适时

教师讲课应伴以恰当的、准确无误的手势，以强化表达效果，并激发学生的听课情绪。切忌不停地挥舞或采用不礼貌的含有教训人的意味的手势，也不要将手插入衣兜或按住讲桌不动。手舞足蹈会令人感到轻浮不稳重，过于死板又会使学生感到压抑，总之，应以适度为宜。

4. 简洁准确

手势是教师最明显、最丰富，也是使用最频繁的教具之一。在讲课或日常谈话时，手势要适度舒展，既不要过分单调，也不要过分繁杂。一般来说，向上、向前、向内的手势表示失败、悲伤、惋惜等。手势应该正确地表示感情。

低年级学生由于年龄的特点，对于直观的内容易于接受，而在理解抽象的数量关系时常常会遇到困难。这时教师可以运用手势语，即用手、腕、臂的活动来表达信息。在整个体态语言中，手势语是最基本、最重要的，法国社会学家路先·列维-布留尔指出："手与脑是这样密切联系的，以至于实际构成脑的一部分。文明的进步是由脑对于手以及反过来对脑的相互影响而引起的。"我们的语言是由大脑支配的，而手势几乎能够表达所有的语言。例如：

一位教师讲"生活中的负数"一课时，问天气预报中有没有负数，学生答后，教师接着问："零下5度与5度意思一样吗？"接着出示一个大号温度计，挂在黑板一边，学生能够指出5度，而指出零下5度却有困难了。这时教师走过去，用手势从零刻度为起点，向下一比画，示意这些都是零下的度数，也就是负数。此时，老师恰当地运用手式帮助学生理解了零上和零下。

而教师让学生比较零下5度与零下15度哪一个温度感觉更冷时，又一次运用手势，越往下温度越低，帮助学生理解零下15度更冷。因为这个知识只需要学生"意会"就可以了。教师运用手势语言巧妙地帮助了学生理解了这个知识。

针对幼儿好奇、好动的天性，幼儿教师必须能熟练地运用态势语来辅助教学。而手势、体态的变化又能将话语的含义直观地显现出来，有助于幼儿理解和感受。表情、手势、体态这些态势语还能打破单调沉闷的气氛，激发幼儿的活力。例如：

讲《三只羊》的故事时，教师说："大灰狼从洞里蹿出来，向三只羊扑去。三只羊一起对付大灰狼，小羊用头撞，中羊和大羊用角顶，它们一起把大灰狼撞倒了，大灰狼骨碌碌滚下山摔死了。"教师还运用态势语增强了口语表达的鲜明性和形象性。说到"蹿出来"时，教师身体前倾，晃动肩膀；说到"扑去"时，两手张开向上，瞪起眼睛，同时做出比较凶狠的表情；当说到三只羊用头"撞"、用角"顶"时，教师上身前倾，头用力向前伸。这些形象的态势语使得幼儿兴奋欢悦，很多幼儿也跃跃欲试，纷纷效仿勇敢的大羊、中羊和小羊。

（三）教师的手势禁忌

手势是最有表现力的一种"体态语言"。教师恰当地运用手势，能够起到良好的沟通作用，也会使自己的形象更美、更有风度。

（1）忌当众搔头皮、掏耳朵、清眼屎、抠鼻孔、剔牙齿、抓痒痒、摸脚丫、咬指甲等。这些动作会令学生极为反感，严重影响教师形象与风度。

（2）在教室内，双手乱动乱摸、端胳膊、抱大腿、拢头发等，也都是应当禁止的手势。

（3）不要用手指指点学生，这种手势是非常不礼貌的，含有教训人的意味。

（4）讲课时忌讳敲击讲台、黑板，或做其他过分的动作。

（5）忌玩弄粉笔或衣扣等。

（6）忌高兴时拉袖子等不文雅的手势动作。

（7）忌交谈时指手画脚、手势动作过多过大。

任务 3　身体语训练

任务目标

一、知识目标
1. 巩固态势语运用的原则。
2. 知道身体语的形态及其使用情境。
3. 掌握教师身体语运用的要求。
二、技能目标
能在口语表达中恰当使用身体语。

任务布置

1. 请围绕下面的一段演讲词做一次演讲，注意使用恰当的身体语辅助演讲。

五月和风送暖，五月花香四溢，在这绚烂明媚的春光中，我们迎来了又一个五四青年节。

百年前的今天，是他们——这一群意气风发的中国青年，为了国家的昌盛，为了民族的复兴，用热血和生命谱写了一曲壮丽的青春之歌。一百年来，我们不曾忘记他们振臂高呼的英勇身姿，不曾忘记他们赴死无惧的坚毅面容，还有那一面民族救亡的旗帜啊，永远飘扬在我们的心中。

时光荏苒，弹指一挥，百年后的中国早已崛起于世界的东方，正以崭新的姿态向世人昭示它的繁荣与强盛。站在历史新的起点上，作为有志的中国青年，我们要责无旁贷地接过"五四"的火炬，肩负时代的重任，为中华民族的伟大复兴续写更加灿烂辉煌的新篇章。

2. 小学（幼儿园）课堂片段教学试讲，注意态势语的设计与使用。

任务实施

一、分组练习
1. 组内练习身体语的运用。
2. 找出并纠正使用身体语时存在的问题。

二、分组展示
1. 小组代表展示身体语的使用。
2. 学生评价，指出存在的问题。
3. 教师评价，指出存在的问题。

知识储备

导入：请3名同学走上讲台，观察一下他们走路的姿势是否标准呢？再观察一下他们的站姿怎么样？请3名同学回到座位上，同学再互相检查一下，看看我们的坐姿标准吗？

人的身体的每一个部位，都有表情达意的功能，包括头部、颈部、肩部、胸部、腹部、腰部、四肢以及它们之间的互联、互动、互补的协调运动形态。那么人们身体的部位做出表现某种具体含义的动作就叫身体语，也称动作语。身体语在我们的日常交际中具有非常重要的作用，它可表达自信、乐观、豁达、庄重、矜持、积极向上、感兴趣、尊敬等或与其相反的语义，中国早就有"站如松，坐如钟，行如风"的古训，可见它也是人的思想感情和文化教养的外在体现。

一、身体语的形态

（一）头部姿势

说话或演讲中，头部动作和头部的位置都能表达不同的含义。

（1）正对前方：多用于陈述时，表现一种较平稳的感情。不过，这种姿态不宜呆板。

（2）上仰：分微仰、昂仰和偏仰。微仰表示思考和停顿；昂仰表明情绪激动，如失望、无畏等；偏仰表示呼唤。听到朋友讲述悲伤的事情竖起头并侧向说话人，表示你非常关切，全神贯注地在听。头部猛然上提，一般是表示顿悟或豁然开朗的意思。

（3）低垂：这个动作的含义非常丰富，可以表思索、表恭谦、表羞怯、表忏悔、表委屈、表丧气、表哀悼，是个"多义词"。一般浅垂表示谦虚、停顿和思索；深垂表示悲痛、伤感和难过。

（4）侧头：基本义是"关注"，结合面部表情的不同，显现"感兴趣"和"怀疑"两种意思。演讲时主要用于不冷落两侧听众的目的，有经验的演讲者在当众讲话中，绝不会始终只保持正位头部姿态，必要时还会向前方或右前侧倾身做探询状，以达到沟通全部听众情感之目的。

（5）偏头：主要表达两种意思，一是表示静听，一副"愿听其详"的姿态；二是表示生气，一副爱理不理、爱听不听的架势。

（6）点头：表示赞成或同意。

（7）摇头：表示否定、不是、不对、不赞成或不相信。

（8）回头：带有突然性，表示猛烈寻找兴趣源。

（二）站立姿势

1. 基本要求

正确的站姿应是两脚基本平行，或一前一后，自然站定，应做到头要端，肩要平，胸要挺，腹要收，身要正，腿要直，手要垂。男性立姿：双脚平行，大致与肩同宽；全身正直，双肩稍向后展，头部抬起，双臂自然下垂伸直，双手贴于大腿两侧，上身挺直。女性立姿：挺胸、收颌，目视前方，双手自然下垂，叠放或相握于腹前，双腿并拢，不宜叉开。

2. 站姿的形式

站姿的形式，有自然式、前进式和丁字步三种。自然式，两脚平行或略成八字，双距与肩同宽；前进式，重心分布在两脚之间或根据表达需要落在前脚；丁字步，两脚呈丁字站立。

3. 站姿的含义

两脚呈丁字站立，稍息式的站姿，头侧着平视或者仰视，面带微笑，但眼神一直不变，表明对谈话没有兴趣；一腿朝前，双手抱肩，头微低，目光在对方眼下，可激起谈话的内容；双腿并拢，双手合前，腰微弯，目光对着对方的眼睛，头微低，表示谦恭，有意听取对方的意见，表明绝对顺从、服从命令；双脚分开，与肩同宽，这一站姿代表支配欲和决心；左右或前后换腿站，表明犹豫不决……

4. 教师站姿的重要性

教师的站姿要端庄、挺直，精神饱满。弯腰驼背会让人感到精神不振。老师讲课累了，可将重心轮换放在一条腿上，做稍息式站姿。但身体不要后仰、歪斜或者左右摇晃，腿不要下意识地抖动，不要长时间将双手撑在讲台上或者将上身俯在讲台上。

（三）坐姿

正确的坐姿应该是自然保持端正，落座在座位的前半部，两腿平行垂直，两脚落地，腰板挺直。切不可斜靠在椅中，或者盘腿，或者把手臂搁在椅背上，这样都会引人轻视。

男性坐着的时候，抬头、挺胸、收腹，两眼平视前方，两腿与肩齐平。微微张开双腿而坐，是稳重、豁达的表示。倘若两腿张开太大，既不礼貌，也不雅观。女性并拢双膝而坐，是庄重、矜持的表示，腰板轻松地挺直，这样显得自然、从容、情绪饱满。

坐姿中最需要检点的是架腿，其中包括我们平常说的"跷二郎腿"。架腿姿势通常是控制消极情绪的人体信号，专家们说它"颇有不拘礼节的意味"，这种动作男性女性都得慎用，尤其是女性。标准的架脚动作，是将一条腿叠放在另一条腿上，这是一种保护自己势力范围，不让他人侵入的姿势。还有一种美国式的架腿动作，即将一只脚的足踝架在另一只腿的膝盖和大腿上，显示的是随意、平等和融洽的姿态。如果跷着二郎腿还轻轻抖动，就会表达出漫不经心、不以为然或对对方的话题不感兴趣的信息。

（四）行姿

正确的行姿一般要求是：自然、轻盈、矫健，自然而不别扭、轻盈而不笨拙、矫健而不迟钝。抬头挺胸，步履稳健而轻捷，手臂自然摆动，不要慌慌张张、拖拖沓沓。

走路姿势能够告诉你别人是怎么看你的，胜过千言万语。走路昂首阔步给人的印象是能干、效率高，好像要有什么重要的事情等着你去做。走路"蹦蹦跳跳有节奏感"的说明性情开朗乐观。故意大踏步走路的就脚跟先着地，脚尖后着地，一步步走就行了。

（五）身体动作

（1）摸额头或抚耳垂。摸额头、抚耳垂有安慰作用，不安或受伤时就会出现这样的动作。比如，讲座大厅中你坐在前排又不希望被叫到时，往往会这么做。坐着时双臂紧抱或来回按摩大腿也说明类似情绪出现，因为按摩身体的一些神经末梢有助于降低血压、减缓心率。

（2）双臂交叉。这一姿势代表冷淡。不过，有时候人们这么做也只是觉得舒服，别无他意。

（3）手掌张开。就像双手托着餐盘端菜时那样，表示你乐于接受别人提出的新观点。掌心朝下或攥紧拳头表示你立场坚定——有时不免有些固执。

（4）敲打手臂。敲打手臂可不是说你失去了控制。研究表明说话时喜欢打手势的人精力充沛、和蔼可亲、待人热情。相反，讲话时手势较少的人逻辑能力强、善于分析。牢记要张弛有度，否则过犹不及。因为太过生动的手势看起来有夸夸其谈的嫌疑，让人觉得你不可信、缺乏威信。

（5）把手藏起来。把手藏在膝盖下、插在口袋里或背放在身后都是欺骗的动作，表示你有所隐瞒。有人做这样的动作却在告诉你另外事情的时候，表示你听到的并不是事情的原委。

（6）玩弄手指。是缺乏自信、胆怯懦弱的表现。试着双掌合十（手掌交叉、食指朝上成尖塔状）就无法再玩弄手指了，相反还会给人以自信感。

（7）脚的移动。向前移步，暗含肯定、期翼、争取的意思；向后退步，暗示否定、畏惧、消极的意思；小范围地走动，多在课堂教学演讲中运用，表明思考，成竹在胸。

1775年3月23日，美国独立战争时期的自由主义者帕特里克·亨利，在弗吉尼亚州议会上以传神的体态，表达了要为自由奋战到底，"不自由，毋宁死"的决心。当他说到"难道生命是如此珍贵，和平是如此甜蜜，以至于我们非要用镣铐与奴役去换取它们"时，语调低沉而痛苦，声音微弱而嘶哑，他佝偻着身躯，双手捧着胸口，缓慢地走向讲台前沿，似乎被沉重的镣铐压得直不起腰来。他的动作和声音感染了听众，他们似乎也被奴役和屈辱压迫得透不过气来，整个会场鸦雀无声。忽然，帕特里克抬起头，挺起胸膛，站直身子，双手高举向上，仿佛拽下了镣铐，他高喊："万能的上帝啊！制止这种妥协！"

二、教师身体语

身体语具有一种难以言说的魅力，它热烈、诚恳而富于鼓舞性。对于一个优秀的教师而言，除了他的专业功底和演讲技巧以外，完美契合的身体语言对出色的授课也至关重要。恰到好处的身体语言除了可以帮助教师更加准确地传递所要表达的思想，帮助学生全面理解和掌握教师的意图之外，还有利于提升教师的控场效果，塑造教师整体魅力和影响力。教师要把活生生的灵感和思想贯彻到自己的身体语中去，从而影响孩子，使孩子产生共鸣，受到强烈的感染。这是我们的目的所在。

例如：某小学二年级的语文教师，她在校教学已有13年，教学经验丰富，且深受学生们的喜爱。她在示范课上讲解的是《摘星星》一文，临近下课做结束语时，在黑板上画了几颗小星星，温柔地说道："课文中的母亲和未未比赛摘星星，老师也摘了几颗星星要送给可爱的同学们，希望同学们都能够成为闪亮的未来之星。"老师手心向上，小心翼翼地"托着"星星，眼神中充满希望，露出慈母般的微笑，仿佛讲台下的学生们就是她的孩子。

这位老师充分发挥了态势语的作用，巧妙地将态势语与有声语言结合在一起，紧紧抓住学生的有意注意，带动学生展开想象。用自己的言行感染学生，这样的教学方法才能够适应我国小学语文教学的特点，才能够符合语文学科工具性与人文性统一的特点。

那么，如何规范身体语言表达，塑造优秀教师风范呢？

（一）教师运用身体语的原则

（1）自信：教师在台上要自信。

（2）专业：教师要体现为人师表的职业修养，要用专业去征服学生。

（3）自然：教师不是哑剧演员，也不是小品演员，因此身体语言不要太花哨，自然表现即可。

（二）教师身体语基本规范："稳、大、慢"

"稳"：稳重、成熟、大气、优雅。"稳"字当头，这是第一要素。"稳"首先要求"脚要站稳"。著名演讲家金克拉说过："站稳你的脚跟，像你的立场一样坚定。"细数著名的政治家、企业家、培训大师、演讲家，他们在台上的第一个特质就是"稳"。想象一下，没有哪一个有素养的人会喜欢看教师在台上上蹿下跳，左右晃动。

"大"：大声、大气、大开大合、少用小动作。首先是声音大，教师在台上的发声和平时说话有所不同，在台上要求声音比平时要大，这样显得"气场足""大气"。当然，声音的大小也要根据现场的人数和场地情况，并非越大越好。其次尽量避免不雅的小动作，小动作会显得老师不够大气，比如频繁眨眼、视线游离、嘴角乱动、腿部抖动、手指乱摸等。

"慢"：速度慢、频率慢。在"稳"和"大"的前提之下，教师在台上的身体语言要放慢频率，表现出成熟、稳重、自信、大气的形象。当然，"慢"的前提是"有力"，有力而慢速才叫稳重。缺乏力量的"慢"是慵懒，是缺乏自信的体现。

身体语言如此，教师的发音也同样。在声音足够大的前提之下，也需放慢语速。如果声音又大又快，只能表明发言者激情有余，太过冲动；如果声音又小又慢，则显得教师自信不足。所以，声音是在大的前提之下，放慢速度，既显得稳重而自信，又能保证教师表达流畅、咬字清楚，还可以在慢的基础上做到抑扬顿挫。

需要注意的是，"稳""大""慢"是教师在台上的基本要求，尤其是教师刚上台的时候，能够为其塑造良好的讲台形象。但这并不意味着整场授课教师都维持这种状态，其中还要求有适当的变化，无论是身体语言、表情、动作或者眼神。但是，变化不是乱变，不是没有章法，而是围绕"稳""大""慢"而进行。比如"稳"，并不是指教师站在一个地方一动不动，而是指要定点和定区域，同时在走动的时候也要走得稳，而非随意乱动。比如"大"，声音大并不是一味的大，要根据内容进行调整；动作也并非一直大动作，有时也不需要有动作。"慢"也并非所有的动作和声音都慢，而要根据主题内容适当加以调整。

（三）教师身体语的具体应用

1. 幼儿教师

幼儿教师与普通教师的区别在于，他们在工作中与孩子的接触更直接，因此更好地运用态势语言与孩子沟通就显得更为重要。幼儿教师使用态势语言与孩子沟通的技巧是教师与孩子之间形成融洽工作氛围的关键。教师的不同手势、不同动作、不同表情，通过态势语言充分表达出了对孩子的鼓励、赞许、关心或喜欢，教师在活动中体形的变换和手势的运用，可刺激孩子大脑，使孩子的大脑维持一定的兴奋度，减少静止的形象对孩子产生的抑制。

（1）拥抱。在每一天工作开始的时候，幼儿教师深情地拥抱每一个孩子，孩子会得到充分的满足，会让幼儿更真切地感受到教师的爱。当孩子不愿离开家人，在伤心地哭闹时，教师可以抱一抱他，让其感受到教师像妈妈一般的爱。摸一摸头、拍一下肩、刮一下鼻子，都是孩子喜欢的动作。孩子都喜欢被教师关注和爱护，一些充满爱意的小动作会让孩子感受到你对他的情意，他会更愿意与你沟通。

（2）交流。教师日常生活中与孩子交流通常是交谈、协商，习惯用语通常是："需要我帮忙吗？""告诉我发生了什么事情？"等等。这时候教师使用的主要是身体语言。由于身高的差异，如果教师站着和幼儿说话，幼儿势必要仰望教师，这容易导致幼儿产生紧张心理。教师蹲下或坐下，幼儿可以平视教师，在同一平面说话，孩子会感觉自己受尊重，会比较放松，为师幼双方进行平等的沟通创建更好的环境。当需要比较长时间的沟通时，与学生并排坐会比面对面更有利于减轻孩子的压力，使孩子更愿意诉说。

（3）指导工作。教师在指导工作时，要安静地坐（跪、蹲）在孩子的右侧，倾下身去观察，在征求孩子同意后才去帮助有需要的孩子。

（4）团体讨论。教师要同孩子一起平起平坐，与孩子视线平行，使其没有压抑感。这时候教师主要使用的就是身体语言。

（5）游戏。教师在教室里进行"静寂游戏"时，引领幼儿以宁静、非视觉的方式去感知所处的原本熟悉的环境，这个时候，教师除了采用"身体语"之外，还可适当采用"表情语""手势语"等。

（6）讲故事。小班教师在讲故事的时候要有较丰富的态势语，恰当的态势语能够辅助教师的口语表达，也能够帮助幼儿加深理解教师所教的内容。比如在讲到狐狸出坏主意的时候，教师的眼睛要有"滴溜儿一转"的动作；在讲到大灰狼被小动物们痛打的时候，教师要抱着头，做出浑身疼痛的样子；在讲到"今天的天气真冷呀"时，教师不仅要在"真"字处适当拉长音，还要手抱双肩，做出冻得缩紧全身的样子。

准确运用身体语是很重要的，但如果盲目地将所有的沟通都采用丰富多彩的身体语会适得其反，不但收不到教学成效，还会脱离最初的目标。幼儿教师在与幼儿沟通时，应避免使用以下身体语：用力敲击发出刺耳声音以引起孩子注意；跟孩子谈话的时候，双手交叉抱在胸前；用食指指点孩子；用脚踢孩子的脚。另外，教师的身体语也要具有针对性，要根据不同活动、不同特点的孩子，采用不同的身体语，具体问题具体分析，因材施教，只有这样才能使身体语有的放矢，取得实效。

2. 小学教师

（1）运用身体语可以发挥鼓励作用。以微笑、注视、点头、肯定，给学生更多的鼓励，以创造良好的课堂教学气氛，激发学生的学习积极性，可产生良好的教育教学效果。美国心理学家詹姆士曾说："人最本质的需要是渴望被肯定。"鼓励会满足学生的心理需求，使之产生欣慰、幸福的心理体验，从而增强荣誉感、自信心、上进心。鼓励就是让每一个学生体验成功。在课上巧用鼓励，使学生以极大的热情投入教学活动中，可大大增强教育效果。

在课堂上，当学生有精彩发言时，教师跷起大拇指，并不断地点头称赞，对学生来说是一个极大的鼓舞。当发现在小组讨论中，有的学生一直缄默不言时，教师走过去，用手摸摸他的头，拍拍他的肩，用期待的眼神看着他，鼓励这样的学生发言。因为教师给学生积极期望，学生和教师相处的心理气氛就会比较融洽，学生的心理就会健康发展，产生良好的教育效果。

（2）运用身体语增强训练的趣味性。例如，学了10以内数的分解组成。教师运用身体语设计"用手指凑十"的游戏。用这个充满趣味性的训练形式，激发学生的学习兴趣。学生有了兴趣才会主动学习，而人的思维活动也正是在情感的积极状态下，才得以活跃，创造性的思维才得以生成。

对于体育教师来说，身体语必须要求很严格。如在途中跑的教学中，教师除了口若悬河的语言外，同时本身要进行示范教学，使学生更容易理解，根据学生在走和跑中一些常见的不标准动作，示范标准动作，模仿不标准动作，加以比较，让学生记忆深刻。

三、演讲者身体语

（一）演讲者身体语的整体要求

1. 少用小动作

小动作太多会显得演讲者不够大气。这里的小动作包括眨眼、眼睛乱看、嘴角乱动、面部抽搐、腿乱动、手指乱摸等。小动作来源于生活习惯。所以演讲者不仅要在讲台上，在平时的日常生活中也要时刻注意，一旦发现小动作就立即停止，长时间自我纠正，就会改过来。

2. 频率要慢

频率变慢会显得很稳重。演讲者有时讲得很兴奋的时候，动作会不自觉地加快。一定要注意手部动作频率变慢，脚步移动变慢，演讲者要善于控制自己。尤其是表情的变化频率不要太快。演讲者不是滑稽演员，表情变化不能太快。比如偶尔眨眼是身体正常反应，但是经常性的眨眼有时会引起学生的误解。

3. 适当变化

眼神要有变化，表情要有变化，手势也要有变化，不要长时间保持一个样子。

（二）演讲者身体语运用的原则

（1）自信。演讲者在讲台上要有自信，身体语言要全部体现这一点。
（2）专业。演讲者在讲台上就是焦点，要用专业去征服观众。
（3）适度。身体语言是为主题服务的，要根据主题来设计身体语言。

相关链接1

态势语的空间距离与服饰语

一、态势语之空间距离

人们在交往过程中，经常利用相对位置作为信号来传递一定的信息，利用界域来表达一定的情感，这就是我们态势语言所讲的空间距离。

时蓉华先生在《社会心理学》中说："人际关系，是人与人之间心理上的关系、心理上的距离。"人们在心理上的距离，往往会反映在空间距离上，这种距离主要是以下几种：

（一）亲密区域

亲密关系表示关系密切，这个区域介于0~45厘米。处于下限"0"时，身体完全互相接触，处以上限45厘米时，也只有半臂距离，屈臂即可触及对方。处于这个区域的人们，彼此能听到对方的呼吸，看到对方细微的表情，甚至可以嗅到对方身体的气味儿。只有关系密切的人才有可能获准进入这个区域，比如父母与孩子、配偶之间。

教师与较小的孩子一般在亲密区，可示鼓励、安慰或称赞。这样既便于情感沟通，又可使教师带给孩子的心理刺激强度不断变化，从而保持孩子参与活动的兴奋程度。

（二）个人区域

这个区域在45厘米~1.2米。处于下限45厘米时抬手可以触及对方，处于上限1.2米时则仍可保持非同一般的亲近。在这个范围内彼此可以观察到对方的表情变化，显示出一定程度的亲密和友好，这个区域可以用于某种程度的私人交往，比如同事、同学、朋友等。

（三）社交区域

这个区域在 1.2~3.6 米。它所表示出来的关系比前两种要疏远，是一种公事公办的次级关系。

（四）公共区域

这个区域大于 3.6 米，表示疏远关系。这个区域内交往双方一般已没有特殊的心理联系。

言语交际是面对面地和人谈心或沟通思想。想要取得良好的交际效果，要想达到思想沟通的目的，则必须把握好"个人区域"这个空间距离。在口语表达中，用得比较多的场合是授课、做报告、演讲，面对的是几十或几百甚至千人以上的大部分并不熟悉的听众，运用好社交区域这个空间距离，有助于顺利完成上述任务。

二、态势语之服饰语

服饰语是通过服装、发型、饰物及化妆等传递信息的姿态语。在人际交往中，衣着整齐，服饰得体，不仅会给人留下美好的"第一印象"，而且会让自己产生良好的"自我感觉"，提高自信心，从而使自己在口语交际中获得较好的效果。研究发现，服饰语在口语交际中具有重要的作用，它不仅可以展现人的内在精神面貌、生活情趣和审美追求，而且有时候在某些场合还成为决定成败的关键因素。服饰作为一种特殊的交际语言，对自身、对他人都会产生影响。美国著名政治家、科学家本杰明·富兰克林说："饮食也许可以随心所欲，穿衣却考虑给他人的印象。"要获得好的印象，就要做到协调与适中。一是与个人的年龄、职业、身份、地位以及肤色、形体相协调，整洁合体，突出个性。二是符合交际对象的场所，端庄大方，美观和谐。

国际上普遍遵循 TPO 着装原则。T（Time）代表时间、时令、时代；P（Place）代表地点、场所、地位、职业；O（Object）代表目的、目标、主题、对象等。这就是说，服饰打扮要具时代感，要与交际场所、交际对象和交际内容一致。

口语交际中，服饰语作为一种无声语言，对于口语交际效果有着重要的影响，应引起我们足够的重视。根据 TPO 原则，着装时应注意以下几个问题：

（一）着装应与自身条件相适应

选择服装首先应该与自己的年龄、身份、体形、肤色与性格和谐统一。

（二）着装应与职业、场合相协调

着装要与职业、场合相宜，这是不可忽视的原则。工作时间着装应遵循端庄、整洁、稳重、美观、和谐的原则，能给人以愉悦感和庄重感。

（三）着装应与交往对象、目的相适应

总之，着装最基本的原则是体现"和谐美"，上下装呼应和谐，饰物与服装色彩相配和谐，与身份、年龄、职业、肤色、体形和谐，与时令、季节、环境和谐，等等。

作为教师，可以合理地利用服饰语来强化自己在学生中的良好印象，有助于自己开展教学工作。教师的服饰语基本要求：上班时化淡妆，自然、大方、淡雅，与肤色、衣服相匹配，杜绝浓妆艳抹、彩妆；长发必须束起，不得留怪异发型，额前头发不得过长、挡住视线；不得戴奇特饰品（耳环、太阳镜、怪异项饰、首饰及任何帽饰）、染彩发、留长指甲。

相关链接2

小学语文教师态势语使用常见问题

肖 尧

一、态势语发挥不充分

教师运用态势语在小学语文教学过程中是不容忽视的。但就目前情况，部分小学语文教师只重视教学语言文字的锤炼，态势语的运用潜能还未被充分利用。小学语文教师，尤其是在校工作时间短且教学经验不足的新教师，主要通过有声语言向学生传达信息，对于态势语还处于无意识运用的阶段，造成了小学语文教师的教学方法单一、态势语发挥不充分。

二、态势语运用不规范

我国学者庄锦英与李振村提出："教师态势语应分为象征性态势语、说明性态势语、表露性态势语、适应性态势语以及体调性态势语五类。"在现实中，部分小学语文教师对于态势语的运用存在一些问题。

（一）象征性态势语不规范

象征性态势语多表现为一些指令性或评价性的语言，小学语文教师要结合小学生的心理特点，对于象征性态势语的运用还需进一步规范。

部分小学语文教师在教学过程中所运用的象征性态势语明显不符合学生的心理特点。例如请学生起立或出列回答问题时用食指指尖指向学生；当学生回答问题有误时用蔑视的目光直视学生；发现学生注意力不集中时快速走到学生身边，用力拍打桌面，等等。小学语文教师运用不规范的象征性态势语会严重挫伤学生的自尊心，不仅疏远了师生间的关系，违背社会对教师形象的要求，更使学生对学习语文产生抗拒心理。

（二）说明性态势语不预设

小学语文教师在教学过程中用于解释、说明或描述某些内容与事物的态势语，即为说明性态势语。

在目前教学实际中，部分小学语文教师对于说明性态势语的运用是重量不重质，缺少预设，因此，在教学过程中，体态动作多而杂乱，影响课堂教学效果；眼神与面部表情缺乏活力，课堂气氛低沉；整体说明性态势语过于做作，师生间交流缺乏诚意。

小学语文教师的说明性态势语，特别是手势动作，多采用伸出食指或平伸四指进行描述说明，动作生硬，显得单一重复，像在"背台词"，且出示动作时显得刻板木讷，不够优美流畅，这样的说明性态势语不能起到辅助有声语言扩大信息含量的作用，更不能使学生融入课文氛围中。小学语文教师应该形成为了说明某些重要且难以理解的教学内容而提前精心设计说明性态势语的教学习惯，创造紧扣教学主题的说明性态势语。

（三）适应性和体调性体态语不控制

适应性态势语是小学语文教师在较长时间内逐渐形成的，具有稳定性、习惯性的态势语。适应性态势语都与具体的教学内容无直接强化作用，对有声语言也无直接辅助作用。

部分小学语文教师常出现的适应性态势语有倒背双手、双臂交叉抱于胸前、双手撑在讲桌上……都不同程度地对师生关系与教学效果造成负面影响，小学语文教师应极力控制这种消极性质的适应性态势语，展现优雅的教师风范，呈现饱含情感的课堂氛围。

体调性态势语的呈现同样与具体教学内容无直接关系。体调性态势语呈现出下意识、无意义或意义模糊、与言语关系不密切的特点。小学语文教师在课堂教学中经常出现的体调性态势语主要有：修饰头发、抖动腿部、打哈欠、摸鼻子、挠耳朵等，还有部分教师在课堂教学中习惯用手摆弄粉笔或板擦。这些体调性态势语不但不能辅助有声语言，反而会淡化有声语言的教学目的，会损坏教师形象。

（渤海大学硕士论文《小学语文教师态势语策略研究》2015年6月 中国知网 本书编者有删节改动）

学习思考

1. 你认为态势语在口语表达中有哪些作用？
2. 谈谈态势语在教育教学活动中的重要作用。
3. 回顾你的老师在教学中所使用的态势语，总结指出目前教师在使用态势语过程中所存在的问题。
4. 谈谈态势语的使用要遵循哪些原则。

课后练习

一、为下面几段演讲词设计适当的手势

1. 4年前，我站在这同一个地方，向你们说了同样的话。但是，4年前我们失败了。这一次，我们将赢！
2. 在这片大森林中，有一个奇异的所在等待着我们。我们蓦地看见展现在山麓上的一个美丽的小牧场，看起来像是幻境。水色清澄，牧草碧绿，野花遍地，小河低语，天宇碧蓝，没有树叶遮蔽的阳光直泻而下。
3. 那么，就让我来分担你的无聊和梦；而你来分担我的，也许我的也就是你的。
4. 再会了！你们的母校企盼着10年后与你们再相会！

二、观看电视剧《山海情》（配音版）中杨书记在"推广发展大棚蘑菇产业现场会"上的一段演讲，完成以下训练

1. 杨书记使用了哪些手势语？最具表现力的是哪几个手势？
2. 杨书记的手势、面部表情、语调、语气配合得如何？有何特色？
3. 试着模仿一下杨书记的演讲和态势语。

三、根据下列情境，设计恰当的态势语并进行情境模拟练习

［情境一］一个小朋友不愿意吃饭，你劝她好好吃饭。

［情境二］两个小朋友因为一个玩具发生了争执，你要平息两个小朋友之间的争执。

［情境三］一个小朋友在室外活动的时候摔倒，磕破了膝盖，你要安慰他。

［情境四］一个小朋友刚刚转入本园，对环境比较陌生，也不和其他小朋友一起玩，你要鼓励他。

四、以"这就是我"为题，按下面的要求向全班同学介绍你自己
1. 不慌不忙走上讲台，先站定，后抬头，面向大家说话。
2. 说话中，必须有2~3个富有个性的手势语。
3. 说话时间不少于2分钟，不超过3分钟。

模块二　教师口语职场运用

项目三

教师职业口语运用

【项目目标】

一、知识目标

1. 了解教师职业口语的含义、种类、基本特征、运用规律。
2. 了解教师教学用语、教育用语的含义。
3. 了解导入、讲授、小结等主要教学口语的含义。
4. 了解表扬、批评、激励、启迪、说服等主要教育口语的含义。
5. 知道教师职业口语的总体要求、构成要素、常见问题。
6. 知道辅助教育教学口语表达的态势语的种类。
7. 知道导入、讲授、小结等主要教学口语的作用、类型。
8. 知道表扬、批评、激励、启迪、说服等主要教育口语的功能、类型。
9. 掌握导入、讲授、小结等主要教学环节用语的特点要求。
10. 掌握表扬、批评、激励、启迪、说服等主要教育用语的特点要求。
11. 巩固运用态势语辅助教育教学口语表达的要求。

二、素质目标

1. 培养用普通话进行教育教学的职业意识。
2. 培养学生真诚、理解、尊重、包容的品质及认真严谨地对待每次课教学的职业操守。
3. 培养学生必备的人文素质及良好的道德、思维品质和心理素质。
4. 引导学生树立自主学习、终身学习的观念。
5. 培养学生的团队协作精神。

项目三 教师职业口语运用

【知识结构导图】

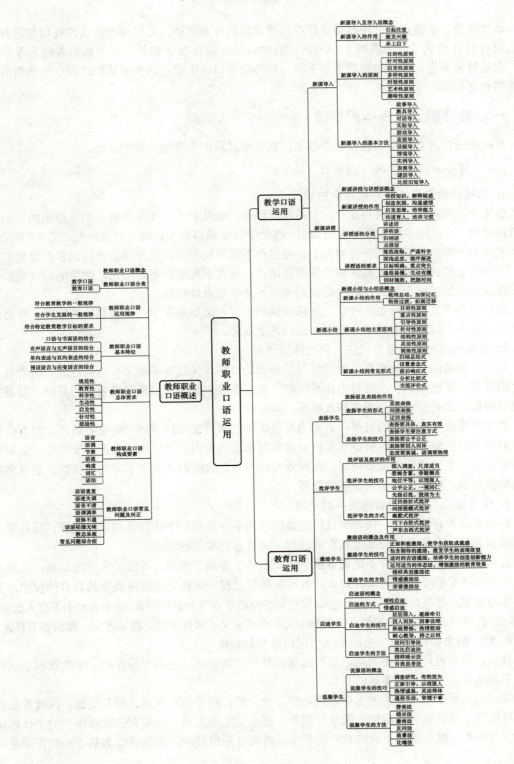

· 193 ·

教师职业口语概述

教师职业口语是指教师在日常工作中经常使用的行业用语,是用标准的或比较标准的普通话表达符合教育教学要求的教师工作用语。教师口语在教育教学的各个环节都起着极为重要的作用,它是教育学生、传递知识的重要手段。教师职业口语主要包括教师从教过程中所使用的教学口语和教育口语。

一、教师职业口语运用规律

教师职业口语直接影响教育教学效果,在使用过程中应遵循一定的规律。

(一)符合教育教学的一般规律

1. 间接经验与直接经验相结合的规律

学生个体获得知识有两种途径,一是间接经验,即从书本、课堂和别人那里得来的知识;二是直接经验,即通过亲身实践得来的知识。教学中学生获得的知识既有直接经验,又有间接经验。

教学中,学生以学习间接经验为主,但也决不能忽视学生的直接经验在认识客观世界中的作用。因为学生的认识遵循人类认识的普遍规律,从感性到理性,不断深化,学生的间接经验是建立在直接经验的基础上的。以间接经验为主并不是不要直接经验。

教师在教学过程中既要重视学生间接经验的掌握,又要重视学生直接经验的掌握,应将两者有机结合起来。防止只重视某一方面知识的片面观念。

2. 掌握知识与发展智力相统一的规律

教学过程是向学生传授系统的文化科学知识的过程,又是发展学生智能的过程,两者有着本质上的联系。掌握知识和发展智力相互依存、相互促进。掌握知识是发展智力的基础,发展智力又是掌握知识的必要条件,两者相互联系,辩证统一。

教师应重视学生智力的发展。智力的发展是学生掌握文化科学知识的必要条件,能有效地提高他们的学习效率。教师应引导学生自觉地掌握和运用知识。知识虽然不等于智能,知识掌握得多也并不一定表明智能发展得好,但两者互相联系,教师调动学生学习的积极性,引导学生自觉地掌握知识,就能促进学生智能的发展。

3. 传授知识与思想教育相统一的规律

即教学的教育性规律,指教学过程既是传授和学习系统的文化科学知识的过程,又是学生在掌握知识的基础上接受思想品德教育的过程。两者具有紧密的联系。

说教学具有教育性,并不是说掌握了知识就等于提高了思想、养成了优秀的品德,关键是要看学生如何接受教学、如何掌握知识。教师在教学过程中应自觉地运用教学的教育性规律,把知识教学与思想品德教育有机地结合起来,既注意挖掘教学内容的思想因素,克服只教书不育人的倾向;又要防止教学中进行思想品德教育的自然主义和形式主义。要寓德育于教学之中,做到教书育人。

4. 教师的主导作用与学生的主体作用相结合的规律

教学过程是教师和学生共同活动的过程。教师在教学活动中起主导作用,学生在教学活动中处于主体地位,双方具有本质的联系。

教师的主导作用与学生的主体作用是辩证统一的,两者相互联系、相互促进。既要重视教师的主导作用,通过教师的组织、调节、指导,促进学生的发展,又要充分发挥学生的主体作用,调动学习的积极性,使学生适应教师的教学。将两者割裂开来,或是只强调某方面的作用是片面的、错误的。

（二）符合学生发展的一般规律

1. 发展的不平衡性

学生发展的不平衡性主要是指生理成熟与心理成熟的不平衡和发展速度的不平衡。其中生理成熟以性机能的成熟为标志，而心理成熟以独立思考的能力、比较稳定的自我意识和个性的形成为标志。

2. 发展的顺序性

学生身心发展是按照某种固定的顺序展开的。如身体发展遵循着从上到下、从中间到四周、从骨骼到肌肉的顺序发展；心理发展则按照从机械记忆到意义记忆、从具体思维到抽象思维的顺序发展。

3. 发展的阶段性

学生发展的不平衡性和顺序性必然导致不同的发展阶段。学生发展是一个由量变到质变的过程，一个阶段的量变积累到一定程度就会产生质的飞跃，跨入另一阶段。而在不同的发展阶段，尽管学生都表现出个体差异，但还有许多共同的特征。这些特征构成了某一年龄阶段学生普遍具有的一般的、典型的、本质的特征，这就是年龄特征。

4. 发展的个别差异

学生的发展除了共同的年龄特征外，还存在着个别差异。这些差异是由不同的遗传、环境和教育等因素造成的。

（三）符合特定教育教学目标的要求

基础知识的学习和基本技能的培养是基础教育教学内容的核心。除此之外，在新的时代背景下，教育教学更要为学生打好终身发展的基础，学生除了要在基础知识与基本技能学习方面提升之外，还要培养浓厚的学习兴趣、旺盛的求知欲、积极的探索精神、坚持真理的态度，以及搜集和处理信息的能力、获取新知识的能力、分析和解决问题的能力、交流与合作的能力。这是新时期教育教学为学生全面打好基础的基本内涵。

二、教师职业口语基本特征

（一）口语与书面语的结合

口语与书面语在语言学上是两个不同的概念。口语是以语音方式作用于人们听觉的语言，书面语以文字的方式作用于人们视觉的语言。教师所使用的语言是以口语为基础，结合了这两种语体特点的一种职业语言。

教师在进行教育教学活动时，主要是向学生传授知识、讲授道理的，所以教师在使用口语进行交流沟通的基础上兼顾书面语体的特点，要注重提高口语表达的规范性和凝练性，这样一方面能增加单位时间内信息的输出量，另一方面使所传授的知识与道理更为简洁与明确。但这不等同于教师要用书面语展开教育教学活动，书面语的过多使用会给学生对教育教学内容的理解带来不便。基于此，教师使用职业口语进行教育教学活动时，要把握好与书面语结合的"度"，把口语语体与书面语体恰到好处地融合在一起，既保证学生能够较为容易地掌握所接收的信息，又突显教师职业口语独有的特点。

（二）有声语言与无声语言的结合

这里的无声语言指的是态势语。态势语是在交际过程中通过语言表达者的动作姿态及目光表情等非语言因素传达信息的一种言语辅助形式，又称体态语。态势语是一种无声语言，是一种必要的辅助性交际手段，在人们交际过程中起着补充强化口语信息、交流沟通感情、调控交际活动的重要作用。教师在进行教育教学过程中更是离不开态势语的辅助作用。正确恰当的态势语的使用能够更加直观、更加形象地表达出教师的意图和情感，便于学生理解和感受教师所传达的信息，同时激发学生的想象力和创造力。实际上，优秀的教育工作者从来都没有忽视过口语表达中态势语的使用，他们都能很好地发挥态势语的辅助作用，展现教育教学的艺术性。

（三）单向表述与双向交流的结合

单向表述是指交际过程，信息发送者单方面输出信息，信息接收者则单方面接收信息，如诵读、讲述、演讲、报告等；双向交流是指交际过程中信息发送者和接收者之间的位置不断交换，信息交流是在协商和讨论中完成的，如交谈、辩论、协商、闲聊等。教学过程中，教师的讲述语、阐释语就属于单向表述语言，它要具有准确性与层次性；教师的提问语则属于双向交流语言，它要具有应变性与敏捷性。单向表述语言与双向交流语言是教师职业口语的两种主要表现形式，一个合格的教师应当能自如地转换这两种语言表述形式。在现代教育过程中，教师更多采用的是双向交流的表达方式，它更符合教育教学的实际需要。

（四）预设语言与应变语言的结合

一般来说，教师的教育教学语言是预设性的，也就是说教师事前要对自己在教育教学时需要使用的语言做精心的准备。例如，教师在课堂教学前一定是要认真备课、反复熟悉教案、明确要讲的重点和难点的，上课要讲的话已经预先设定了。但是，在实际教育教学过程中，教师常常会面临一些突发的新情况、新问题，需要教师能够及时而灵活地去处理，因此，教师职业用语不可能都是预设语言，它有随机性与应变性。这就要求教师能够较为熟练地掌握应变语的技巧，随机应变，临场发挥，根据教育教学的实际情况做出相应的调整与改变。

三、教师职业口语总体要求

（一）规范性

教师职业口语的规范性，是指教师要使用标准规范的普通话进行教育教学活动。作为一个教师，会说标准或比较标准的普通话是必备的条件之一，国家对此也有明确规定，教师的普通话水平等级必须达到二级乙等及以上，语文教师要求达到二级甲等及以上；同时，规范的教师职业用语，能够产生正面的示范效应，对学生在普通话的使用上产生积极影响。这里的规范性包含3个方面的要求，即语音的规范性、词汇的规范性、语法的规范性。语音规范要求教师要做到发音准确、吐字清晰、语流畅通，做到不出现错音和方音；词汇规范是指教师不使用方言词汇，杜绝生造词，如不把"母猪"说成"猪娘"，"抽屉"说成"桌板底"等；语法规范是指力求避免成分残缺、搭配不当、词类误用、语序失调等不规范现象，如不把"请坐下"说成"请坐起来"，"你先走"说成"你走先"等。

（二）教育性

教师口语的教育性是由教师职业所决定的。教师职业活动最根本目的是教书育人，教师不仅在各种教育活动中直接对学生进行思想品德教育，还要传授知识、培养学生能力，因而作为教师职责得以实现的主要手段之一——教师职业用语当然要具备教育性。课堂教学中，教师口语所承载的知识内容具有很强的思想性，它本身就会对学生的人格、理想、信念、情操产生潜移默化的影响；同时，无论是在课上，还是在课下，教师都要对学生进行正面的思想道德教育，这就更直接地体现了教师职业口语的教育性。此外，教学职业口语还可以展示教师本人的思想道德修养，它会在不知不觉中影响学生思想道德品质的发展。因此，教师在与学生进行口语交际中，无论是表达内容还是语言形式，都应注意要对学生健康成长有利，要以高尚的、文明的、积极向上的语言陶冶学生的情操，培育学生美好的心灵。

（三）科学性

科学性是教师职业口语的基本要求。教师职业口语的科学性，是指教师所使用的语言能够准确无误地反映客观实际。教学和教育本身就是科学，一是要以科学的规律指导教学和教育，二是讲述的内容一定要科学，即正确无误，这两个方面构成了教师职业口语的科学性。具体地说，教师口语所表述的立场观点必须是正确的，所用的材料必须是真实、确切、可靠的。教师进行教学活动时，发音、用词、问题的讲解与阐释、内容的分析与总结等各方面，都要达到准确与科学；在进行学生教育时，要方法得当、说话得体，使学生心服口服。要做到语言运用的科学性，首先，要求教师口语符合教育教学内容的科学性；其次，要求教师口语排除歧义，避免费解；最后，要求教师口语合乎逻辑性和系统性。

【示例】

"乘法的初步认识"课堂教学片段

师：在生活中，我们经常会遇到这样把几个相同数加起来的例子。用连加方法书写起来算式比较长，解决起来也很麻烦。我们可以用一种新的运算——乘法来解决。（板书课题：乘法）

师：（指着板书）那4+4+4+4+4=20这道连加算式怎样写成乘法算式呢？首先来找一找它的相同加数，它的相同加数是几？

生：相同加数是4。（师板书4）

师：再来数一数有几个4相加呢？

生：有5个4相加。（师板书5）

师：5个4相加写成乘法算式4×5（师在4和5中间连上乘号）

师：这个像小叉的符号叫乘号（板书：乘号）跟老师学写，左斜，右斜。乘号在乘法算式里读作"乘"。4×5读作 4乘5。

师：联系加法算式看一看，这里的4表示什么？5表示什么？

生：4就是加法中的相同的加数，5就是有5个4。

师：对，在这道乘法算式中，乘号一边的4就是原来加法算式中的相同加数，乘号另一边的5就是相同加数4的个数。我们把相同加数4和相同加数的个数5用乘号连起来，就表示有5个4相加。那5个4相加得多少呢？（板书：=20）

师：在这道乘法算式中，各部分都有名称。乘号两边的数都叫乘数，乘得的结果叫积。（板书：乘数 乘数 积）

师：5个4相加的乘法算式除了可以写成4×5=20以外，还可以把两个乘数的位置调换一下写成5×4=20。（板书：5×4=20）

（四）生动性

生动性是教师职业口语的重要特征。教师工作对象和工作环境的特定性，决定了教师职业口语要具有生动性，也就是说在课堂教学和学生教育中所使用的语言既不是枯燥呆板、机械老套，也不是矫揉造作、华而不实的，而是词语通俗易懂，语法浅显简易，表达形象生动、妙趣横生、充满活力的。

生动的语言能使抽象深奥的道理变得具体形象，深入浅出；同时能振奋学生的精神、活跃学生的思维、引发学生的兴趣。生动的表达有利于语言信息在传输过程中达到最佳的效率。要做到教师口语的生动性，可以从以下几个方面入手：一是使用抑扬顿挫的语调，增强语言的节奏感与韵律感；二是使用比喻、夸张、拟人等各种修辞手法，增强语言的表现力；三是使用生动感人的口语表达内容，增强语言的吸引力；四是运用幽默的方式，增强语言的活力与可接受性；五是运用辅助性的态势语，增强语言的形象性。

【示例一】

电子离核越近能量越低

化学老师在讲核外电子的排布时，针对"电子离核越近能量越低"的理论，向学生打比方说："这好比你小时候，婴儿时，你爸爸把你抱在怀里；你会走路了，你爸爸将你牵在手里；再大一点，你爸爸说：去，外面玩去。"

【示例二】

《我爱吃水果》教学片段

师：请大家看老师手中的这根香蕉，来说说它的样子。
生：香蕉弯弯的。
师：你真会观察，用词可真准！谁能说得更好？弯弯的香蕉像什么呢？
生：香蕉弯弯的，像月亮。
师：是吗？月亮有时圆圆的，有时弯弯的，我们可用哪个词语形容弯弯的月亮？
生：香蕉弯弯的，像月牙。
师：你能自己纠正，了不起！（跷起大拇指）以后说话要做到用词准确。谁还愿意说说？
生：香蕉弯弯的，像小船；弯弯的香蕉像镰刀。

（五）启发性

启发性是指教师职业口语要根据传授的知识内容和学生发展的特点，诱发学生思考并有所领悟，给学生以启迪、开导、点拨，调动学生的自觉性和积极性。

启发性体现在三个方面：一是"诱之以趣"，即启发学生认识学习的目的意义，激发学生的学习兴趣和欲望；二是"启之以思"，即启发学生联想、想象、分析、对比、归纳、演绎；三是"导之以情"，即启发学生的情感和审美情趣。具体来说，教学口语的启发性要求教师通过巧妙提问、适当点拨来调动学生思维的积极性，引起探索的兴趣，并能引导学生思维的走向，帮助学生寻找解决问题的途径。

【示例】

《有趣的肥皂》教学片段

师：小猴姐姐告诉你们一个小秘密，肥皂宝宝有一个好朋友，它们经常在一起玩游戏，知道它是谁吗？

生：水。
师：你们也想跟肥皂宝宝和水一起来玩玩吗？
生：（操作）
师：肥皂在水中摸起来有什么感觉？
生：滑滑的。
师：小手搓一搓会发现什么？
生：白泡泡变成黑泡泡。
师：刚开始的水是没有颜色的，然后呢？现在呢？

（六）针对性

针对性是指根据不同教育对象的特点运用不同的教育语言，它遵循的是因材施教的教育原则。针对性是取得良好的教育教学效果的保证，在这方面教育先贤孔子给我们做出了范例。子路和冉有先后向孔子请教同样一个问题：听到了自己应该做的事情就去做吗？针对同一问题，孔子却给出了两种完全不同的回答。公西华问其原因，孔子解释说："冉有遇事退缩不前，所以要激励他；子路好胜心强，所以要阻止他。"

（七）鼓励性

教师要爱护学生，保护他们的自尊心，时时鼓励他们积极上进。教师语言最忌讳"冷""辣""硬"。传授知识时，要忌"笨""傻"之类的埋怨；启发诱导时，要忌讳"呆""木"之类的挖苦；指责骄傲时，要忌讳"真行""真了不起"之类的冷嘲；批评错误时，要忌讳"没治了""看透了"之类的断言。教师的语言应当像"雪中炭""三春雨""六月风"。

【示例】

《二泉映月》教学片段

师：《二泉映月》是一首著名的曲子，是谁创作的？
生：是阿炳创作的。
师：你对阿炳有些什么了解？
生：阿炳的原名是华彦钧。
师：你还知道些什么呢？
生：阿炳是一位民间艺术家。阿炳的爸爸是一个道士，他只能称他父亲为师父。
师：由于他的父亲是一个道士，受世俗的影响只能称他的爸爸为师父。你还了解什么？
生：阿炳是一个盲人，而且他的身世很悲惨。
师：说得好，他抓住了阿炳和常人最大的区别。你还知道什么？
生：他的母亲在他4岁的时候就去世了。
师：他的母亲因为出身低贱，在阿炳4岁的时候就被迫自尽了。你还知道哪些？
生：他是一位音乐家，江苏无锡人（详细介绍阿炳生世）。
师：4岁丧母，21岁开始患眼疾，到34岁双目完全失明，被从道观里赶出来，被迫上街流浪。你是从哪儿知道的？
生：我从网上知道的。
师：真会学习，你还能够上网查找资料。你还知道哪些？

四、教师职业口语构成要素

（一）语音

语音是信息的载体和符号。在教学中对语音的基本要求是发音准确、规范，即吐字清晰、响度适当、语流顺畅。

清晰度是指吐字的清晰以及表意的清晰、明白的程度；响度是指语音高低强弱的程度；语流顺畅是指教师在教学口语表达中不绊嘴、不打磕、不沉吟时间过长，也没有太多的口头禅。

（二）语调

语调是指讲话时声音的高低、声调的升降及抑扬顿挫的变化等，是增强语言生动性、体现语言情感的主要因素。

语调的抑扬顿挫和声音的高低在教学中具有重要的作用。语调的情感是随语言的抑扬顿挫而产生的，情感的自然流露会使"淡语皆有味，浅语皆有致"。

（三）节奏

节奏是教学成功的要素，主要包括语言、内容、时间3种。

语言节奏是指语调高低、快慢的变化；内容节奏是指要讲究内容的布局；时间节奏是指在课堂教学中要合理地分配时间。

（四）语速

语言的速度是指讲话的快慢。其快慢是否科学合理，对教学效果有直接的影响。

电影、电视解说的速度为每分钟 250～300 字，课堂教学的语言速度还要慢一些，以每分钟 200～250 字为宜。发送信息的频率太高，会使学生大脑对收取的信息处理不迭，势必会造成信息的遗漏、积压，而导致信息处理的障碍。如果信息发送得太慢，跟不上学生大脑处理的速度，不仅会浪费许多时间，而且会导致学生的精力涣散。

（五）响度

响度指语音高低强弱的程度。教师口语必须有一个合理的响度，才能让学生听真切、听清楚。

教师口语的响度，应根据教室的大小、学生的人数、有无扩音设备而异。教师口语的响度，应让最后一排的学生听清，又不会让前排学生感到震耳。讲课时应注意克服语声弱化、虚化、吞音等毛病。因此，教师口语的响度要有变化。

（六）词汇

教师教学中的口语表达用词要规范、准确、生动。规范指的是用词不但能够正确地表达信息内容，而且能为学生做出典范；准确是对教学语言的基本要求，否则就不能正确地表达教师的意图；选词和用词要做到精选妙用，注意词的形象性、感染力和感情色彩。

（七）语法

语法是遣词造句的规则，是某一民族的共同语言在长期发展的历史过程中形成的。按照这一规则进行语言表达，就能被人理解，违反这些规则，就无法进行交流。

在教学中教师不仅应注意教材的内在规律，运用逻辑推理的方式进行教学，而且要注意语言的逻辑性，符合汉语的语法规则和要求。

五、教师职业口语常见问题及纠正

（一）话语重复

（1）类别。

① 口头禅过多。教师在口语表达过程中，口头禅的表现形式主要有："嗯""啊"不断，几句话，甚至每句话的后面都带有一个"嗯"或"啊"，有的还拉长为曲折音的形式；频繁使用一个词，如说话之前带上"如果这样的话""我们知道"，说话之后带上"是不是啊""对不对呀"。

② 重复句末词语。有些教师在教学过程中，常常重复一句话的末尾部分，养成了不良的口语表达习惯，如"今天我们讲第三节，讲第三节"。

（2）纠正。

认识这些语病给表达带来的不良影响，有针对性地进行克服。在反复练习、充分准备之后，讲一段课或讲一段话，并进行录音，发现问题，提起注意，认真克服。

（二）语速失调

（1）类别。

① 讲话速度过快或过慢。有些教师，讲话语速过快，造成单位时间内信息输出过多，使学生不能及时消化吸收。这在年轻教师中表现较为明显。而与之相反，有些教师讲话速度过慢，造成表达拖沓，思维不够连贯，使课堂气氛沉闷，学生昏昏欲睡。

② 拖音过长。

（2）纠正。

讲话速度要根据内容的需要，要适应听者的需要，要让人赶得上听，重点内容要让人来得及记，不要太快，也不要太慢，过慢则没有生气。可以模仿优秀教师的语言速度，也可以模仿优秀广播员的语言速度，还可以讲同一段内容，看看所用的时间与优秀教师、优秀广播员是否相同。

（三）语音不清

（1）类别。

① 有的教师每句话最后一个字音弱化，说成哑音，或虽不弱化，但音量太小，使人听不清。

② 有的教师音强大小变化幅度太大，一句话声音忽大忽小，或有的话声音过大，有的话声音又过小，使人感到不舒服。

（2）纠正。

加强发声技巧的训练，注意气息的控制、共鸣腔的使用以及普通话的吐字归音。反复练习朗读、演讲，注意字正腔圆、声音洪亮，不忽略任何一个字音。

（四）语调单一

（1）类别。

① 说话语调平直无变化。

② 说话总是上升调或降调。

（2）纠正。

掌握轻重音结合、快慢结合、语调升降结合的技巧，做到讲话语调和谐、自如，说话抑扬顿挫分明。另外要自我录音，体会自己有什么不足。

（五）语脉不通

（1）类别。

① 话语不流畅，吞吞吐吐，甚至卡壳。

② 随意插说，颠三倒四，语意混乱。

（2）纠正。

"语言是思想的直接现实。"语言是思维进行逻辑运算后的产物，因此，加强逻辑思维的基础训练，才能使语言表达流畅明晰。在实际操作中，最好是想好了再说，要有提纲进行约束。对以前的有关录音进检查，看有无此类现象。

（六）话语枯燥无味

（1）类别。

① 翻来覆去总是那几个词，总是那种叙述的口语形式，没新词，没有描述语，没有评述语。

② 口语修辞水平低，不会通过词语的锤炼、句式的选择和格式的运用来使口语表达具有生动性、形象性。

（2）纠正。

努力增加自己的词汇量，学习好修辞知识。这两者都需多读、多听、多记、多说，才能奏效。

（七）教态呆板

（1）类别。

① 站在讲台中央一讲就是一节课，不走动，不辅导，不照顾学生。

② 没有手势配合说话，表情呆滞。

（2）纠正。

学习态势语知识，反复练习。

（八）各种"常见病"综合征

（1）特征：从语音不清到语调单一，从话语枯燥到重复啰唆，从语意混乱到教态呆板，各种毛病同时存在。

（2）纠正：认真学习教师职业口语，从普通话语音到朗读演讲和论辩，从教学口语到教育口语的理论与运用，都要多学多练，练好做一名合格的人民教师的基本功。

子项目1　教学口语运用

教学口语指的是教师为了达到教学目标，组织学生开展教学活动时所使用的职业用语。教学语言是传递教学信息的主要手段，是教师从事教学劳动的一种专门而特殊的工具。教学工作的备、教、改、导、考、评等，哪一项都离不开教学语言；它是教师传授知识技能、引导学生学习与探索的重要媒介和手段，"传道""授业""解惑"，教书育人，都必须借助教学语言；脱离教学语言，教学也就不复存在了。在实际教学活动中，教师教学口语的运用在很大程度上影响着教学的效果。高水平的教学口语的运用往往能够吸引学生的注意力，大大激发学生学习探索的兴趣与欲望。

符合要求的教学口语应该体现以下特点：规范准确，生动形象，丰富充实，简练清晰，幽默风趣，富有启发性、情感性和应变性。

按照在不同的课堂教学环节的运用来分，教学口语主要有导入语、讲解语、提问语、过渡语、小结语、应变语等几类。不论是导语，或是讲授语，还是结束语，都应力求言简意赅，做到"片言可明百意""言有尽而意无穷"，并善于运用语言表达情感。这样学生在课本上，学到的是表意清晰、连贯、系统，句式完整规范的书面语言；在课堂上，学到的是平易、自然、生动、活泼、有强烈生活气息的口头语言。

任务 1　新 课 导 入

微课：新课导入与小结的常用方式

任务目标

一、知识目标
1. 了解导入语的含义、功能。
2. 知道新课导入的常用方式。
3. 掌握新课导入的原则与要求。

二、技能目标
1. 能够用符合要求的导入语导入新课。
2. 能够用恰当的态势语辅助教学口语表达。

任务布置

一、课前任务：请同学们课前完成下面 3 个任务，课上分小组汇报
1. 分析下面的新课导入语，指出其采用了什么导入方法、有什么好处。

【案例】

在遥远的森林里

师：小朋友们，今天啊老师要带大家去美丽的森林里郊游，你们听这是什么声音？

教师范唱：1=F 4/4　······05 | 3　05　3　05　|　······

（咕咕）（咕咕）

学生听后回答：这是布谷鸟的叫声。

师：对了，这是可爱的布谷鸟在唱歌。那你们能不能模仿一下它的叫声？

学生集体模仿，教师进行指导。

师：同学们模仿得真像，老师接下来要找一位叫声最动听的布谷鸟给我们表演一下。

教师挑选一位学生单独模唱，请其他学生观察她的嘴型是怎样的，小肚子是怎么动的，声音是怎样的，学生交流后模仿。

师：美丽的森林里除了可爱的小布谷鸟还有谁呢？让我们一起去看看吧。

教师播放完整的歌曲《在遥远的森林里》，请学生听后回答。

2. 评析下面两例新课导入，找出其亮点和不足之处。

【案例一】

24 时计时法

师：故事发生在 2003 年 10 月，淘气 10 月 18 日过生日，这天正好是星期天，他想邀请他的

好朋友小红和笑笑参加他的生日会。于是他给小红和笑笑发了一封邀请信。邀请信内容是这样写的：小红和笑笑，请你们于 10 月 18 日 8:00 到振华商场旁边的麦当劳参加我的生日会。小红和笑笑接到邀请非常高兴，18 日上午 8:00 他们准时赶到了振华商场旁边的麦当劳，可是左等右等却不见小红的身影。你知道这是为什么吗？"

（学生们这时深深地被故事里的情境所吸引，并极有兴趣地投入故事中所提到的问题的讨论中。）

师：看来要清楚地表示一天的时间非常重要，而在生活中，表示时间的方法有两种——12 时计时法和 24 时计时法。你能说出生活中的 24 时计时法吗？

生：在电视、电脑、手机、车站等见过。

师：今天我们一起学习怎样用 24 时计时法表示一天的时间。

【案例二】

"分数的初步认识"

师：上课之前，我们来玩一个游戏，老师出题你们算，算出结果后，拍掌表示答案。
① 把 9 个苹果平均分成 3 份，每份是几个苹果？（学生拍 3 下）
② 把 3 个苹果平均分成 3 份，每份是几个苹果？（学生拍 1 下）
③ 把 1 个苹果平均分成 3 份，每份是几个苹果？（学生纷纷议论中）

师：同学们，当我们遇到不能得到整数结果的情况时，就产生了一种新的数，叫分数。今天我们就来学习分数。

3. 修改"正方形面积计算"的新课导入方案，使其更吸引学生的注意力，激起学生的学习兴趣。

师：同学们，我们已经知道长方形的面积是如何计算的了，那么今天我们就来探讨另一种图形的面积的计算方法。

（多媒体出示：正方形的桌子、正方形图案等。）

师：想一想，应该用什么面积单位测量它们的面积？同学们讨论一下。

二、课上任务：请同学们设计《吃水不忘挖井人》的导入语，并完成新课导入的试讲

附：《吃水不忘挖井人》及教学目标

瑞金城外有个村子叫沙洲坝。毛主席在江西领导革命的时候，在那儿住过。

一天，毛主席看见一个老乡挑着浑浊的水往家里走，就问："老乡，这水挑来做什么用呀？"老乡回答说："吃呀！"毛主席疑惑地问："水这么脏，能吃吗？"老乡苦笑着说："没法子，再脏的水也得吃呀！"毛主席又问："是从哪里挑的？"老乡回答："从塘里挑的。"毛主席请老乡带他去看看。走了一阵，只见一个不大的水塘，杂草丛生，池水污浊。全村人洗衣、洗菜、吃水全在这里。毛主席关切地问："能不能到别处挑水吃？"老乡摇摇头，说："我们沙洲坝就是缺水呀！挑担水要走好几里路。"毛主席皱了皱眉头，若有所思地走了。

第二天，毛主席找来村里人一起商量挖水井的事。大家一起勘察水源，选择井位。当井位确定后，毛主席挽起衣袖，卷起裤腿，带头挖了起来。于是，大伙挖的挖，铲的铲，干得热火朝天。

在挖井的日子里，毛主席和临时中央政府的其他领导人，一有空就到工地参加劳动。经过十

几天的奋战，水井挖成了，沙洲坝的人民终于喝上了清澈甘甜的井水。群众激动地说："我们从来没有喝过这么甜的水，毛主席真是我们的大恩人哪！"

解放以后，沙洲坝人民在井旁立了一块石碑，上面刻着："吃水不忘挖井人，时刻想念毛主席！"

*教学目标：

1. 学习"忘、挖、井、村、叫、毛、主、席、乡、战、士、面"12个生字，会写"吃、叫、主、江、住、没、以"7个字。
2. 能正确流利有感情地朗读课文。
3. 理解"吃水不忘挖井人"的含义，初步懂得饮水思源的道理。
4. 了解毛主席关心爱护人民群众，为人民解决吃水困难的事迹，体会毛主席事事为百姓着想、和乡亲们同甘共苦的崇高思想，激发学生对毛主席的崇敬之情。

任务实施

一、课前任务

（一）小组汇报

（二）学生评价，教师总评

二、课上任务

（一）分组练习

1. 练习设计导入语并试讲。
2. 找出并纠正导入语及试讲存在的问题。

（二）分组展示

1. 小组代表展示新课导入。
2. 学生评价，指出存在的问题。
3. 教师评价，指出存在的问题。

知识储备

导入：请同学们思考，老师在上课的时候，是不是直接就开始讲授新课？回忆自己的老师在讲授新课之前一般都是怎么做的、怎么说的，举例来说明一下。

一、新课导入与导入语

新课导入是课堂教学的主要环节之一，是在讲授新课之前，教师运用各种方法引出所要讲述的课题，引领学生进入新课学习情境之中的一个教学活动方式。在新课导入过程中教师所说的与教学内容有关的一番话就是导入语。

二、新课导入的作用

新课导入是课堂教学的一个重要环节，在整个课堂教学中起到十分重要的作用。

（一）引起注意

在课堂教学中，学生的注意力是保证听课效果的首要条件。学生的注意力越集中，学习效率越高；注意力集中越持久，课堂效果越好。一节课刚开始时，学生的情绪往往还处在放松状态，注意力也游离在外，所以，教师一上课就应当运用适当的手段或方法，尽快把学生的全部注意力吸引到教学内容上，使学生的兴奋点转移到课堂上。好的新课引入能强烈地吸引学生的注意力；反之，如果教师在刚上课时，不注意新课导入的技巧，就很难唤起学生的注意力，在没有集中注意力的情况下就开始新课的学习，效果是可想而知的。

（二）激发兴趣

教育家第斯多惠说："教育成功的艺术就在于使学生对你所教的东西感到有趣。"兴趣是最好的老师，一个人只有对所学的知识产生兴趣，才会产生学习的积极性和坚定性。教师在导入新课的环节，可以通过各种手段激发学生的兴趣。学生一旦对所学的知识产生浓厚的兴趣，那么他们就会产生不竭的学习和探索的动力。

学习"向心力"这一课时，有的教师用表演"水流星"小杂技的方式进行新课导入，效果非常突出。教师把水灌满塑料杯，用力转动，"水流星"上下左右飞舞，而杯中的水却一点也不洒落。学生对这个现象产生了浓厚的兴趣，都想马上就得到问题的答案，带着兴奋好奇的心情，认真地投入了新课的学习。

（三）承上启下

学习要"温故而知新"，由旧知识引入新的知识，符合学生循序渐进的认识规律，使学生有准备、有目的地进入新课的学习。好的新课引入，应该起到新旧知识之间的桥梁作用，从而使学生明确学习目标，自然过渡到新课的学习上来，为新知识的学习铺平道路、打下基础。

三、新课导入的原则

（一）目的性原则

新课导入，一定要根据既定的教学目标，教学重点、难点来精心设计。教学伊始的导入语一定要与新课内容相匹配，一定是完成教学任务的一个必要而有机的部分，有助于学生初步明白"学什么，怎样学，为什么要学"。因而，导入语的设计不能喧宾夺主，只顾追求形式新颖，把与教学任务和目的无关的硬加上去，使之大而无当、海阔天空，游离于教学内容之外。

【示例】

"有余数的除法"导入片段

师：同学们，假如我们班有21人想去划船，想一想，我们需要准备些什么？（多媒体显示：湖边租船处）

师：开动脑筋，你能发现什么？（每船最多坐4人，每只船一个小时3元）

师：21个人要去划船，那至少要租几只船呢？你有什么解决方法？

评析：通过创设学生所熟知的生活情境导入新课，是建立在学生已有的知识和经验基础上的，让学生在解决生活中的实际问题时，积极思考，并寻求解决办法，从而自觉地集中注意力。导入方法较灵活，且紧紧围绕有余数的除法这一教学内容进行，紧扣教学目标。

（二）针对性原则

学生是学习的主体，教学效果的好坏，要通过学生来体现。因而，导入语的设计要遵循因材施教的原则，从学生的实际出发，考虑学生的年龄特点、知识基础、兴趣爱好，做到有的放矢，否则学生将无法接受，起不到新课导入应有的作用。

（三）启发性原则

古人云："学起于思，思源于疑。"疑是学习的起点，有疑才有问、有思、有究，才有所得。新课导入要有利于激其情，引其疑，发人深思。尽量以生动具体的事例和实验为依托，引起学生的注意、激发学生的动机、启迪学生的智慧，进而将学生引入新知识、新概念、新问题的学习与探究之中。

（四）多样性原则

新课导入的方式很多，设计使用时要注意配合，交叉运用。不能千篇一律，每一堂课都用相同的模式，久之学生就会感到枯燥乏味，难以激发学生的学习兴趣和热情。另外，导语的设计也要因课型的不同而不同。

（五）时效性原则

新课导入环节是一堂课的开始，而不是"主体"部分，就像一篇文章的开头，起到的只是引入的作用，所以导入语的设计要短小精悍，时间把控得当，一般在2～5分钟完成，时间过长就会喧宾夺主。

（六）艺术性原则

新课导入要有情趣、有新意，有一定艺术魅力，这样才能引人入胜，拉近老师和学生的距离，让学生倾心向往，产生学习探究的欲望与兴趣。导入的魅力在很大程度上依赖教师生动形象的语言和炽烈的感情。所以，教师要精心设计课堂开始时的教学活动，重视含蓄感情，一走上课堂就能表现出教师的角色魅力。

（七）趣味性原则

新课导入要令学生感兴趣，并且有愉快的体验。教师应该充分利用儿童的生活平台，使教学内容更加富有趣味性。教师可以通过讲故事或者做游戏的方式导入新课，让学生体验到学习的乐趣。这样的导入方式能让学生更好地理解知识，对知识形成更深刻的印象。趣味性的教学能够让学生产生真正的学习需求，使学生形成"学习是有趣的"心理定式，影响学生的学习态度，达到良好的教学效果。

（八）机智性原则

教学内容、设备、时间和环境都不是一成不变的。在不同情况下，导入方式是不同的，不同的教师也倾向于选择不同的导入方式。在课堂教学活动中，有很多不可控因素，教学对象具有很大差异性，每个学生都有自己的个性特点。教师在一个课堂中会面对很多个性差异明显的学生，学生可能会搞恶作剧，提出怪问题为难教师，教师可能在讲课时有失误，这就要求教师发挥教学的创造性，机智地处理各种各样的问题。另外，教师在课堂上要善于根据课堂的氛围和学生的状态机智地调整导入行为。

四、新课导入的基本方法

不同的教师上课，新课导入的方法各不相同；同一位教师上课，面对不同的学生和不同的课程，新课导入的方法也会有所不同。也就是说新课导入会因人因时因地而异，因而新课导入的方法是多种多样的，教师可根据实际情况设计选取恰当的方式，以取得良好的效果。下面列举一些常见的新课导入的方式。

（一）故事导入

学生一般都爱听故事，教师可结合教学内容的实际，通过讲故事的方式，导入新课。除了传统的寓言、童话等，各学科的发展史中也有许多动人的故事，教师可以从中选取一些适当的片段，放在导入环节中；也可以根据教学内容自己创编故事。用故事导入新课不仅有助于学生思维能力的培养，还可以引起学习本学科的兴趣，因此不失为一种好的导入方法。但故事的选取要注意有关联性、趣味性、启发性。

【示例】

《蒲公英》的新课导入

师：夏天到了，一群孩子要去旅行了。临行前，他们的妈妈嘱咐他们要到适合自己的地方旅行，那些表面好看的地方可能有危险。可是有两个孩子偏偏不听妈妈的话，他们的结局会怎样呢？

师：我们一起从课文中找答案吧。

（二）教具导入

教具导入，也可称为教具演示导入，是指教师通过实物、模型、图表、玩具、影音资料等教具的演示，引导学生进入新课的学习。教具导入的方法属于直观方式，学生会觉得新鲜、生动、有趣，而且方便、简洁、语境真实，是学生最感兴趣，也最能吸引学生注意力的教学手段之一。这种直观式的新课导入既可以扩大学生的知识面，又能激发学生的学习兴趣，开启他们的求知欲；同时也有利于在学生的头脑中形成生动的表象，由形象思维过渡到抽象思维。

运用此法应当注意：第一，直观演示的内容必须与新教材有密切的联系并能为讲授新教材服务；第二，要让学生明确观察的目的，掌握观察的方法；第三，教师要善于抓住时机提出问题并引导学生积极思考。

【示例】

《水果屋》的新课导入

环节一：律动"摘果子"

师："美丽的秋天到了，果园里都结满了水果，我们一起来摘水果吧！小朋友，你们都喜欢吃什么水果？" 生：……

环节二：出示实物水果

师：这些水果都是什么颜色、什么形状的呀？ 生：……

师："小朋友们说了好多水果，可是你们见过用水果搭成的房子吗？" 生：……

环节三：出示挂图水果屋

师：这座水果屋漂亮吗？你们觉得它哪里漂亮？" 生：……

师："这座漂亮的水果屋会是谁搭建的呢？"　生：……
师：下面，我们来看看是谁搭了这座水果屋。

（三）对话导入

在进行新课之前，教师可根据课堂内容或单元主题与学生展开真实的对话以导入新课。对话导入常常伴随着提问交流的形式，即教师就与新课有关的问题与学生展开问答，引导学生思考，在对话交流中提出本课主题，让学生自然而然进入新课的学习。

【示例】

《小狐狸画春天》的新课导入

师：小朋友们，你们喜欢春天吗？生：……
师：春天到了，院子里的树、地上的小草、我们穿的衣服都有什么变化？生：……
师：树、小草用发芽的方式迎接春天，你会怎样迎接春天呢？生：……
师：那么，我们看看小狐狸是怎样迎接春天的。

（四）实验导入

上课伊始，教师根据新课内容设置实验，让学生通过对实验的观察去发现规律、探究原因，来导入新课。通过形象的实验和演示导入新课，不仅能帮助学生认识抽象的知识，而且能激发学生的思维活动自觉地分析问题、探索规律。运用这种导入法要注意两点：首先，实验设计要巧妙、新颖，有针对性；其次，要善于根据实验中出现的现象和结果来提问和启发，以促进学生思考和探究。

【示例】

"大气压强"的新课导入

覆杯实验：将一只玻璃杯灌满水，用一张塑料卡片盖在杯口上，再按住杯卡片把水杯倒过来。问：当把手拿开后，会产生什么现象？为什么会产生这种现象？

（五）游戏导入

教师根据目的课的内容及特点设计符合本节课内容的游戏，上课伊始，先组织学生做游戏，再导入对新授知识的学习。这样可吸引学生的注意力，提高学生的学习兴趣。

【示例一】

"概率初步认识"的新课导入

摸球游戏：在一个纸盒里放入大小、形状完全相同的15个白球和5个黄球。
（1）摸一摸。4人轮流摸球，共摸20次，摸出一个球，小组长记录一次颜色，然后把球放回盒内再摸。
（2）记一记。记录时，白球用"√"表示，黄球用"×"表示。
（3）议一议。小组交流：摸到（　　）球的次数多，摸到（　　）球的次数少，跟你们的猜测一样吗？为什么会出现这样的实验结果？

【示例二】

"圆的周长计算"的新课导入

（在上节课结束时，老师就布置一个任务，让学生预先用硬纸板做好大小不同的圆形，并量出圆形纸板的周长和直径，记下每次测量的结果。）

师：同学们，我们现在来做一个游戏，把你们测量得出的圆的直径或周长告诉老师，老师不用量就能立即说出相对应的圆的周长或直径的长度，请同学们检查老师说得对不对。游戏开始。

学生 1：直径 3 厘米。

师：周长等于 9.42 厘米。

学生 2：周长 18.84 厘米。

师：直径等于 6 厘米。

师：游戏结束，你从刚才的游戏中发现了什么？圆的周长和直径有什么关系？你想知道这个秘密吗？那么，我们共同来学习圆的周长计算。

评析：通过游戏导入新课，在教师的启发诱导下，引发学生积极的思考活动，学生产生浓厚的兴趣和迫切的求知欲，课堂教学效果很好。

（六）直接导入

直接导入也叫开门见山导入法。上课伊始，教师开宗明义，直接将这节课需要学习的内容和要求展示给学生，从而引起学生的注意。这种导入新课的方法是一种最简单的导入方法，一般在高年级采用，因为低年级学生学习能力和意志力较差，直接导入往往收效甚微。直接导入设计得当的话，可以帮助学生头脑中系统的知识构建的形成，起到为后续教学环节做铺垫的作用。在小学语文教材中，不少文章的课题直接或间接地反映文章的主要内容，或点明文章的中心，在讲这类课文时，为了使整个教学过程中学生的学习主动性得以充分表现，教师就要抓住有利时机设计简短精彩的导语直接揭示学习的内容。

【示例】

《桂林山水》的新课导入

师："我们的祖国是美丽的。她有连绵起伏的崇山峻岭，有壮阔秀美的江河湖泊，还有一望无际的良田沃野。祖国南方的桂林更是以山清水秀的风景闻名于世，素有'桂林山水甲天下'的美誉。现在让我们一同来领略桂林山水的美好风光。"

（七）设疑导入

设疑导入是教师利用问题，提出疑惑，设置悬念，激发学生思维的技法。设下悬念，提出疑惑，能勾起学生强烈的破疑愿望，激起他们寻根探源的欲望。运用这种方法必须做到：一是要针对教学内容的关键、重点和难点，从新的角度巧妙设疑。二是所设的疑点要有一定的难度，使学生暂时处于困惑状态，出现一种"心求通而未得通，口欲言而不能言"的情境。但又不能过难、过悬，令学生百思不得其解。过难、过简都会降低学生的积极性。三是要善于"以疑激思"，使学生的思维尽快得到启动并活跃起来。在此，教师必须掌握一些提问的方法与技巧，并善于引导，使学生学会思考和解决问题。

【示例】

"调节和控制好自己的情绪"的新课导入

师：从前，有一位老奶奶，她有两个儿子，大儿子卖雨伞，小儿子开洗衣店。天一下雨，她就发愁小儿子洗的衣服没处晒，天晴了，她就发愁大儿子的雨伞没人买。老奶奶整天愁容满面。（师暂停，设置悬念）

师：可是有一天邻居的一番话，顿时让老奶奶转忧为喜。同学们你们猜猜看，邻居跟老奶奶说了什么话呢？

（八）情境导入

情境导入法就是利用语言、设备、环境、活动、音乐、绘画等各种手段，制造一种符合教学需要的情境，让学生在一个真实或虚拟的情境中进行交流，以激发兴趣、诱发思维，使学生处于积极学习状态的技法。苏霍姆林斯基说："任何一种教育现象，孩子们越少感到教育者的意图，它的教学效果也就越大。我们把这条规律看成教育技巧的核心。"情境导入法如运用得当，则会使学生身临其境，在潜移默化中受到教育、获得知识。运用这种方法应注意两点：一是教师要善于从教学内容和教学实际出发，精心组织、巧妙构思，创设良好的符合教学需要的情境；二是教师要加强诱导，激发思维。有时情境本身并不能启人深思或内涵比较隐蔽，这时就需要教师的启发和诱导。

【示例一】

"At snack bar"的新课导入

（1）课前：布置学生到快餐店如麦当劳、KFC中去亲自感受异域的快餐文化。

（2）课上：课堂设置一个虚拟的快餐店。教师呈现快餐教具，并以快餐店服务员的身份引入本节课的教学。

【示例二】

"分数基本性质"的新课导入

设置情境：夏天到了，小明的妈妈买回一个西瓜消暑。爸爸笑着对小明说："这个西瓜我来分，你分 1/4，妈妈分 2/8，爷爷分 4/16，剩下的归我，你看行吗？"小明听了不高兴地说："不行，为什么我的一份最少？"妈妈听了在一旁抿嘴笑了。

师："你们认为小明说得有道理吗？"

生："没道理，因为他们得到的是同样多。"

生：（一头雾水）

师："你们想知道妈妈为什么笑吗？学了分数的基本性质，你们就知道了！"

师："接下来我们用圆代替西瓜，按爸爸说的分法也来分一分，验证一下是不是同样多，好吗？"

（九）实例导入

教师从生产、生活中选取一些与课堂教学有关的生动形象的实例作为佐证引入新课的方法就是实例导入法。杜威指出："学习是基于真实世界中的体验。"所以说以现实生活为原型的课堂教学，正是将教材中的教学内容与学生的真实生活体验相联系的一种重要的教学模式。实例导入法可以使抽象的知识具体化，让深奥的道理通俗化，不仅能激发学生的兴趣，而且有助于学生具体生动地理解知识。这种方法各科教学都可以采用。

【示例一】

"水的沸腾现象"的新课导入

熟语引入:"响水不开,开水不响"的说法是否正确?从而引导学生去注意观察水沸腾时的现象。

【示例二】

《掌声》的新课导入

师:你们为别人鼓过掌吗?心情怎样?
生:……
师:有人给你们鼓过掌吗?听到掌声,你们的心情又是怎样?
生:……
师:今天让我们一起体验"掌声"。

【示例三】

"正确认识从众和好奇心理"的新课导入

切苹果:课上先让一名同学上台把一个苹果切成两份,他把苹果竖着切成两个部分;再让一名同学用另一种方法把第二个苹果切成两份,他横着把苹果切成了两份。两个苹果切完后,让同学们观察两种方法切过的苹果心儿,结果同学们发现横着切的苹果心儿是"五角星"形的,而且是双层的"五角星"。这个发现让同学们很惊讶。

师:我们平时切苹果的时候为什么没有发现苹果心儿是"五角星"形的呢?这是我们缺乏好奇心,平时总按常规的方法去切苹果。

(十)表演导入

表演导入就是师生通过情境、小品、舞蹈等表演形式导入新课。

【示例一】

"做个聪明的消费者"的新课导入

小品表演:超市购物。

5名学生去超市购物。购物前商量好去哪儿买,买什么,不买什么;购物时反复挑选,仔细看包装;一名同学没相中超市的东西,出门时被保安拦住,污蔑他偷了超市的一包巧克力;一名同学买的水果糖在门外的秤上称量时发现少了200克,去找售货员,她不认账;一名同学在特价区买了瓜子,发现质量有问题要退货,售货员以"特价商品售出概不退货"为由拒绝退货。

思考问题:
(1)作为消费者我们享有哪些权利?
(2)"购物去哪里,买什么,不买什么",体现了你的什么权利?
(3)购物时挑来挑去,体现了你的什么权利?
(4)小品中同学的哪些权利受到侵害?

【示例二】

《草原》的新课导入

教师表演朗诵《敕勒歌》。

（十一）谜语导入

这是根据少年儿童的年龄特征，采用谜语的形式导入新课的方法。它能激发学生学习的兴趣，调动学生学习的积极性，使其好奇心和求知欲及学习动机由潜伏状态转入活跃状态。谜语导入法很受学生欢迎和喜爱，因为谜语不仅符合孩童好奇的兴趣特点，而且是一种特殊的设问导入方法，能引人入胜。

【示例】

《认识青蛙》的新课导入

猜谜语："今天，老师要请你们猜一样东西：'大眼睛，宽嘴巴，白肚皮，绿衣裳，地上跳，水里划，唱起歌来呱呱叫，专吃害虫保庄稼。'请小朋友动脑筋想一想，这是什么东西？对了，今天我们就要一起来认识青蛙！"

（十二）比较旧知导入

这个导入法也叫同中求异法，运用于讲读教学之中，是一种行之有效的方法，然而把它运用于新课导入的时候，在比较上是有所不同的。前者是把两种或几种做明确的比较，后者则只需联系已学的旧知识做比较提醒（即暂不做具体比较），提醒学生带着旧知识去学习新知识，再通过自己的比较，体会而摸索出带普遍性的知识规律。这就是他们之间的根本区别。在比较提醒时，不能贪多求全，根据所学新知识的重点难点确定一点即可。

【示例】

《西湖漫笔》的新课导入

"我们已经学过朱自清的《绿》，全文重点写'绿'，给人以美的享受，我们今天学习宗璞的散文《西湖漫笔》（板书标题），全文也通过写'绿'来抒情达意。然而，同样写'绿'他们在手法上却不相同：第一，朱自清只写'点'，全文写了那么多绿，但都是集中写梅雨潭的水。宗璞则不但写'点'，而且写'面'，'点'也不是只写一个。第二，朱自清和宗璞都把不同的绿做比较，但比较的内容和方法不同：朱自清以梅雨潭的'绿'和外地风景名胜的'绿'做比较，贬抑其他地方的'绿'，从而肯定梅雨潭的'绿'恰到好处；宗璞则把西湖内部几个地方的'绿'放在一起，从不同的角度作比，不仅意在写出西湖到处是绿、无处不绿的普遍性，而且意在写出西湖有各种各样的'绿'。它们具有各不相同的个性，却又有共性。第三，朱自清写梅雨潭，抒发了主观的、强烈的感情，表现了大胆而奇妙的想象，宗璞写西湖的'绿'，有抒情，有联想，把实景当作象征，但总的来说，是偏于客观的、细致的描写。以上三点，请同学们在阅读课文时，做具体的分析。"

这样的导语，运用了比较分析法，联系旧课，提示新课。这种比较，有利于学生明白两课知识相同之所在，从"温故"出发，激起学生对新知探求的好奇心。而教师所选的比较的各个侧面，揭示了教学的重点和难点，对学生阅读课文，具有一定的指导作用。

总之，教学有法，但教无定法。在实际教学中，我们要根据学科的特点，针对不同的教学内容及课的类型设计不同的导入方法，其目的是激发学生参与课堂的兴趣，开启学生探索知识的大门。事实上，各种导入方法并不相互排斥，更多的时候是需要几种方法的融合，这样才能使教学更加自然和谐，更能提高课堂的教学效果。

任务2　新课讲授

任务目标

一、知识目标
1. 了解讲授语的含义。
2. 知道讲授语的类型。
3. 掌握新课讲授的原则与要求。
二、技能目标
1. 能够用符合要求的讲授语讲授新课。
2. 能够用恰当态势语辅助教学口语表达。

任务布置

一、课前任务：请同学们课前完成下面两个任务，课上分小组汇报
（一）按下面要求，为"圆的周长"设计片段教学的讲授语并试讲
［具体要求］
1. 使学生掌握圆的周长的计算方法。
2. 教学过程要有师生互动。
3. 教学时间为10分钟左右。
4. 要有相应的板书设计。

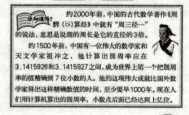

（二）按下面要求，为"Unit 4　Do you like pears？"设计片段教学讲授语并试讲
[具体要求]
1. 能认读 peach、pear、orange 等单词；学会"Do you like…""Yes，I do/No, I don't"的句型，并能够进行问答。
2. 教学过程要有师生互动。
3. 教学时间为 10 分钟左右。
4. 要有相应板书设计。

二、课上任务：请同学们按下面要求为《丝绸之路》设计片段教学的讲授语并试讲
[具体要求]
1. 认识"矗、凹、戎、循、鸵、匕、贸、芝、奂"9个生字；读读记记"矗立、戎装、守候、鸵鸟、匕首、贸易、芝麻"等词语；有感情地朗读课文，抓住主要内容，了解西部灿烂的历史。
2. 教学过程师生有互动。
3. 教学时间为 10 分钟。
4. 要有相应的板书设计。

丝 绸 之 路

一座古朴典雅的"丝绸之路"巨型石雕，矗立在西安市玉祥门外。那驮着彩绸的一峰峰骆驼，高鼻凹眼的西域商人，精神饱满，栩栩如生。商人们在这个东方大都市开了眼界，正满载货物返回故乡。望着这座群雕，就仿佛看到了当年丝绸之路上商旅不绝的景象，仿佛听到了飘忽在大漠中的悠悠驼铃声……

公元前 115 年，一个天高气爽的早晨。

在伊朗高原北部，一位身着戎装的将军正在安息国边境守候。将军骑在高头大马上，身后兵马不计其数。这浩浩荡荡的大军奉安息国国王的命令，正在迎候远道而来的友好使节。

东方隐约传来一阵阵丁零丁零的驼铃声，士兵们循着铃声望去，远处出现了一支骆驼队，骆驼队前面飘扬着鲜艳的旗帜。

"来了！来了！"安息国士兵欢呼起来。

"列队欢迎！"将军发出了命令。

骑兵迅疾分列两队，一左一右，摆成夹道欢迎的阵势。乐队奏起了军乐，人群一片欢腾。

中国使者从骑着的骆驼上下来，右手高擎节杖，满面笑容，大步向前走去。将军翻身下马，立正高呼："本将军奉命率官兵欢迎大汉国使者！"中国使者抱拳，作揖还礼："有劳将军远迎。我是博望侯张骞的副使，谨代表大汉皇帝向安息国国王陛下致敬！"将军还礼表示感谢。

中国使者指着身后的骆驼队，说道："这是大汉皇帝敬赠安息国国王陛下的一点薄礼。"只见每峰骆驼的背上都驮着两个大包袱。打开包袱，各色绫罗绸缎，五彩缤纷。

安息国将军高兴地连连点头，说道："盼望已久的大汉使者终于到了！我谨代表安息国国王陛下，向大汉皇帝的使者赠礼。"他把手一招，四名士兵送上两个大礼盒。打开一看，里面装着许多特别大的鸟蛋，每个足有斤把重。这是当时中国没有的鸵鸟蛋。

中国使者正要道谢，将军又把手一招，走上两个人来，原来是魔术师。打头的一个拔出一把匕首，插入自己嘴里，顿时吞了下去。只见他一拍肚子，匕首又从嘴里吐了出来。第二个则张开大口，喷出一团又一团火苗。魔术师的精彩表演，让在场的人们都看得惊呆了。将军含笑说道："今天是个值得庆祝的日子，特地让他们前来助兴。"

中国使者拱手致谢，高兴地说："没想到，一条道路将远隔千里的我们联系在了一起，这真

是一条伟大的路呀！"

　　这仅仅是张骞出使西域后，东西方交流的生动一幕。张骞在此之前，于公元前138年曾历尽艰险出使过西域。公元前119年他第二次出使西域，加强了汉朝与西域各部族的友好往来。从那以后，一队队骆驼商队在这漫长的商贸大道上行进，他们越过崇山峻岭，将中国的养蚕、缫丝、冶铁、造纸、凿井、灌溉等技术带向中亚、西亚和欧洲，将那里的葡萄、核桃、石榴、蚕豆、黄瓜、芝麻、无花果等食品带到我国，还将狮子、犀牛、良马等动物，也带进了我国。我国的音乐、舞蹈、绘画、雕刻，由于吸收了外来文化的长处，变得更加丰富多彩、美轮美奂。

　　两千多年后的今天，每当人们凝望"丝绸之路"巨型石雕，无不引起对往日商贸、文化繁荣的遐想……

任务实施

　　一、课前任务
（一）小组汇报
（二）学生评价，教师总评
　　二、课上任务
（一）分组练习
1. 练习设计讲授语并试讲。
2. 找出并纠正讲授语及试讲存在的问题。
（二）分组展示
1. 小组代表展示新课讲授。
2. 学生评价，指出存在的问题。
3. 教师评价，指出存在的问题。

知识储备

　　导入：

视频1：师范生语文片段教学展示获奖作品　　视频2：师范生从师技能大赛获奖作品

一、新课讲授与讲授语

　　新课讲授是课堂教学的主要环节之一，它是指教师在课堂上运用口头语言系统，连贯完整地向学生阐释教学内容，传授知识技能，培养学生情感与能力的教学活动方式。在这一过程中教师所说的话就是讲授语，它是课堂教学中最基本的语言表达形式，是教学语言的主体。

　　相关资料也表明，"教师的知识水平同学生的学习成绩无显著的相关"，"学生的知识学习同教师的表达的清晰度有显著的相关"，"教师讲解得含糊不清则与学生的学习成绩有负相关"。

二、讲授语的作用

（一）传授知识，解疑释惑

教师运用讲授语的首要目标，是把知识准确清晰地呈现在学生面前，使之记牢、会用。讲授能使深奥抽象的书本知识通过教师的语言变得具体形象、通俗易懂，为学生搭建迅速通向知识的桥梁，有助于学生全面、深刻、准确地掌握教科书，领会和掌握蕴含在知识体系中的思想观点、思维方法和情感因素。

（二）创造氛围，沟通感情

与教科书、学具、标本、挂图、音响和网络这些课程载体相比，教师的讲授更易于和学生进行沟通与交流，能够给学生创造有活力、富有情感的学习氛围，使课堂教学产生情境性和感召力，从而激发学生学习的热情和信心，产生良好的课堂教学效果。

（三）启发思维，培养能力

教师在深入钻研教材、分析学生认知结构和课堂心态的基础上，精心设计的讲授语，能够叩击学生心扉、抓住学生的思维、开启学生的智慧。同时，条理清晰、准确明晰、逻辑严密的讲授语，对学生的语言发展和思维能力的提高也有积极的影响。

（四）传道育人，培养习惯

讲授也要实现德育的目标。在讲授过程中，教师向学生系统地讲解自己对教材理解的同时，融入了教师自身的学识、修养、见解、情感，展现了教师内心世界的真善美，引起学生的共鸣，使其受到感染和启迪，引领学生以真善美的标准比对人生、衡量世界，让学生感受到教师人格的魅力，成为学生精神财富的重要源泉。因此，课堂讲授有利于学生良好行为的培养与形成，影响学生的心理和情感以及价值观，对学生的思想意识产生深刻而潜移默化的影响。

三、讲授语的分类

（一）讲述语

讲述就是教师在讲授过程中以口头语言的形式，用叙述、描述的语言表达方式说明事件、现象的发生发展的过程及规律，使学生理解的课堂教学行为。讲述重在述说、渲染，适用于各种以示过程、讲知识、明观念，从感性到理论、由现象到本质等为致力点的讲授。

美国教学研究专家弗兰德斯（N. A. Flanders）提出了"三分之二律"，即课堂时间的三分之二是教师讲话，教师讲话时间的三分之二是向学生讲话而不是与学生对话。对我国中小学高成效教师进行课堂观察后也发现了类似结果，讲述平均占课堂时间的65%左右。这是因为在接受学习中，课堂讲述是教师传递教学信息与完成教学任务的主要方式。它不仅是教师传授知识的主要方式，而且在引导学生学习、启发学生思维、实现教学目标等方面也具有重要作用。可见，在接受学习过程中，讲述技能是教师在课堂上最常用的技能。所以，对一名教师而言，掌握讲述技能至关重要。

【示例】

"概念"的讲述语

　　刘伯奎老师讲"概念"一节时,恰当地举出《唐·吉诃德》中桑丘任"总督"时处理的一个案件:一个小气鬼让裁缝做帽子,给一块布要求做一顶,接着又问做两顶、三顶可否,最后要求做五顶。裁缝始终应允,结果做成的五顶帽子只能套手指头。桑丘很聪明地判决两人都有错误。通过这个故事使同学们在笑声中理解了什么叫"概念""使用概念必须明确"这个抽象的道理。

(二) 讲析语

　　讲析也就是讲解分析,是教师在新课讲授过程中对事物、现象、概念、定义、定理,分门别类离析出本质及其内在联系。讲析,重在解释、说明、剖析,适用于各种概念成分构造、意义原理的说明、公式定理的推导与证明。讲析语要明白清楚易懂,并要抓住所要分析的问题,或层层深入,或并列多面,或有横有纵、纵横结合,把问题分析得透辟、深入、清晰。

【示例一】

"衣服的功用"的讲析语

　　师:(教师播放录像:女演员在唱歌)你们看她穿的衣服漂亮吗?
　　生:漂亮。
　　师:老师穿这么漂亮的衣服来上课好不好?
　　生:不好看。
　　师:(教师放录像:军人穿迷彩服进在训练)你们看,战士穿这身衣服训练,是不是很威武?
　　生:是的。
　　师:老师穿迷彩服来上课怎么样?
　　生:不好,不合适。
　　师:老师穿这身衣服下厨房好吗?
　　生:不好,下厨房要扎围裙。
　　师:好。那你们说选择衣服要考虑哪些因素呢?
　　生:职业、场合。
　　师:那么小学生应该穿什么样的衣服啊?
　　生:校服、运动服。
　　师:你们说得好极了,你们简直是美服专家。把同学们的意见归纳起来,可以看出选择衣服有两大标准:一是主观因素,就是个人的性别、身材、肤色、职业、发式等;二是客观因素,就是出席的场合,衣服的色彩、质地,季节,天气等。这么严格地选择衣服,那么衣服到底有什么功用呢?
　　生:……
　　师:大家说得都对。衣服的主要功能是保暖。其次,在参加某项活动,出席某种场合时,衣服还有以下功能:展示美,表示对他人的尊重,表示对参加活动的重视,同时衣服也是社会文明的象征,一个人社会身份、地位的象征。那么,你能将大家的意见分出类别列成表格说明一下吗?如果一个人完成不了,那么几个人合作怎么样?

教师通过比较，让学生明确了不同衣服的不同功用，同时，让学生知道了不同场合应该穿不同衣服的礼仪要求。

【示例二】

《我要的是葫芦》的讲析语

师：请同学们给"盯"字换偏旁再组词。
生甲：换作金字旁便是"钉"，"铁钉"的"钉"。
老师：不错，请坐。
生乙：换成提手旁便是"打"，"打人"的"打"。
老师：是吗？是"打人"的"打"吗？
（学生疑惑）
老师：应该说是"不打人"的"打"。我们都是少先队员，怎么能打人呢？
老师通过替换偏旁教学生认字。在学生回答之后加了一个"不"字，真是妙极了。可谓独具匠心，既完成了对学生的字词教学，又寓思想教育于其中。

【示例三】

《刻舟求剑》的讲析语

师：小朋友，听老师讲个故事。一个孩子经常烧饭，一家三口两碗米，天天这样。有一次，忽然来了一位客人，而孩子烧饭时仍然只量两碗米。吃着吃着，饭不够了，这时，孩子发现自己不对了。那么，不对在什么地方？为什么不对呢？
生：她少量了一碗米。
生：她按老办法做事。
生：她不懂得多一个人吃饭，烧饭的米也应该增多的道理。四个人也量两碗米，是她看不到情况的发展变化。
师：从烧饭这件事联系到"刻舟求剑"的那个人，是不是说明一个道理呢？
老师通过类比讲授，让学生对寓言所反映的做事古板不知变通的人有了更加形象、更丰富的认识，从而加深了对寓言本身的理解。

（三）归纳语

归纳就是教师在课堂讲授过程中进行到一定的阶段时，对前边所讲的内容给学生一个简明的提要。这种边讲授边归纳的方式，符合人们认识事物由感性到理性、由现象到本质、由局部到整体的规律，有助于学生及时消化、巩固所学的知识，能够获得良好的教学效果。教师讲授时归纳的方式，可以先归纳后讲析，也可以先讲析后归纳，还可以边讲析边归纳。

【示例】

"推导圆周率"的归纳语

我们刚才把直径分别是 1 分米、1.5 分米、2 分米的硬纸板圆在米尺上滚动一周，得到了这三个圆的周长大约是 3.14 分米、4.71 分米、6.28 分米。我们可以直接看出，这三个圆的周长分别是它们直径的三倍多一些。课后我们还可以把直径不同的圆在米尺上滚动，也可以发现，圆的周长总是直径的 3 倍多一些。这个倍数是一个固定的数，我们把它叫作圆周率。因此，圆周长=直径×圆周率。

对某些概念，教师可以不做直接阐述，而是运用谈话方式引导学生思考、分析、归纳，最后让学生自己得出结论。这样既可以训练学生的思维能力，同时也可以培养学生的表达能力。

（四）点拨语

所谓点拨，就是教师针对学生学习过程中存在的知识障碍与心理障碍、思维障碍等，用画龙点睛和排除故障的方法，启发学生开动脑筋，自己进行思考与研究，寻找解决问题的途径与方法，从而达到掌握知识并发展能力的目的。

教学时，"点"就是指点，也就是教师抓住重点或要义，用一两句话点明实质，给学生某种启发性的指示；"拨"就是教师为学生排除障碍，为学生提供一点线索，揭露一点端倪，给学生富有启发性的引导，使学生豁然开朗，有所领悟，获得新思路，进入新境界，鼓励学生去发现。常用的点拨语有以下几种方式：

（1）导向式点拨，就是点拨时的提问就如同向导，能引导学生准确把握文本的关键，为学生的自主学习、合作探究定向。

（2）探究式点拨，就是教师把教学文本中那些精妙之处点出来，让学生于无疑处生疑，进而去深入探究。

（3）纠错式点拨，就是指教师指出课本中表达不正确的地方，激发学生去研究、比较、辨析，使课本的错误最终得以纠正。

教师在进行课堂点拨时要选择适宜的时机，才能起到画龙点睛的作用，收到较好的教学效果。教师一般应在以下的情况下进行点拨：

（1）在新旧知识联结处点拨。

所谓联结处就是新旧知识的结合处，在此处点拨，便于引导学生由旧知识过渡到新知识，促进知识的迁移。

（2）在学习新知关键之处点拨。

知识内容的关键处往往是教材内容的重点、难点，也是学生学习、理解、掌握知识的最重要之处。在这些关键处适时进行点拨，有益于重、难点的问题的突破，使学生对所学知识理解得深刻、透彻，掌握得更加牢固。

（3）在学生疑惑之处点拨。

在探求知识的发生、发展、形成过程中，学生的思维有时肤浅、有时困惑，从而感到疑惑不解，厌倦困顿。这时就要求教师进行点拨指导，设计合适的坡度，架设过渡的桥梁，帮助学生寻找思维的突破口，排除疑难解决困惑。

（4）在学生争议之处点拨。

课堂教学中，由于学生的知识基础不同、思维角度不同，对一些问题的结论、实验的结果会有争议。这时教师要针对学生争议的热点、焦点问题进行认真的分析，找出问题的症结，然后进行适当的点拨，或给予正确的解释，或启发学生按照正确的思路、方法、步骤进一步探讨，自己找出问题的答案。

（5）在思维受阻之处点拨。

在课堂上，新课中的难点往往会使学生的思维受阻，这时教师可适当地分化这些问题，体现一定的层次性与诱导性，巧妙地让学生在探究中突破难点，同样也能提升学生的逻辑思维能力。

（6）在思维定式干扰之处点拨。

在课堂上学生往往容易受思维定式的干扰，产生负迁移，此时设计探究问题，可以引导学生冲破原有思维方式的束缚，从不同的角度、方向，寻求正确解决问题的途径和方向。

【示例一】

《愚公移山》的点拨语

师：那个"遗男"有几岁了？
生：七八岁。
师：你是怎么知道的呢？
生：从"龀"字知道的。
师：噢，"龀"是什么意思？
生：换牙，换牙时七八岁。
师：这个年纪小小的孩子跟老愚公一起去移山，他爸爸肯让他去吗？
生：（思考后）他没有爸爸！
师：你怎么知道？
生：他是寡妇的儿子，孀妻就是寡妇。

学生在老师一步一步地启发追问下，找到了问题的答案，理解了课文并提高了阅读理解能力，这比老师直接告诉学生，要学生记住"龀"和"孀妻"的意思印象要深刻得多。

【示例二】

《冬眠》的点拨语

师：眠是什么意思？
生：是睡觉的意思。
师：冬眠呢？
生：冬眠是冬天睡觉的意思。
师：人冬天也睡觉，这是冬眠吗？
生：（知道回答有误）不是。冬眠是指动物在冬天不吃不喝，只睡觉。
师：（风趣地）噢，骑兵部队的战马到冬天不吃不喝，睡觉了，敌人来了怎么办？
生：（笑了，知道又错了，于是补充）冬眠是指有的动物在冬天不吃不喝只睡觉。
师：这样解释就对了。冬眠是指有些动物，如青蛙、蛇在冬天不吃不喝一直睡一个冬天。看来把词理解准确是要动一番脑筋的。

【示例三】

《我的伯父鲁迅先生》的点拨语

师：什么是呻吟？
生：就是声音很微弱地说话。
师：那你们小声说话叫呻吟吗？回答问题声音小叫呻吟吗？
生：在非常痛苦的情况下，小声地自己哼哼。

师：对，生病了，或是哪儿痛了哼哼，叫呻吟。

四、讲授语的要求

（一）规范流畅，严谨科学

教师的课堂讲授首先要做到：普通话语音标准，词汇运用规范，语法使用正确；吐字清晰，语调变化恰当，语速音量适中；话题集中，条理清晰，衔接得体；讲授内容准确无误，符合学科规范与特点。

【示例】

"金刚石和石墨"的讲授语

教师：金刚石和石墨是同素异形的物质。它们都是由同一种元素碳（C）组成的。在氧气里燃烧，都只能生成二氧化碳。两者的异形是由于碳原子排列方式不同。这两种物质的物理性质差异很大。首先是外形，金刚石是无色透明、正八面体形状的固体，石墨是深灰色、不透明的细鳞状固体；其次是密度，金刚石是 3.51 克/厘米^3，石墨是 2.25 克/厘米^3；再次是硬度，金刚石极硬，石墨很软；最后是导电性，金刚石是电的不良导体，石墨是电的优良导体。

（二）深浅适度，循序渐进

幼儿及小学生的理解能力是有限的，所以讲授语的选择首先要考虑学生的接受水平，做到深浅适度；另外，教师要根据教学大纲的要求，依从每节课的教学目的、重点、难点，结合教材，精心分析，选取讲授语。课前设计讲授计划，讲授时，按照准备好的内容和次序逐项进行，不可随意插入无关的内容，要使学生能够把握讲授的思路，做到主次分明、条理清晰。

（三）目标明确，重点突出

教师的新课讲授要紧紧围绕教学目标，做到内容集中、凝练，中心明确，重点突出，紧扣关键，解决疑点，突破难点。

（四）通俗易懂，生动有趣

教师在新课讲授过程中，要考虑儿童身心发展的阶段性特点和语言发展水平，设计通俗易懂、生动传神的讲授语，吸引学生的注意力。要增强讲授的直观性和形象性，还可采用多种直观手段加以配合和补充，尽可能地运用实物、模型、标本、图片、图表，以及多媒体等，一边讲授，一边让学生观察。

【示例】

"点的轨迹"的讲授语

学生对"有某种性质的所有点组成的图形，叫作这种性质的点的轨迹"的定义感到费解。讲解时，教师可用手中的粉笔，在黑板上做形象生动的演示，并配以讲解："同学们，我这里有一个刚从墨水瓶里爬出来的小虫子。现在，我们让这个小虫子，距离点 A 30 厘米爬行。它爬呀，爬呀，身后留下了点的墨迹，这就是小虫子运动的轨迹。"教师用这种演示的方法，变抽象为具体，化深奥为浅显，充分显示了教师讲授语的形象性与生动性。

（五）因材施教，把握时间

首先教师在进行课堂讲授前对教学对象要有针对性的了解，根据学生的层次设计难易适中的讲授语，尽量使每一个学生在课堂上都能有所收获；另外，儿童连续注意的时间是有限的，在有意注意以后，就需要用无意注意来加以调节（朱智贤《儿童心理学》）。教师的长篇大论势必会给学生带来思维的怠惰，使学生处于被动接受状态，教师要根据学生这一心理特征，把讲授的主要内容安排在有意注意这一时间内。如果要讲的内容较多，则应按其内在联系分成若干部分，中间注意加以调节。

任务3 新课小结

任务目标

一、知识目标
1. 了解小结语的含义。
2. 知道新课小结的常见形式。
3. 掌握新课小结的原则与要求。
二、技能目标
1. 能够用符合要求的小结语进行新课小结。
2. 能够用恰当态势语辅助教学口语表达。

任务布置

一、课前任务：请同学们课前完成下面两个任务，课上分小组汇报
（一）评析下面两例中《长相思》的课堂小结

【案例一】
师：建功立业的壮志和理想、思念家乡的孤独和寂寞，就这样交织在一起，化作了纳兰性德的《长相思》。
师：山一程，水一程，程程都是——
生：（齐读）长相思。
师：风一更，雪一更，更更都是——
生：（齐读）长相思。
师：爱故园，爱祖国，字字化作——
生：（齐读）长相思。
师：下课。

【案例二】
师：同学们，故乡，是游子心头永恒的家。多年以后，当我们离开家乡，远离故土，我们的心中，也会情不自禁地涌起——《长相思》（再次激情诵读）。

（二）修改下面《奇怪的大石头》一课的课堂小结

【案例】
师：学了课文，你明白了什么？
生1：
生2：
……
二、课上任务：请同学们设计《钓鱼的启示》的小结语，并完成新课小结的试讲

附：《钓鱼的启示》原文及参考教学目标

那年，我刚满十一岁。有一天，像往常一样，我跟着父亲去附近湖中的小岛上钓鱼。

那是鲈鱼捕捞开放日的前一个夜晚。我和父亲分别放好鱼饵，然后举起鱼竿，把钓线抛了出去。晚霞辉映的湖面上溅起了一圈圈彩色的涟漪。不一会儿，月亮升起来了，湖面变得银光闪闪。

过了好长时间，鱼竿突然剧烈地抖动了一下，一定是个大家伙上钩了。我小心翼翼地一收一放，熟练地操纵着。也许是鱼想摆脱我的鱼钩，不停地甩动着鱼尾并跳跃着，湖面上不时发出"啪啪"的声音，溅起不少水花。我等那条鱼挣扎得筋疲力尽了，迅速把它拉上岸来。啊，好大的鱼！我从来没有见过这么大的鲈鱼。我和父亲得意地欣赏着这条漂亮的大鲈鱼，看着鱼鳃在银色的月光下轻轻翕动着。

父亲划着了一根火柴，看了看手表，这时是晚上十点，距离开放捕捞鲈鱼的时间还有两个小时。父亲盯着鲈鱼看了好一会儿，然后把目光转向了我："孩子，你得把它放回湖里去。"

"爸爸！为什么？"我急切地问道。

"你还会钓到别的鱼的。"父亲平静地说。

"可是不会钓到这么大的鱼了。"我大声争辩着，哭出了声。

我抬头看了一下四周，到处都是静悄悄的，皎洁的月光下看不见其他人和船的影子。我再次把乞求的目光投向了父亲。

尽管没有人看到我们，更无人知道我是在什么时候钓到这条鲈鱼的，但是，从父亲那不容争辩的声音中，我清楚地知道，父亲的话是没有商量余地的。我慢慢地把鱼钩从大鲈鱼的嘴唇上取下来，依依不舍地把它放回到湖里。大鲈鱼有力地摆动着身子，一转眼便消失在湖水中了。

转眼间三十四年过去了，当年那个沮丧的孩子，已是一位著名的建筑设计师了。我再没有钓到过像三十四年前那个夜晚所钓到的那样大的鱼。但是，在人生的旅途中，我却不止一次地遇到了与那条鲈鱼相似的诱惑人的"鱼"。当我一次次地面临道德抉择的时候，就会想起父亲曾告诫我的话：道德只是个简单的是与非的问题，实践起来却很难。一个人要是从小受到像把钓到的大鲈鱼放回湖中这样严格的教育的话，就会获得道德实践的勇气和力量。

三十四年前那个月光如水的夜晚，给我留下了永久的回忆和终生的启示。

*教学目标：

1. 有感情地朗读课文。

2. 理解课文内容，理解父亲没有商量余地地要"我"将鲈鱼放回湖中的理由，读懂"我"从钓鱼这件事中所获得的启示。

3. 懂得从小接受严格教育的重要性，并从中获得道德实践的勇气和力量，提高抵制"鱼"的诱惑的能力。

*教学重点：理解课文内容，领会从小进行道德实践对人的一生成长的重要作用。

*教学难点：理解文中的几个含义深刻的句子：

1. 但是，在人生的旅途中，我却不止一次地遇到了与那条鲈鱼相似的诱惑人的"鱼"。
2. 道德只是个简单的是与非的问题，实践起来却很难。
3. 一个人要是从小受到像把钓到的大鲈鱼放回湖中这样严格的教育的话，就会获得道德实践的勇气和力量。

任务实施

一、课前任务
（一）小组汇报
（二）学生评价，教师总评
二、课上任务
（一）分组练习
1. 练习设计小结语并试讲。
2. 找出并纠正小结语及试讲存在的问题。
（二）分组展示
1. 小组代表展示新课小结。
2. 学生评价，指出存在的问题。
3. 教师评价，指出存在的问题。

知识储备

导入：请同学们思考，老师在讲授完新课之后，是不是直接就下课走人了呢？回忆自己的老师在讲授完新课之后一般都是怎么做的、怎么说的，举例来说明一下。

一、新课小结与小结语

新课小结是教师在课堂教学过程中完成一个教学环节或完成一节课后，对教学内容进行的总结。在这个过程中教师所说的话就是小结语。新课小结和新课导入、新课讲授一样，是课堂教学不可或缺的重要一环，它不仅发生在一节课的结束，也发生在每一个教学环节之后。课堂教学是一门艺术，懂得适时地进行课堂小结更是一门艺术。"编筐编篓，重在收口"，良好的新课小结可以激起学生的思维高潮，产生画龙点睛、余味无穷、启迪智慧的效果。

二、新课小结的作用

（一）梳理总结，加深记忆

一个教学环节或一节课结束时，教师及时地对教学内容进行高度的概括总结，理清知识脉络，建立新知模块，方便学生更清晰系统地把握本次课所学新知，强化记忆，促进学生认知结构的形成。

（二）衔接过渡，拓展迁移

新课小结还要起到承上启下的关键作用。一节课结束之时，教师的新课总结还要恰当地联系上一节或下一节的内容，以让学生回顾学过的知识或预习新的知识，是新旧知识的衔接处，同时，往往要提示接续下去的教学内容，为下次课做好铺垫；同时，好的结束语还要引导学生将知识融会贯通，举一反三，拓展延伸，激发学生热情，启发学生思维，迁移运用所学新知，解决新问题，形成新能力。

三、新课小结的主要原则

（一）目的性原则

课堂小结必须为体现教学目的和要求服务，否则就失去了它的意义。课堂教学的三维目标——知识与能力的内化；过程与方法领悟；情感态度与价值观的培养，都有赖于通过课堂总结来提升。

【示例】

"正比例"的新课小结

总结时直接板书教学目标：① 两种量相关联；② 一和量随着另一种量的变化而变化；③ 相对应的量的比值（即商）一定。让学生根据目标测试自己本节课所学。

（二）重点性原则

课堂小结应围绕课堂教学的重点、难点和关键点来进行。

（三）引导性原则

新课小结不要由老师包办代替，要把问题留给学生，引导学生积极参与，通过一些开放性问题鼓励学生大胆猜想，多方面、多角度地思考问题，展现学生获取知识的过程，培养学生总结概括的习惯与能力，培养学生思维的严谨性、批判性和深刻性。

（四）针对性原则

课堂小结的内容要针对教学内容和学生特点具有鲜明的针对性，凡是学生难记、难理解、难掌握、易出错的地方都应阐明。这就要求教师抓住每课的主要矛盾，还要教给学生方法。

（五）结构性原则

课堂小结的结构要严谨周密，消除疏漏和误区。

（六）灵活性原则

课堂小结的形式要灵活，防止平铺直叙、翻炒冷饭。

（七）简练性原则

课堂总结是课时教学内容的浓缩与提炼，小结语要抓住本质的内容，简明扼要。

四、新课小结的常见形式

新课小结的方法多种多样，教师在保证教学系统完整性的前提下，要根据不同的学情、教情，灵活选择不同的方式，以激发学生的学习兴趣，使其活跃思维、开阔思路，发展学生的创造力，收到良好的教学效果。

（一）归纳总结式

归纳总结式小结，是指教师在小结一节课的教学内容时，运用准确、简练的语言，提纲挈领地对本次课讲授的知识结构、主线进行归纳总结，使新知识在学生大脑中经过"信息编码"而"定格"，将所学知识进行归纳、整理，使之系统化，对课堂所学内容有一个完整而深刻的印象。在此要尽力突出主题、强化重点，纲目分明地明确关键性知识，同时指出容易模糊和误解之处。由于知识信息比较密集，新课小结时话要说得慢些，语调要平稳。

采用归纳总结式的小结方法，开始可由教师引导学生共同完成，随着学生知识的增长，概括总结能力提高了，可逐步过渡到学生自己总结，教师帮助修改完善，这样能给学生更多的思考、归纳、总结知识的时间和机会，使学生的思维能力、动手能力得到训练，真正成为学习的主体。让学生相互讨论、总结所学习的一堂课或某一部分的内容。学生讨论的过程就是总结知识、参与教学、强化记忆的过程，也是锻炼思维能力的过程。

【示例】

"连续两问的应用题"的新课小结

师：今天我们学习了什么？
生：连续两问的应用题。
师：续连两问的应用题与以前学的应用题有什么不同的地方？
生：① 题中问题多了，解答步骤也多了；② 解答时要先解答第一问，然后解答第二问；③ 解答第二问时，要利用前边计算出的结果作为一个条件来列式；④ 两问都写答话。

通过提问归纳小结，锻炼学生用准确、简练的语言将新课内容进行概括，同时帮助学生整理思维，对新知识加深理解。

（二）设置悬念式

教师在讲授某一知识时，提出有一定难度的下次课要探讨的问题，有意留下一个"尾巴"，让学生带着疑问结束一节课的学习，从而激起学生主动探索的兴趣和急于知晓的好奇心，为后面的教学埋下伏笔。

【示例一】

"平行四边形"的新课小结

师：当把一个平行四边形的一个内角变成直角时，它又是一个什么样的图形呢？
生：这是长方形。
师：这就是我们下一节课所要学习的内容，希望大家做好预习。

【示例二】

"认识年、月、日"新课小结

师：小明6岁了，可他才过两次生日，为什么呢？他是几月几日出生的？
以此创设悬念，激发学生的好奇心，促使学生回忆今天所学新知，寻找答案。

（三）拓展迁移式

在学生理解新课内容的基础上，借助于联想，适当拓展知识面，使学生在巩固新知识的同时，将课内知识延伸到课外，能举一反三，引起更浓厚的学习兴趣，开拓创造性思维。主要做法有：一是利用课堂小结推荐一些与教学内容有关的课外读物，扩大学生的知识视野；二是利用课堂小结指导学生把所学的知识尽可能地迁移到课外，应用于实践，激发学生探索新知的兴趣。

【示例一】

"看云识天气"的新课小结

本课典型地运用了分类别的说明方法，为了加强学生的识记效果，可以让学生给"人"和"鞋"做分类练习，要求学生从不同角度去思考，最后教师给予总结，这样不仅激发了学生的学习兴趣，还可从练习中了解了学生对知识的巩固程度，同时加强对学生迁移能力的培养。

【示例二】

《中国石拱桥》的新课小结

让学生通过想象和联想绘制出当时的桥梁和未来的桥梁图，在对比中发现中国桥梁事业的发展迅速惊人。课内知识向课外知识的延伸，不仅拓宽了学生的视野，同时又使学生在潜移默化中接受了思想教育。这样的结语余韵悠远绵长，使学生心旌摇荡、愉悦异样。

（四）前后呼应式

前后呼应式是指教师在导入新课时曾给学生设置了疑问，新课总结的时候围绕新课主题，解答开课处提出的疑问，对新课导入给予回应，形成对照，使学生豁然开朗。这种前后呼应式的新课总结，会给学生留下深刻印象，帮助学生进一步掌握本课的主要知识。

示例："合并同类项"的新课总结。

导入新课时，教师采用"速算游戏"创设问题情境。先请一个学生给出 x、y 各一个值，然后代入多项式"$17xy^2+337x+73x-35xy^2-410x+18xy^2+xy^2$"求值。当学生任意给出一组值时，教师迅速得出结果。在学生惊讶之际，教师适时提出："大家心里一定在猜想老师有什么窍门吧？其实只要学习好今天这堂课，大家就能和老师算得一样快了。"新课小结时，总结了合并同类项的法则后，学生就会恍然大悟。

（五）分析比较式

新课小结时，教师将本节课所授的内容和与其类似的内容进行比较，抓住它们之间的异同点，让学生得以区分，加深对本节所学内容的理解，使学生记忆更加牢固，这就是分析比较的新课小结方式。教学中引导学生学会运用比较的方法，可以拓宽学生对知识理解的广度和深度，有助于提高学生的分析概括能力，有利于促进学生的智力发展和思维能力的培养。

【示例】

"求一个数是另一个数的几倍的应用题"和"求一个数的几倍是多少的应用题"都已授完时，可把它们列在一起：找出它们的不同点，注意一些字眼，加以区分，让学生不至于混淆它们，达到教学目的，提高教学效果。

(六)交流评价式

交流评价式是在课堂小结中,让学生畅谈自己对学习的体验、感受和收获,表达自己的困惑和喜悦,提出建议和见解。这种小结是开放的,不仅关注学生的学习结果,而且关注学生学习的体验和感受,关注学生的情感、态度和价值观。

【示例】

"认识小数"的课堂小结

师:如果咱们用满分"1"来表示你对这节课的表现的满意程度,你会给自己打多少分呢?

生1:0.9分。

师:比较满意,继续努力!你会更优秀。

生2:0.8分。

师:你的满意度稍微差一点儿。没关系,只要不断努力,你会更棒的!

生3:1分。

师:不错,很有自信!

将课堂评价与所学新知有效结合,将学生自评与教师评价结合,这样的课堂小结,既沟通了数学与生活的紧密联系,又让学生直观体验了数学学习的应用价值和现实意义,使之进一步增强学好数学、用好数学的信心。

【示例】

"平均数"的课堂小结

师:这节课快结束了,老师想了解一下同学们这节课的学习情况,请大家从自己的收获上(知识方面、获得的经验方面、学习的心情……)给这节课的学习打个分好不好,要说明理由。满分10分。

生1:我打10分,因为我不仅了解了平均数的一些特征,更重要的是我知道将来在选择工作时要注意些什么。

生2:我打9分,因为这节课学习很开心,没有感觉累和乏味。

生3:我也打9分,因为这节课的知识实在太有趣了,我想再学下去,但马上就要下课了,我有点遗憾。

师:由于时间关系,我们来估算一下这节课的得分情况吧。

相关链接

教学艺术相关文章4篇

学习思考

1. 说说你对课堂导入环节的认识。
2. 在未来的小学（幼儿园）课堂教学中，你会采用哪些方法进行新课导入？
3. 在以往的学习生活中，老师们的哪些课堂讲授语给你留下了深刻的印象？它们有什么特点？
4. 你认为课堂小结重要吗？为什么？
5. 你如何在新课导入、课堂讲授以及课堂小结的环节中体现教师主导、学生主体的教学理念？

课后练习

一、请分析"角的分类"的导入语，指出其运用了怎样的导入方法并分析其优势

师：今天有一位小动物要盖新房子，小熊正赶去帮忙呢！

（多媒体显示：一只小熊开汽车到小兔家帮忙盖房子的情境。在路上小熊累了，想要停下汽车休息一下，把汽车的椅子调整成钝角。）

师：小熊为什么要把椅子调整成这个样子呢？

生1：可能这个样子比较舒服吧。

（多媒体显示：小熊后来要想开车时将椅子调错了，变成一个锐角，卡到了，好不容易才把椅子调整成直角来开车。）

（多媒体显示：三种不同角度。）

师：谁能把看到的状况告诉我们？

生2：小熊调得太小了，变成锐角，就不能开车了。

生3：小熊刚刚把椅子调出了三种不同的角，我知道是直角、钝角、锐角。

二、请比较分析关于"对称图形"的两段导入语，说说它们各自的特点

【案例一】

师：同学们，好好看一看老师手中的图片，你能找出什么规律？哪位同学来说一说？

（教师手中拿着三张栩栩如生的图片并向学生展示：苹果、蝴蝶、手拉手的小孩。）

生1：可以先把图片对折一下。

师：这位同学的想法不错，那我请一个同学把这几张图片对折一下，并说一说你发现了什么。

生2：我试着把这几张图片对折一下，发现对折形成一条直线，并且直线两边可以完全重叠起来。

师：真棒！你刚才用自己的话概括出了轴对称图形的特征，今天我们就来共同学习这种新图形。

师：今天我们就一起来找出答案。

【案例二】

师：同学们喜欢剪纸吗？

生1：喜欢。

师：那给你们三分钟时间，剪一个你喜欢的图形。剪完的学生将作品展示在黑板上，并说出自己的剪法。

（学生动手操作并回答）

生2：我是把纸对折后再剪的；

生3：我是在纸上画好图案后再剪的；

生4：我是随意剪的。

师：根据剪的时候是否对折将展示的图形分为两类：这些剪纸图案有的是对折以后再剪的，而有的没有对折就剪的，那你能根据剪的时候是否对折来给黑板上的这些图形分类吗？对折以后的图形有什么共同特点呢？小组进行讨论，从而认识对称图形及对称轴。

三、请至少用3种方法完成《画杨桃》的新课导入

附：《画杨桃》原文及参考教学目标

我读小学四年级的时候，父亲开始教我画画。他对我要求很严，经常叮嘱我："你看见一件东西，是什么样的，就画成什么样，不要想当然，画走了样。"

有一次学校上图画课，老师把两个杨桃摆在讲桌上，要同学们画。我的座位在前排靠边的地方。讲桌上那两个杨桃的一端正对着我。我看到的杨桃根本不像平时看到的那样，而像是五个角的什么东西。

我认认真真地看，老老实实地画，自己觉得画得很准确。当我把这幅画交出去的时候，有几个同学看见了，却哈哈大笑起来。

"杨桃是这个样子的吗？""倒不如说是五角星吧！"

老师看了看这幅画，走到我的座位坐下来，审视了一下讲桌上的杨桃，然后回到讲台，举起我的画问大家："这幅画画得像不像？""不像！""它像什么？""像五角星！"

老师的神情变得严肃了。半晌，他又问道："画杨桃画成了五角星，好笑吗？"

"好——笑！"有几个同学抢着答道，同时发出嘻嘻的笑声。

于是，老师请这几个同学轮流坐到我的座位上。他对第一个坐下的同学说："现在你看看那杨桃，像你平时看到的杨桃吗？""不……像。""那么，像什么呢？""像……五……五角星。"

"好，下一个。"

老师让这几个同学回到自己的座位上，然后和颜悦色地说："提起杨桃，大家都很熟悉。但是，看的角度不同，杨桃的样子也就不一样，有时候看起来真像个五角星。因此，当我们看见别的人把杨桃画成五角星的时候，不要忙着发笑，要看看人家是从什么角度看的。我们应该相信自己的眼睛，看到是什么样的就画成什么样。"

这位老师的话同我父亲讲的是那么相似。他们的教诲使我一生受用。

*教学目标：

1. 认识6个生字，会写12个生字。正确读写"叮嘱、想当然、前排、靠边、一幅画、审视、严肃、半晌、和颜悦色、熟悉、教诲"等词语。

2. 有感情地朗读课文。背诵课文中老师说的那段话。

3. 抓住重点词句，理解课文内容，懂得无论做什么事或看问题，都应该实事求是。

*教学重难点：

本课教学重点和难点是学习抓住重点语句理解课文内容，体会蕴含的道理。

四、请体会王崧舟老师《枫桥夜泊》的一段课堂讲授语，说说其特点及作用

【案例】

《枫桥夜泊》的讲授语片段

"月亮落下去了，天地之间一片幽暗，一片朦胧。这时秋风瑟瑟地吹来，吹过枫树，吹过枫林，吹着火红的枫叶，吹呀，吹呀……""乌鸦啼叫的声音是凄凉的，甚至还有点儿让人恐惧。当几声凄厉的乌啼，在寂静的秋夜消失的时候，茫茫秋夜变得更加沉寂……"

五、请自选小学语文、英语、数学各一课，完成其新课讲授

六、请自选幼儿园健康、语言、社会、科学、艺术等领域的课程，完成其新课讲授

七、请至少用3种方法完成《一起玩积木》的课堂小结

八、请至少用3种方法完成《掌声》的课堂小结

附：《掌声》原文及参考教学目标

上小学的时候，我们班有位叫英子的同学。她很文静，总是默默地坐在教室的一角。上课前，她早早地就来到教室，下课后，她又总是最后一个离开。因为她得过小儿麻痹症，腿脚落下了残疾，不愿意让别人看见她走路的姿势。一天，老师让同学们轮流上讲台讲故事。轮到英子的时候，全班四十多双眼睛一齐投向了那个角落，英子立刻把头低了下去。老师是刚调来的，还不知道英子的情况。英子犹豫了一会儿，慢吞吞地站了起来，眼圈红红的。在全班同学的注视下，她终于一摇一晃地走上了讲台。就在英子刚刚站定的那一刻，教室里骤然间响起了掌声，那掌声热烈而持久。在掌声里，我们看到，英子的泪水流了下来。掌声渐渐平息，英子也镇定了情绪，开始讲述自己的一个小故事。她的普通话说得很好，声音也十分动听。故事讲完了，教室里又响起了热烈的掌声。英子向大家深深地鞠了一躬，然后，在掌声里一摇一晃地走下了讲台。从那以后，英子就像变了一个人似的，不再像以前那么忧郁。她和同学们一起游戏说笑，甚至在一次联欢会上，还让同学们教她跳舞。几年以后，我们上了不同的中学。英子给我来信说："我永远不会忘记那掌声，因为它使我明白，同学们并没有歧视我。大家的掌声给了我极大的鼓励，使我鼓起勇气微笑着面对生活。"

*教学目标：

1. 认识"默、姿"等11个生字，读准多音字"落、调"，会写"掌、班"等11个字，会写"掌声、文静"等16个词语。
2. 能正确、流利、有感情地朗读课文。
3. 学会尊重别人、关爱别人。

*教学重难点：

1. 重点：引导学生整体把握课文内容，感受英子在掌声响起的前后内心的变化。
2. 难点：通过语言和动作的描写来体会英子的心理变化。

九、请从导入新课、课堂讲授、课堂小结这3个角度分析支玉恒老师《第一场雪》的教学

附：《第一场雪》课堂教学实录（节选）

师：我问大家一个问题：谁亲眼在我们成都市见过下雪？（有数位生举手）谁亲眼在成都市见过课文中写的这样的大雪？——啊，没有。那我们这课该怎么学呢？大家一点直观感受都没有。——这样吧，我们跟着作者一起到他所描写的一场雪中去游览，大家说好吗？（生答：好）

我们对雪不太了解,那么我们学习这篇课文的一个任务,就是在理解课文内容的基础上,认识"雪"这种自然现象,了解雪与人的情感的联系,与人的社会生活的联系。这些任务大家能不能完成?(生答:能)

师:大家预习了课文,谁能用最简单的一句话概括课文的主要内容?

生:这篇课文是描写胶东半岛冬天下雪的景象。

师:只有这些吗?

生:这场雪还预示着明年将是一个丰收年。

师:你重新组织一下语言,再说一遍。能不能更简单些?

生:这篇课文是写胶东半岛冬天下雪的景象,这场雪预示胶东半岛明年将是一个丰收年。

师:他说得行不行?有没有别的说法?

生:这篇课文写了胶东半岛雪前、雪中、雪后的情景,还写了作者的联想。

师:谁听出来了,他们俩人的发言有什么区别?

生:刚才第一位男同学是按主要内容来说的,第二位女同学是按课文的线索来说的。

师:课文的什么线索?

生:是按下雪的线索来说的。

师:下雪的过程,对吧?

生:对。

师:如果按照那位男同学的说法,课文可以分成几部分?

生:按照男同学的说法,课文可以分成两部分,第一部分是"雪的景色",第二部分写了"雪的用处"。不,"雪的好处"。

师:"雪的景色",仅仅是雪的景色吗?——第一部分就是写"下雪",第二部分是"雪的联想"。这样说可以吗?

生:可以。

师:如果按照女同学的说法,课文又可以分为几部分?

生:按照这位女同学的说法课文可以分成四段。

师:也就是4部分。哪四部分?

生:第一部分是下雪前的景象,第二部分是下雪时的景象,第三部分是下雪后的景象,第四部分是作者的联想。

师:两种分法都可以。我们为了学习的方便,按照分4部分这种方法来学习。——我还要问大家:在雪前、雪中、雪后和联想这4部分中,你感觉最新奇、最有兴趣的是哪部分?

生:我最感兴趣的是"雪中"那一部分。

生:我最感兴趣的是作者产生联想的那一个部分。

生:我感兴趣的是雪后的景色。

生:我最感兴趣的是"雪前"。这一段写得很形象。

师:这么说大家对4部分都感兴趣了。那么我问一问吧。有多少同学对第一部分最感兴趣?(有五六位学生举手)多少同学对描写下雪的"雪中"最感兴趣?(有不少同学举手)多少同学对描写雪后景象最感兴趣?——嚄!这次人最多!因为你们最不了解下雪后是什么样子,是不是?好。哪些同学对雪后的联想最感兴趣?(有两三个同学举手)

师:好,那就按照同学们的意愿,首先来看雪怎么下。大家打开课文第二段。谁能够把这一段读出来?你认为应从哪里开始就从哪里开始,你认为应到哪里结束就到哪里结束。

生:(读课文)"前些天暖和得如同阳春三月……大雪整整下了一夜。"

师：对她读的有没有意见？
生：我觉得"下雪的景象"应该从"这是入冬以来的第一场雪"开始。
师：这个意见大家同意吗？
生：同意。
师：（对原读文的学生）你读得多了，天气还在变，你就开始读了。咱们从第二个同学这儿开始来读。大家看一看写下雪这一段是从哪几个方面，也就是从哪几个角度来写的？
生：先从"雪下得很大"这个角度来写的，然后又从"冬天的雪夜"来写。
师：介绍了雪下得很大，紧跟着就写黑夜吗？
生：他讲了雪一下子就把地染白了，说明雪下得很大。
师：他是先写看见的，后来……
生：写听见的。
师：为什么后来写听——见——的？
生：因为雪下得很大，晚上很冷，他不可能一个人站在雪地里观察雪景。
师：所以他就写他"听"，对不对？我们先读一读看见的雪。读的时候要把雪下得很大的那个气势读出来。大家看他这场雪下得大不大？
（生读课文有关部分）
师：这场雪大吗？
生：不大。
师：谁能比他下得再大点？（笑声）（生再读课文）
师：够大的吗？
生：不够。
师：那么谁来建议，要想把这场雪读得很大，哪些词应该强调地读得重一些。
生：我觉得应该把"纷纷扬扬""大片大片"和"彤云密布"这些词读得重一些。
师：你给做一下示范好吗？（生读课文）
师：这次读得不错。他把那几个重点词强调出来了。大家再跟着我把这几句一块儿读一下。（教师带学生逐句学读）好，谁把刚才这一节再读一下？这回要下得很大了。（生读课文）
师：她这几个词强调出来了。但有一个缺点，谁听出来了？
生：刚才我们只读了两句，其余的她不应该读。
师：我们是让读这一节，她读得对。——她读得太缓慢了，把大雪的气势给"延缓"了，是不是？——你再读一次。（生再读）
师："地上一会儿就白了"，应该强调"一会儿"，为什么？
生：强调了"一会儿"才能突出雪下得很大。
师：为什么？
生：因为雪下得大，地上一会儿就白了。
师："一会儿"表示什么意思？
生："一会儿"表示很快。
师：很快地上就白了。雪下得大不大？
生：大。
师：好。我们再把这一句读一读。（示范、带读）
……
师：我们再把全文好好读一遍。（指跟前一位同学）你起来给推荐4个同学。谁善于读出天气剧烈变化,找一个。(学生推荐)谁读描写下雪能读好?(学生推荐)谁描写雪景读得好?(学生推荐)谁读最后一段?(推荐的学生指着自己说"我")(笑声)啊!你自荐。他说"我"!好,好。就你们4位来读,一个接一个,开始。

(生读课文。3人读了后,下课铃响)

师:好,由于时间关系我们不再读了。(对没有读得上的第四个同学)对不起!(笑声)

师:大家看黑板上我的板书,像什么?

生:一首诗。

师:好。我们一齐来把它读一下:

(生读板书)

天气骤冷数日间,山村静夜雪弥天。

晶莹世界人欢笑,更喜丰收在来年。

师:下课。(掌声)

子项目 2　教育口语运用

教育口语是教师在教育学生的过程中所使用的职业用语。

教师的职责在于教书育人,对学生进行思想道德教育,培养学生良好的道德品质,是教师的职业本质要求之一。因此,作为教师,不但要有较高的教学口语水平,同时也要拥有较好的教育口语素养,这样才能在教育学生的过程中取得好的效果。

教育口语作为教师职业的专业用语,它必须是规范的、文明的,同时,它还具有明确的目的性、较强的针对性、内容的丰富性、表达的艺术性等特点。

教育口语依据其应用于不同教育情境大致可分以下几类:表扬语、批评语、激励语、启迪语、说服语。

任务1　表扬学生

任务目标

一、知识目标

1. 了解表扬语的含义、作用。
2. 知道表扬的形式。
3. 掌握表扬学生的技巧。

二、技能目标

1. 能用恰当的表扬语表扬学生。
2. 能用恰当的态势语辅助教育口语表达。

任务布置

一、课前任务:请同学们课前完成下面两个任务,课上分小组汇报

(一)请修改下面教师的表扬

户外活动时间快到了,老师奏起了音乐提醒小朋友把积木收好,准备下楼。这时,小峰

手里拿着一个挺复杂的建构作品，兴冲冲地跑过来，对老师说："老师，你看，我搭的新型战舰。"老师看了一眼，果然不错，便夸奖说："嗯，真不错！快去收起来吧。"小峰失望地走开了。

（二）请根据下列情境，设计一段表扬语

你们班级在校运动会上夺得总分第一和精神文明两项大奖，你决定召开一次班会，对这次运动会上你们班学生的表现进行总结表彰。

二、课上任务：请同学们在下面两个任务中任选其一完成

（一）请分析下面案例中教师的表扬语，指出其存在的问题，并重新设计一段表扬语进行演示

体育教学活动中，老师讲解示范了跨跳障碍物的动作之后，让孩子自由学练跨跳。这时，老师发现转学来园不久的菁菁小朋友不停地起跑，但接近障碍物时总停住脚步，不敢进行跨跳。于是，老师热心地走过去，鼓励她按动作要领放慢步子……终于菁菁学会了动作，达到了要求。活动结束时，老师很高兴地对全班的孩子说："今天我要表扬菁菁小朋友，虽然她的两只脚长得有点不一样，行动不很方便，但她很努力，按要求学会了动作。希望她继续努力，学期结束一定能评上'小健将'。"听到这里，其他孩子都向菁菁的脚和面孔看过去，而菁菁不但没有高兴，反而无声地哭了……

（二）请根据下面的情境设计表扬语并演示

杨文轩是班级中表现极差的学生，但他却把座位旁边的"环保角"打扫得干干净净。你怎样表扬杨文轩，使他在其他方面都能取得进步？

任务实施

一、课前任务

（一）小组汇报

（二）学生评价，教师总评

二、课上任务

（一）分组练习

1. 练习设计表扬语并演示。

2. 找出并纠正表扬语及演示存在的问题。

（二）分组展示

1. 小组代表展示表扬学生。

2. 学生评价，指出存在的问题。

3. 教师评价，指出存在的问题。

知识储备

导入：美国心理学家赫洛克曾做过一个关于表扬与批评效果的实验。实验时将小学生分成 4 组，各组学生能力相当，在 4 种不同的情境下进行难度相等的算术加法练习。第一组为控制组，研究者对其成绩既不批评也不表扬，而且让他们与其他 3 组隔离。其余 3 组同处一室，但待遇不同。第二组是受表扬组，第三组是受批评组，第四组是受忽视的旁观组（既不表扬也不批评，但

能看到其他两组受表扬或挨批评）。实验结果发现，成绩最好的是受表扬组。实验表明，在教育中，表扬的作用优于批评的作用。

一、表扬语及表扬的作用

表扬语是教师对学生良好行为表现给予肯定时所说的话。

表扬学生是教师在教育活动中管理、教育学生必要和有效的手段。表扬是一种非常好的教育方式。教育学家们大都认为正确的表扬有助于培养学生的自我意识和独立能力。从行为心理学的角度上来说，表扬是一种强化手段，是使那些符合某种心愿的行为坚持下去的最好方式。虽然我们也可以对不正确的行为进行批评，但是它的作用远不如对正确做法的表扬。"表扬"作为一种艺术，在教育过程中有着不可忽略的作用。

二、表扬学生的形式

（一）直接表扬

直接表扬就是当面的表扬，是表扬中最常见的方法。年龄较小的孩子理解能力不强，当面的表扬直接具体，能够直入孩子的心扉，让孩子切实感到：我进步了，我能行！它能激起孩子的自信，提高自我认识能力，促进他们奋发向上，取得最佳效果，教师在采取直接表扬时，一定要注意以下两点：

1. 表扬内容要具体

【示例】

第一种表扬："某小朋友近来画画得越来越好了。"

第二种表扬："某小朋友近来在画画方面有了很大进步，不仅在画面构图上极富想象力，色彩的搭配也特别有感染力，而且还注意了细节的描绘。只要这位小朋友坚持下去，老师相信，他的作品在不久的将来一定会出现在咱们幼儿园展览板上！"

同样是表扬语，第一句缺乏具体内容的表扬，没有说服力和影响力；第二句对他的构图、色彩搭配、细节描绘予以肯定，同时也让被表扬者明确自己努力的方向，对其他幼儿也有激励作用。

2. 抓住细节进行表扬

【示例】

"老师今天才知道，每天都是你自己穿衣服、洗脸、吃饭。你真棒，这么小就已经学会照顾自己了，你爸爸妈妈一定会为你骄傲！"

这样的表扬会让幼儿觉得老师不仅仅在课堂上传授知识，还很关心自己，有助于孩子养成良好的生活习惯。

（二）间接表扬

间接表扬与直接表扬相对，主要通过其他人转述来表扬。有时候老师的直接表扬会被孩子误认为是在哄他或其他目的，而通过其他人之口传到他耳中的表扬，则会认为是真实的，就会把对教师的信任和感激转化为做好事情的动力。

【示例】

一次音乐课上，一个平时唱歌不错的孩子，因为感冒嗓子发炎，歌唱跑掉了，引得学生哄堂大笑。老师对他父母说："你的儿子平时歌唱得很好，很投入，老师和学生都喜欢听他唱歌，这次音乐课他可以因为感冒不唱，但他却不愿意放弃这次练习的机会，他的这种努力和不怕吃苦的精神，老师和同学都很佩服他。只要他坚持下去，将来有可能成为歌唱家呢。"当这个孩子从他母亲口中听到老师的表扬后，十分感动，决心不辜负老师的期望。后来他不仅更加刻苦，还被同学选为音乐课代表。

　　良言一句三冬暖。教师运用间接表扬，让孩子深刻体会到老师的真正意图，拉近了师幼之间的距离，使幼儿更加信任喜爱自己的老师，从而主动接受老师的教育。

（三）迂回表扬

　　迂回是曲折、环绕之意，这里指的是表扬的时候，在表达方式上绕个圈子，不直接表达。迂回表扬可以通过对比、反语或提问引发思考等方式，让学生感悟到教师对他的表扬。当一个孩子做了一件错事后，已经无法挽回了，当作看不见是不对的，如果采取批评的方式又可能导致孩子"破罐子破摔"，效果适得其反。这时如果换一种思维或处理方法，来个迂回表扬，可能会收到意想不到的效果。

【示例】

　　一个孩子在手工课上，自己不好好制作，却偷偷拆卸其他小朋友的作品，拆卸的速度还非常快，没等老师和别的幼儿发现他就拆卸完了。一次老师看见他又要拆卸其他小朋友的作品，但没有出声，而是暗暗观察他是怎么做的。只见这个孩子拿起别人的作品，只细细看了几眼，就迅速拆卸完毕。等他拆卸完了，老师走过去，望着一堆部件对那幼儿说："你破坏别人的作品是不对的，但老师没想到你观察得那么细致，反应那么快，要是你能把这股劲头用到做自己的作品上，老师相信，你的作品一定能参加作品展览。"正是这句充满包容和赏识的话给这个孩子自信和无比的激励。后来这个孩子的手工越做越好，还拿到展览角展示给家长们看。

三、表扬学生的技巧

　　表扬学生的目的是调动其自身的积极因素，发扬优点，激励上进，使之健康成长。同时，用公开的形式对学生的某些方面予以肯定评价，本身也是一种教育导向，是用榜样的力量影响集体中其他学生的有效教育手段。于是有的教师就认为只要学生表现好就表扬，这样就能激发学生向上的积极性，从而培养和塑造其形成良好的行为习惯。实际上情况并不这样简单。研究表明：表扬并不是在任何情况下都有积极的心理效应，使用不当就达不到预期的作用，甚至会产生消极的心理效应。因而，表扬学生需要一定的技巧。

（一）善于发现"闪光点"，表扬要具体、真实而有效

　　所谓"闪光点"是指孩子身上容易被忽视的可贵之处。它一闪就过去了，教师这时要"热处理"，要"助燃"，要及时予以表扬和激励。这时候，话要说得直接、具体，让孩子们看到可贵在什么地方，并知道为什么值得表扬、值得鼓励。

【示例】

　　董宇是个非常可爱但又很调皮的小男孩，教学活动时，手脚总闲不住，爱做小动作，一会儿弄弄衣服裤子，一会儿又惹惹前面的小朋友，屁股上像抹了油一样，坐不住小椅子，还特别喜欢跷个二郎腿晃呀晃。老师也没少批评他，但是每次他总认真地说："老师，我再也不这样了。"可一眨眼工夫，告他状的小朋友的声音又传来了："老师，他打我！""老师，他抢我玩具！""老师，

他推我"……为此老师也没少想办法,可是效果甚微。外婆说在家里也是这样,让他们很头痛。美术课上,孩子们正在设计《我和动物朋友》的作品,当老师巡视指导时,发现大部分孩子还是根据老师的范画来模仿,走到董宇面前时,却发现他的作品很有创意,而且布局及背景也有自己的想法,老师当即表扬了他,并把他的作品展示给小朋友看,然后请他说一说自己和动物朋友的故事,他很开心地和小朋友们分享了他的作品故事。放学离园时,还很开心地把来接他的外婆拉到他的作品资料袋前,得意地说:"外婆,这是我画的,好看吧,老师还表扬我了呢!"

这位老师没有过分注重幼儿平时的不良表现,及时找到孩子的"闪光点"——抓住他在画画中的专心、认真劲,对他给予表扬与鼓励,在平时和他多进行交流,让他知道老师和小伙伴都是喜欢他的。这样,幼儿会越来越进步。

(二)表扬学生要注意方式

每个人都希望被表扬,作为学生也不例外。对班主任而言,对学生适当的表扬,会激发学生学习的热情,满足学生被认可的精神需求,增强学生的归属感。但如果表扬不当,不但不能起到正面激励的效果,还会适得其反,打击其他学生的工作积极性。

【示例】

一位带病上课的学生被班主任发现以后,在班会上大加表扬:"同学们,我们看看吴萧同同学是什么样的态度,而我们又是一个什么样的态度?有的学生有事没事随便请假,经常迟到早退,小病大养,无病呻吟。与他相比,我们是不是感到羞愧?我建议我们应该向吴萧同同学学习。"

这位班主任对于吴萧同同学的表扬,旨在起到引导激励的作用,用吴萧同同学为全体学生树立榜样。然而,在表扬这位学生的同时,也贬低了其他学生,这样不但不能起到激励全体学生的目的,还会伤害到大部分学生的感情。而且,受表扬的学生也会倍感苦恼,因为班主任对他人的指责是因为自己而起,这可能会造成其他学生与自己的对立,从而使自己在同学面前陷入尴尬的境地。因此,表扬学生一定要注意表扬的方式,慎重斟酌自己的言辞,让表扬对象感受到肯定与赏识,也让其他学生从中受到感染,促使自己向这位学生看齐。表扬学生时,关注点应放在事件本身,不能"捧一踩一",否则,顾此失彼,适得其反。

(三)表扬要公平公正

公平公正的表扬更能赢得学生的尊重信赖,树立教师威信。优等生常常受到表扬,这很正常。而差生更渴望老师关注的目光,作为教师,要有一双慧眼,善于捕捉,善于发现差生的闪光之处,及时表扬,引导他向着预期目标努力。"用心"的表扬,只有一次,却比批评多次效果好。

【示例】

在全校组织的艺术活动月中,学生的许多美术作品获奖,于是班主任在班会上表扬了文娱委员:"这次我班能够在活动月中获得如此之好的成绩,要归功于文娱委员同学的辛勤努力,为此我向他们致敬,班级也将拿出一部分学分重重地奖励他们。"其实,为了这次艺术活动月,各位班干部都做了很大的努力,为同学找材料、想创意、提建议,同学能够获奖并非只是文娱委员之功。而班主任的表扬显然有失公正,对于其他班干部的努力熟视无睹,这样的表扬会使学生的积极性受到打击。

由此案例来看,教师在表扬学生之时,一定要做全面具体的了解和深入细致的调查,这样才能使表扬更加客观、真实、公平、公正,也只有建立在客观公正基础上的表扬,才会拥有无可辩驳的说服力，才能有效激发学生的积极性和主动性。

（四）表扬要因人而异

学生的性格各不相同，如果采取一成不变的方法，往往不但达不到教育目的，甚至还会适得其反。因此，教师先要了解每个学生的性格和心理，在表扬时因人而异，采取灵活多样的教育方法。

【示例】

一位班主任在报上发现本班一位性格内向、不善言辞的学生发表的一篇文章，很是惊讶，经询问得知，这位学生每日坚持写学习反思，其文章多次发表在报刊上。于是，班主任在主题班会上点名表扬了这位学生。然而这位学生却极不自在，表扬成了他的心理负担，因为每次面对同学"最近有没有发表文章呀"的调侃时，他都会有说不出的压力。

老师及时发现学生的闪光点，对其进行表扬是好事，但表扬应因人而异，并不是每位学生都希望得到公开场合的表扬。性格内向、做事谨慎的学生，他们渴望被人理解但不希望被别人过分关注，当众表扬反而会使他们背上沉重的思想负担。因此，表扬学生前，要深入了解每位学生的性格特点，表扬学生时，针对学生的性格特点采取灵活多样的形式。对个性张扬的学生在公开场合要大力赞扬，让他们在接受表扬的过程中收获成功的喜悦，陶醉在被人认可的幸福之中；而对于性格内向的学生，则可采取更为灵活的方式，既让这些学生感受到老师的关怀，也不会让他们因表扬而背上思想负担。

（五）表扬时要态度要真诚，语调要热情

【示例】

（早操以后，一年级小学生们排着整齐的队伍回教室上课，老师发现有个学生趿拉着鞋）。

师：朱敏，你的鞋怎么啦？

朱：刚才不小心，被别人踩掉了。

师：那你怎么不提上鞋再走呢？

朱：我停下来提鞋，咱们队伍就不整齐了。

师：啊。（若有所思地点点头）

（回到教室后）

师：大家看，朱敏同学是趿拉着鞋上楼的。

生：（惊讶，议论）哟，鞋也不提上，怎么走路哇？

师：小朋友，你们说，趿拉着鞋走路方便呢，还是把鞋提起来走路方便呢？

生：当然提好了走路方便。

师：可是，朱敏小朋友却是趿拉着鞋，跟着队伍走上楼的。现在我想请她给大家说说，为什么不穿好了鞋走路呢？

朱：我鞋被别人踩了，要是我停下来提鞋，咱们的队伍就乱了。

师：（动情地）大家听听，朱敏小朋友想得多好啊！那么，她脑子里想的是什么呢？

生：是我们班集体。

师：说对了，她心里装的是我们班集体。为了我们班集体，为了我们班队伍整齐，她吃力地趿拉着鞋上楼，为了咱们班集体，她宁可自己走路不方便。事情虽然小，但是，我们看到了她美好的心灵。让我们用掌声表扬她，感谢她！（热烈地鼓掌）

上面示例可以说是一个极小的事情，老师却从极易被忽视的小事情中发现孩子健康向上的好

思想，并且及时抓住这个"闪光点"，趁热加温，通过集体谈话形式，表扬了朱敏同学自身具备的良好道德品质，同时也触动了其他同学。这段表扬语，迂回切入，由表及里，使孩子感知什么是爱集体，什么是心灵美，最后老师连用"为了咱们班集体"来强化印象。这段表扬语简洁明快，语意真诚，热情洋溢，很有感染力。

任务2　批 评 学 生

任务目标

一、知识目标
1. 了解批评语的含义、作用。
2. 知道批评学生的方式。
3. 掌握批评学生的技巧。
二、技能目标
1. 能用恰当的批评语批评教育学生。
2. 能用恰当的态势语辅助教育口语表达。

任务布置

一、课前任务：请同学们课前完成下面两个任务，课上分小组汇报
1. 如果你是老师，你用什么方法批评教育娜娜改正坐姿？
娜娜午餐时的坐姿总是让人十分担忧，跷腿、转身体、左右摇摆。这不老师刚刚提醒娜娜脚要藏在桌子底下，一个转身娜娜坐不住了。"娜娜，你这样跷腿会摔疼的！"老师再次告诫道。娜娜看了看老师，将腿放下，一会儿，娜娜又将另一条腿跷在椅子上。
2. 根据下列情境，设计一段批评语。
班里的3个学生最近经常逃课去玩游戏，作为班主任你决定要对这3个学生进行批评教育。
二、课上任务：请同学们在下面两个任务中任选其一完成
1. 请分析下面案例中教师的批评语，指出其存在的问题，并重新设计一段批评语进行批评演示。
小阳和小伟一起搭积木，不知为何发生了争执，生气的小阳对小伟说了一些很难听的脏话，正好被我听见。我听了特别生气：小小年纪就这么不讲文明，万一别的小朋友也跟着学，这怎么了得，应该好好批评。于是在晨间谈话时，我便对大家说："今天老师特别生气，因为我听见有个小朋友说脏话，真不讲文明。"话音刚落，其他小朋友就窃窃私语："是谁呀？""说什么脏话啦？"小伟马上接上："是小阳，他说……"而过后，又经常有小朋友来告状："老师，小阳又说脏话啦！""老师，刚才小阳说我……"
2. 请根据下面的情境，设计批评语并进行批评演示。
数学课你班一名学生捣乱，不听劝阻，还跟数学老师顶嘴，数学老师向你反映了这个情况。课后你教育这名学生，他还反驳你说："数学老师打小报告，你们老师一起欺负我。"

任务实施

一、课前任务
（一）小组汇报
（二）学生评价，教师总评
二、课上任务
（一）分组练习
1. 练习设计批评语并演示。
2. 找出并纠正批评语及演示存在的问题。
（二）分组展示
1. 小组代表展示批评学生。
2. 学生评价，指出存在的问题。
3. 教师评价，指出存在的问题。

知识储备

导入：前文，我们介绍了美国心理学家赫洛克所做的有关表扬与批评效果的实验，实验结果发现，成绩最好的是受表扬组，其次是受批评组，然后是旁观组，成绩最差的是控制组。这个实验表明，批评的教育效果虽然没有表扬的效果好，但比不闻不问要好。

一、批评语及批评的作用

批评是指对学生某种不良言行做否定的评价的一种教育手段，为的是让学生引起警觉，自觉地纠正缺点或错误。适时、适地、适度、有针对性的批评有助于纠正学生的缺点和错误，完善学生的人生。

二、批评学生的技巧

批评是把双刃剑，用得恰当，可能让学生心服口服，使批评成为一剂良药，成为学生改正错误的契机，使批评收到良好的效果；用得不好就会像一柄利刃刺伤学生的心灵，伤害学生的自尊心和自信心，可能会使学生破罐子破摔，并容易造成师生的对立。因此，批评学生要讲究方法、技巧。

（一）深入调查，尺度适当

批评通常都是事情发生后出现的，老师一定要深入了解事实，调查情况后对学生的思想行为做出实事求是的评价。

【示例】
区角游戏结束后，孩子们都在忙碌地收拾玩具。明明是班中比较调皮的孩子，他趴在桌子底下，看不见在干什么。
幼：老师，明明钻到桌子底下去了，我喊他他也不肯出来。
师：（厉声）明明，你是怎么回事？这么不讲卫生，快出来！

明：（惊恐地从桌子底下钻出来，小声）老师，我……
师：别说了，快去洗手。
明明快快地走进盥洗间去了。
幼：老师，明明刚才捡了好多小纸屑，这都是剪小花纸掉在地上的，明明是在收拾好玩具后帮助他们整理。
听着孩子的话，想着明明刚才看着自己委屈的样子，老师心中懊悔不已，她连忙找来明明。
师：刚才，老师没听你说完话就批评你，真对不起！那些纸屑不是你掉在地上的，你为什么去捡呢？
明：你说小朋友要讲卫生，保护好班级的环境，还要保持桌面和地面的清洁。他们都回到自己座位上去了，谁都不愿意捡，我看离我座位近，就去捡了。
师：（摸着明明的头）你做得很好！但以后不要趴在地上哦，你把地上的垃圾清理了，但你的衣服却会变脏，对不对？这样吧，你去拿一把笤帚来，我们一起把纸屑扫了。
孩子们时常会犯这样或那样的错误，但有时往往出于好意，只不过在一些方法上有些不妥当，如果教师没有深入调查、细致观察，就简单粗暴地批评，一定会伤了孩子的心。地上的垃圾是可以清理的，可一味责怪孩子的话语却也会成为孩子心里的垃圾，那要清理干净就难了。

（二）委婉含蓄，旁敲侧击

有些教师在批评学生时容易发怒，喜欢单刀直入，这会导致学生口服心不服，直接影响教育效果。实践证明，教师批评学生的效果不仅取决于批评的方法，还往往受到一些心理效应的制约，如果教师能了解和把握这些心理效应，巧借积极的心理效应，采取适当的教育措施，恰当地运用批评，就能让批评收到事半功倍的效果。为达到最佳的教育效果，教师应该重视自己的批评语言，讲究运用语言的艺术。特别是在批评幼儿时，可以采用迂回方式，委婉些，即把"良药"装在"糖衣"中来解决苦口的问题。幼儿园的小朋友们总喜欢乱涂乱画，不同的老师面对这样的情况，采用不同的处理方法，结果自然不同。如下面两个示例：

【示例一】
小王老师抓住了正在桌子上乱画的小明，批评他说："老师讲了多少次了，不能在桌上乱涂乱画，你这样做对不对？""不对。""你自己说，该怎么办？"小明不知所措。"老师，让他用自己的衣服擦干净。"有孩子大叫起来。小明听了，急得眼泪都流下来了，护着衣服直往后退。小王老师见状说："老师今天就原谅小明了，以后再不能乱画了，大家记住了没有？""记住了。"小朋友齐声回答；小明也松了一口气，护着衣服的手也放下了：过了没几天，这样的事情又发生了。

【示例二】
同样的事，小李老师的班里也发生了。小李老师给小朋友们讲了一个故事《小猪找朋友》。讲完后小李老师问："大家说说，小狗、小猫为什么不愿意和小猪做朋友？""因为小猪在小狗、小猫家门口乱画。""现在，老师想请小朋友找一找，我们活动室里有没有乱涂乱画的东西。"小朋友在墙上、桌椅上找到了乱涂乱画的痕迹。"那我们能不能想个办法，把这些脏东西去掉。""用毛巾擦。""用洗洁精。"小李老师给每个小朋友一块小抹布，蘸上洗洁精。小朋友发现只有瓷砖上能擦干净，其他地方都不行，就找老师想办法。"这些痕迹擦不干净了。只能用油漆和涂料重新粉刷了。可是油漆和涂料有毒，只能等放假的时候再刷。活动室是老师和小朋友一起学习和游戏的地方,大家都要爱护它。以后,小朋友想画画,请到老师这里来拿纸,画在纸上,和其他小朋友一起欣赏,好不好?"小朋友们听了,纷纷表示再也不乱画了,而且还真的做到了。

从这两个示例来看。同样是批评,前者语言直来直去,孩子口中认错但心中并不一定认错。后者通过讲故事的方式,告诉小朋友小猪乱涂乱画的行为让它找不到朋友,借此来向孩子们讲明乱涂乱画的行为是不对的。接着又通过擦拭污痕的方式,让孩子们再次知道画上去容易,清除起来却很难。这种委婉的批评比前一种更人性化,也更容易让孩子们接受。

(三)地位平等,以理服人

批评不应该是审判,而应该是交流。在交流中了解事情的来龙去脉,分析学生的言语和行为,对有错误的学生"晓之以理、动之以情",不仅让其"知其然",还要"知其所以然",以帮助学生发现并认识到自己的错误,进而改正错误。

【示例】

有一天,浩浩不小心碰到了一位小朋友,小朋友向老师告了状。浩浩平常比较顽皮,老师便不分青红皂白地呵斥浩浩:"你好讨厌,老是打人!待会儿不准玩游戏!真不讨人喜欢!"或许浩浩已经习惯了老师的这种态度,他并没有辩解,只是后来更爱打人了。问他为什么,他脑袋一歪:"我就要打!反正老师也不喜欢我。"

上面例子中这位老师,在处理孩子间的问题的时候,没有给孩子申辩的余地,自始至终都以审判者的角色来批评幼儿,让孩子有话难说、有理难辩,从而造成幼儿反感、排斥,最后导致教育失败。其实,允许孩子对自己的不良行为有一个看法或说法,也允许他们对自己的所作所为有申辩的机会,这是师生平等的一个最起码、最根本的要求。师生之间只有做到互相尊重,坦诚相待,才能以心换心。

(四)公平公正,一视同仁

教师对待学生,不管是平时表现较好的还是调皮任性的,有了缺点错误都应一视同仁,不能有一丝一毫的偏袒。同是做错一件事,对于平时各方面表现较好的学生,老师往往认为是偶然或无意的,因而对他比较宽容、理解;而对于平时表现较差的学生,老师常会认为是必然的或故意的,因而常会小题大做、百般刁难。老师这种无意中的厚此薄彼表现,会使学生产生不平衡的感觉,增大了教育的难度,降低了教师的威信。

【示例】

在美籍华人周励的自传体小说《曼哈顿的中国女人》中有一段令她刻骨铭心、难以忘怀的幼儿园生活的描写:

一位年轻漂亮的老师很不喜欢我,嫌我丑,嫌我脏,嫌我穿戴土里土气。我总是悄悄地望着她一会儿抱抱莎莎——莎莎的爸爸很有钱;一会儿抱抱艳艳——艳艳长得特别漂亮……我多么希望老师也抱我一下,亲我一下。于是我鼓足勇气,怯生生地挨到老师身边,低声说:"老师,你也抱抱我好吗?"谁料她却厌烦地把我推开说:"去去,看你那两筒鼻涕,脏样!"

我幼弱的心一下凉到冰点,认为自己是世界上最难看、最不幸的孩子,放声大哭起来……

在现实生活中,乖巧、长得漂亮、嘴甜、家境比较好的孩子,都会受到老师的偏爱。老师这种不公平的对待对孩子的身心健康是不利的,严重的甚至影响孩子的一生。

（五）先扬后批，鼓励为主

有经验的教师一般采取"赞扬——批评——激励"的方式来批评教育孩子。人际关系学大师卡耐基说："听到别人对我们某些长处表示赞赏后，再听到批评，心里往往好受得多。"所以，首先肯定其优点，然后指出其不足，再进行激励，这样不但幼儿容易接受，而且会增添前进的信心和勇气。特别是对一些心理承受能力差的孩子，一般宜通过鼓励达到批评的目的，使他们从鼓励中发现不足，看到希望，增强信心。

【示例一】

有一次一个小朋友吃午饭的时候，剩了一口菜，就要跑到活动室去玩，于是老师这样做：第一步——赞扬："今天你吃得比昨天好，小饭碗真干净。"第二步——提醒（实为批评）："只是菜碗里还有一点点哦。"第三步——激励："这个小问题，我相信你会把它消灭光的。"听完老师的话，这个孩子立即主动地把剩下的菜吃了。

【示例二】

教育家陶行知当小学校长时，有一天看到一个学生用泥块砸自己班上的同学，当即喝止他，并令他放学时到校长室里去。

放学后，陶行知来到校长室，这个学生已经等在门口了。可一见面，陶行知却掏出一块糖送给他，并说："这是奖给你的，因为你按时来到了这里，而我却迟到了。"学生惊异地接过糖。

随之，陶行知又掏出一块糖放到他手里，说："这块糖也是奖给你的，因为我不让你在打人时你立即住手了，这说明你很尊重我，我应该奖给你。"那个同学更惊异了。

陶行知又掏出第三块糖塞到他手里，说："我调查过了，你用泥块砸那些男生，是因为他们不守游戏规则，欺负女生。你砸他们，说明你很正直善良，有做斗争的勇气，应该奖励你啊！"那个同学感动极了，他流着泪后悔地说："陶校长，你打我两下吧！我错了，他们毕竟是我的同学啊……"

陶行知满意地笑了，他随即掏出第四块糖递给这个学生："为你正确地认识错误，我再奖励你一块糖……我的糖送完了，我看我们的谈话也该结束了。"

从此案例中，我们发现陶行知先生在处理这个事件的过程中，没有使用任何批评性语言，而是采用了表扬的方式。在案例中，陶行知先生一共表扬了四次：第一次表扬学生的诚信，遵守约定按时来与他见面；第二次表扬学生尊重校长，及时停止扔泥块砸同学；第三次表扬学生的正义感，能够与欺负女同学的人做斗争；第四次表扬学生能够认识到自己的错误。在这三次表扬的过程中，我们能够感受到虽然奖励、表扬的方式都是一样的，但其中分量最重、含义最深的是陶行知先生对这个孩子的第四次表扬——表扬了学生自己认识到了在整个事件中所犯的错误，也就是达到了学生的自我教育。

三、批评学生的方式

良药苦口利于病，忠言逆耳利于行。为人师长者，难免会经常给"患者"开出"批评"这剂良药，但如何让"患者"口服心服，怎样才能使忠言由"逆耳"变为"顺耳"，从而使学生乐于接受并达到预期效果呢？

（一）迂回曲折式的批评

汉语的表达非常灵活，同一个意思可以用多种表达方式，可以直截了当，也可以迂回曲折，一种说法是"罚你打扫教室卫生"，另一种说法是"奖励你一次光荣的劳动机会"；一种说法是："你怎么上课时间睡觉，站起来！"另一种说法是："为了提高你的学习效率，让老师陪你站一会好吗？"一种说法是"看你这作业乱七八糟的，再写十遍"，另一种说法是"改掉一个坏的习惯真不容易，再写几遍吧，你能行"。不同的表达方式会产生不同的效果，作为老师，应讲究点语言艺术。

（二）幽默式的批评

具有高超艺术的教育者常常运用幽默的方式对学生进行批评。比如，学生迟到了，满以为老师要批评他，而你在门口"恭候"他时却说："对不起，老师今天又比你来早了。"一句意外的玩笑话，也许会让学生感到更加不好意思。

幽默既妙趣横生、令人发笑，又精辟入理、令人回味。在批评过程中，使用富有哲理的故事、有趣的双关语、形象的比喻、诙谐的发言等，使批评在轻松愉快的气氛中进行，能收到事半功倍的效果。

（三）间接提醒式的批评

有的教师在批评学生时虽然也注意了先对其表扬，但习惯在后面来一个明显的转折——"但是"。比如，"你最近进步较快，但是，你上课不注意听讲，课后不认真复习"，结果，不仅批评没有奏效，而且前面的表扬也被学生认为是虚情假意。如果教师以间接提醒代替直接批评，委婉表示对学生的要求，比如说："你最近进步较快，如果你能进一步抓好课堂听讲和课后复习两个环节，相信你的学习成绩会提高更快。"这样，学生会更乐于接受。

（四）巧下台阶式的批评

在大庭广众之下，不留情面的批评可能会伤害学生的自尊心，造成僵局。此时，教师最好是"放他一马"，给学生找个台阶，帮助学生下台，化解尴尬的局面，同时不忘提出暗示或事后进行批评教育。有一次，有个学生把一把木制米尺弄坏了，有学生报告到数学老师那里。大家对老师如何处理这件事拭目以待。这位老师向大家解释，这把米尺原来就有一道小裂缝，只是大家没发现而已，老师家里正好有一把米尺放着没用，拿来用就是了。事后，这个学生主动找到数学老师，承认了自己的错误，自觉赔偿了一把新米尺，并逐渐改正了以前的许多缺点，从后进生转化为一名品学兼优的学生。这种"巧下台阶，放他一马"，以退为进的方法，既是对学生人格的尊重，让他明白教师对他的爱、对他的希望，也使学生认识到自己的错误，这对帮助他矫正自己的行为，往往会起到意想不到的效果。

（五）因人而异、声东击西式的批评

批评学生，有针对个别的，有针对全班的；有公开的、有秘密的，或大或小，或隐或显，都应因学生的个性差异、因学生犯错误时的心理而异，因学生过错的程度而异，因学生改过的积极性而异。一次，老师发现本班周某在校大把大把地花钱，而他的家境并不是太好。于是有天课外，老师把他叫到教室外的走廊上，问道："你看到了什么？"这时节，正是农民插秧的大忙时节，不远处的田间不少农民正头顶烈日，挥汗如雨。他顿了一会儿，答道："农民在栽秧。"老师又问道："你估计你父母在干什么？"他明白了老师的意思，顿时满脸绯红。这以后，该生还真彻底改掉了乱花钱的恶习。

任务3 激励学生

任务目标

一、知识目标
1. 了解激励语的含义、作用。
2. 知道激励学生的方法。
3. 掌握激励学生的技巧。

二、技能目标
1. 能用恰当的激励语激励学生。
2. 能用恰当的态势语辅助教育口语表达。

任务布置

一、课前任务：请同学们课前完成下面两个任务，课上分小组汇报
1. 如果你是数学老师，你用什么方法激励小林，让他再接再厉？
三班的小林本来数学成绩不太好，可是最近几次做题、测验，表现得都不错，有了一定的进步。看到这种情况，你很高兴，决定鼓励鼓励他，让他取得更大的进步。
2. 根据下列情形，设计一段激励语
中班的小朋友乐乐，原本是个调皮爱动的小孩儿，但最近总是不太愿意参加活动，玩的时候轻轻摔一下也会不停地哭。经过观察，发现乐乐变得有点自卑和敏感，认为自己什么都做不好，不如其他小朋友那么优秀，大家也都不喜欢他了。

二、课上任务：请同学们在下面两个任务中任选其一完成
1. 作为老师，你想通过激励的方式帮助她改善性格、提高成绩，请为此设计一段激励语并演示
你班级里新转来一个女孩（三年级），父母离异，学习成绩差，让她形成了自卑孤僻的性格，在班级中不喜欢与其他同学交往，喜欢独来独往，不喜欢与老师交流，让人无法靠近。由于环境的改变，她对学习很不感兴趣，学习成绩差，作业马虎潦草，甚至有抄袭现象。
2. 请根据下面的情境，设计一段激励语并演示
由于以前参加学校科技创想活动时班级成绩不理想，所以学生对这项活动态度冷淡。作为班主任，你怎样激发学生参与活动的热情？

任务实施

一、课前任务
（一）小组汇报
（二）学生评价，教师总评
二、课上任务
（一）分组练习

1. 练习设计激励语并演示。
2. 找出并纠正激励语及演示存在的问题。

（二）分组展示
1. 小组代表展示激励学生。
2. 学生评价，指出存在的问题。
3. 教师评价，指出存在的问题。

知识储备

导入：德国教育家第斯多惠说过："教学艺术的本质，不在于传授而在于激励、唤醒和鼓舞。"可见激励对学生来说，可谓作用巨大。那么，作为教师，会在什么时机激励学生呢？我们又该怎样激励学生呢？

一、激励语的概念及作用

激励就是激发和鼓励。激励语是教师对学生表达的带有强烈肯定或热情希望的话。在教学过程中，激励是一种进取的动力，是激发学生积极向上的能源，能激发学生乐观自信、积极向上，促使学生改掉缺点、发扬优点。激励性言语行为能帮助学生形成良好的学习习惯，培养他们的自制力，还能潜移默化地影响他们的意志品质，促进个性的健康发展。

二、激励学生的技巧

一名合格的教师除了具备丰富的专业知识、优良的品质、无私的爱心外，还要熟练掌握和使用语言艺术。特别是在教育活动中，巧妙合理地运用激励语言，将会直接引起学生对知识的理解和学习的兴趣、学生与教师情感的发展，甚至决定着教育教学活动的效果。在教育活动中，巧妙运用激励语言，促进学生身心健康发展是非常重要的，甚至会影响他们一生。

（一）正面积极的激励，让学生获取成功感

对学生多说些激励的话语，有利于促进他们自我意识的发展，使他们敢于表现自我、敢于大胆尝试。同一班级的学生，由于他们的生活经验、家庭背景、个体素质、性别、性格不同，因而每个学生的兴趣、喜好、情感体验、需要，都会有所差异，他们对老师语言的接受能力也大为不同，同样的一句话，在不同性格的孩子身上所产生的效果就有很大差别。因此，作为教师更需关注学生之间的个体差异，采用"因人用语"的方法与学生进行沟通交流。对性格较为敏感、胆小的学生，特别是幼儿，应更多地采用亲切的语调、关怀的语气对他们说话，以消除其紧张心理，得到他们的信任，用正面的积极的鼓励，让他们产生自信，获得更多成功的体验。

【示例】

有一次，老师在组织大班科学教育活动"电池宝宝"时，带来了电动玩具，目的是让幼儿知道装电池是有方向的。老师引导说："老师这儿有许多小玩具，请小朋友拿一节这样大小的电池，看看谁能使这些电动玩具动起来。"在活动中，好多孩子装对了，看见玩具动了起来激动得大声欢呼。有一个叫兰兰的小朋友因胆子很小，不敢主动尝试，看到别的小朋友都装好了，就想把电池偷偷藏起来。老师悄悄地走过去，在她耳边告诉她说："这是电池的头，这是电池的屁股，把电池屁股放在弹簧上，头顶在帽子里。"她按老师的说法一放，玩具真的动起来了，她脸上绽放出开心的笑容，这时老师有意识地问她："你是怎样让玩具动起来的？"她非常自信地告诉其他小朋友："我是把电池的屁股放在弹簧上，头顶在帽子里。"老师马上鼓励和表扬她："你的这个发现真了不起！"老师的鼓励使兰兰小朋友获取成功感，以后她胆子慢慢地大了，性格也开朗了许多。

在教育活动中，就要充分利用爱的语言去鼓励孩子。比如说：我相信你一定行的！你真棒！你很能干！等等，让他们相信自己能做好。

（二）包含期待的激励，激发学生的表现欲望

有些学生平时沉默寡言，反应慢。对于这样的孩子，一点一滴的进步都需要得到我们老师的肯定，给予表扬和鼓励，通过日常生活中经常性的关注、启发，激励他们不断进步和提高。

【示例】

有一个叫金梦城的男孩，因其父母离异，变得非常自闭。音乐课上，他不敢唱歌，老师找到他，单独教他，鼓励他说他唱得很好听，第二天早上让他唱给班上的同学听。开始他的声音总是很小，为鼓励他更加大胆，每次唱完后，老师总是鼓励他："你唱歌真好听，希望以后能常听到你更响亮更好听的歌声，好吗？"金梦城从老师的话语中似乎领悟出什么，每当他唱完后，小朋友都齐声为其喝彩。后来金梦城终于走出了心理阴影。

（三）适时的言语激励，培养学生的创造创新能力

有的学生往往自信心不足，他们害怕失败，不敢大胆尝试。他们常常会沮丧地说："老师，我不会！老师，我不行！" 这时老师一句激励的话语，对学生来说显得尤为重要。这种鼓励，对学生创造力的培养、创新意识的增强都非常有益。如在区角活动时，经常有孩子不敢自己动手操作，总想依赖老师，这时就应鼓励他们勇敢去尝试。

【示例】

幼儿园在一次"三八"节"我为妈妈送贺卡"活动中，老师设计了这样一个环节：欣赏贺卡—制作贺卡—欣赏自制贺卡。在制作贺卡这个环节中，对于中班的幼儿来说有点难度，小朋友们都感到很难，都害怕自己做得不漂亮，不敢放手去做。这时老师鼓励大家："勇敢去试一试，画不好也没关系，只要是亲手做的，那就是最好的""我觉得它难不倒你们""妈妈就喜欢你们做的贺卡"。在老师的一番鼓励下，孩子们增强了信心，大胆地制作起来，最后有的小朋友制作了一套两张或三四张的形式各异的贺卡。当自制的贺卡在全班展览，供大家欣赏时，孩子们高兴得跳跃起来。

（四）运用适当的"体态语"增强激励的教育效果

教师的体态语，会传达出多方面的信息，在激励学生的时候，教师的体态语有时可以起到事半功倍的效果。如：

（1）手势语的运用。鼓掌、竖大拇指、比心等都可以表达教师对学生欣赏、称赞和关爱。

（2）面势语的运用。面势语能把各种复杂变化的情感信息最充分、最迅速、最直观地反映出来。信任的目光，温暖的笑容，都可以让学生感受到来自老师的无声的支持和鼓励。

（3）体势语的运用。握手、摸头、拍肩等动作也是教师肯定、信任学生的内心表达。

合理、巧妙地运用激励性话语和肢体语言，会养成学生良好的生活和学习习惯，培养他们开朗活泼的性格，潜移默化地影响他们的意志品质。激励的话语，期待的目光，亲切的微笑，会给学生带来巨大的动力，在信任中长大的学生就会充满自信，对生活充满热情。

三、激励学生的方法

在教学实践中，要提高课堂效率，就必须提高学生的学习积极性，调动学生的积极性，就需要教师能把激励机制用好。如果教师能把激励机制用好，那么在平时的教育教学中就会收到很好的效果。下面介绍几种适用的激励方法。

（一）榜样典型激励法

人们常说，榜样的力量是无穷的。绝大多数学生都是力求上进而不甘落后的。如果有了榜样，学生就会有努力的方向和赶超的目标，从榜样成功的事业中得到激励。榜样有现实生活中的榜样，也有名著名篇中的榜样。我们看到一种现象，绝大多数学生没有榜样，没有励志名言，只是把娱乐明星作为偶像。这就需要教师引导学生看书，看一些正能量的影视剧，把一些名人的人格魅力展示给学生。因此，教师有责任为学生树立榜样。学生来到学校就是来受教育的，是需要教师影响和塑造的。

比如：在现实生活中，有的同学很优秀，勤奋好学、兴趣广泛、积极上进、乐于助人。就可以推荐他来当小模范，树立榜样，让同学们向他学习。可以推荐学生看一些励志的书，比如《儿童励志故事》、少年版《名人传记》等。

（二）情感激励法

情感是影响人们行为最直接的因素之一，任何人都有对各种情感的需求。这就要求教师要多关心学生的精神生活和心理健康，提高学生的情绪控制力和心理调节力，努力营造一种相互信任、相互关心、相互体谅、相互支持、团结融洽的班级氛围，比如可以用主题班会的方式来完成情感激励。

【示例】

大班评选"健康宝宝"，"健康宝宝"其中的一个条件，就是不挑食。评选时，平时不爱吃饭的波波很想得到这个荣誉，所以刚开始吃就向老师表示要吃完。可是，豆沙花卷确实是他不喜欢吃的，吃着吃着，就想不吃了。老师抚摸着他的头，陪伴在他身边，他感受到了老师对他的亲近，这使他产生"我要听老师话，让老师永远喜欢我"的心理。于是，波波就爽快地把饭吃完了。

（三）荣誉激励法

对学生的贡献和进步公开承认，不要吝啬头衔和名号，可以适当颁发奖状。一张奖状在一个无所谓的人的眼中，只不过就是一张纸罢了，或者在一个成年人眼中也许并不重要，可是在一个学生的心目中，那是至高无上的荣誉，它足以改变一个学生的学习态度，甚至会改变一个学生的人生。

【示例】

肖丽丽在小学六年间，获得了50多张奖状和几十张各种各样的喜报。加起来有100多张之多。所获奖状和喜报的理由也是各不相同，大概有"优秀雏鹰""优秀少年队员""小小设计师""小小书法家""优秀班干部""文明小卫士""红星少年""红旗少年""数学成绩优秀""语文成绩优秀""期末100分""连续四次数学成绩优秀""连续四次语文成绩优秀""优秀小演员"等，可以说名目繁多、丰富多彩。她每次把奖状拿回来的时候，除了成功的喜悦，更多的还有对下次获奖的憧憬，以及为了获得奖状而专注地投入学习的热情。

任务4　启迪学生

任务目标

一、知识目标
1. 了解启迪语的含义、作用。
2. 知道启迪学生的方法。
3. 掌握启迪学生的技巧。

二、技能目标
1. 能用恰当的启迪语启迪学生。
2. 能用恰当的态势语辅助教育口语表达。

任务布置

一、课前任务：请同学们课前完成下面两个任务，课上分小组汇报
1. 针对小芳的表现，你采取怎样的方法启迪教育她？

你们班的小芳家庭条件好，学习成绩也特别好，但她却瞧不起班级同学，不愿与同学交往，就连同桌也不怎么愿意搭理，所以在班级没有朋友，总是独来独往。

2. 请根据下面的情境，设计一段启迪语。

作为班主任，你发现班上有些学生上课不听讲，或看课外书，或睡觉，或玩手机，你打算在班会上用启迪的方式，跟学生谈不听课的危害，让他们愉快地接受你的教育，及时加以改正。

二、课上任务：请同学们在下面两个任务中任选其一完成
1. 请将下面这位老师的批评语改为启迪语并演示。

上学的路上，一个同学边走边拍球，差点被车撞到。老师看见，吓出一身冷汗，生气地对他说："你真是活得不耐烦了，什么地方不能拍球，偏偏在车这么多的路上？你有几条命？把球交出来，以后也不准你玩球了！"

2. 请针对下列情形，设计一段启迪语并演示。

你们班学生成绩优良，才华横溢，积极活跃，但就是在班级生活中不注意细节，对一些"小事儿"不在乎，比如教室"常明灯"没人管，打扫卫生也马马虎虎……

任务实施

一、课前任务
（一）小组汇报
（二）学生评价，教师总评
二、课上任务
（一）分组练习
1. 练习设计启迪语并演示。
2. 找出并纠正启迪语及演示存在的问题。

（二）分组展示
1. 小组代表展示启迪学生。
2. 学生评价，指出存在的问题。
3. 教师评价，指出存在的问题。

知识储备

导入："不愤不启，不悱不发"，是孔子关于启发式教学的著名论述。那么在学生思想教育过程中，启发的方式同样重要。对教师来说，把握时机，巧妙启迪，无疑是做好学生思想工作的重要技能。

一、启迪语的概念

启迪，是教师针对学生思想上存在的问题，运用多种口语形式，如报告、对话、发言等给学生以开导和指引，启发他们自己进行积极的思考，进行自我教育。启迪语是指教师在教育情境中用来开启学生情感和认识，促进学生积极思维、进行自我教育的语言。启迪语运用得好，能够促进学生的思想认识产生理性的感悟和升华。

二、启迪的方式

（一）理性启迪

理性启迪是指针对学生对事物缺乏认识，教师给予分析说理，启发学生独立思考、提高认识的一种启迪方式。它从提高理性认识入手，使学生知正误、明是非，但不是就事论事，而是对"事"或问题的内涵加以分析、概括、提炼、延伸，运用富于理性色彩的语言加以渲染、表述，使事理得以升华。

（二）情感启迪

情感启迪就是开启对象的情感，使之与教育者情感相融，转变原来的态度，进行自觉反省而获得正确认识的一种启迪教育方式。它要求教师动真情、说真话，积极创设使情感能顺利交流并获得成功的氛围。

三、启迪学生的技巧

（一）层层深入，逐渐牵引

教师在教育活动中的语言有明确的教育目的，不含混不清，不漫无边际，有确定的寓意和指向。同时，教师的话语组织不是直接指向教育目的，而是层层深入、逐渐牵引，像春天细雨那样润物细无声，自然而然地，学生就能在教师的耐心指导下提高认识。

（二）因人而异，因事设理

在教育活动中，教师要根据不同教育对象的特点，采用不同的启迪方式。比如针对优等生自傲和自作聪明的特点，用委婉诱导的方法使他们正确地估价自己，攀登更高的山峰；针对后进生，则要肯定他们品德行为或者学习成绩方面的点滴进步，用其自身的闪光点促进其内因的转化。当然，启迪的话语也不能一概而论，要针对不同的事件、不同的问题、不同的情况区别对待。有时可以用富有哲理的语言启迪心灵，有时可以用与之相关的实例让学生参考借鉴。

（三）积极赞扬，热情鼓励

教师赞扬某种美好的事物，其本身就是一种具有指向性的启迪和引发。善于发现学生具有的美好品质或好的变化迹象，并适时予以热情的赞扬和积极的鼓励，往往能使学生从中体会到温暖和关怀，从而通过积极的思考完成自我评价，增长克服困难、追求更大进步的勇气，最终将认识变为行动。

（四）耐心教导，持之以恒

思想的启迪不是一蹴而就的事情，更何况是对成长中的孩子，因而教师在启发教育时一定要有耐心。这耐心表现在对同一个学生的同一个问题要反复进行教育，要对不同的学生进行多次启发教育。在小学，常会听到有些教师抱怨学生："我说过多少遍了，你怎么不长记性呢？""你真是记吃不记打！""孺子不可教也！"这些语言都是没有耐心的表现，是教育活动中的忌讳。

四、启迪学生的方法

（一）设问引导法

教师根据教育内容，通过发出一系列问题的方式让学生自己去思考，启发引导他们通过自我感悟明辨是非，实现自我教育。这是师生对话活动中最常用的形式。

【示例】

班里有一个女生上学的时候化妆，涂口红，描眉毛，还画着很夸张的眼影。老师约她到学校的小花园内与她聊天：

"你喜欢这花园里盛开的花吗？"

"喜欢。"

"它们这么美丽，是哪位画家把它们画成这个样子的吗？"

"不是画家画的，是它们自己长成这个样子的。"

"对，它们的美丽正因为自然，没有任何人加工就这样美丽了。"

"对！我就是喜欢这个！"她忘情地叫了一句，然后痴痴地注视着花园里那些美丽的花。

于是，老师进一步启发道："如果用画笔给它们再画上一笔，你认为怎么样？"

"不好。"

老师抓住时机，因势利导："是啊，你们这么小，就像这些花朵一样，浑身散发出来的就是自然的美，是任何人工都比不了的。"

"老师，我知道你带我到这的意思了。"

示例中的老师根据教育内容精心选择谈话地点，创设出一个非常合适的教育情境，所以说服教育的痕迹被淡化，学生毫无戒备心理，在老师的引导下，顺利地理解和认同了教师的观点，因而当老师点破说服教育的主题，将儿童比作学校花园里的花，儿童美在自然时，学生也容易接受老师的教育。

（二）类比启迪法

类比启迪就是利用学生爱形象思维的特点，选择有针对性的小故事，或用生活中一些生动的例子打比方，启迪教育他们。

【示例】

三年级学生刘畅过生日的时候，妈妈送给她一套新的蜡笔。她非常喜欢，把蜡笔带到了教室向同学们炫耀，很多同学也很羡慕她。但是刘畅并不喜欢画画，也舍不得用这套漂亮的蜡笔，心想如果把蜡笔用完了，同学们也不会再羡慕她了。

班主任老师知道了这件事后，把刘畅找到了办公室，没有说蜡笔的事，而是先给她讲了一个小故事："古代有一个人，得到了一把好刀，但是他舍不得用，于是把刀放在家里，天天拿出来看，几年过去了，它的刀也没有用过，后来刀生锈了，成了一把没用的刀，你说，可惜吗？"刘畅听完若有所思。老师又接着说："你要是真的喜欢妈妈送你的蜡笔，就要用它画画，这样才能体现它的价值，对吗？"刘畅听完点了点头，第二天，她就用蜡笔画画了。

低年级的小学生，逻辑思维能力还不强，所以在对他们进行启迪引导时，应当尽量避免哲理性太强的抽象的说教语言，而用类比方法，举些生动易懂的例子，这样的道理就很容易为他们所接受。该例子中的老师就合理地运用了类比启迪法，并取得了很好的效果。

（三）榜样暗示法

与类比启迪法相比，榜样暗示法也要通过举例比较进行引导教育。但不同在于，类比启迪法所举的例子，也可以是反面的例子，而榜样暗示法所举例子都是正面的。这种启迪方法可以保护学生的自尊，不致引起他们对教育的抵触情绪。

【示例】

黎明上课注意力不集中，爱在底下说话、搞小动作。月考的时候，他的成绩很不好。班主任老师让他来办公室帮她收拾屋子。黎明跟老师说："老师，我就想玩，帮您做这些事，我十分乐意，就是不喜欢上课、做作业和读书。"老师笑了笑说："谁不愿意玩呢，我也爱玩啊，我还一直认为爱玩不一定是缺点，而且玩还要玩痛快。"黎明听了后赞同地点了点头。老师顿了顿接着说："不知道你注意没注意，我们班的王进同学，他好像也不勤奋，从没在课间或放学后学习，下课还出去踢球。""嗯，但是他成绩一直很好。"老师问："那为什么呢？"黎明想了想说："他上课认真听讲，发言积极，老师布置作业后，他很认真地完成。他回家第一时间就是做作业，做完才玩。我就不是，放学后我把书包一丢，就去找朋友玩，玩完再说。"说完低下头，陷入了沉思。

示例中的教师并没有因为学生不爱做作业和读书，而将他归于差学生的行列，而是请他来和自己一起做事，创设一个可以和一个有缺点的学生自由、平等、轻松对话的机会。

（四）自我思考法

除了以上几种启迪方法外，教师对学生的启迪教育有时可以将问题提出后，给学生时间，让他自己思考和感悟。这种方法的好处是可以使学生感受到教师对自己的信任，因此能积极地发挥自己的主观能动性，在更大程度上实现自我教育。

【示例】

中午放学后，同学们都去食堂吃饭，一个农村来的学生张闯买了一个肉包子，吃掉肉馅后，随手将包子皮扔进垃圾桶。这个动作刚好被班主任老师看到了。

下午，班主任老师把张闯叫到办公室，和他说："今天在食堂，我看见你把包子扔掉了，这次你的作文就写你扔包子这件事。如果你不知道怎么写，我建议你写下面几个问题：

"① 你当时是怎么想的？过后有没有想过这件事？② 这个包子是你花钱买的，你的钱是哪来的？③你父母是农民，如果看到你刚才扔包子的情景会有什么反应？④我今天建议你写这次作文，你认为有必要吗？⑤以后你再吃包子的时候，你想怎么做。"

　　这个示例中，教师在发现学生"扔包子"的动作后，让学生以写作文的形式反思自己的行为，并进行了适当的提示，实现了学生的自我教育。

任务5　说服学生

任务目标

一、知识目标
1. 了解说服语的含义、作用。
2. 知道说服学生的方法。
3. 掌握说服学生的技巧。

二、技能目标
1. 能用恰当的说服语说服学生。
2. 能用恰当的态势语辅助教育口语表达。

任务布置

一、课前任务：请同学们课前完成下面两个任务，课上分小组汇报

1. 如果你遇到这样的学生，你会怎么说服他？

　　五年级有一个学生叫邱东东，说起这个学生没有人不摇头的。举个例子吧，有一次老师发现值日生忘记关窗了，正好碰到他，就让他帮忙把窗关一下。他的回答出人意料，他说：老师，我要回家了，你自己去关一下得了。"老师说："就个把分钟的事，不会耽误你多少时间吧？"哪知道他一边说："会耽误的，老师。"一边背着书包飞也似的逃走了。后来老师一查发现这天他就是值日生。这样不受管束的学生，真让人拿他没有办法。

2. 请针对下列情形，设计一段说服语。

　　有一个老师接管了一个差班的班主任工作，正赶上学校安排各班级学生参加平整操场的劳动。正值炎热的夏天，这个班级的学生都躲在阴凉处不肯干活，老师怎么说都不起作用。

二、课上任务：请同学们在下面两个任务中任选其一完成

1. 请修改下面这位老师的说服语并演示。

　　寒假前，老师对学生进行安全教育。老师说："过年同学们会放鞭炮，但放不好会崩瞎眼睛；现在同学开始学骑自行车，弄不好会摔坏头、跌断腿。谁要想试试的话，就只能当'独眼龙'和'铁拐李'了。"

2. 请针对下列情形，设计一段说服语并演示。

　　有个学生在课桌上涂画，邻桌的同学报告了老师，老师把他叫到办公室准备批评他，他理直气壮地说："班上有很多学生都画了。为什么就叫我？"还嘀咕说："就是××打的小报告！"

任务实施

一、课前任务
（一）小组汇报
（二）学生评价，教师总评
二、课上任务
（一）分组练习
1. 练习设计说服语并演示。
2. 找出并纠正说服语及演示存在的问题。
（二）分组展示
1. 小组代表展示说服学生。
2. 学生评价，指出存在的问题。
3. 教师评价，指出存在的问题。

知识储备

导入：说服是一种在特殊情境下的对话策略。在与学生沟通过程中，有很多时候，会用到说服，但一般来说，大部分学生是很难被说服的，因此，说服学生是每位教师应具备的一项基本功，它既是一门科学，也是一门艺术，它需要说服的技巧和机智。

一、说服语的概念

说服语是教师运用口语摆事实、讲道理，影响或改变学生的观点和态度，从而达到引导其行为趋向预定目标的语言。恰当有效的说服语，可以帮助教师解决学生教育过程中的许多实际问题，对培养学生良好品行有着极为重要的作用。

二、说服学生的技巧

（一）调查研究，有的放矢

教师在说服之前要充分了解学生的思想品德方面存在的问题，分析原因，找出症结所在，想出解决办法，有的放矢地对学生进行说服工作。

（二）要正面诱导，以理服人

教师在说服学生的过程中，不能用强制压服、简单粗暴的方法，不能空洞说教，必须坚持正面诱导、启发自觉，必须实事求是地分析，帮助学生分清是非，使学生心悦诚服。

（三）热情诚恳，灵活得体

教师在说服时要"一分为二"，既要满腔热情地肯定他们的进步，又要善意、耐心地批评他们的缺点和错误，让学生感觉到教师对自己没有什么成见，感到老师既严格又友善而温暖。总之，在说服学生过程中因人而异，要"一把钥匙开一把锁"，使学生乐意接受。

（四）通俗生动，寓理于事

教师说服学生要通俗易懂、生动有情趣，不能用"官话""大话"像审犯人一样，也不能用"套话""假话"去诱骗学生。

三、说服学生的方法

在说服学生的时候，想要收到好的效果，教师还要讲究策略，学会运用一些巧妙的技法。

（一）赞美法

哲学家詹姆士曾经说过："人类本质中最殷切的要求是渴望被肯定。"在说服教育学生的时候，教师一句激励的话语、一个赞美的眼神、一个鼓励的手势，往往能带来意想不到的效果。这是一种特殊的说服，教师对学生小小的成功、点滴的优点给予赞美，可以强化其获得成功的情绪体验，满足其成就感，进而激发其学习动力，培养其自信心，促进其良好心理品质的形成和发展。

【示例】

小刘同学是一个似乎没有什么特色的学生。很长时间，老师几乎没注意到他的存在。直到有一天，一件微不足道的小事改变了老师对他的看法，好像也改变了小刘本身。那是一个中午，老师站在班级门口，看着走廊里来回走动的学生，无意中发现地上撒了一些饭菜，许多同学说着笑着绕着走过，好像没有注意到地上的东西。这时，小刘同学走了过去，告诉大家不要踩了，然后急忙跑回教室拿来清扫工具，将饭菜扫净，又用拖布拖了一遍。老师被这一幕感动了，回教室后，立刻在班级表扬了小刘同学，赞美了他关心集体、为他人着想的好行为。此后，老师又从几件小事里发现小刘性格中闪光的地方，并及时给予表扬，使真善美的精神得以激发和升华。渐渐地老师发现他变了，上课特别认真，作业完成得尤其好，学习成绩也有了很大的提高，还被同学们选为班级卫生委员。

这件事给我们的启示是，学生教育过程中要注重以人为本，面向全体，细心观察，捕捉他们身上的每一个闪光点，及时把赞美送给每一个学生，使之发扬光大，使每个学生都感到"我能行"，并用这样的信念"说服"自己不断努力前行。

（二）暗示法

教师恰当运用暗示的积极作用，努力开拓学生的潜能，可以转变学生的想法，甚至改变学生的命运。对学生进行心理暗示，教师要具有乐观、豁达的心胸，能欣赏学生的每一点成绩，也能容纳学生一时非原则的错误，从内心深处热爱教育事业，热爱每一个学生。真正认真地去发现每个学生的优点，用自己的真诚和爱心去感染学生，带动学生的前进。暗示决不能流于形式，要让学生感知老师是在心底赏识自己的。

（三）激将法

激将法本身是一种用人兵法，移用于教育，简单地说，就是用或直接，或间接，或迂回曲折的反面的或否定的话，激发学生，使之下定决心改正自身不足的一种教育方式。巧妙地利用激将法，能激发学生的学习兴趣，克服学生学习兴趣不能持久的心理特点所带来的负面效应。

一般说来，激将法常见的有以下4种类型：

1. 明激法

明激法就是直截了当地指出学生的缺点，用否定性的语言刺激其心理，从而激发学生的志气和志向。利用此方法，要充分利用学生的自尊心重、好胜心强的特点，明明白白地指出其存在的问题，故意刺激学生的缺点，使其自尊心和好胜心受到震惊，以达到激发学生奋进的目的，但切不可伤害学生的人格和自尊心。此方法只适用于心理承受能力强的学生，对心理承受能力较弱的学生，切不可贸然使用，否则适得其反。

2. 暗激法

暗激法就是采取隐晦、旁敲侧击的方法去激发和刺激学生，或者有意表扬其他学生，从而激发起学生超越被表扬学生的决心。如在教学中有个别学生注意力不集中，教师就说"大多数同学坐得很好，注意力集中，在专心听讲"或"今天积极争取答问的同学真多"，这样从逆向暗示激发学生应怎样做，使注意力不集中的学生注意上课。

3. 自激法

自激法就是一味地表扬学生过去的优点和所取得的成绩，而不提其现在的缺点和问题，无形之中就批评了学生现在存在的问题，从而激励学生改变现在状况的决心。例如：有个学生非常在乎班主任的激励和表扬，班主任的一言一行都成为他评价自己的标准。以前他学习成绩一直很好，转学后就变得消沉、颓废。针对这一情况，老师就从他在乎老师的言行入手，肯定他过去的优点和所取得的成绩，更多地激励他上进，这样一来，他学习进步很快。

暗激法、自激法最适用于自尊心强而心理承受能力又比较弱的学生。

3. 导激法

导激法就是既指出学生存在的问题和产生问题的原因，又指明其奋斗的方向和克服缺点的方法。例如：有个学生学习欲望强，父母对他期望值高，导致他对自己要求偏高，虽然花了不少时间学习，但成绩不但没有提高，反而后退，一段时间后，就产生了厌学情绪。针对这一情况，教师指出了他的问题并帮他设立了科学的学习目标，要求他循序渐进地学习，同时对他的点滴进步及时给予肯定和奖励。这样，这个学生的学习成绩很快就提高了。

（四）反问法

反问本身是一种修辞手法，它可以加强语气，强调所要表达的意思，增强说服力，发人深思。在说服学生的时候，教师可以利用这种手法，不断追问学生，让他们在教师的反问中，明辨是非，认识错误。

【示例】

期末考试时，有一名学生作弊被监考老师当场抓住。在与他谈话时，他不仅认识不到自己的错误，反而气冲冲地说："作弊的又不是我一个人，为什么只抓我？"显然这名学生存在着严重的对立情绪，如果正面交锋，很可能不利于问题的解决。于是老师就通过下面的一系列的提问来说服他："别人作弊算不算错？""当然算。""该不该抓？""该抓。""那么，你作弊是不是就不算错、不该抓呢？"学生无言。教师趁机又说："据我了解你是一个非常明理的学生，在对待这件事上，怎么不向不作弊的学生看齐，反而与作弊的学生相比？这是否有损自己的形象呢？"一席话，说得这名学生低下了头。

（五）故事法

在《故事经济学》一书中有这样一句话："如果你想说服一个人而不得要领，那就先给他讲一个故事试试。"说服学生的时候，只讲大道理，学生可能不喜欢听，也听不进去。如果通过一些生动形象的小故事来阐明道理，学生就能乐于接受，印象也会比较深刻。

【示例】

班级有的学生学习积极性不高,上课经常打瞌睡。一次上课,老师讲了一则寓言故事:"一天,一个人在海边散步,忽然听到一个声音在说:'捡一些贝壳和石头放在你的口袋里吧。'他下意识地捡了些。回到家里一看,那些石头和贝壳全都变成了光闪闪的金子。于是,他又高兴又后悔。高兴的是他毕竟捡了些,后悔的是他没有捡更多。"听了这个故事后,学生们明白了,学习就像在海边捡拾贝壳和石头,如果能利用在校时的优越条件多学些东西,将来就能更好地立足于社会。听了故事后,学生上课情况大有好转。

(六)比喻法

教师在说服学生时,也可以用打比方的方法,形象生动、深入浅出地说明道理,这样很容易为学生所接受。

【示例】

中学生常常出现早恋的现象,虽然老师一再强调这个问题,但仍有的学生不以为然。一位学生甚至说:"毛主席说过,要想知道李子的滋味,必须亲口尝一尝。"听了学生的话,老师因势利导,接着用比喻的方式来说服她:"如果李子还小就摘下来吃,是什么滋味?""又酸又涩。""长成熟了呢?""甜的。""同学们,我们为什么不等到李子成熟了再享受呢?"

相关链接1

批评也需要艺术

我班有个幼儿叫成成,相对于班里的其他幼儿比较幼稚,自控力较差。一次,我听到他和艺艺在争执。了解了才知道:艺艺带的图书封面的一个角被撕坏了,成成说"不是我弄的",可艺艺坚持说"是",旁边还有几个帮腔的都说是成成撕的,而问问他们都没有亲眼看见。两个孩子争得面红耳赤,谁都不肯松口。由于没有旁证,所以,这事最后只能以成成嘟着嘴和我一起帮艺艺把书修好来了结。但我明显地感觉到了成成满脸的不情愿。

又过了几天,自由活动之后,孩子们纷纷整理好了自己的玩具、书籍,突然,蓝蓝大叫:"老师快看,有人把水彩笔画到桌子上去了。"顷刻,五六个孩子围了上去,其中一个孩子说:"是成成画的!"顿时好几个人附和:"是成成!""不是我!"成成一脸无辜地争辩着。我问那些孩子:"是不是你们亲眼看到是成成画上去的?"孩子们摇摇头。其实,在刚才的活动中,成成跟另外的一个孩子一直和我在一起走迷宫,根本没到那桌子旁边去过。于是,我帮成成做了澄清,并教育幼儿:"没有亲眼看到的事情就别乱说,这样会冤枉人的!"这时,我发现成成的腰杆儿直了好多。为什么班里的孩子一而再地冤枉成成呢?

案例分析:由于成成的自控力较差,动不动就会去碰碰旁边的同伴或是离开座位跑一圈等,每当这时,我就会立刻阻止他:"成成不可以这样!""你怎么又那样了?"……由于学生都有向师性,而且幼儿园的孩子年龄较小,是非观念、自我评价意识尚未健全,他们均是以成人的评价来认识、辨别是非的。由于我一次次地在集体面前批评成成"不该干这""不该干那",所以,孩子们的脑中就容易产生"成成做错事"这一印象。久而久之,只要一出现不好的事情,幼儿就马上与"成成"画上了等号,以至于一次次冤枉了成成。我应对这一现象负主要责任。有了这一认识,从此每当孩子犯了错,我总会避免当着小朋友的面批评孩子,避免给孩子定性。

反思：卡罗林·奥林奇（美国著名的教育心理学家，著有《塑造教师：教师如何避免易犯的25个错误》一书）曾说过："有些言语和行为能给人脆弱的心灵带来创伤，且这种伤痕会伴随人的一生。"作为学校教育的主要实施者——教师，他的人格、心理健康状况，甚至是一言一行都会直接或间接影响学生的成长。

相关链接2

暗示的积极作用

江苏省某中学2006级高一某班级，学生的整体素质非常好，都很刻苦，学习认真努力。但事实上每个同学的成绩还是有差别的。在本班级即使是最后一名，在整个年级也是属于前列的，但学生接受不了这样的事实。我就用暗示的积极作用，鼓励同学们努力上进，在学期结束的大考中取得了可喜的成绩。现在谈具体的例子。

开学初，我找来王同学和张同学，了解他们上一学期在原来班级的表现。对他们的回答我都当作是第一次听说，我都给予正面的积极的鼓励。事实上我已经从原来的班主任那了解了他们的学习状况和学习结果都不尽如人意。我们谈得很融洽。最后我郑重地对他们说："根据我十多年的班主任工作经验，看你们最近在班级里的表现，我想你们通过一学期的努力，你们的成绩肯定能进入班级前30名，年级前300名。老师相信你们！"两位同学低着头走出了办公室，似乎有所思索。我看到了希望。

第一次月考后王同学进步很大，进入班级前45名，但比起他原来在普通班的名次还是不太好。但年级名次还是有进步的。但其家长不够满意，督促严厉，要求严格。我给他的父亲发了一条短信："孩子进步很大，下次就能进入班级前30名，请多鼓励。"我也请其把短信的内容找个适当的时机给该同学看一看。张同学在第一次月考中进步不明显。在其作业本上写下："老师不以一时成败论英雄。相信你，你能！"这一条短信和一条评语，都进入了两位同学的心里。

第二次月考结束，王同学取得了班级第38名，年级第450名的好成绩。张同学也有所进步，为班级第48名。我事先让班委做好准备，在班级总结会上，以班委的名义表扬了这两位同学。我看到表扬名单后，假意做出临时追加表彰："只要进步，像王同学和张同学这样，统统地奖励。"班长在我的授意下，立即到学校的商店买来笔记本，由我送给两位，他们双手接过奖品，眼里似乎有泪花。

第三次月考前，我又给班委布置了一个任务：班级黑板报表扬前两次进步的同学。上课的时候，我又请同学宣读这些名单，全班同学报以热烈的掌声。我要求大家推选两名同学代表在班会课上谈谈自己学习进步的心得。大家就推选了王和张两位同学。这样的暗示，给他们带来了极大的鼓励。王同学考到班级第32名，张同学考到班级第36名。

一席谈话的暗示，一条短信和评语的暗示，一次黑板报的表扬和经验交流的暗示，此时达到了非常好的效果。我转入了大张旗鼓的表彰阶段。一杂志社刚好送我几本学习方面的书，我和学校团委联合对班级成绩优异和进步显著的同学给予表彰。我相信在这两个典型的带动下，整个班级的学习氛围更浓厚，学习成绩会更优秀。

案例启示

第一，心理暗示要具有可行性。

对学生进行心理暗示要避免与学生的心理产生矛盾，心理暗示要建立在积极可行的基础上。经过努力能够达到的心理暗示目标，不仅要对方心理能够承受，而且能调动其自身的积极性，能让其充分发挥创造力，克服困难，努力去实现目标。相反，暗示的目标过高，能力无法达到，可望而不可即，超出其心理承受能力，会导致其产生抗拒心理，不但激发不了积极性，反而使其丧失自信心，这对学生潜力的发掘和今后的发展极为不利。

第二，要构筑立体框架，全方位暗示。

在对学生进行心理暗示的同时，应对学生家长、任课老师、其他同学进行心理暗示，使受暗示的同学处于一种良好的环境之中，使班主任的暗示处处得到印证，从而使之激发自信，自觉挖掘潜能，按照班主任的暗示方向发展，最后达到预期的目标。如果不构成立体框架，在得到班主任的暗示后，周围的环境却很快给予否定，那么，所有是暗示都将变成"美丽的谎言"。

学习思考

1. 表扬和批评学生都有什么技巧？
2. 教师怎样批评学生易于被接受？举例说明有哪些方法。
3. 你觉得教师在教育过程中运用激励有哪些作用？小学生课堂激励语有哪些？
4. 举例说明说服学生有哪些方法。

课后练习

一、分析下列案例，如果你是老师怎么处理？

小学二年级刘洋同学过生日，课间的时候她爸妈送了一盒蛋糕，我刚走进教室，就看见她在教室里手拿一块蛋糕追赶另一名女生。我严厉地批评了她："作为一名班干部，不以身作则还拿着蛋糕疯来疯去。"可这个同学却很不服气，在下面嘟嘟囔囔的，我大声质问："你说什么？你还有理了？"没想到她突然大声哭了起来，边哭边叫："你总是批评人家，让人没有自信。"当时全班鸦雀无声，同学们都瞪大了眼睛看着我，我也惊呆了。工作以来，第一次听到学生这样说话，"好大的胆子"……如果你是老师，请换种方式说你会怎么说？

二、下面的案例中老师的做法好在哪？对你有什么启发？

【案例一】

教师在讲科学课《动物的节律行为》一节时，发现李哲在睡觉，一般老师的处理方法是大声叫醒、过去拍醒或轻轻过去摸醒。但这位老师却见机问同学们："我们刚才学习了动物的昼夜节律、潮汐节律、季节节律等行为，大家看看我们班现在有位同学的行为属于哪种？"大家都把注意力集中到李哲那，有同学兴奋地说："老师，那是季节节律，他在夏眠。"有些同学马上辩驳："那是昼夜节律行为。"顿时，整个课堂气氛活跃起来，李哲马上坐直了。老师接着顺势谈了要善于调节人的生物钟和午休问题。

【案例二】

我的班上有一个男生，有时很令我头疼：不爱学习，作业不做，课上老是违反纪律，随便讲话。开始时，我对他除了说教，就是处罚，甚至惩罚，但收效甚微。有一天，他又犯错了，我将他叫到我的办公室，但他就是那样不在乎地等着我批评。正好办公室没老师，我看着他，什么话也没说，就那样平静看着他，因为说实话，我不知道说啥，但是很奇怪那时我一点不生气。我发现，他慢慢有了变化，从刚才的满不在乎到有点局促不安。又过了一会儿，他低下头，偶尔抬头瞟一下我，我知道他在窥测我的内心，但我还是很平静地看着他的脸，就好像在欣赏一幅画。他的头越发低了，也更加不安了。良久，我的声音打破了沉默："你可以走了。"他抬起头惊讶地望着我。"你可以走了。"我重复了一遍。他默默地走了。但这次他竟连着几天表现很好，我不失时机地表扬了他。后来尽管他有反复，但经过我又几次的"沉默疗法"，他变了。现在，他上课不再随便讲话，作业能按时完成，成绩也在慢慢进步了。

【案例三】

语文课上，同学们都高举着小手争相回答问题，在众多的手臂中，我突然发现了高举的一只胖乎乎的小手，细一看，原来是班上非常可爱但性格很内向的小芳，我心中暗喜，她可是金口难开啊！从来不举手的她今天也举起了手，真不错啊！当我正准备点名让她回答问题时，那只小手却不经意地收了回去，我心一惊，这是怎么回事呢？就在我暗忖的瞬间，那只胖乎乎的小手又高举起来了，像是不经意地却又是那么小心翼翼地举了起来，这一次我抓住机会点她回答。听到我叫她的名字，她身子微微一颤，慢慢地站起来，嘴巴张了几下，欲言又止，一双水汪汪的大眼睛出神地望着我，我连忙走到她身旁，亲切地问："小芳，你能告诉老师你的想法吗？"小芳依旧望着我点了点头，但仍然欲言又止，我知道她很紧张，于是我伸出手说："来，跟老师握握手吧，老师给你力量，相信自己是最棒的！尽管说出自己的想法就是！"

"老师，可我……我……我怕说错了！"她摇了摇头，吞吞吐吐地说。

"不要紧的，你怎么想的就怎么说，即使说错了也没关系，今天你能鼓起勇气回答问题，就已经很棒了！同学们，我们一起鼓励鼓励小芳吧！"听了小芳的话，我连忙趁热打铁。

我的话音刚落，教室里响起了热烈的掌声，小芳在热烈的掌声中得到鼓励，信心倍增，一口气说完了答案，而且声音洪亮。

"小芳的回答真是太精彩了！真可谓一鸣惊人啊！"我及时给予表扬，教室里再一次想起了热烈的掌声，这既是在赞扬小芳精彩的回答，又是对小芳鼓起勇气回答问题的鼓励，我看到小方的脸上露出了甜甜的笑容。

在接下来的语文课上，我总能看到那只高举的胖乎乎的小手。

项目四

教师交际口语运用

【项目目标】

一、知识目标

1. 了解教师交际口语的含义、作用、种类、总体特点。
2. 了解与领导交谈的类型。
2. 了解与同事交谈的类型。
3. 了解与家长进行沟通的重要性。
4. 了解与家长沟通中的语言艺术。
5. 了解学校与社区合作的意义。
6. 了解学校与社区结合存在的问题及注意事项。
7. 知道教师交际口语的运用原则。
8. 知道学校（幼儿园）与社区合作的形式。
9. 知道与社区沟通用语的要求。
10. 掌握与领导交谈的原则。
11. 掌握与同事沟通时的口语交际原则。
12. 掌握与家长沟通时口语交际的基本类型及原则。
13. 掌握教师与社区沟通的原则。

二、素质目标

1. 培养学生的教师职业意识。
2. 培养学生必备的人文素质及良好的道德、思维品质和心理素质。
3. 引导学生树立自主学习、终身学习观念。
4. 培养学生的团队协作精神。

【知识结构导图】

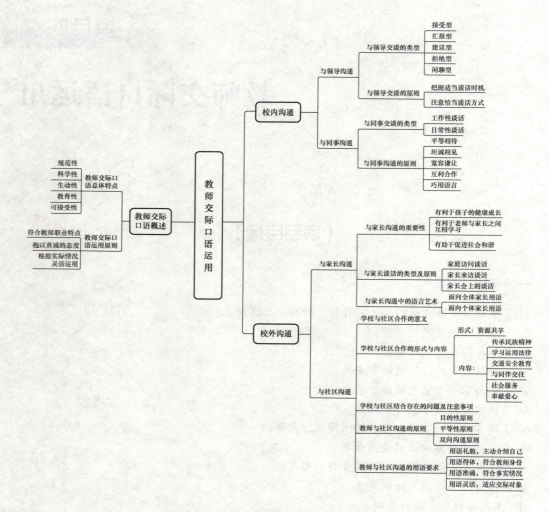

教师交际口语概述

教师交际口语是教师为了完成教育教学工作，接触学生之外的不同职业、不同类型、不同级别的人员时，为了更好地与同事、家长、上级、社区进行沟通以及参加各种目的、各种类型的活动时所使用的语言。教师交际口语是教师口语的重要组成部分，也是教师必须掌握的一种交际语言，教师在不同的场合说出合适得体的交际语言，是作为一名合格教师必备的基本素质。教师交际口语的作用主要体现在3个方面：一是可以让教师顺利开展自身工作；二是可以让教师创造和谐的人际关系；三是能为教师自身的发展创造机会。

根据教师的主要工作交际范围，可将教师交际口语分为以下几种类型：与领导沟通用语、与同事沟通用语、与家长沟通用语、与社区沟通用语。

一、教师交际口语总体特点

（一）规范性

所谓规范，首先教师要使用标准的普通话，表达时话语流畅、节奏明快、语调自然；其次无论叙事状物、说理抒情都要用词恰当、条理清晰、表达得体；最后要注意语言的纯洁性，文明用语、礼貌用语、规范用语，杜绝污言秽语、口头禅或不规范的语言。

（二）教育性

教师的职责是育人，与学生以外的其他人员的交际目的也应该与教育相关，因此，教师在工作语境的口语交际带有明确的教育目的性。交际口语的表达内容与形式受到教育目的的制约，语言信息都带有鲜明的教育性。

（三）科学性

学生教育的内容与方法的科学性，决定了教师交际口语的科学性，因此，教师在工作语境的口语交际中所表达的教育理念与内容必须科学，即使在其他工作场合交流与也要做到概念准确，判断科学，分析客观，推理合乎逻辑。

（四）生动性

教师在工作语境的口语交际中应具有较强的语言表现力。首先教师在与对方的交流中要情感真挚，情动于衷而形于言；其次要善于运用得体、大方的态势语辅助口语表达，用姿态、表情、目光、动作来增强口语表达的效果。

（五）可接受性

教师在工作语境的口语交际中运用的口语要让交际对象易于接受、乐于接受。教师交际口语必须针对交际对象不同的年龄特点、心理需求、知识水平、职业地位等进行调整，照顾到交际对象的特征。同时，教师还应该照顾到交际的场合，根据不同的交际环境进行恰当的表达，达到交际口语的最佳效果。

二、教师交际口语运用原则

（一）符合教师职业特点

教师在其他工作语境中的谈话，不同于日常生活中的随意性表达，要紧扣工作语境，交际口语的运用要符合教师的职业特点：使用标准普通话，用词恰当，表达准确，条理清晰；目的明确，话题集中，随时注意调控；注意身份，言谈得体，体现教师的职业修养和文化内涵，塑造庄重文雅的教师形象。

【示例】

一位幼儿教师初访某孩子的家庭时，见到客厅里有两位年纪相仿的成年男子，她看到其中一位与幼儿的容貌相似，就对他说："我是××的班主任，如果我没有猜错的话，您就是××的父亲。"对方点头称是。另一男子插话道："这是我们的总经理。"这位教师微微一笑，答道："这一点我早从幼儿登记表中知道了。不过，我这次来可是找学生的父亲的。"接下来，她侃侃而谈，毫不拘谨，顺利地完成了家访，并博得了家长的敬意。

（二）抱以真诚的态度

在任何交际场合，真诚待人都是交际双方成功交际的重要保证，对教师而言更是如此。教师无论接触哪种地位、哪种类型的交际对象，都要抱着真诚的态度与人交流，发自内心地表达自己对谈话对象的要求、评价，避免让对方感到自己华而不实、故弄玄虚。只有这样，才能够取得预期的沟通效果。

【示例】

您好，我叫××，是实验幼儿园的老师。我今天到这儿来，是代表实验幼儿园，调查一下我园的孩子在咱们社区的表现情况，这是我的介绍信。这次活动可能会给您带来一定的麻烦，真是感到抱歉。不过，我真的希望通过这次调查，能够更加全面深入地了解我园的孩子，进一步帮助幼儿园制定出更好的措施，促进咱们社区孩子的健康成长。

（三）根据实际情况，灵活使用

教师在不同的工作语境中进行口语交际时，会面对不同的交际场合与交际对象，这就要求教师能够恰当地调整交际策略，灵活地运用交际口语。

首先，教师面对不同的交际场合时，同样的内容要根据实际情况用不同的语言表达出来。正式、严肃的场合要用正规的语言表达，轻松的场合则可以用通俗的、个性化的语言表达，这样既符合交际场合相应的风格和气氛，又能取得良好的交际效果。

其次，教师在不同的工作语境中交际对象的情况是多种多样的：年龄有长幼之分，知识水平、思想境界有高下之分，处境、心情有好坏之分……这就要求教师进行口语交际时，要考虑不同对象的可接受性，针对具体对象，依据"心理相容"的原则，调整口语交际的内容和方式，适时地进行"角色转换"，选择对方易接受的言谈策略，与目前的交际对象相协调，创造出和谐的交际氛围。

【示例一】

家长：你们幼儿园怎么不教识字呢？

教师：我们不主张把识字作为幼儿园的教学内容，我们园的工作重点是"前学习能力"的培养。

家长（不解地自言自语）：学习能力怎么还分前后？

【示例二】

在一次新课程改革骨干教师的培训班上，学员需要做自我介绍。第一次自我介绍时，主办单位的各级领导都来了，气氛比较隆重。一位学员这样介绍自己："我叫胡雁，来自山东，很高兴有这次学习的机会，希望在这次培训中得到各位专家领导的帮助。"第二次介绍是在当天晚上的联欢会上，主办单位的领导不在。胡雁是这样介绍自己的："人过留名，雁过留声，我姓胡名雁。我的姓是现在'中国第一大姓'（时任国家主席为胡锦涛），我的名是大雁的雁，因此，我想不出名都不行。人人都说江南那是多山多水多才子，我的家乡则是一山一水一圣人。我的家乡在哪里呢？有的老师已经猜出来了——山东。欢迎大家到山东一睹泰山、趵突泉、孔子的风采。"

子项目1 校内沟通

在现代社会中，任何人要完成一项事业，离开社会、离开群体、离开他人几乎都是不可能的。教育本身就是一个分工协作的系统工程，它决定了学校、教师的工作具有较高的群体性与协作性，群体内部的团结协作、互相帮助，是形成强大教育合力、完成教书育人重任的重要保障。因此，在学校这个特殊的环境中，教师与领导及同事间的沟通交流与谈话技巧尤为重要。

任务1 与领导沟通

任务目标

一、知识目标
1. 了解与领导交谈的类型。
2. 掌握与领导交谈的原则。

二、技能目标
1. 能够用恰当的交谈方式与领导展开有效的沟通。
2. 能够用恰当的态势语辅助教师交际口语表达。

任务布置

请根据下列情境，设计沟通语并演示。
1. 假设你是实习生，刚刚来到实习单位，向本校校长报到，与校长展开一段谈话。
2. 假设你是一位班主任，要组织你班的学生开展一次校外考察活动。活动前你要向校长请示，活动结束后你要向校长汇报。

任务实施

一、分组练习
1. 练习设计与领导的沟通语并演示。
2. 找出并纠正沟通语及演示存在的问题。

二、分组展示
1. 小组代表展示与领导沟通。
2. 学生评价，指出存在的问题。
3. 教师评价，指出存在的问题。

知识储备

一、与领导交谈的类型

教师在职场中不可避免地要与上级领导接触，领导给教师布置工作，教师向领导请示、汇报等都需要相互间的沟通和交流。教师与领导沟通时的交际口语主要有以下几种类型：

（一）接受型

这里包括接受领导分派任务和接受领导批评两种情况。教师在接受领导布置任务过程中，要干脆利索、实事求是地报告完成任务的可能性；接受任务后，要及时介绍任务计划、汇报实施情况。教师在接受领导批评时，如果是本人犯错，要虚心接受，坦承错误；如果领导批评有误，要委婉拒绝，讲清理由。

（二）汇报型

教师在完成领导交办的工作后，要及时汇报，让领导充分了解你的工作进展情况，以便提出对下一步工作的要求。向领导汇报工作时，要紧扣中心，语气平缓，多用请示语沟通，避免离题万里、慷慨激昂、语气强硬；要随时回答领导提出的问题，避免置之不理或轻描淡写；还要尽量一事一报，避免同时汇报多件重要的事情。

（三）建议型

工作中，教师对领导的安排与观点有自己的看法、建议和意见时，要及时反馈给领导，这样才能有助于工作的开展和改进。教师在向领导提出个人的建议、意见时，首先，要从学校发展角度出发，不说言过其实的取悦领导的话；其次，不要向领导提出过高或不切实际的要求，多用征询的口气，不说超越权限和身份的话；最后，要注意场合，不当众说使领导尴尬难堪的话。

【示例】

教师代表会议上，领导将教师工资方面的方案，让教师代表讨论。一位教师直接就说："校长，您报告中的内容很不合理，我认为应该……"另一位教师代表接着发言："这个方案，我觉得可以从几个方面完善一下，我提出来，校长您考虑一下……"

（四）拒绝型

在领导安排工作任务时，如果教师本人觉得没有时间、精力和能力完成时，要学会拒绝。这时要注意委婉地向领导表达自己的想法和意愿，避免语气生硬；同时要充分陈述拒绝接受工作任务的理由，求得领导的理解；最好能够提出替代的方案，供领导选择；如果领导坚持安排，则不要一再拒绝，应设法完成任务。

【示例】

一位教师正忙于撰写论文，领导突然把一次距离较远、时间较长的出差任务安排给他。这位教师不想在这个时间出差，他是这样与领导进行沟通的。首先，他向领导讲述了自己的实际情况：出版社正等着他这篇稿子，他去出差的话，会给出版社带来很大麻烦。而且，这篇论文对他本人来讲很重要，他马上就要评职称了，如果没有这篇论文，他很可能评不上。之后，他又向领导推荐了另一位教师，并表示愿意为这位教师代课。领导最后同意了他的请求。

（五）闲聊型

在闲暇时间与领导谈话，虽然可能较为随意，但也要注意以下几个问题：一是聊轻松愉快的话题或领导感兴趣的内容；二是对领导谈论的话题积极响应，表现出兴趣；三是一般不要牵出同事的话题，不打小报告；四是避免打听领导私事，不开黑色玩笑，注意维护领导尊严和形象。

二、与领导交谈的原则

（一）把握适当的谈话时机

与人沟通交谈时，要注意时机的选择。选择了恰当的时机，沟通交流就变得轻而易举，否则，就会给沟通带来困难，沟通效果会大打折扣。因此，与上级领导沟通的时机选择得是否恰当，是沟通能否成功的不可忽视的因素。

教师在与领导沟通时，应当根据事情的轻重缓急，找到最佳时机。最佳时机可根据领导的时间、心情以及谈话的场合、环境等随机应变地去选择。一般选择领导工作的空余时间或心情较好的时候，并且注意选择适宜的场合和安静的环境。一般要避免在以下情况下与领导沟通谈话：不恰当的时间，如清晨、深夜、吃饭、午休、开会的时间；不恰当的情境，如领导身体疲倦、心情不好、有要事处理的情况等。另外，向领导请示汇报工作时要礼貌预约，主动请领导安排时间，或询问领导什么时间比较方便。这样，才能为自己争取到比较充分的时间与领导详尽地沟通交流，取得最佳效果，达到沟通交流的目的。

（二）注意恰当的谈话方式

和上级领导说话的时候一定要注意方式，语气适当，措辞委婉，而且一定要把握好分寸，否则，你的谈话会给领导留下不好的印象，搞不好的话可能还会得罪领导，这样会让你和领导的关系疏淡甚至僵化，不利于工作的开展。因此，与领导沟通交流时要注意以下原则：

1. 与领导交谈时要遵循谦敬的原则

谦敬，是与领导交流时最基本的原则，它能使领导感受到你对他的尊敬，也是你的修养的一种体现，谦敬的态度能使彼此都保持良好的交流心态，创造一种和谐的谈话气氛。

2. 与领导交谈时要遵循坦诚的原则

坦诚是对工作负责的表现，与领导沟通交流时坦诚相见，如实反映工作状况和问题，会使领导看到你诚实的工作态度，取得领导对你的信任。

3. 与领导交谈时要遵循简明的原则

教师在向领导请示汇报时，要注意条理清晰、干脆利落、言简意赅。有些话不需要很华丽，也不需要拐弯抹角，相反谈话简单明了、重点突出，能够让领导迅速把握你的谈话要点，快速做出决定，能节省时间、提高效率，收到事半功倍的效果，也可以让领导更加欣赏和认同你的做事风格。

【示例】

幼儿园负责组织参加全国分享阅读教学大赛的教师与园长的对话：

教师：园长，您好！你能挤出一点点时间审批一下这份报告吗？（园长正准备将报告搁在一边，听到这话，又拿起报告。）

园长：好吧，我看看。（园长一边看，教师一边用手指点着用红线画出的重点，简单说明这次比赛的重要性和组织安排。）

园长（面有难色）：好是好，可现在园里正忙，而且园里经费也不宽裕啊！

教师：确实不巧，可是这种全国性的大赛机会对咱们来说可是非常难得。分享阅读是咱们园的特色，到底怎么样，正需要这个机会来检验、证明呢。大家商量好了，参赛教师的选拔、培训我们在业余时间进行，园里暂时困难，参赛费可不可以先请老师垫上。园长，您看这样行吗？

园长（面带微笑）：这几个字我可真难签啊！（随即签署：同意参赛，参赛经费由教师培训经费支出。）

任务2 与同事沟通

任务目标

一、知识目标
1. 了解与同事交谈的类型。
2. 掌握与同事沟通的原则。

二、技能目标
1. 能够用恰当的交谈方式与同事展开有效的沟通。
2. 能够用恰当的态势语辅助教师交际口语表达。

任务布置

一、请设想你是一名青年教师，要与下面的同事交谈并给对方留下良好的第一印象

谈话对象：① 老年教师；② 比你年长但学历比你低的中年教师；③ 学校总务部门的职工（如司机、保洁员、电工等）。

二、请根据下列情境，设计一段沟通语并演示

你是班主任，班级要搞"六一"趣味运动会，需要到体育教研室借体育器材，请你与管理的老师进行沟通，借到这些器材。

任务实施

一、分组练习
1. 练习设计与同事的沟通语并演示。
2. 找出并纠正沟通语及演示存在的问题。

二、分组展示
1. 小组代表展示与同事沟通。
2. 学生评价，指出存在的问题。
3. 教师评价，指出存在的问题。

知识储备

一、与同事交谈的类型

学校里，教师与同事的交流范围是宽泛的，交流内容是与复杂的。因为，从年龄上看，老、中、青教师都可能成为交际的对象；从工作性质上看，相同课程的教师、不同课程的教师以及后勤部门的职工等也都可能成为交际的对象。教师团队中同事之间的谈话主要有以下类型：

（一）工作性谈话

教师间的工作性谈话主要以教育教学工作中出现的问题为话题。这类谈话目的性强，要求谈

话双方都能态度谦和、客观公正，互相尊重与支持。对发言者的发言要认真倾听，自己在阐述时要观点鲜明、条理明晰、科学严谨、语气平和，多用征询口吻，巧妙表达自己的见解。这里包括个体沟通性谈话和集体性教研谈话。

教师在与同事的工作性谈话中，应一切从"公"字出发，从大局出发，客观公正，是非分明。尤其是在探讨学术或专业问题时应该有自己的主见，敢于说出自己的想法，不人云亦云。即使有学术分歧，同事之间的争论，也会促进思想观念的交流，但是要有理有礼，如果对方冲撞冒犯自己，要尽量心平气和、处之泰然，以温和礼貌的语言来表达自己的观点与主张。

【示例一】

下面是几位教师对本校高中教育模式改革的争论：

教师甲：我认为学校这场改革总体来说是两头热中间冷，学校领导班子尤其是校长和学生这两头热，而教师反应比较冷淡，有许多老师是反对的。

教师乙：是啊！新课改要求，我们不能再给学生补课了。可是，没有成绩拿什么说话？

教师丙：对！现在有些学生根本就不把老师放在眼里，这种情况下还要改革，让学生给老师打分，评价老师，哪个老师还敢管学生？对学生不良行为只能装作看不见，免得打低分。

教师甲：有道理！现在，学生不是没有自由，而是过于放纵了个性发展，这种课改简直就像把学生放了羊了！

教师丁：我认为课改是一个体系，它不是用分数来衡量的。让学生给教师打分也是对教师的一种促进和激励！给学生松绑，并不是放羊。再者说，"放羊"也不一定不好，"圈养"的羊是很难适应自然环境的。同样的道理，把孩子圈起来的教育往往使孩子缺乏创造力。所以我觉得，对于新课改我们不妨尝试一下，在实践中证实，在实践中完善嘛！

在这里，几位教师探讨的是关于学校教学改革的问题，尽管前面几位教师年纪大、资历深，而且观点一致，但是教师丁还是敢于表达自己的想法，改变了一边倒的谈话方向，增加了学术思辨的气氛。

【示例二】

张老师再有半年就该退休了。为了让他的数学课得以平稳过渡，学校提前半年安排刚毕业的小李接替张老师的课，并请张老师对小李进行随堂指导。下面是两位老师的谈话：

小李：（表情困惑）张老师，我有一件事不明白，原先您上课时，学生们都非常听话，怎么一到我上课时就变得调皮起来？

张老师：（面带微笑）小李啊，我想先问问你，你是怎么备课的？

小李：我觉得，备课时，我在教学内容上还是下了一番功夫的。在听您的数学课时，我注意到您对教学内容的处理非常独到。所以，我就模仿您的方法，注意教学内容的深入浅出。

张老师：（面带微笑）那么，你有没有考虑过教学方法的问题？

小李：和您一样，我每次上课时都使用了演示教具。而且，为了做好演示，我课前都多演练几遍。每次上课，教具的演示也都顺顺当当地完成了。

张老师：（诚恳地）小李，处理好教学内容、演示好教具并不意味就可以上好数学课。你讲课时，有没有注意到学生的感觉和反应？课后，你有没有给学生提供一些典型的、能够帮助他们理解学习内容的例子以及练习题？在学生完成作业的过程中，你有没有给他们必要的指导和帮助？

小李：（顿悟）张老师，您说得对。我讲课时，很不习惯面对着全班同学。一看到学生注视着我，我说话就不自在。讲完课后，我一般也就不再给学生提供理解学习内容的例子。这是我考虑不周。至于指导学生完成作业，我一般采取单独辅导的方式。但毕竟时间有限，每次只能辅导几个同学。我有点不大习惯面对全班同学进行辅导。

张老师：（面带微笑）问题就出在这里。全班有60位同学，你能在有限的课余时间里一个一个地进行辅导吗？

小李：（笑了笑）这一点，我确实没想到！

以上两位教师谈话的成功之处在于他们都能根据特定对象选择了恰当的表达方式。对于小李而言，张老师是一位很有经验的老教师，是自己的"师傅"，所以在与张老师谈话时，小李自始至终以敬重的口吻向张老师请教问题。而对于张老师而言，小李是一位年轻教师，是没有经验的"新手"。为了维护年轻人的自尊心，张老师并没有摆出"师傅"的架势对小李横加指责，而是用询问的形式，循序渐进地启发和提醒小李自己总结课堂教学中存在的问题，语调亲切平和，语义切中要害，颇有长者风范。

（二）日常性谈话

教师间的日常性谈话主要是教师在日常生活中相互之间的问候、祝贺、安慰、闲聊等。这类谈话没有明显的目的性，主要用于交流信息、融洽关系，谈话的形式与内容总体上来看要符合基本的礼仪要求。

1. 同事间赞美、批评

同事间的相互赞美要具体、明确、及时，恰如其分，不要夸大其词、虚无缥缈、随意妄赞；要符合人们接受赞美的习惯，最好采用间接赞美的方式；在接受赞美时要真诚谦逊地回应并表示感谢，必要时做出实事求是的情况说明。同事间的相互批评要具体明确、语气委婉，避免含糊其词，要开门见山，切忌当众揭人短处，甚至搞人身攻击。在接受批评时，对正确的批评要虚心接受，表示感谢或歉意；对不正确的批评，告知对方不接受批评，并陈述理由。

2. 同事间的帮助协作

在教师的工作和生活中，同事互相帮助与协作是不可避免的。当有同事向你寻求帮助时，你应该积极倾听，用热情的口吻适当地给予回应，如果是自己能力所及，最好尽力帮忙，如果无能为力，则要表示歉意，并委婉陈述理由。当你想寻求同事的帮助时，要寻找恰当的时机，以谦恭的语气，诚实地表达自己的需求，并表示出真诚的谢意。在寻求没有得到回应时也不要心生埋怨，语出伤人。

3. 同事间的闲谈

同事间的闲谈，首先是话题的选择，要针对同事的喜好确定话题，同时还要避开关涉他人私密的话题；其次，闲谈时要善于倾听，说话时语气轻松自然，就某些话题有争论时，要注意控制情绪，避免使用过激和尖刻的话语。

二、与同事沟通的原则

（一）平等相待

这里所说的平等，是指教师同事之间人格上的平等，这种平等是教师个体与同事之间建立和谐健康人际交往关系的前提和基础。一个学校工作人员的构成以及相互之间的关系是复杂的。有的是教师，有的是教辅人员，有的是后勤保障人员；教师中有的是学校领导，有的是年级组长，有的是普通教师；从业务能力上看，有骨干教师与一般教师之别；从年龄上看，又有老年、中年、青年教师之别。另外，还有各门学科的教师以及班主任与科任教师的区别。尽管这些人的职务、资历及专业都存在差异，可是教师之间，以及教师与上级领导、与教工之间在人格上是完全平等的，因此，交往的双方需要平等地对待彼此，做到人格上尊重、工作上支持、生活上关心，而不能自命清高、居高临下，甚至瞧不起对方。

【示例一】
　　刘老师是某中学的年级组长，尽管她在年级组年龄最大、学历最高，但从不摆架子。每天上班时都主动向同事打招呼，或是关心地问候一声："家里老人好些了吗？孩子送走了吗？"让人觉着特别温暖；从同事那里得到一点帮助，她总要真心诚意地说："给您添麻烦了，谢谢！"下班前，若有事先走，总是对同事客气地说一声："对不起，我有事先走一步！你们多受累吧！"当同事咨询问题时，从不断然否定，而是耐心诚恳地表达自己的观点。当遇到需要同事协作才能完成的工作时，从不自作主张地说："这件事你们都听我的！"或"这件事我说了算！"而是以建议性、商讨性的口吻说："这件事，各位老师看怎么办好？""大家看这样处理行不行？"
　　刘老师的语言非常得体。尽管在年级组中她最有权威，但她并不以居高临下、盛气凌人的口气说话，每一句话都体现了对同事的尊重。这样的教师一定会赢得同事的尊敬与爱戴。

【示例二】
　　教师：刘老师，快来，快来。
　　保育员（跑来）：怎么了？
　　教师：小田田又尿裤子了。
　　保育员：我去拿条裤子来。
　　教师：请你再拿一双袜子。
　　保育员：好。
　　教师：来，请你给他换上。

（二）坦诚相见

　　同事之间以诚相待是良好沟通的基础。教师在与同事的交际过程中，要能够不存疑虑、坦诚相见，对同事身上的优点，能够及时给予赞美和肯定，对一些不足给予积极的鼓励。尤其是在与同事交往中碰到不如意的事情或矛盾时，更要开诚布公、以诚相待，化干戈为玉帛，变"仇敌"为朋友。

（三）宽容谦让

　　与人相处时，要容许每个人有自己独立的思维和行为方式，不能将自己的主观所想强加在别人身上。那些能够给予别人包容的人，即便是自己处于一个很有利的位置，在有必要的时候，也会对他人礼让，将机会留给别人，不会将对方置于死地。教师在人际交往中要有容人之量，它显示了一名教师的内涵和修养。在荣誉面前要大度谦让，不要过多地和同事争抢，甚至为了一点名利而伤害他人；在与同事发生误解和争执的时候，要将心比心、换位思考，尽量站在对方的立场上，以谅解、宽容的态度，多为别人着想。

（四）互利合作

　　互利原则是指在交往过程中交往双方应该互惠互利，不能为了自己的利益而忽视了对方的需要。教师之间的交往，应该遵守互利原则，做到信息和利益的互惠，让双方都能够得到一些合理的利益，也能够获得精神上的满足感。教师们为了搞好教育教学工作，应该做到相互尊重，密切配合，互相帮助，互相交流，取长补短，共同提高。要提倡同行相亲、同行相助，追求教育教学的整体效果，在集体奋斗的成功中实现个人的价值。要反对把自己的知识和经验当成私有财产，对其他教师搞资料封锁、搞专题保密、自私保守、故步自封的不良倾向。

（五）巧用语言

沟通中的语言至关重要，应以不伤害他人为原则，要用委婉的语言，不用伤害的语言；要用鼓励的语言，不用斥责的语言；要用幽默的语言，不用呆板的语言。珍惜情谊，莫利字当头。教师集体当中有很多比金钱更宝贵的东西，这就是人与人的情谊和做人的人格和尊严。

相关链接

教师交际口语技巧相关文章4篇

学习思考

1. 怎样指出上级领导工作中的失误？
2. 作为班主任，你在与本班的科任老师沟通时应注意哪些问题？

课后练习

一、请评析下面两段教师的校内沟通

【案例一】
张老师：以上就是我对这个问题的看法。
李老师：张老师，你刚才用了半个多小时的时间谈这个问题，漫无边际，一句也没说到点子上，我觉得，你对这个问题根本就没有一个深入的认识，希望你下次发言前多做做功课，别再这么浪费大家的时间了。
张老师：那你谈谈吧。
李老师：我当然要谈，因为我对这个问题已经做了深入的研究和成熟的思考。我认为这个问题应该这样理解……

【案例二】
园长：小刘老师，你们班的文文室外活动时磕破了膝盖，家长跟我提意见了，以后活动时注意点儿。
刘老师：就他家家长事儿多，祺祺上次手都被门挤得发青了，人家家长也没说什么。膝盖破点皮儿有什么大惊小怪的。

园长：家长心疼孩子是正常的，我们要对孩子的安全负责。

刘老师：这也不能全怪我呀，文文也太淘气了，根本看不住。再说了，一个班20个小朋友，我怎么都能照顾到啊？

园长：这样就需要我们更加细心，并且在平时对小朋友加强安全教育，多提醒小朋友。

刘老师：真麻烦，我看下次就别让文文到室外活动了，这样不就安全多了吗？

园长：……

二、请分别为下面的情境，设计一段对话并模拟对话

［情境一］你所在的学校（幼儿园）一向忽视对教师的培训，你向校长（园长）提议，加强教师的业务培训。

［情境二］一位同事在全市教学大赛中取得了一等奖，你向他表示祝贺。

子项目2 校外沟通

学生的教育离不开学校、家庭、社区的有机配合，这三者形成的教育合力能够大力促进学生健康成长。因此，在学校教育工作中，与家庭、社区的沟通是必不可少的，作为教师，掌握一定的交流沟通的技巧，才能更好地开展家、校、社区的合作。

任务1 与家长沟通

任务目标

一、知识目标

1. 了解与家长进行沟通的重要性。
2. 知道与家长沟通中的语言艺术。
2. 掌握与家长谈话的类型及原则。

二、技能目标

1. 能够用恰当的交谈方式与家长展开有效的沟通。
2. 能够用恰当的态势语辅助教师交际口语表达。

任务布置

一、课前任务：请同学们课前完成下面3个任务，课上分小组汇报

1. 请根据下面的情境设计学生来、离校接待时的沟通语。

小强比同班的小朋友小几个月，各方面都显得比较稚嫩，身体也较弱，父母每次送他到幼儿园都不放心，每天都会询问小强在园内的表现和进餐情况，你怎样与小强的父母介绍小强在幼儿园的各方面的情况？

2. 请根据下面的情境设计面对家长误解时的沟通语。

冬天的一天，小红的奶奶接走小红后很快又返回来了，情绪激动地责怪带班老师，孩子尿湿了裤子，老师没有及时发现和更换，让孩子挨冻。这时在旁边围观的家长也议论纷纷。你是带班老师，你怎样处理这种被家长误解的情况？

3. 请根据下面的情境设计沟通语，帮助家长解决家庭教育困惑。

情境1：小学低年级的一名女生，比正常入学年龄小一岁。但在认字、朗读、听讲和写字上均表现突出，经常被人称作"小神童"。可孩子在数学上表现一般，没有语文学习出色。家长经常与老师沟通，表现出迷茫和对孩子的否定。经常说，如果孩子数学不行，就让她重读一年吧。被老师拒绝后，开始在家疯狂补习数学，以至于孩子又哭又闹。

情境2：一名学生家长是护士，工作十分勤恳努力，是单位的业务骨干。她急切地望子成龙，对于班主任很是信任，老师说的话、要求做的事，会一丝不苟地完成。尤其在家里，孩子写作业时，字迹必须十分工整，一个笔画都不能马虎，不然的话全部撕掉重写。放假也不允许孩子去看护班，而是把孩子一个人留在家中，留作业要求孩子必须做完。孩子在学校的表现可没有在家里乖，作业写得时好时坏，上课还有回头说话、不听讲的现象，经常是在课堂上看课外书。尤其是课间站排，因为没有老师在旁边，他一刻也做不到遵守纪律，而是在排中打闹。当老师说完要注意地面卫生后，他还是不断地撕纸，地面、书包内、桌子上全是碎纸屑。老师在他的文具盒中还发现很多掰碎的橡皮屑。

二、课上任务： 请同学们在下三个任务中任选其一完成

1. 为帮助家长解决家庭教育困惑，请根据下面的情境设计沟通语并演示。

一名学生家长是大学老师，在孩子上学前，就给孩子报了一个学习班，把一年级上册的语文和数学课程都已学完；上学后，临近期末，每晚和孩子做一张语文试卷，做一张数学试卷。以为这样做下来，孩子学习肯定会好。最后发现，孩子的学习成绩没有比不做卷子、不补课的同学高到哪去，相反，以前活泼好动、每天无忧无虑缠着妈妈的宝贝变了，变得不再爱说话、不爱与小朋友交往，总是一个人静静地坐在椅子上发呆。

2. 请根据下面的情境模拟一次家长来访的谈话。

明明的爸爸妈妈经常在外经商，很少与老师联系交流。明明是个各方面较为出色的学生，就是比较调皮。这天明明的父母主动来校向老师询问明明的情况。你如何与明明的父母沟通，使其认识到明明的优缺点？

3. 请根据下面的情境模拟一次家长会发言。

假如你三（2）班的班主任，期中考试后，你将召开一次家长会，会上你向家长做班级及学生情况介绍。

任务实施

一、分组练习
1. 练习设计与家长的沟通语并演示。
2. 找出并纠正沟通语及演示存在的问题。

二、分组展示
1. 小组代表展示与家长沟通。
2. 学生评价，指出存在的问题。
3. 教师评价，指出存在的问题。

知识储备

一、与家长进行沟通的重要性

苏联教育家苏霍姆林斯基说："教育的效果取决于学校和家庭教育影响的一致性。如果没有这种一致性，那么学校的教学和教育过程就像纸做的房子一样倒塌下来。"父母是孩子的启蒙老师，家庭教育是打开学生智慧心灵最初的重要一环。学校（幼儿园）教育是在家庭教育的基础之上对学生进行全面的培养，既要巩固和提高家庭教育的成果，又要克服不正确的教育方法给学生带来的不良影响。因此，教师应争取家长的理解、支持和主动参与，帮助家长了解学生的特点，提高教育能力，有针对性地开展教育。家校（园）共育工作是非常的重要，要提高学生的素质，单靠学校（幼儿园）或是家庭任何一方都是难以实现的。唯有重视老师与家长的沟通工作，让家长主动参与到学生的教育中来，使家长和老师成为学生教育的合作伙伴，才能有效地提高学校（幼儿园）教育工作的质量。具体地说，学校（幼儿园）、老师与家长沟通，实现家校（园）共育的重要作用有以下几个方面：

（一）有利于促进孩子的健康成长

家校（园）共育的本质就是家庭和学校（幼儿园）共同管理教育学生。一个孩子的健康成长，仅靠学校（幼儿园）或仅靠家庭都是远远不够的。教师观察不到孩子在家的情况，家长也很难看到孩子在校（园）的表现，需要的是两者之间的合力，教育才会有针对性和连贯性。首先，老师对学生实施教育有了家长的支持，才能使学生在校（园）获得的学习经验能够在家庭中得到延续、巩固和发展。其次，随着时代的发展，以及各方面因素的影响，家长在教育学生时，思想观念上产生了种种困惑，行为方式上甚至走向了极端，这时，家长就需要老师的理解、帮助和正确的引导，这样才能使家庭教育更加完善。因此，只有密切教师与家长的联系，互相交流教育信息，形成教育合力，才能共同促进学生的健康成长。

（二）有利于老师与家长之间相互学习，共同提高

教师与家长沟通合作，使彼此能够在相互依赖的关系中共同创造互利的结果。老师在与家长的沟通中，绝不能以为仅仅是学校（幼儿园）单方面在帮助家长提高科学育儿水平，还应认识到老师在与家长沟通的同时，也是向家长学习的好机会。事实上，学生与家长相处的时间比教师多得多，家长肯定比教师更了解自己孩子的脾气、性格和兴趣爱好，在教育孩子方面或多或少积累了一些经验，总会有可以借鉴的地方。教师和家长进行必要的交流，可以进一步了解学生在家的表现，及时调整教育方式，这样不但帮助老师拓宽思路，而且也调动了家长的主动性、积极性，让家长拥有参与学生教育的兴趣，掌握科学的教育方法，有利于促进家长与老师之间的合作，密切家校（园）关系。

（三）有助于促进社会和谐

和谐的人际关系是和谐社会的重要基础，没有人与人之间的和谐就无所谓社会的和谐。同样，在学校教育工作中也需要有这样和谐的人际关系，才能体现出办学宗旨，那就是"为学生提供优质的服务"。其中，做好与学生家长的沟通工作，是为学生提供优质服务的重要环节，学校（幼儿园）与家庭、教师与家长相互合作，为培养创造性人才提供一个良好的教育大环境，和谐施教，共育新人。

二、与家长谈话的类型及原则

(一)家庭访问谈话

家庭访问是指教师为了特定目的到学生家中,与学生家长就学生教育进行单独交谈的一种家校(园)的联系方式。通过家访,教师与家长沟通情况、交流信息、密切关系,不仅能够沟通师生之间的感情,解决一些在学校(幼儿园)单方面难以解决的问题,还能使家长了解并支持学校(幼儿园)的工作,在对学生教育问题上保持一致,形成教育合力。

家访时的谈话是最讲究技巧方式的,一般要遵循以下几方面原则:

1. 尊重与平等的原则

教师家访时的谈话一定要尊重家长和学生,在平等的基础上展开。尤其是对家庭条件不好和缺点多、成绩差的学生,要从爱心出发,一视同仁。家访时应该从表扬学生优点开始,打开家访局面,向家长汇报时要挖掘学生在学校的点滴进步,不要当面告状,不能把家访当作告状的机会,特别不能当着学生的面向家长数落学生。家访时,即便是为了学生犯错误而来,也应该心平气和、冷静交谈,耐心交换意见,保持和谐的气氛,取得家长发自内心的配合。这样家长比较容易接受,孩子也会消除恐惧心理,愿意改正缺点,增强进步的信心。绝不能以老师自居,摆出一副居高临下、批评人、教训人的架势,如此,即使谈得句句在理,也会引起学生和家长的反感。

2. 鼓励与批评兼顾的原则

每个学生都有一些优点和长处,也客观存在着缺点和不足,绝大多数家长希望老师多关注自己的孩子。所以老师家访时,教师首先要充分肯定学生的长处,给予充分表扬和鼓励,增强学生和家长的信心,激发学生的积极性和自主性。其次,鼓励也要适可而止,对于学生弱点和不足也要及时善意指出,提出教育建议,避免学生产生骄傲自满情绪,也使家长能够全面真实地了解自己的孩子,使家庭教育更有针对性。坚持鼓励与表扬兼顾的原则,在具体做法上,要多表扬、少批评,多鼓励、少挑剔,寓批评于表扬之中;表扬或批评时要借助具体事件反映孩子的表现,切不可只盯着学生的短处,更不要小题大做,把学生说得一无是处,伤及家长或学生的自尊;也不要笼统空泛,让家长感觉到老师在应付自己,认为自己的孩子是被忽视的。

3. 说话与听话结合的原则

教育是双向的,谈话同样也是双向的活动,要注意彼此间的联系。教师去家访,一方面要介绍学生在校表现和各方面情况,一方面也要了解学生在家表现等情况,因此,说与听在家长访谈过程中同样重要。有时,还可以让家长多讲,无论是谈优点还是缺点,无论是对还是错,都要耐心倾听。谈话时,双方都要正视问题,特别是教师,切不可一人独白,对着家长单纯指责学生的过错,甚至借机告状,推卸责任。在与家长探讨教育孩子改正错误的恰当方法时,应多听取他们的意见,与他们达成共识,切忌各执一词、互相指责。

有时候家访老师是专门为了与家长一道寻求一种教育孩子改正错误的合适方法,家访时,就一定要尊重家长、尊重学生。

4. 突出主题的原则

家庭访问本身就是教师为了特定的目的到学生家中,与学生家长就学生教育进行沟通,因此,家访过程中的交谈要突出主题,始终围绕学生来展开。教师应主动向家长介绍孩子在校表现,向家长询问孩子在家的情况以及孩子家庭的有关情况。家访前,教师要做好充分准备,事先要明确谈什么、怎么谈,要达到什么目的,同时,对谈话中可能出现的问题,也要有个大概的估计。

（二）家长来访谈话

家长来访指的是家长来校与教师就学生的教育问题进行沟通。家长来访大致可分为家长主动来访和教师邀请家长来访两类。其中，家长主动来访可分为一般性来访和质疑性来访两种情况；教师邀请家长来访可分为常规性邀请和突发性邀请两种情况。

家长一般性来访的目的主要是询问孩子的情况或有问题希望获得指导；质疑性来访则发生在家长对学校、老师的工作有不满，或认为孩子受到不公正待遇时。常规性邀请是教师为了向家长进行情况了解或事务通报而发出的，如召开家长会通报考试安排、外出活动注意事项等；突发性邀请大多是教师遇有紧急事件时，或要对孩子的不良行为提出批评甚至给予处分的情况下发出的。

无论是家长主动来访还是教师邀请，教师接待家长来访一般要遵循以下原则：

1. 热情接待，言语礼貌，让家长有一见如故之感

当家长感到班主任是诚心诚意的，没有因为学生犯错误而对他另眼相看时，家长才能敞开心扉同班主任交流学生各方面的情况，并且商讨采取何种措施对学生进行思想工作。即使学生已经存在比较严重的违纪问题，也不能对家长态度冷淡、言语失当。

2. 选择适宜的谈话地点，创造愉悦的谈话环境

良好的谈话环境有利于消除访谈双方的心理顾虑，有助于双方推心置腹地交流学生的情况，使双方尽快地在教育学生这一问题上达成共识。接待家长来访时，不适合在大庭广众或嘈杂的地方，而以在操场边、走廊一隅及安静的办公室内为宜。

3. 简洁地讲述情况、回答家长的问题，不做无关事情而占用家长时间

在接待家长质疑性来访或教师突发性邀请家长来访时，双方的关系容易紧张，如果教师处理不当，会发生矛盾甚至冲突，对学校和教师工作造成不良影响。因此，教师务必做到态度谦和、平静、诚恳又不卑不亢，妥善处理手头的事情，迅速与家长展开交谈。先让家长充分表达，教师要耐心、专心倾听，了解家长来访的动机，找到家长关注的核心问题，揣摩家长的需求，有针对性地调整交际策略，保证谈话在教师主动控制下，在双方合作的气氛中顺利进行，以期最终解决问题。

【示例】

教师接待家长质疑性来访

家长：老师，我可以进来和您谈谈吗？

老师：欢迎！请坐到这儿吧。（微笑着用手势示意家长坐下）

家长：你们老师真是辛苦，每天要带那么多孩子，真是不简单啊！

老师：（一边给家长倒茶）是呀，孩子小，自控能力差，而家长的期望值又那么高，我们的压力真是不小！

家长：（接过茶杯）谢谢！是啊，现在的孩子都是独生子女，每个家庭都对孩子宠爱有加。

老师：是的。独生子女存在的问题确实比较多，孩子不仅生活自理能力差，各种习惯也差。家长一边宠爱孩子，一边又对孩子寄予高期望。唉，可怜天下父母心哪！（摇头，很无奈的样子）哦，我忘了，你是不是有什么话要对我讲？（笑）

家长：（微笑着）是的。我家馨馨最近对跳舞的兴趣特别浓厚，每天嚷着要跳舞给我和她爸爸看，她爸爸看她这么感兴趣就特地给她买了一面大镜子，她对着镜子跳舞可开心了。

老师：哦？可是，在幼儿园我问她是不是不想跳舞，她告诉我说"是"。

家长：会不会馨馨在幼儿园跳舞跟不上同伴，不够自信？

老师：说实在的，馨馨对舞蹈的感受力和表现力确实一般。考虑到她最近腿脚不方便，我就让她坐在旁边看。

家长：谢谢您为馨馨想得那么多。我和她爸爸看她在家里那么喜欢跳舞，实在不忍心让她只看着小朋友跳舞了。我们猜想她内心还是喜欢跳舞的，您说是不是？

老师：看来是的。

家长：我想，馨馨可能因为腿不好怕在老师和同伴面前丢脸才说不想跳舞的，她说的可能并不是心里话。

老师：可能是吧。馨馨在幼儿园表现欲得不到满足，就想在家里得到满足，有这种"补偿"心理是很正常的。是我太大意了，我应该考虑到这一点的。对不起，馨馨妈妈，从明天起我就让馨馨"归队"。

家长：（起身）谢谢了！再见！

（三）家长会上的谈话

家长会是由学校（幼儿园）或教师发起的，组织学生家长一起参加的交流互动、介绍性的会议或活动。学校或教师定期召开家长会是实现家校（幼儿园）共育机制的一个重要方式。通过家长会，可以实现学校（幼儿园）、教师与家长之间的双向交流，家长之间的交流；学校（幼儿园）、教师还可以通过家长会宣传学校（幼儿园）的改革措施、有关活动和课程、相关教育理念，以得到家长们的支持和理解。

教师是会议的主持人，会前要做好相关准备工作：先组织好讲话的主要材料和内容，包括介绍学校（幼儿园）的概况、班级概况、学生成绩、学生表现、需要家长配合解决的问题等；还要认真了解每位学生及其家庭、家长的情况等，对有特殊情况的家长或家庭，在与之沟通时注意讲话的内容和方式。只有做了充分准备，才能在家长会上应付自如。

1. 家长会上的讲话内容

家长会的内容因时间、阶段、问题和学校（幼儿园）的安排、家长的需求等有所不同，但一般家长会上，教师要向家长主要说明以下几个方面的内容：

（1）开场白及参会的要求。

开场白的谈话要大方客气、彬彬有礼，对家长提出听会要求时，要委婉巧妙，使家长不得不重视你的谈话，以便会议顺利进行。

（2）介绍学生近期情况。

家长到学校（幼儿园）里来，最想了解的就是孩子在学校（幼儿园）的生活和表现。首先应投其所好，谈谈孩子在校（幼儿园）情况，以便家长对孩子有一个立体的了解。

教师做介绍情况讲话时，要把握住"一对多"的交际特点，说话要做到点面结合，既要有一般性概述和共同性话题，又要有重点、特点和个别性话题。教师在谈及学生的表现时，要从正面肯定入手，多表扬少批评，多宽容少抱怨，表扬的可以点名，批评的只针对现象……这样既能维护家长的自尊心，又让家长体会到教师了解孩子、关注孩子的成长，从而对教师产生信任感，更愿意教师配合完成任务。

（3）明确家长会主要议题。

每一次开家长会都要有明确的主题，切忌胡子眉毛一把抓，从集体到学习，从文娱到劳动，看似面面俱到，家长听了，如过耳之风，什么也没明确。主题的确定，需要结合年级、班级的具体情况，做出具体安排。对班级和学生的诸多问题要有通盘计划，通过筛选，找出目前存在于班级和学生之中亟待解决的问题，作为本次家长会的主题，其余问题待本次家长会取得一定预期成果后再逐一解决。还可以根据家长的困惑，做一些专题性的讨论，以期在会上通过教师和家长的共同努力，集思广益，把关注学生健康成长的共同愿望集中到科学育人的一致行动上来。

（4）与家长互动交流。

家长会上一般还会安排教师与家长进行互动的环节，班主任或教师在回答家长提问的时候要有耐心，要实事求是，既不夸大事实，也不掩饰问题。对待少数"爱挑刺"甚至"不讲理"的家长，教师要先以礼相待，之后再以理服人，不卑不亢，对原则问题甚至是挑衅行为决不让步，要能够机智地化解矛盾，回应个别家长的无理要求或指责。

2. 家长会上的讲话技巧与策略

教师还要掌握一些在家长会上的讲话技巧和策略，才能使家长会取得令人满意的效果。

（1）发言简洁清晰，用语浅显易懂，表述生动准确，语调抑扬顿挫。

家长会切忌冗长，40分钟足矣；遣词造句注意口语化，让人一听就明白；语气语调张弛有度，具有吸引力；发言时力求轻松幽默，切忌语言生硬、态度死板。

（2）换位思考，站在家长的立场上来说话。

在家长会上教师要转换方式和角度，坚持尊重家长、平等相待的原则，用和蔼谦逊的态度向家长汇报，与家长进行交流。对于学生存在的问题，教师应该主动、真诚地承担责任，承认自己在教学管理上还有不足和需要改进的地方；评价学生时，把成绩归于家长和学生，不足之处归于自己；教师要理解家长对自己孩子的关心和爱护，尽管有时有些家长在这方面做得可能有些过分，但教师要站在另一个高度，对家长的偏激言行也要给予谅解；教师要从家长的接受心理和接受能力角度出发，与家长交流学生情况、介绍学校的教育教学方式的时候，最好使用流利的口语形式，使家长能够理解、支持和配合，切忌以教育专家自居，在与家长交谈中使用过多的专业术语，给人以高高在上的感觉。此外，教师还应该学会做一个认真的倾听者，注意从家长的谈话中吸取有效的信息，为教育教学工作积累客观依据。

（3）不发牢骚、不告状。

教师在家长会上与家长通报班级或学生情况时，要多说优点和进步的表现，给家长以信心和鼓舞的力量，让家长看到孩子的希望。不要想趁着家长会的时机向家长吐"苦水"，对着家长大发牢骚，也不要把学生的错误事无巨细开列清单一样向家长汇报，更不要把家长当成批评教育的对象。

三、与家长沟通中的语言艺术

（一）面向全体家长推荐用语

（1）您的孩子最近表现很好，如果在以下几个方面改进一下，孩子的进步会更大。
（2）您有什么事情需要老师做吗？
（3）您有特别需要我们帮助的事情吗？
（4）这孩子太可爱了，老师和小朋友都很喜欢他，继续加油。
（5）谢谢您的理解，这是我们应该做的。
（6）您的孩子最近经常迟到，我担心他会错过许多好的活动，我们一起来帮他好吗？
（7）您的孩子最近没有来园，老师和小朋友都很想他，真希望早点见到他。
（8）请相信孩子的能力，他会做好的。

（9）幼儿园的食谱是营养配餐，为了他的身体健康，我们一起来帮他改掉挑食的习惯。
（10）近期我们要举行××活动，相信有您的参与支持，会使活动更精彩。
（11）幼儿园网站内容丰富多彩，欢迎您经常浏览，及时沟通。
（12）我们向您推荐的优秀育儿知识读物，您一定会有收获的，孩子也会受益。

（二）面向个体家长推荐用语

（1）请家长不要着急，孩子偶尔犯错是难免的，我们一起来慢慢引导他。
（2）谢谢您的提醒！我查查看，了解清楚了再给您答复好吧。
（3）您有什么想法，我们可以坐下来谈谈，都是为了孩子好。
（4）孩子之间的问题可以让他们自己来解决，放心吧，他们会成为好朋友的。
（5）很抱歉，孩子受伤了，老师也很心疼，以后我会更关注他。
（6）这件事是××负责，我可以帮您联系一下。
（7）我们非常欣赏您这样直言不讳的家长，您的建议我们会考虑的。
（8）您有这样的心情我很理解，等我们冷静下来再谈好吗？

任务 2　与社区沟通

任务目标

一、知识目标
1. 了解学校（幼儿园）与社区合作的意义。
2. 了解学校（幼儿园）与社区结合存在的问题及注意事项。
3. 知道学校（幼儿园）与社区合作的形式和内容。
4. 掌握教师与社区沟通的原则及用语要求。

二、技能目标
1. 能够用恰当的交谈方式与社区展开有效的沟通。
2. 能够用恰当的态势语辅助教师交际口语表达。

任务布置

一、请根据下列情境，设计与调研单位进行接洽的沟通语并演示
学校（幼儿园）到社区进行关于"本校（园）学生在社区表现"的调查，请你作为教师代表接洽此事。

二、请根据下列情境，设计与受邀单位的沟通语并演示
为了加强法制教育，你校决定于12月4日与社区派出所共同开展一次法制教育宣传讲座，请你代表学校到街道派出所沟通此事。

任务实施

一、分组练习
1. 练习设计与社区的沟通语并演示。

2. 找出并纠正沟通语及演示存在的问题。
二、分组展示
1. 小组代表展示与社区沟通。
2. 学生评价，指出存在的问题。
3. 教师评价，指出存在的问题。

知识储备

一、学校（幼儿园）与社区合作的意义

社区是指"聚居在一定地域范围内的人们所组成的社会生活共同体"。具体地说，社区是若干社会群体或社会组织聚集在某一个地域里所形成的一个生活上相互关联的大集体，一般一个社区应该包括一定数量的人口、一定范围的地域、一定规模的设施、一定特征的文化、一定类型的组织。

社区是社会有机体最基本的内容，是社会大系统中的一个子系统，而学校（幼儿园）又是社区中的一个基本要素，它与社区内各类社会组织有机地结合在一起，彼此相互依存、相互影响、相互制约，组成社区体系，满足居民社区生活的各种需要。由此看来，学校（幼儿园）在具体实践层面上与社区生活是紧密相连的，学校（幼儿园）教育不能脱离社区而存在。学校（幼儿园）本身就存在于社区之中，学校（幼儿园）周围的社区是学生十分熟悉的地方。社区的自然环境和文化氛围对学生的品格塑造、精神成长有着特殊的意义，有利于培养学生健全的人格。社区通过整合自身文化资源和人才资源为学校（幼儿园）提供资源支持，这些都必将影响到学校（幼儿园）教育的成果。当然社区的发展要以学校为依托，学校通过培养人才对社区发展提供人才支持，同时，学校本身也是传播文化的工具。学校作为社区中的一个重要组成部分，给社区科技、文化提供重要支持。

日本的《第三个幼稚园振兴计划》里指出各幼稚园将在所在社区起到教育中心的作用，为了充实园内外幼儿的生活，幼稚园要进一步加强与家庭和社区的联系，积极取得他们的理解与支持。（《日本第三个幼稚园教育振兴计划及其对我们的启示》，方明、陈厚云，《学前教育研究》，1994年第2期）；美国1997年在《0~8岁儿童适宜性发展教育方案》中则强调：幼儿园要充分利用家庭和社区资源对儿童进行教育。幼儿园已经不是幼儿学习的唯一渠道，幼儿既可以从幼儿园获得信息，又可以从社会（大环境）中获得信息。幼儿既接受幼儿园教育，又受社会的影响。要促进幼儿身心健康发展，提高幼儿园教育质量，幼儿园必须与社区合作。可见，幼儿园与社区合作是社会发展的要求，是幼儿教育发展的必然。我国的《幼儿园工作规程》《幼儿园教育指导纲要》等教育法规中也指出："幼儿园应与家庭、社区密切合作"，"综合利用各种教育资源，共同为幼儿的发展创造良好的条件"。

总之，学校（幼儿园）与社区的合作是社会发展对学校（幼儿园）教育提出的客观要求，又是学校（幼儿园）教育自身发展的内部需要。事实证明，与社区结合的活动一旦深入学校（幼儿园）教育过程之中，将大大扩展教育的深度和广度。与社区结合的活动，不仅对学生在德育、社会性发展等方面有重大意义，而且对学生在智力、科学素质、分析和解决问题的综合能力培养方面也有独特的作用。

二、学校（幼儿园）与社区合作的形式及内容

（一）学校（幼儿园）与社区的合作形式

学校（幼儿园）与社区的合作形式主要体现为资源共享，主要可以从以下两个方面展开：

1. 物质资源共享

一方面，学校（幼儿园）的教育资源向社区开放。学校（幼儿园）作为专门的教育机构，应该在社区中发挥自身的资源优势，将学校（幼儿园）的教育资源向社区开放：学校（幼儿园）的图书室、实验室、礼堂、运动场等空间以及其他教学设备设施，都可以在不影响正常的教学秩序的前提下，有条件地向社区开放。另一方面，社区的教育资源对学校（幼儿园）开放。社区内的一切文化设施，包括公园、影院、体育场馆、文化场馆、图书馆、历史文化遗迹、科研机构等，都可以作为一种教育资源。学校（幼儿园）在有关组织的帮助下，可以充分利用社区这些现成的或潜在的教育资源，让学生广泛参加校（园）外活动和社会实践活动，为学校（幼儿园）实现育人目标服务。

2. 人力资源共享

在人力资源方面，学校（幼儿园）拥有一支高素质的教师队伍和各方面教育优势，可以为社区提供雄厚的师资力量，帮助社区开展各类正式或非正式活动。例如，为满足社区人才培养的需要，学校（幼儿园）可以为社区开设有关课程或讲座，举办各类培训班，为社区培养专门人才；学校（幼儿园）还可以倡导组织开展社区运动会等各类社区文体休闲活动。就人力资源而言，社区内的工作人员、社区服务志愿者，以及各条战线的英雄模范人物、先进分子、知名人士、社会贤达、能工巧匠等，都是学校（幼儿园）可资利用的人力资源。学校（幼儿园）可以利用社区的这些宝贵的教育资源，给学生做报告、开讲座、任兼职教师，以拓宽学校（幼儿园）的教育渠道和内容。在设备资源方面，学校（幼儿园）完整的教学设备和空间，可以为社区居民提供大型活动场所及终身学习与休闲的处所。社区可以为学校（幼儿园）提供教学的相关资源；为了增进教学效果，社区内的机构可以提供实际参访或相关资料的服务；来自各行各业的家长或社区居民，可以是教师配合教学邀请来现身说法的资源，或提供学校（幼儿园）管理咨询的对象。

（二）学校（幼儿园）与社区合作的内容

学校（幼儿园）组织学生进行社区教育活动的主要内容，一般有以下几个方面：

（1）传承民族精神。这类社区教育活动的内容与形式主要有访问社区名人、参观爱国主义教育基地、考察历史文化遗迹、社会调查等。

（2）学习运用法律法规。这类社区教育活动的内容与形式主要有与社区司法志愿者交流、听法律法规宣传讲座、看有关视频录像、开展法律法规知识竞赛等。

（3）交通安全教育。这类社区教育活动的内容与形式主要有学习识别交通标识、慰问岗亭交警、做小交通宣传员，学习消防知识、观看参加消防演练等。

（4）与同伴交往。这类社区教育活动的内容与形式主要有开展社区自娱自乐活动、兴趣小组活动、帮助身边小伙伴等活动。

（5）社会服务。这类社区教育活动的内容与形式主要有参与社区公益劳动、护绿行动，为社区搞宣传等。

（6）奉献爱心。这类社区教育活动的内容与形式主要有帮助社区老弱残障等弱势群体，到敬老院为老人送温暖等。

三、学校（幼儿园）与社区结合存在的问题及注意事项

（一）存在的问题

学校（幼儿园）与社区的结合是一个新的课题，如何结合还缺乏经验。在结合过程中存在的主要问题是：

1. 对社区资源的选择缺乏整合性

在实际操作中，学校（幼儿园）对社区资源的选择表现出随意性大、零散、缺乏整合、不成系统等问题。学校（幼儿园）在组织活动过程中并不会专门计划利用某种社区资源，往往是一些偶发的时机、突然想到身边有什么资源很丰富或者容易获取，就拿来利用。

2. 对社区资源的利用较多流于形式

一些学校（幼儿园）在利用部分社区资源的时候，往往流于形式而忽略了真正的教育目的与内容，实质性的教育效果不大。

3. 活动形式较为单一

活动多以室内集体教学为组织形式，以图书、图片为载体呈现社区资源。学生没有接触真实社区资源与社区情景，难以获得更丰富的情感体验。

4. 学生尚未成为真正参与者

学校（幼儿园）对社区资源的利用大部分还是以传统的说教传授方式进入学生的活动中。学生看得到摸不着、摸得着玩不了，讲座、助教授课等社区资源利用的形式忽视了儿童的年龄特征与学习特点，学生没有得到充分感知、体验的机会，仅仅是作为"旁观者"而不是"参与者"去被动获取知识，这与在校（园）通过教师教授获取知识没有什么区别，没有体现学校（幼儿园）与社区合作的真正内涵。

5. 学校（幼儿园）缺乏与社区合作的计划

学校（幼儿园）与社区的合作往往是随机的，缺乏通盘的计划，常常是打乱了学校（幼儿园）的生活学习常规，加重了教师和学生的负担；把与社区结合的活动和学校（幼儿园）教育活动割裂开来，不能很好地将二者融合在一起，有效地利用社区环境来深化学校（幼儿园）教育。

另外，对与社区的结合还存在一些不正确的认识，如认为学校（幼儿园）周围的社区环境不好，所以不能合作等。

（二）注意事项

要解决以上问题，首先是从思想深处认识到学校（幼儿园）与社区合作对学校（幼儿园）教育工作的深刻影响和重大意义；其次要不断地尝试学校（幼儿园）与社区的深入合作，并积极积累经验；还要建立学校（幼儿园）与社区合作的制度与组织，为合作提供保障。因此，学校（幼儿园）与社区合作过程中，要注意以下事项：

1. 学校（幼儿园）与社区的互动合作，应注意"以人为本"和"因地制宜"的原则

学校（幼儿园）与社区的互动合作要基于受教育者和社区居民的个性，并在互动中加以适当的顺应和培养，才能有效促进他们的特长和个性的发展，从而为建设积极和谐的学校（幼儿园）与社区关系奠定良好的氛围，提供取之不竭的人力资源。

2. 学校（幼儿园）与社区的互动合作，应设置专门的教育基地

在社区与学校（幼儿园）互动合作实践中，政府应从总体上规划和建立学校和社区互动场所及机构，使教育基地成为互动合作的沃土。

3. 学校（幼儿园）与社区的互动合作，应建立有效的保障机制

为保证学校（幼儿园）与社区互动措施的落实，应设置专门的教育督导机构，并加强内部管理和自我监督，树立正确的教育质量评价观，确立科学的教育评价指标体系，选择适当的评价方式、方法和手段。

4. 学校（幼儿园）与社区的互动合作，应建立科学的运行机制

政府行为是实施学校（幼儿园）与社区互动合作的根本保障，政府的重视对于树立学校（幼儿园）与社区互动的观念和意识，促进社区居民思想观念的转变起着极其重要的作用，政府还应对学校（幼儿园）与社区的互动关系提供立法保障和专项资金的投入。另外，要改革学校（幼儿园）的内部管理体制，注意政府、学校（幼儿园）和社区三方面的协调运作。

另外，从学校（幼儿园）或教师的角度来看，不要把与社区的合作看作是一种额外的负担，要将与社区结合的活动纳入自己的教育内容中，二者可以有机地结合起来，相得益彰；学校（幼儿园）或教师也不要以社区条件不好为借口，是否能开展与社区结合的活动，社区环境条件不是主要的，关键是教师能否敏锐地抓住问题，发现有教育价值的事情或现象，并有效地加以利用。

四、教师与社区沟通的原则

教师与社区的沟通，与在学校（幼儿园）与领导、同事和学生的沟通有较大的差异。首先面对的沟通对象较为复杂，涉及各个层面；其次，沟通的内容与情境也会有很大变化，有别于学校（幼儿园）的课堂教学与学生教育。因此，在完成与社区沟通时交际口语的使用就要注意以下几方面的原则：

（一）目的性原则

教师因工作需要与社区进行沟通，首先要明确自己的任务，理清谈话思路，对谈话重点要做到心中有数，有时需要拟写谈话提纲，列出沟通的事项，以免谈话时遗漏。

（二）平等性原则

与社区进行沟通的教师或以个人名义，或以学校（幼儿园）名义，都要秉承平等合作的态度。沟通时，无论对方的年龄、职位、文化程度等是什么状况，都要一视同仁。尤其在与资历、文化水平等方面比自己低的人进行沟通时，更不能以教师的身份自居，给人一种居高临下的感觉。只有这样才能使沟通顺利进行，也才能使学校（幼儿园）与社区达成合作的共识。

（三）双向沟通原则

成功的交谈，需要交谈双方合理地组织自己的谈话内容和语言。与人交谈时不但要把自己想要表达的信息传达给对方，同时，还要根据从对方那里反馈回来的信息调整自己表达的内容和方式。这样才能使交际顺利进行下去。

五、教师与社区沟通的用语要求

（一）用语礼貌，主动介绍自己

与社区人员的沟通，在很多时候往往是初次相见，沟通的教师首先要以礼貌的用语主动做自我介绍，让对方了解清楚自己的身份，这样会给对方留下良好的第一印象，使沟通能够顺利进行下去。

（二）用语得体，符合教师身份

与社区沟通时要根据面对的谈话对象的具体情况选择合适的沟通方式和用语，做到说话通俗易懂、用语得体，既符合教师的身份，又能使双方顺畅地进行沟通。

（三）用语准确，符合事实情况

与社区进行沟通时，介绍情况、提出要求都要用语准确，符合实际情况。

（四）用语灵活，适应交际对象

教师与社区沟通的交际对象及交际情况是复杂多变的，这就要求教师与社区进行沟通时时刻注意变换身份与角色，灵活应对，因人施语，因时施语，因地施语。

相关链接

教师与家长沟通相关文章3篇

学习思考

1. 在哪些情况下，教师要进行家访？家长一般会关心孩子在校哪些情况？教师一般需要了解学生家庭及学生在家表现的哪些情况？
2. 与家长沟通时要讲求哪些语言艺术？面对家长的质疑甚至责难，你应该怎样应对？
3. 学校（幼儿园）利用社区中哪些因素教育学生（幼儿），可以提高学校（幼儿园）教育质量？
4. 以某一学校（幼儿园）为例，调查其与社区合作的情况并进行评估。

课后练习

一、评析案例中教师与家长的沟通

【案例】

家长：我家孩子数学成绩怎么这么低呀？怎么能提上来呀？

老师：怎么跟你说呢？我们班大多数学生的数学成绩都不错，就你们家孩子，每次总拖后腿。我也发愁啊！

家长：上课的时候，您能讲得慢点儿、细点儿，让他能跟上？

老师：你说这话是什么意思？是说我上课不够认真吗？

家长：老师，我没有责怪您的意思，就是希望您多帮帮他。

老师：班里那么多学生，我也不能只照顾你家孩子啊。再说了，我都是正常讲课，你家孩子跟不上，是他的问题，谁让他反应慢啊！我要是照顾了你家孩子，别的孩子怎么办？别的家长能愿意吗?

二、情境模拟

(一) 请根据以下具体情境,设计3个家访片段并进行家访模拟

[情境] 一位学生将要留级,请你作为班主任做一次家访。假设你面对:

1. 一位暴跳如雷的父亲。
2. 一位放任自流的母亲。
3. 一位溺爱孙子的老奶奶。

(二) 请根据以下具体情境,模拟与祖辈家长沟通

[情境] 低年级的一个女生,由爷爷照顾。老人认为孩子的座位有些靠后,要求老师调座。在调过一次后,要求继续往前调,老师没有答应。老人当即出口不逊,在教室门口大吵大嚷,影响了正常的教学秩序。

(三) 请根据以下具体情境,设计家长会讲话并模拟练习

[情境] 学期初,根据本学期学校工作要求及本班发展计划,召开一次家长会,你在会上向家长做学期初班级工作计划汇报,并与家长沟通征求家长的意见与建议。

(四) 根据以下具体情境,请你代表幼儿园与社区负责人沟通此事

[情境] 六一儿童节,幼儿园准备与社区联合搞一场文艺联欢,需要与社区联系沟通。

(五) 根据以下具体情境,请你代表学校与交警支队沟通此事

[情境] 为了交通安全教育,学校决定在3月20邀请交通警察到校为学生做交通安全法律法规宣传讲座,需要与交警支队联系沟通。

参 考 文 献

[1] 吴雪青. 幼儿教师口语 [M]. 上海：华东师范大学出版社，2012.
[2] 马宏. 幼儿教师口语 [M]. 北京：北京师范大学出版社，2011.
[3] 刘伯奎. 教师口语训练教程 [M]. 上海：华东师范大学出版社，2000.
[4] 岑玲. 普通话与教师口语 [M]. 成都：西南交通大学出版社，2010.
[5] 孙艳霞，郑瑞新. 幼儿教师口语 [J]. 西安：陕西师范大学出版社总社有限公司，2013.
[6] 苑望. 幼儿教师口语 [M]. 北京：高等教育出版社，2007.
[7] 孟广智. 普通话水平测试指南（修订版）[M]. 哈尔滨：黑龙江教育出版社，2001.
[8] 刘春勇. 普通话口语交际 [M]. 北京：北京理工大学出版社，2009.
[9] 蒋红梅. 演讲与口才实训教程 [M]. 北京：清华大学出版社，2009.
[10] 许利平. 职业口才训练教程 [M]. 北京：北京交通大学出版社，2007.
[11] 陈怡莺. 幼师口语沟通技巧 [M]. 北京：高等教育出版社，2009.
[12] 黄雄杰. 口才训练教程 [M]. 北京：高等教育出版社，2010.
[13] 唐树芝. 口才与演讲 [M]. 北京：高等教育出版社，2008.
[14] 买艳霞. 幼儿教师故事讲述训练 [M]. 上海：华东师范大学出版社，2016.
[15] 常春. 现代汉语教学与测试研究 [M]. 武汉：华中师范大学出版社，1996.
[16] 陶晓辉，苗邯军. 口头表达能力训练 [M]. 武汉：华中科技大学出版社，2010.
[17] 张波. 口才训练教程 [M]. 北京：机械工业出版社，2014.
[18] 王娜. 教师口语 [M]. 北京：北京出版社，2008.
[19] 施良方，崔允漷. 教学理论：课堂教学的原理、策略与研究 [M]. 上海：华东师范大学出版社，1999.
[20] 高玉英. 辽宁省普通话水平测试指导用书 [M]. 大连：辽宁师范大学出版社，2004.
[21] 王庆东. 辽宁省计算机辅助普通话水平测试指导用书 [M]. 大连：辽宁师范大学出版社，2016.
[22] 邵瑞珍. 教育心理学 [M]. 上海：上海教育出版社，1997.
[23] 万里. 教师口语课的性质和任务 [J]. 语文建设，1995（5）.
[24] 国非. "教师口语"教学方法论 [J]. 固原师专学报（社会科学），1996（4）.
[25] 王良杰. 教师口语能力的构成因素和培养途径 [J]. 中国成人教育，2006（7）.
[26] 程培元. 教师口语能力构成要素与呈现形式 [J]. 山东师范大学学报（人文社会科学版），2011（1）.
[27] 郑秀芬. 教师口语能力的素质构成 [J]. 湖州师专学报〔哲学社会科学〕，1999（4）.
[28] 仲哲明. 普通话水平测试若干问题的讨论 [J]. 语言文字应用，1997（3）.
[29] 何彦秋，陈勇. 论教学口语的基本要求 [J]. 新西部（理论版），2014（12）.
[30] 黄大祥. 论"教师口语"的教学原则与训练方法 [J]. 河西学院学报，2002（1）.
[31] 张海燕. 教师同事之间沟通的语言策略 [J]. 散文百家·教育百家，2012（3）.
[32] 潘月芳，张丽. 浅谈师范生的教学口语表达方式训练 [J]. 现代阅读，2013（1）.
[33] 朱涤瑕. 家长会主题化 [J]. 早期教育（教师版），2007（1）.
[34] 危加兴. 试论师范生职业口才训练 [D]. 长沙：湖南师范大学，2001.